KB079549

天地瑞祥志

원전총서
천지서상지 : 당 제국의 국가제사와 의례

역주자 김용천 · 최현화
펴낸이 오정혜
펴낸곳 예문서원

편 집 송경아
인 쇄 상지사
제 책 상지사

초판 1쇄 2007년 4월 30일

주 소 서울시 동대문구 용두2동 764-1 송현빌딩 302호
출판등록 1993. 1. 7 제6-0130호
전화번호 925-5913~4 · 929-2284 / 팩시밀리 929-2285
Homepage http://www.yemoon.com
E-mail yemoonsw@unitel.co.kr

ISBN 978-89-7646-225-1 93150

YEMOONSEOWON 764-1 Yongdu 2-Dong, Dongdaemun-Gu Seoul KOREA 130-824
Tel) 02-925-5914, 02-929-2284 Fax) 02-929-2285

값 20,000원

원전총서

천지서상지

김용천 · 최현화 역주

예문서원

● 옮긴이의 말

이 책은 전체 20권 분량의 『천지서상지天地瑞祥志』 가운데서 권1 '조례목록條例目錄'과 권20 '제총재祭惣載' 부분을 우리말로 옮긴 것이다. 『천지서상지』는 그 제목에서 알 수 있듯이 하늘과 땅 사이에서 일어나는 각종 상서로운 현상들을 기록한 책이다. 이 책은 내용상으로 볼 때도 천문·지리·역법 등과 관련된 부분이 전체의 1/3을 차지할 만큼 음양오행·천문역법의 전문적인 유서類書이다. 따라서 『천지서상지』의 진면목에 다가가기 위해서는 당연히 이러한 부분들에 대한 천착이 필요하다. 하지만 이 분야는 옮긴이들의 접근을 허락지 않는 역외의 범위다. 우리 학계의 전문연구자들에 의해서 우리글로 된 『천문서상지』의 완전한 모습을 볼 수 있게 되기를 기대해본다.

옮긴이들이 이 책을 직접 접할 수 있었던 데에는 권덕영·김일권 두 선생님의 도움이 있었다. 애초에 취리산회맹문取利山會盟文에 대한 검토를 하던 중 『조선사』에 실린 『천지서상지』라는 책에 관심을 갖게 되었고, 그 원본을 구하고자 하였다. 마침 권덕영 선생님이 교토대학 인문과학연구소 소장所藏 마이크로필름 복사본을 입수하여 이 책의 찬자에 대한 논문을 발표하신 소식을 들었고, 김일권 선생님께 부탁의 말씀을 드려 그 사본을 접할 수 있었다. 이 사본을 텍스트로 하여 옮긴이들은 매주 만나 권1과 함께 권2·3 등 책의 순서에 따라 독회와 함께 번역을 진행했다. 하지만 권2와 권3은 '천지상天地像', '인변상人變相'·'황도黃道'·'일광변日光變' 등 천문의 현상을 기술한 부분으로 옮긴이들의 이해의 틀을 넘어서기 때문에 중도에 포기하고 말았다. 그리고 책의 마지막 권인 '제총재'를 읽기 시작했다. 이곳은 애초에 옮긴이들이 관심을 가지고 있던 '맹서盟誓'가 포함된 부분이기도 하지만, '봉선封禪'·'교郊' 등 주로 국가제사를 항목별로 일목요연하게 정리하고 있다. 이러한 점에서 중국의 선진시대 이래 당 고종 시대까지 유가 경전의 제사의식에 대한 관념과 그 해석사의 흐름, 나아가 실제 각 시대의 의례규정의 변화를 파악하는 데에 매우 유용하다고 할 수 있다. 이 때문에 한대의 예학과 나당의 전쟁·외교관계사를 전공하는 옮긴이들로서도 세밀하게 읽어보고 싶은 욕구가 생겼다.

하지만 실제 번역 과정에서는 수도 없이 난관에 부딪혔다. 현존『천지서상지』의 판본은 일본 에도시대의 필사본을 고본으로 하는데, 당시 필사자들은『천지서상지』에 담겨있는 내용·사상보다는 그 안에 인용되고 있는 천문·지리 관련 서목에 더욱 큰 관심이 있었던 듯하다. 그 때문에 서명은 명확하게 필사하고 있는 것에 반해서 각종 중국 고대 문헌을 인용하는 데에서는 오자와 탈자가 매우 심하다. 따라서 그 전거가 되는 문헌의 인용문을 하나하나 검색하여 비교하는 지루한 과정을 거듭할 수밖에 없었다. 어떤 경우엔 인용되는 문헌의 내용이 실제 오늘날의 문헌에는 보이지 않기도 하고, 문장의 구성이 전혀 이루어지지 않는 등 필사의 오류가 분명한 것도 곳곳에서 발견되곤 하였다.

다행히도 일본 교토대학의 정재상 선생에게서 『천지서상지』와 관련된 여러 정보와 최신의 자료를 입수할 수 있었다. 그 가운데 미즈구치 모토키(水口幹記)의 『日本古代漢籍受容の史的研究』는 이 책의 번역에 매우 많은 도움을 주었다. 정재상 선생에게 진심으로 고마운 마음을 표한다. 이러한 과정을 거쳐 초고적인 형태로 『중국사연구』 25집과 45집에 두 차례에 걸쳐 역주의 글을 게재할 수 있었다. 글 읽기를 지속할 수 있도록 지면을 제공해 주신 임대희 · 김종건 선생님께도 감사의 말씀을 드리지 않을 수 없다.

언제나 그렇듯이 번역을 마치고 나면 뿌듯한 마음보다 망문생의望文生義 격으로 원문의 함의를 제대로 살리지 못하고 글자 풀이에만 급급했던 것은 아닌가 하는 두려움이 앞선다. 찬찬하게 글을 본다고는 하였지만, 애초 공부의 한계로 잘못 옮겨진 문장도 있을지 모르겠다. 쉽지 않은 글에 대한 가상한 용기로 이해해 주었으면 한다. 제현들의 질정이 있다면 옮긴이들로서는 바랄 것이 없겠다.

2007년 4월

김용천 최현화

[목차]

옮긴이의 말 / 5

일러두기 / 10

들어가는 글 / 11

권1 조례목록條例目錄 / 25

계啓 ······ 27

명재자明載字 ······ 45

명재이례明灾異例 ······ 71

명분야明分野 ······ 81

재소복지明灾消福至 ······ 101

명목록明目錄 ······ 113

권20 제총재祭惣載 / 121

봉선封禪 ······ 155

교郊 ······ 167

제일월祭日月 ······ 179

영기迎氣 ······ 183

순수巡狩 ······ 191

사직社稷 ······ 197

종묘宗廟(拜墓附見) ······ 203

적전藉田(蠶附見) ······ 213

영성靈星 …… 219

삼사三司 …… 223

명당明堂 …… 227

오사五祀 …… 231

고매高禖 …… 237

제풍우祭風雨 …… 241

우雩 …… 253

제빙祭氷 …… 271

자禍 …… 275

나儺 …… 281

제마祭馬 …… 287

치병治兵 …… 293

제향신祭向神 …… 299

제고휘祭鼓麾 …… 305

맹서盟誓 …… 309

진려振旅 …… 329

악제樂祭 …… 333

제일조사祭日遭事 …… 341

참고문헌 / 363

색인 / 367

〈일러두기〉

- 이 책은 日本 京都大學 人文科學硏究所 所藏『天地瑞祥志』抄本 마이크로필름 복사본을 저본으로 하여『天地瑞祥志』의 권1과 권20을 역주한 것이다.
- 저본에 충실하기 위해서 원문의 이체자는 그대로 표기하였지만, 약자와 간자의 글자체는 편의상 정자로 고쳐서 표기하였다.
- 저본의 공백 부분은 □로 표시하고, 글자가 뭉개져서 판독이 불가능한 부분은 ■로 표시하였다.
- 『천지서상지』의 본문에 대한 번역을 먼저 진행하고, 薩守眞의 夾註를 그 아래에 번역하여 붙였다.
- 저본에는 각 항목이 모두 하나의 단락으로 이루어져 있지만, 역주본에서는 내용의 전환이 이루어지는 부분에서 分章을 하고, 편의를 위해 순서에 따라 일련번호를 붙였다.
- 매 항목마다 내용의 이해를 돕기 위해 앞머리에 【해제】를 덧붙였다.
- 저본에 인용된 문장의 문헌출전을 밝히고, 저본과 문헌 사이에 문자상의 이동이 있을 경우 각주에서 처리하여 바로잡았다.
- 저본의 내용과 관련된 다양한 문헌적 제 해석을 각주에서 번역하여 실음으로써 그 의미를 보강하였다.
- 특수한 서술어나 자료 용어는 한자를 덧붙였고, 적절한 우리말로 옮긴 다음 한자를 병기하였다. 각주에서는 한자를 그대로 노출시키는 것을 원칙으로 하였다.
- 외국 학자의 인명은 외래어 표기법에 맞춰 표기하고, 한자를 병기하여 괄호로 묶었다.

들어가는 말

■『천지서상지』는 어떠한 책인가?

『천지서상지天地瑞祥志』는 당고종唐高宗 인덕麟德 3년(666)에 편찬된 책으로서, 하늘과 땅에서 일어나는 각종 상서로운 현상들을 항목별로 기술하고 인간 세계에 대응시켜 해석한 일종의 유서類書이다. 그러나 정작 이 책이 편찬되었을 중국에는 오늘날 그 실물이 전하지 않는 이른바 일존서佚存書이다. 더욱이 수・당 시대의 문헌목록인『수서隋書』「경적지經籍志」,『구당서舊唐書』「경적지經籍志」,『신당서新唐書』「예문지藝文志」 등에서도 이 책에 대한 정보는 확인되지 않는다. 송대 이후 중국에서는 이미 그 모습을 감추어 버린 듯하다.

한편 일본에서는 헤이안平安시대(794~1185) 이래 몇몇 한적漢籍 목록에서 이 책의 존재를 언급하고 있다.『일본삼대실록日本三代實錄』 권29, 다이고 천황(醍醐天皇) 정관貞觀 18년(876) 8월 6일조에 이 책의 이름이 처음 등장하고 있는 것을 비롯하여, 9세기 후반 무렵 후지와라노스케요(藤原佐世)가 당시 궁중에 보관중이던 한적漢籍을 정리한『일본국현재서목록日本國見在書目錄』에도 이 책이 저록되어 있다. 이후 에도江戶시대(1603~1867)까지 일본의 음양도가陰陽道家 사이에서 꾸준히 이용되고 있었다. 이렇게 본다면 9세기 후반(870~880년대 사이로 추정)까지는 일본에『천지서상지』가 전래되었을 뿐 아니라, 이후에도 유통되고 있었음을 알 수 있다.[1)]

현재 일본에서는 에도시대에 제작된 『천지서상지』의 필사본이 존경각문고尊經閣文庫에 소장되어 있으며, 1920～30년대 사이에 이 존경각문고본을 복사한 사본이 교토대학 인문과학연구소에 소장되어 있다. 또한 가나자와(金澤) 시립市立 다마가와(玉川) 도서관의 가에츠노문고(加越能文庫)에도 『천문요록天文要錄』·『육관기六關記』와 함께 한 책으로 엮어진 초본抄本이 전해지고 있다.

현존하는 가장 오래된 필사본인 존경각문고본에는 각 권의 앞머리에 초교初校·재교再校 시기 및 필사자의 이름이 기록되어 있으며, 권12 「풍총재風惣載」에 "이는 병인 정향 3년에 필사한 것이다"(此丙寅貞享三年也)라고 한 첩지가 붙어 있어 1686년에 필사되었음을 확인할 수 있다. 필사의 시기와 필사자의 이름은 다음과 같다.

	필사초교	필사자	재교	재교자
권1	8월 11일	河池七兵衛	8월 12일	水野孫三郎
권7	8월 14일	原七郎兵衛	8월 20일	深尾七之助
권12	8월 22일	原田甚內	8월 25일	古市弥八郎
권14	8월 8일	古市作之佑	8월 12일	宮川七兵衛
권16	8월 19일	古市弥八郎	8월 27일	宮川七兵衛
권17	9월 13일	大平淺右衛門	10월 3일	原田甚內
권18	9월 13일	大平淺右衛門	10월 3일	原田甚內
권19	9월 7일	杉岡平藏	9월 15일	有澤弥三郎
권20	9월 7일	杉岡平藏	9월 15일	有澤弥三郎

---

1) 『천지서상지』의 일본 수용과 유통과정에 관해서는 中村璋八, 「天地瑞祥志について－附引書索引」, 『漢魏文化』 7, 漢魏文化硏究會, 1968(『日本陰陽道書の硏究』, 汲古書院, 1985 수록) ; 太田晶二郎, 「『天地瑞祥志』略說－附けたり、所引の唐令佚文」, 『東京大學史料編纂所報』 7, 1972(『太田晶二郎著作集』 제1책, 吉川弘文館, 1991 수록) ; 水口幹記, 「近世における『天地瑞祥志』の利用と衰退」, 王勇·久保木秀夫 編, 『奈良·平安期の日中文化交流』, 農山漁村文化協會, 2001(『日本古代漢籍受容の史的硏究』, 汲古書院, 2005 수록)에 자세하다.

도표에 의하면, 권14의 1686년 8월 8일부터 권17·18의 10월 3일까지 대략 2개월에 걸쳐 필사가 이루어졌음을 알 수 있다. 권17과 18의 필사와 재교 기간이 다른 권에 비해 길었던 것은 두 권의 분량 때문이기도 하지만, 이들 권 안에 그림이 특히 많이 포함되어 있는 것도 한 원인이다. 또 현재 존경각문고본은 7책의 책자본으로 되어 있지만, 각 책의 앞머리에 '구책내九冊內'라고 기록되어 있어 본래 9책이었던 것을 필사 과정에서 7책으로 바꾸었던 것으로 추측된다.[2] 아울러 존경각문고본의 필사본에는 자구의 출입이 있을 경우 "어떤 책에 이르기를"(或本曰), "어떤 책에는 다음과 같이 되어 있다"(或本作之) 등으로 주석을 표기하고 있는데, 이는 필사자의

天地瑞祥志第一　　條例目録
一啓　二明載字
三明灾異例　四明分野
五明灾消福至　六明目録
臣守真啓稟性愚瞀無所開悟伏奉令旨使祖承讜
誠預避灾孽一人有慶百姓又安是以臣廣集諸家
天文披攬圖讖灾異雖有類聚而　相分事目雖
多而不爲條貫也韓楊天文　月蝕應曆數不占
不應曆數乃占又揚天文序曰魏甘露五年正月乙
酉日有食之君弱臣强反征其主五月高貴作難也
吾亦將借子之矛以刺子之猷今以曆術勘甘露五
年日食是合曆數然而有蝕也由此觀之韓楊雷同
不詳是非今鈔撰其要庶可從　也昔在庖羲之王
天下也觀象察法始畫八卦以通神明之德以類天
地之情故易曰天垂象聖人則之此則觀乎天文以
示變者也書曰天聰明自我民聰明此明觀乎人文
以成化者也然則政教兆於人理瑞祥應乎天文是
故三皇邁德七曜順軌日月無薄蝕之變星辰靡錯
亂之妖高陽乃命南正重司天北正黎司地帝　々
序三辰唐虞命羲和欽若昊天夏禹曰雒書而陳之

「천지서상지」 필사본 글씨체

2) 이상의 도표와 해설은 미즈구치 모토키(水口幹記)의 『日本古代漢籍受容の史的研究』, 제2부 「『天地瑞祥志』の基礎的考察」(汲古書院, 2005), 185~186쪽에 의거하였다.

흔적으로 추측되며 이를 고려하면 필사 당시에 여러 판본이 존재했을 가능성이 높아 보인다.

『천지서상지』는 『일본국현재서목록』에 '『천지서상지天地瑞祥志』 이십卄'으로 저록되어 있는 것으로 보아 헤이안시대까지는 본래 전체 20권의 온전한 형태로 전해지고 있었던 듯하다. 그러나 존경각문고본과 교토대학인문과학연구소본에는 권1 · 7 · 12 · 14 · 16 · 17 · 18 · 19 · 20의 9권만 남아 있어 절반 이상이 10세기 이후부터 17세기 사이에 이미 사라진 것으로 생각된다. 다행히도 권1의 '명목록明目錄' 항목에 20권 전체의 목차가 기록되어 있기 때문에 이를 통해 『천지서상지』의 전체 구성과 대강을 알 수 있다.(『天地瑞祥志』, 권1, 條例目錄, 【明目錄 1—6】 참조)

권1에는 책의 전체적인 방향과 내용에 대해 설명하고, 이어서 권2 이하에서는 삼재三才 · 천문 · 기상 · 꿈 · 월령 · 초목 · 금수 · 제사 등 각 항목을 설정해서 그와 관련된 여러 현상을 기술하고 있다.

■ 『천지서상지』의 찬술 목적

권1의 앞부분에는 서문에 해당하는 계문啓文이 설정되어 있어 이 책의 편찬 경위와 각 편목의 내용 및 기술 의도를 엿볼 수 있다. 특히 그 말미에는 당나라 고종 인덕麟德 3년(666) 4월에 '태사大史 살수진薩守眞'이 '대왕전하大王殿下'의 영지令旨를 받들어 이 책을 편찬하였음을 밝히고 있어 편찬자의 이름과 그 성립연대를 확인해 주고 있다.

계문에는 『천지서상지』가 편찬된 시점의 시대적 요구가 무엇인지 잘 반영되어 있다. 분열시기를 마감하고 중국 대륙을 통일한 당 왕조는 황제권을 강화하고 자국 중심의 세계관에 부합하는 국제질서를 확립하고자 하였다. 또한 당대는 중국 율령律令과 예제禮制가 확립된 시기이기도 하다. 태종대에는 공영달孔穎達에 의해 유가 경전의 다양한 해석을 통일적으로 체계화시킨 『오경정의五經正義』가 등장하였으며, 정관례貞觀禮·현경례顯慶禮 등 국가 의례의 전거가 마련되었다. 이와 더불어 시행령이라고 할 수 있는 사령祠令도 여러 차례에 걸쳐 수정이 가해졌다. 특히 『천지서상지』가 찬술된 고종의 시대에는 예전禮典을 집대성하는 노력이 가장 활발했던 시기 가운데의 하나이다. 통일제국을 건설한 당은 그에 걸맞은 통치 질서를 확립하기 위해 건국 초기부터 기존의 예제를 정리하는 작업에 착수하였던 것이다.

계문에 의하면 살수진은 대왕전하의 영지令旨를 받들어 천문서를 편찬함으로써 황제(지배자)의 통치에 기여할 수 있다고 확신하고 있었다. 즉 "황제 한 사람이 선으로 가르치면, 백성이 또한 다스려지고 안정된다"는 그의 발언은 이 책의 편찬이 목적하는 바가 무엇인지를 상징적으로 표현한 것이라고 하겠다. 그러한 목적에서 당시의 여러 천문관련 서적과 글을 살펴본 결과, 유형별로 모아져는 있으나 일관되게 관통하는 것이 없고, 사목事目을 구분하기는 하였지만 서로 맥락이 이어지지 않는다고 문제점을 지적하였다. 이 때문에 기존의 천문서를 종합·재정리할 필요가 있었다는 것이다.

이는 당시의 시대적 요구와 잘 맞아떨어지는 발언이라 하겠다. 당대唐代에는 이전부터 천인상관설天人相關說에 입각해 통치행위와 연결시켜 해석되어 온 천문재이관련 사상과 그 서적을 집대성할 필요가 있었다.[3] 또한 황제권의 입장에서 자연현상을 해석하여 이를 통치행위에 적용하기 위해

3) 溝口雄三 외 지음, 김석근·김용천·박규태 옮김, 『中國思想文化辭典』, 민족문화문고, 2003, 325~331쪽.

서는 기존의 여러 설 가운데에서 일정한 기준을 마련할 필요가 있었다. 이러한 시대적 요구에 따라 『천지서상지』의 편찬이 이루어진 것이라 할 수 있다.

실제로 권20에는 편찬자의 의도가 전형적으로 반영된 형태를 띠고 있다. 권20의 '제총재祭惣載'는 제목 그대로 국가제사, 더 나아가 의례를 항목별로 기술한 것이다. 그 기술 방식을 보면 유가의 경전을 비롯한 다양한 서적들의 관련 기록을 정리하여 이를 당대의 기준으로 판단하고, 마지막으로 당시의 시행령인 『사령祠令』을 수록함으로써 시행기준을 제시하고 있다. 아울러 『천지서상지』에 인용된 『사령』은 일찍이 당령唐令 연구자들로부터 주목을 받아 왔다. 이케다 온(池田溫)이 편집한 『당령습유보唐令拾遺補』의 『사령』 부분은 모두 『천지서상지』에서 뽑아 정리한 것이다.[4]

■ 『천지서상지』에 대한 연구

『천지서상지』의 서지학적 검토는 일본에서 먼저 이루어졌다. 이 책이 현재 일본에만 남아 있기 때문에 그것은 당연하다고 할 수 있다. 더욱이 이 책의 존재가 확인되고 학계의 관심 대상이 된 것도 그다지 오래된 일이 아닌데, 이는 이 책의 성격과 관련이 있다. 『천지서상지』는 그 내용이 단순히 서상瑞祥의 길조吉兆만을 기록한 것이 아니라, 천문변이天文變異의 제설을 유형화하고 실제 천변지이天變地異에 대한 길흉 판단의 기준을 제공하는 것이 전체 구성의 1/3을 차지하고 있다.[5]

---

4) 仁井田陞 著・池田溫 編集代表, 『唐令拾遺補』, 제2부 「唐令拾遺補訂」 '祠令' 제8, 東京大學出版會, 1997.

5) 水口幹記, 『日本古代漢籍受容の史的研究』, 汲古書院, 2005, 180쪽.

천문 전문서인 이 책은 필연적으로 관련 지식을 필요로 하는 특수한 집단만의 관심 대상이 되었을 것이다. 따라서 다른 일반 서적에 비해 널리 유통되지 못하였다는 것은 어렵지 않게 추측할 수 있다. 비록 고대 동아시아에서 천문지리관련 지식과 사상이 정치 · 경제 활동과 관련되어 중시되었다고는 하지만 이러한 책을 열람하고 활용할 수 있는 계층은 해당 전문가에 국한될 수밖에 없었을 것이다. 오늘날 남아 있는 필사본이 에도시대에 천문 · 역산 등을 가업으로 하던 아베씨安倍氏 가문에서 나왔다는 사실도 저간의 사정을 뒷받침한다고 하겠다. 이러한 이유로 일본에서의 연구도 일본으로의 전래 과정과 유통, 편찬자의 문제 등 극히 초보적 단계에 머물고 있는 상황이다.

일본에서의 『천지서상지』에 대한 연구는 나카무라 쇼하치(中村璋八)의 「天地瑞祥志について－附引書索引」(『漢魏文化』 7, 漢魏文化硏究會, 1968)과 오타 쇼지로(太田晶二郎)의 「『天地瑞祥志』略說－附けたり、所引の唐令佚文」(『東京大學史料編纂所報』 7, 1972)이 대표적이다. 이들 연구는 『천지서상지』를 인용한 일본의 서적과, 본문 안에 인용된 당령을 정리하는 데 상당 부분을 할애하고 있다. 이 두 편의 연구에서는 『천지서상지』의 찬자나 편찬 연대, 편찬 과정 등에 대해서도 일부 논의되었다. 나카무라 쇼하치에 따르면 이 책은 계문에 보이듯이 당나라 사람 살수진薩守眞이 인덕麟德 3년(666)에 편찬한 것으로, 살수진에 대한 기록은 문헌에서 찾을 수 없지만 그의 성씨 '살薩'은 '설薛'의 오기가 아닐까 추정하였다.

오타 쇼지로는 여기에서 한 걸음 더 나아가 살수진이라는 인물과 이 책의 편찬을 명령한 '대왕전하'는 과연 누구인가 하는 문제에 천착하였다. 그는 '태사大史'라는 관직이나 활동 시기 등을 고려하여 볼 때, 살수진은 당초唐初에 천문 · 역수를 관장하는 태사령太史令의 직을 역임한 설이薛頤이거나 그의 후손일 가능성이 높다고 주장하였다. 또한 '대왕전하'는 동궁東宮 즉 황태자에게 사용된 용어일 것이라는 전제에서 인덕 3년 당시 태자로 있던 홍弘을 유력한 후보자로 제시하였다.

반면 우리나라에서 이 책에 대한 관심은 거의 없었다고 해도 지나치지 않을 것이다. 1933년 조선사편수회朝鮮史編修會에서 편집한 『조선사朝鮮史』 제1편 제3권에 『천지서상지』에 수록된 취리산회맹就利山會盟의 맹문이 인용되기는 하였지만, 이 역시 그 존재를 알고 있던 일본인들에 의한 것이었다.[6)]

우리나라에서 이 책에 대해 본격적인 관심을 갖게 된 계기는 1999년에 권덕영權悳永이 「『天地瑞祥志』 편찬자에 대한 새로운 시각 – 日本에 전래된 신라 天文地理書의 一例」(『白山學報』 52, 1999)라는 논문을 발표하면서부터이다. 그는 논문에서 일본에 전해지고 있는 『천지서상지』의 찬자가 기존의 주장처럼 당나라 사람이 아니라 신라인이라는 새로운 견해를 제시하였다.

그 주요 논거는 다음의 세 가지로 요약된다. 우선 『천지서상지』의 계문에 보이는 인덕麟德이라는 연호가 당시 당에서 사용했던 연호와 다르다는 것이다. 당은 인덕 3년(666) 정월에 이미 연호를 인덕麟德에서 건봉乾封으로 바꾸었다. 그런데 『천지서상지』의 계문에는 '인덕麟德 3년 4월'에 계문을 올린 것으로 되어 있다. 당나라 사람에 의해 편찬되었다면 바뀐 연호 '건봉'으로 표기했을 것이다. 그럼에도 여전히 '인덕'이라는 연호를 사용했

---

6) 『조선사』에는 당시 참고로 한 필사본이 도판으로 실려 있는데, 그 소장자를 도쿄의 侯爵 마에다 도시나리(前田利爲)로 밝히고 있다. 한 페이지에 불과하지만 교토대학 인문과학연구소 소장의 판본과 비교해 볼 때, 필체는 동일하나 각 글자의 형태에서 약간의 차이가 있어 동일 인물에 의해 여러 부가 필사되었고, 1933년 당시 그것이 유통되었던 듯하다.

다는 것은 이 책의 찬자가 당나라의 내부 사정에 밝지 못한 사람이었기 때문일 것이라고 하였다. 여기에서 더 나아가 이 책이 신라에서 편찬되었을 가능성을 제시하면서, 권20 「제총재祭惣載」에 수록된 '취리산맹문就利山盟文'을 그 결정적 근거로 들었다. 취리산회맹은 당이 백제를 멸망시킨 후 백제왕과 신라왕 사이에 맺게 한 맹약으로서, 『천지서상지』의 편찬 직전인 인덕 2년(665) 8월에 이루어졌다. 『천지서상지』에서 역대 중국 내에서 행해진 회맹을 언급하지 않고 굳이 한반도에서 이루어진 회맹을 기록하고 있는 것은 바로 이 책의 편찬자가 한반도와 관련된 인물임을 보여 주는 증거라고 하였다. 이와 더불어 본문에 이어 세주細注에서 취리산의 구체적 위치와 지명의 변화를 자세히 설명하고 있는 점도 그러한 추측을 가능하게 한다고 주장하였다.

이러한 관점에서 권덕영은 『삼국사기』에 등장하는 '설수진薛秀眞'이라는 인물에 주목하였다. 『삼국사기』 권7, 문무왕 14년(674) 9월조에는 왕이 영묘사靈廟寺 앞길에서 열병閱兵을 하고 아찬阿湌 설수진薛秀眞의 육진병법六陣兵法을 관람하였다는 기록이 있다.[7] 또한 같은 책 「강수전强首傳」의 말미에 『신라고기新羅古記』를 인용하여 신라에서 문장이 뛰어난 사람으로서 강수强首 · 제문帝文 · 양도良圖 · 풍훈風訓 · 골답骨沓과 함께 '수진守眞'을 거론하고 있는데,[8] 그가 바로 문무왕 14년조의 설수진과 동일인물이며, 7세기 중엽에 활동한 인물로서 도당渡唐유학생일 가능성이 있다고 하였다. 더 나아가 당시 '살薩'이라는 성은 중국문헌에는 보이지 않는데, 이는 다른 용례

7) 『삼국사기』 권7, 「新羅本紀」, 문무왕 14년 9월조, "幸靈廟寺, 前路閱兵, 觀阿湌薛秀眞六陣兵法."
8) 『삼국사기』 권46, 「强首列傳」, "『新羅古記』曰, '文章則强首 · 帝文 · 守眞 · 良圖 · 風訓 · 骨沓, 帝文已下事逸, 不得立傳'."

에서도 알 수 있듯 '설薛'과 통한다고 보았다. 따라서 『천지서상지』의 찬자인 '살수진薩守眞'과 신라인 '설수진薛秀眞'을 동일인물로 결론지었다.

최근 김일권金一權은 「『天地瑞祥志』의 역사적 의미와 한국사에서의 자료적 가치－찬자의 상반된 견해 재검토와 『고려사』에 인용된 자료를 중심으로」(『韓國古代史硏究』 26, 2002)라는 논문을 발표하였다. 이 논문에서 그는 권덕영의 견해를 치밀하게 재검토하여 찬자를 신라인으로 볼 수 없다는 결론을 내렸다. 그는 기본적으로 이전에 발표된 오타 쇼지로의 연구를 토대로 이를 재확인하고 있다. 우선 계문에 개원 사실이 반영되지 않았다는 권덕영의 주장에 대해 권20 봉선조에는 당고종의 봉선 직후 건봉乾封 개원 사실을 정확하게 기록하고 있으므로 당 내부 사정에 어두운 인물이 아니었음을 지적하고, 이것이 계문에 반영되지 않은 사정은 또다른 해석을 필요로 한다고 하였다. 또한 권덕영이 취리산 회맹문 수록과 관련하여 취리산에 대한 자세한 정보를 수록한 점을 들어 신라인의 찬술을 주장한 데에 대해 태사는 당의 각종 의례 자료를 직접 접할 수 있는 신분이었기 때문에 전혀 문제가 되지 않는다고 하였다. 마지막으로 신라 문무왕대 병법가이자 문장가인 '설수진'을 찬자로 보는 데 대해서는 발음이 비슷하기는 하지만 병법과 천문은 기본적으로 전문성에 있어서 엄청난 차이가 있기 때문에 관련 서적을 망라하고 이에 대한 나름의 해석을 가한 『천지서상지』와 같은 높은 수준의 서적을 병법가 혹은 문장가가 찬술하는 것은 힘들다고 하였다.

김일권은 아울러, 『천지서상지』는 폭넓은 재이 · 의례 관련 문헌이나 『사령』과 같은 당대의 최신 자료를 수록하고 있는 것만 보아도 당 조정과 밀접한 관련이 있는 인물이 아니면 찬술이 불가능한 대저작이라 하였다. 그 내용에서도 신라왕의 기준이 아닌 당의 황제 입장에서 기술되고 있으며, 예로 들고 있는 내용도 모두 중국 천문학사 속에서 의미 있는 자료임이 드러난다고 하였다. 또한 실제 당대 천문역법을 관장한 태사국太史局은 비문碑文·축문祝文·제문祭文을 찬술하는 저작국著作局과 함께 난대蘭臺의 하위부서였으므로 본문에 인용되고 있는 다양한 자료에 접근하기 어렵지 않았을 것이라 추측하였다. 이러한 입장에서 김일권은 역시 살수진은 고조~태종 연간에 태사승太史丞·태사령太史令을 역임한 설이의 자손 또는 그 가문의 일원일 것으로 결론지었다.

이에 덧붙여 김일권은 『고려사高麗史』에서 『천지서상지』를 상당 부분 인용하고 있음을 확인하여 이 책이 일본뿐만 아니라 한국에서도 유통되었던 흔적을 찾아내었다. 이전까지 중국과 한국에서는 『천지서상지』의 존재를 보여 주는 기록이 없는 것으로 인식되었다. 이 때문에 그 전래 과정도 중국에서 편찬되어 일본으로 바로 전해졌거나 한국을 거쳐서 전래되었을 가능성을 막연하게 추정하는 정도였다. 그런데 김일권은 『고려사』「오행지五行志」'화행火行'조에 "『천지서상지』에 말한다"(『天地瑞祥誌』云云)[9], 「예지禮志」'군례軍禮 계동대나의季冬大儺儀'조에 "『서상지』에 말한다"(『瑞祥志』云云)[10]라고 한 구절을 『천지서상지』의 내용과 대조하여 서로 일치함을 확인함으로써 이 책이 편찬된 이후 일본뿐 아니라 한국에서도 널리 유통·활용되었음을 사실로서 입증하였던 것이다.

한편 재작년 일본에서 『천지서상지』를 종합적으로 검토한 방대한 연

---

9) 『高麗史』 권53, 「五行志」, '火', 仁宗 8년조, "八月乙未初更赤氣如火影發自坎方覆入北斗魁中起滅無常至三更乃滅. 日者奏 『天地瑞祥誌』云赤氣如火影見者臣叛其君伏望修德消變."

10) 『高麗史』 권64, 「禮志」, '軍禮 季冬大儺儀', "靖宗六年十一月戊寅 詔曰 朕卽位以來心存好生欲使鳥獸昆虫咸被仁恩. 歲終儺禮磔五雞以驅疫氣朕甚痛之可貸以他物司天臺奏 『瑞祥志』云 季冬之月命有司大儺旁磔土牛以送寒氣. 請造黃土牛四頭各長一尺高五寸以代磔雞 從之."

구 성과가 출간되었다. 미즈구치 모토키(水口幹記)의 『日本古代漢籍受容の史的研究』(汲古書院, 2005)가 그것이다. 이 책은 고대 일본의 한적 수용 실태를 『천지서상지』·『오경정의五經正義』 등의 사례를 통해 규명하고자 한 것이다. 특히 제2부 「『天地瑞祥志』の基礎的考察」에서 『천지서상지』의 성립과 일본 수용 및 이용 등 기초적 검토를 통해 현전 필사본에 대한 자세한 정보와 기존의 연구에서 소홀히 하였던 존경각문고본의 필사 과정 등을 소개하고 있다. 더불어 최근 찬자를 둘러싼 논의를 재검토한 후, 신라인의 찬술 가능성을 조심스럽게 제기하고 있다.

미즈구치 모토키의 주장은 주로 계문의 형식에 대한 분석을 통해 이루어지고 있다. 그는 먼저 권덕영도 주장했듯이 그 형식이 정형화된 '계啓'의 형태가 아니라 '표表'의 형식과 혼동되어 있다는 점을 들었다. '계啓'의 형식은 '신모계臣某啓'로 시작하여 '근계謹啓'로 끝맺는 것이 일반적이다. 그런데 『천지서상지』의 계문은 앞부분에서는 '신수진계臣守眞啓'라고 하여 '신모계臣某啓'의 형식을 띠고 있지만, 그 끝은 '성황성공誠惶誠恐, 돈수돈수頓首頓首, 사죄사죄死罪死罪'로 되어 있어 '표'의 끝맺음 형식이라는 것이다. 따라서 순수한 계문의 형식을 기준으로 할 때 세련되지 못하다고 할 수 있는데, 이와 같은 '계'와 '표'의 혼동은 이 책이 당의 주변국 특히 신라인에 의해서 편찬되었을 가능성을 보여 준다고 주장하였다. 이와 더불어 피휘법을 지키지 않은 점도 중국 이외의 외국에서 편찬되었을 가능성을 보여 주는 예라고 지적하였다. 권1 계문의 '민民'(당태종 李世民), 권7의 내관內官 '호분虎賁'(당고조 이연의 조부 李虎), 외관外官 '천연天淵'(당고조 李淵) 등 피휘하지 않은 사례를 들면서, '민民'은 현경顯慶 연간(당고종, 656~660)에 이미 피휘하고 있었는데다가, 『천지서상지』와 동시대에 편찬된 『수서』와 『진서』의 「천문지」에는 같은 내용을 '무분武賁', '천지天池'로 피휘하고 있음이 확인된다고 하였다. 이러한 피휘는 『대당육전大唐六典』의 피휘 규정, 『당률소의唐律疏議』의 피휘 위반 처벌규정 등으로 보아 당초에 이미 일반적이었다고 하였다.

이처럼 미즈구치 모토키는 주장의 논거에서는 권덕영과 다르지만 신라인의 찬술 가능성이 높다고 본 점에서는 공통된다. 그러나 한편으로는 살수진의 관직 '태사大史'가 신라 관직에 없다는 점, 신라에서의 찬술이라면 인용되고 있는 다양한 한적들이 신라에 과연 존재했을까 하는 점, 권1에 인용되어 있는 『태종문황제조서太宗文皇帝詔書』 등 당의 최신 자료 입수 경위 등을 들며 여전히 의문을 남기고 있다. 또한 이 책이 일본에 유입되는 과정에 대해 헤이안시대 일본과 당과의 교역은 2차례에 불과하지만 발해渤海와는 적극적인 교류를 한 역사적 상황을 들어 발해의 사신을 통해 일본에 수용되었을 가능성도 배제할 수 없다고 하였다.

이상으로 일본에서 먼저 시작된 서지학적 검토에서부터 최근 우리나라에서의 찬자를 둘러싼 관심을 소개하였다. 그러나 그 외의 부분, 즉 이 책의 전체에 흐르고 있는 당시 사람들의 관념이나 사상 및 제도적인 측면에 대한 연구는 아직 미진한 상태이다. 이는 기본적으로 텍스트의 내용 그 자체에 대한 접근으로부터 가능할 것으로 생각된다.

天地瑞祥志 卷一

條例目錄

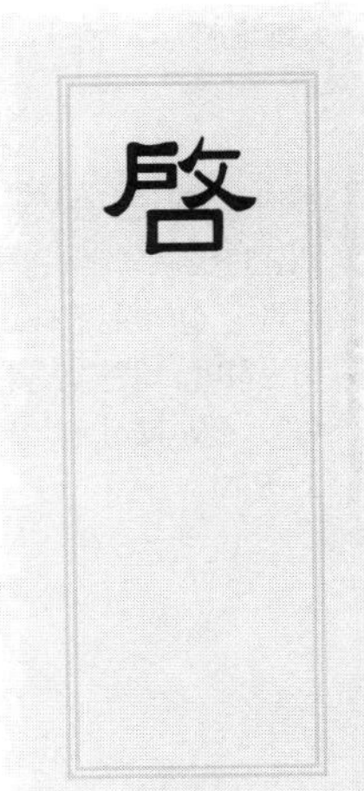
啓

해제 : 「계」는 본서의 편찬을 명령한 '대왕전하'에게 올리는 일종의 보고문이다. 본서의 편찬경위와 각 편목의 내용 및 기술의도를 논하고 있다. 전한시대 경제·무제 이후 무격의 설이 유행하고, 애제·평제 이후 도참설이 더해져 경전의 뜻이 희미해졌음을 비판하며, 이런 상황을 본서 편찬의 정당성으로 강조한다. 아울러 말미에 '인덕 3년(666) 4월, 태사 신 살수진이 계문을 올리다'라고 하여 찬자의 이름과 편찬연대를 밝히고 있다.

【계 1—1:1】

신臣 수진守眞은 아뢰옵니다. 타고난 성품이 어리석고 무지하여 깨우친 바가 없습니다만, 외람되이 영지令旨[1]를 받들어 삼가 하늘이 견계譴誡하는

1) 令旨 : 황태자의 명령을 가리킨다. 『舊唐書』 권44 「職官志」, '東宮官屬·太子右春坊', 1909쪽에 "太子右春坊의 속관으로 右庶子 2인, 中舍人 2인, 舍人 4인, 錄事 1인, 主事 2인이 있다. 舍人은 令書·令旨 및 表·啓의 일을 관장하여 행한다. 태자가 通表할 때는 諸臣의 예와 마찬가지로 한다. 제신 및 궁신이 황태자에게 올릴 때에는, 큰일의 경우 '牋'으로 하고, 작은 일의 경우 '啓'로 하며, 그 겉봉투의 표제에는 '올린다'(上)라고 한다. 右春坊通事舍人이 개봉하여 올린다. 그 일이 시행할 만하면 모두 '坊'에 하달하는데, 舍人이 열어 보고, 庶子가 참작하여 상세하게 살핀다. 그렇게 한 뒤에 올린다. 시행할 수 없다고 판단되면 폐기한다"(太子右春坊. 右庶子二人〔正四品下〕, 中舍人二人〔正五品上〕, 舍人四人〔正六品上〕, 錄事一人〔從八品下〕, 主事二人〔從九品下〕. 舍人掌行令書令旨及表啓之事. 太子通表, 如諸臣之禮. 諸臣及宮臣上皇太子, 大事以牋, 小事以啓, 其封題皆曰上, 右春坊通事舍人開封以進. 其事可施行者皆下於坊, 舍人開, 庶子參詳之, 然後進. 不可者則否)라고 하였다. ○ 천자에게 올리는 '表'에 해당하는 문서를 황태자에게 올릴 경우에는 '啓'라고 한다. 『唐六典』 권1 「尙書都省」, '左右司郎中·員外郎', 10~11쪽에 "무릇 아래에서 위로 올리는 문서에는 그 제도가 또한 여섯 가지가 있다. 표·장·전·계·첩·사이다〔표는 천자에게 올리는 것인데, (천자의) 근신은 또 장을 올리기도 한다. 전·계는 황태자에게 올리는 것이다. 그런데 관청의

뜻을 헤아리고 재얼災孽을 미리 피할 수 있도록 하게 하셨습니다. 한 사람(황제)이 선으로 천하를 가르치시면 백성이 또 다스려지고 안정될 것입니다.[2] 이 때문에 신은 널리 여러 학자의 천문 서적을 수집하고, 도참圖讖을 두루 펼쳐 보았습니다. 재이災異에 관해서는 비록 유형별로 모았지만 □□서로 나뉘어져 있고, 사목事目은 비록 많지만 조리 있게 체계를 세우지는 못하였습니다. 한양韓揚의 『천문□□天文□□』[3]에는 "월식이 일어났을 때,

---

장관에게도 전 · 계를 올리기도 하지만 이 경우는 공문으로 행하는 바는 아니다. 9품 이상의 공문은 모두 첩이라고 하고, 서인이 올리는 것은 사라고 한다]"(凡下之所以達上, 其制亦有六, 曰表 · 狀 · 牋 · 啓 · 牒 · 辭[表上於天子, 其近臣亦爲狀. 牋 · 啓〈上〉於皇太子, 然於其長亦爲之, 非公文所施. 九品已上公文皆曰牒. 庶人曰辭)라고 하였다. 동일한 규정은 『구당서』 권43 「직관지」, 1817쪽과 『당회요』 권26 「牋表例」, 504쪽에도 보인다. ○ '牋'은 表文의 일종으로, 위진시대 이후에는 대부분 황후 · 태자 · 제왕에게 올릴 때 사용하였다. 唐의 韋皐는 順宗이 위독하여 정사를 돌보지 못하자 表를 올려 황태자에게 監國하게 할 것을 청하였고, 또 황태자에게 牋을 올렸다고 한다.(『구당서』, 권140, 「위고열전」, 3824~3826쪽) 명나라 王三聘의 『古今事物考』 「公式」에는 "牋은 이전에는 없었던 것으로 魏시대에 시작되었다. 지존에게 올리는 것을 表라고 한다. 한 등급 낮추어 중궁과 동궁에 올리는 것은 모두 牋이라고 한다. 대체로 표와 서로 유사하다"(牋, 前無聞, 自魏始也. 上至尊曰表. 降一等, 中宮 · 東宮皆曰牋, 大體與表相類)라고 하였다. ○ 舍人이 관장한다는 '令書'는 太子가 내리는 서면의 명령으로, 황제의 詔書와 구별된다. 나카무라 유이치(中村裕一)는 '令'은 황태자가 발하는 문서로서, 동시에 태황태후 · 황태후 · 황후가 발하는 문서이기도 하며, 황태자가 발하는 令에는 '令書'와 '令旨' 두 가지가 있다고 하였다. 현재 唐의 令書는 남아 있지 않지만, 그는 투르판에서 출토된 汎德達告身을 통해 令書의 문서양식을 복원하였다. 令旨의 양식은 자세하지 않다고 한다. 『唐代官文書研究』, 1장 「令書と敎」, 中文出版社, 1991 참조.

2) 『尙書正義』 권19 「呂刑」, 640쪽에 "한 사람이 선한 마음을 가지고 있으면, 백성이 그에 의지하게 되어 그 평안함이 영원할 것이다"(一人有慶, 兆民賴之, 其寧惟永)라고 하였고, 이에 대한 孔穎達의 疏에는 "천자가 선한 마음을 가지고 선으로 천하를 섬기고 가르치면, 백성들이 그에 힘입고 의지하게 된다"라고 하였다.

3) 韓揚의 『天文□□』: 『후한서』 「천문지」, 3218쪽, 이현의 주에 『韓揚占』이 인용되어 있는데, 『진서』 · 『수서』 등에는 '韓楊'으로 되어 있다. 한양은 晋 초기 明堂과 南郊의 제사형식을 논할 때 五帝를 함께 배향할 것을 상서했다고 한다.(『진서』, 권19, 「예지상」, 587쪽) 그는 예와 천문에 정통했으며, 太史令의 관직에 있

역수曆數에 응하면 점을 치지 않고, 역수에 응하지 않을 때 비로소 점을 친다"라고 하였습니다. 또 한양은 『천문』 서문에서 "위魏나라 감로甘露 5년(260) 정월 을유乙酉에 일식이 일어났다. 군주는 약하고 신하는 강해서 도리어 자기 군주를 정벌하게 되는 상이다. 5월에 고귀향공高貴鄕公(魏의 廢帝 髦)이 난을 일으킬 것이다"[4]라고 하였습니다. 저 또한 상대의 창을 빌려 상대의 방패를 쪼개 보고자 합니다. 이제 역술曆術로 계산해 보자면, 감로 5년(260)에 일식이 일어난 것은 역수에 합치되는 것입니다. 그런데도 재앙이 있었습니다. 이를 통해서 살펴본다면, 한양은 부화뇌동하여 그 옳고 그름을 상세하게 밝히지 못하였던 것입니다.

이제 그 요점을 뽑아서 기록해 둔다면 대체로 다음과 같습니다.

【啓 1—1:1】

臣守眞啓, 稟性愚瞢, 無所開悟, 伏奉令旨, 使祀[5]承譴誡, 預避災孽. 一人有慶, 百姓又[6]安. 是以臣廣集諸家天文, 披攬圖讖, 災異雖有類聚, 而□□相分, 事目雖多, 而不爲條貫也. 韓揚『天文□□』"月蝕, 應曆數不占, 不應曆數乃占." 又揚『天文』序曰, "魏甘露五年正月乙酉, 日有食之.

었다고 한다. ○『수서』 권34 「경적지」, 1018쪽에 "『天文要集』 40권, 晋 太史令 韓楊 撰", 『신당서』 권59 「예문지」, '天文類', 1543쪽에 "『韓楊天文要集』 40권"이 저록되어 있는 것으로 보아 『천지서상지』 「계」의 『天文□□』는 바로 이 『天文要集』이 아닐까 추측된다.

4) 高貴鄕公(魏의 廢帝 髦)이 난을 일으킬 것이다 : 고귀향공은 魏 文帝의 손자로, 권신 司馬師에 의해 14세의 어린 나이로 천자에 옹립되었다. 사마씨의 전횡에 불만을 품어 감로 5년 친위부대를 이끌고 사마사를 토벌하기 위해 출동했지만, 결국 역습을 받아 목숨을 잃었다. 이른바 成濟之變이다. 少帝 高貴鄕公이 폐위된 경위에 대해서는 『三國志』 권4 「魏書」, '少帝·高貴鄕公髦', 142쪽 주에 인용된 『漢晋春秋』에 상세하다.

5) 祀 : 祇의 이체자이다.

6) 又 : 乂의 오사이다.

君弱臣强, 反征其主. 五月, 高貴作難也." 吾亦將借子之矛, 以刺子之猷[7]. 今以曆術勘, 甘露五年日食, 是合曆數, 然而有殃也. 由此觀之, 韓揚雷同, 不詳是非. 今鈔撰其要, 庶可從□也.

【계 1—1:2】

옛날 포희씨庖羲氏가 천하의 왕이 되었을 때, 상象을 관찰하고 법法을 살펴서 처음으로 팔괘八卦를 그려 신명의 덕에 통하고 천지의 정을 형상하였습니다. 그러므로 『역易』에 "하늘이 상을 드리우니, 성인은 이를 본받는다"[8]라고 한 것입니다. 이는 천문天文을 관찰해서 변화를 보여 준다는 뜻입니다. 『상서尙書』에 "하늘이 듣고 보는 것은 우리 백성을 통해 듣고 본다"[9]고 하였습니다. 이는 인문人文을 관찰해서 교화를 완성한다는 뜻입니다. 그렇다면 정교政敎는 인리人理에서 조짐을 보고, 서상瑞祥은 천문天文에 응하는 것입니다. 이 때문에 삼황三皇[10]은 덕에 힘쓰고 칠요七曜[11]는 궤도

---

7) 猷 : 㪍의 오사이다.

8) 『周易正義』, 권7, 「繫辭上」, 341쪽.

9) 『尙書正義』 권4 「皐陶謨」, 131쪽, 孔安國의 傳에는 "하늘은 백성을 통해서 복을 내리니, 백성이 귀의하는 자에게 하늘은 명을 내린다. 하늘이 군주의 행동을 보고 듣는 것은 백성을 통해서 보고 듣는다"라고 하였다.

10) 三皇 : 상고시대 전설상의 세 제왕으로서, 각 문헌마다 설이 다양하다. ① 伏羲·神農·黃帝(『莊子』「天運」의 成玄英 疏), ② 伏羲·神農·女媧(『呂氏春秋』「用衆」의 高誘 注), ③ 伏羲·神農·燧人(『白虎通』, 「號」), ④ 伏羲·神農·祝融(『白虎通』, 「號」), ⑤ 天皇·地皇·泰皇(『史記』, 「秦始皇本紀」), ⑥ 天皇·地皇·人皇(『春秋緯』) 등이 있다.

11) 七曜 : 日月과 五星(木·火·土·金·水)을 말한다. 七政이라고도 한다.

에 순응하였으니, 해와 달에 빛이 없거나 서로 가리는 변이變異현상이 없었고, 별과 별자리가 착란되는 괴이怪異현상이 없었습니다.

고양씨高陽氏는 남정南正 중重에게 명하여 하늘을 관장하게 하였고, 북정北正 여黎에게 명하여 땅을 관장하게 하였습니다.[12] 제곡帝嚳 또한 삼신三辰(해·달·별)의 운행을 관찰하였고, 당唐(요임금)·우虞(순임금)는 희씨羲氏와 화씨和氏에게 명하여 삼가 하늘의 이치를 따르게 하였습니다.[13] 하우夏禹는 『낙서雒書』를 기초로 이를 진술하였으니, (『상서』의) 「홍범洪範」이 그것입니다.

은殷나라의 무함巫咸[14]과 주周나라의 사일史佚[15]에 이르면, 그들의 격

12) 『國語』 권18 「楚語下」, 562쪽에 "전욱이 (소호씨의 뒤를) 계승하자, 南正 重에게 명하여 하늘의 일을 관장하여 신의 제사를 총괄하게 하였고, 火正 黎에게 명하여 땅의 일을 관장하여 백성의 농사를 총괄하게 하였다"(顓頊受之, 乃命南正重, 司天以屬神, 命火正黎, 司地以屬民)라고 하였다. 이에 대한 韋昭의 注에는 "'南'은 양의 자리고, '正'은 장관(長)의 뜻이다. '火'는 '北'으로 보아야 한다"라고 하였다. 남정은 양위의 장관으로 태양관측의 임무를 맡았는데, 후에는 제사를 주관하게 되었다.

13) 요임금은 희중·희숙과 화중·화숙 양 형제들을 사방으로 분담하여 천상을 관찰하고 역법을 제정하게 하였다고 한다. 『상서정의』 권2 「堯典」, 33쪽에 "이에 희씨와 화씨에게 명하여 삼가 호천의 뜻에 공경히 순응하여 해와 달과 별과 별자리의 운행을 관찰하여 사람들에게 때를 알려 주도록 하였다"(乃命羲·和, 欽若昊天, 曆象日月星辰, 敬授人時)라고 하였다. 이에 대한 孔安國의 傳에는 "重과 黎의 후손인 羲氏·和氏는 대대로 천지사시의 관직을 관장하였다. 이 때문에 요임금이 그들에게 명하여 호천의 뜻에 공경히 순응하도록 한 것이다. '昊天'은 元氣가 광대함을 뜻한다. '星'은 사방의 中星이다. '辰'은 해와 달이 만나는 것이다(日月所會)"라고 하였고, 孔穎達의 疏에는 "'해와 달이 만난다'는 것은 해와 달이 12차에서 서로 만나는 것을 가리킨다. '寅'은 '析木'에서 만나고, '卯'는 '大火'에서 만나고, '辰'은 '壽星'에서 만나고, '巳'는 '鶉尾'에서 만나고, '午'는 '鶉火'에서 만나고, '未'는 '鶉首'에서 만나고, '申'은 '實沈'에서 만나고, '酉'는 '大梁'에서 만나고, '戌'은 '降婁'에서 만나고, '亥'는 '娵訾'에서 만나고, '子'는 '玄枵'에서 만나고, '丑'은 '星紀'에서 만난다"라고 하였다. 이를 12辰이라 한다. 고대의 천문학에서는 이를 12방위에 배당하여 歲時의 변화·운행을 정하는 데에 사용하였다.

14) 巫咸 : 『사기』 권27 「천관서」, 1343쪽, 張守節의 주에 "'巫咸'은 은나라의 賢臣으

언과 남겨 놓은 기록이 오늘날까지 썩지 않고 남아 있습니다. 그 제후의 사史(천문관)로는 노魯나라에는 재신梓愼[16]이 있고, 진晋나라에는 복언卜偃이 있으며, 정鄭나라에는 비조裨竈가 있고, 송宋나라에는 자위子韋가 있고, 제齊나라에는 감덕甘德[17]이 있으며, 초楚나라에는 당매唐昧가 있고, 조趙나라에는 윤고尹皐가 있고, 위魏나라에는 석중石中[18]이 있어서 모두 천문을 관장하여 기록했습니다.[19] 포악한 진秦나라가 서적을 불태워 육경六經은 조각나고 사라졌지만, 천관天官의 성점星占은 보존되어 훼멸되지 않았습니다.

【啓 7—1:2】

昔在庖義之王天下也, 觀象察法, 始畫八卦, 以通神明之德, 以類天地之情. 故『易』曰, "天垂象, 聖人則之", 此則觀乎天文, 以示變者也. 『書』曰, "天聰明, 自我民聰明", 此明觀乎人文, 以成化者也. 然則政教兆於人理, 瑞祥應乎天文. 是故三皇邁德, 七曜順軌, 日月無薄蝕之變, 星辰靡錯亂

로, 본래 吳나라 사람"이라고 하였다. 『수서』 권34 「경적지」, '天文', 1018쪽에 "『巫咸五星占』 1권"이 저록되어 있다.

15) 史佚 : 『사기』 권27 「천관서」, 1343쪽, 張守節의 주에 "周 武王 때의 太史 尹佚"이라고 하였다.

16) 梓愼 : 춘추시대 노나라의 대부이다. 『한서』 권30 「예문지」, 1775쪽에 노나라의 數術家로 나온다.

17) 甘德 : 『사기』 권27 「천관서」, 1343쪽, 裴駰의 주에 '徐廣'의 말을 인용하여 "甘公의 이름은 德으로, 본래 魯나라 사람"이라고 하였고, 張守節의 주에는 『七略』을 인용하여, "楚나라 사람으로, 전국시대에 『天文星占』 8권을 지었다"라고 하였다. 『한서』 권30 「예문지」, 772쪽에 "『甘德長柳占夢』 20권", 『구당서』 권47 「경적지하」, '천문류', 2036쪽에 "『甘氏四七法』 1권"이 저록되어 있다.

18) 石中 : '石申父'(『한서』, 「예문지」, 1775쪽), '石中夫'(『후한서』, 권30하, 「郎顗列傳」, 1088쪽), '石申'(『사기』, 권27, 「천관서」, 1343쪽 ; 『구당서』, 권36, 「천문하」, 1311쪽) 등 문헌에 따라 이름이 다르게 등장한다. 『신당서』 권59 「예문지」, '천문류', 1544쪽에 "『石氏星經簿讚』 1권"이 저록되어 있다.

19) 『사기』 권27 「천관서」, 1343쪽에 秦 제국 이전의 유명한 천문관으로 『천지서상지』와 거의 동일한 인물을 거론하고 있다.

之妖. 高陽乃命南正重司天, 北正黎司地. 帝□[20]亦序三辰. 唐虞命義[21]和, 欽若昊天. 夏禹因『雒書』而陳之, 「洪範」是也. 至于殷之巫咸·周之史佚, 格言遺記, 于今不朽. 其諸侯之史, 魯有梓愼, 晋有卜偃, 鄭有裨竈, 未[22]有子韋, 齊有甘德, 楚有唐昧, 趙有尹皐, 魏有石中, 皆掌著天文. 暴秦燔書, 六經殘滅, 天官星占, 存□[23]不毁.

【계 1—1:3】

한漢의 경제景帝(BC 157~BC 141)·무제武帝(BC 141~BC 87) 시대에 이르러서는 귀신 섬기는 것을 좋아했는데, 특히 무격巫覡의 설을 숭배하여 이미 당시에 숭상의 대상이 되었습니다. 이로 인해서 요망한 주장들이 깊숙이 침투해 있었습니다. 애제哀帝(BC 7~BC 1)·평제平帝(BC 1~AD 5) 이후에는 도참圖讖이 이에 더해져서 제멋대로 길흉을 말하였습니다.

이 때문에 사마담司馬談·사마천司馬遷 부자는 「천관서天官書」를 이어서 저술하였고,[24] 광록대부光祿大夫 유향劉向은 「홍범鴻範」의 뜻을 부연하여 「황극론皇極論」을 지었으며, 봉래蓬萊 땅의 방사方士는 바다에 떠 있는 문장

---

20) □ : 이 공백에는 '嚳'자가 들어가야 할 듯하다.
21) 義 : 羲의 오사이다.
22) 未 : 宋의 오사이다.
23) □ : 이 공백에는 '而'자가 들어가야 할 듯하다. 『晉書』 권11 「천문지상」, 278쪽에 '存而不毁'로 되어 있다.
24) 『진서』 권11 「천문지상」, 278쪽에는 "사마담 부자가 이어서 사관이 되어 「천관서」를 저술하였다"(司馬談父子繼爲史官, 著「天官書」)로 되어 있다.

을 얻어서 『해중점海中占』[25]을 저술하였습니다. 태사령太史令 치맹郗萌[26], 형주목荊州牧 유표劉表[27], 동중서董仲舒, 반고班固, 사마표司馬彪, 위군태수魏郡太守 경방京房[28], 태사령太史令 진탁陳卓[29], 진晋의 급사중給事中 한양韓揚 등이 모두 천지 재이의 점을 익혀서 각각 빼어난 재주를 뽐내면서 서로 다투었습니다.[30]

---

25) 『海中占』 : 『수서』 권34 「경적지」, '천문', 1020쪽에 찬자 미상의 『星圖海中占』 1권이 저록되어 있으며, 『후한서』 「천문지」, 3236쪽, 이현의 주 등에 『해중점』의 문장이 인용되어 있다.

26) 郗萌 : 그의 전기는 자세하지 않다. 『수서』 권32 「경적지」, 941쪽에 "후한 말의 郎中"이라고 하였고, 『수서』 권32 「경적지」, '讖緯之書', 940쪽에는 "『春秋災異』 15권, 郗萌 撰"이 저록되어 있다.

27) 劉表 : 『구당서』 권47 「경적지하」, '천문류', 2037쪽에 "『荊州星占』 2권, 劉表 撰"이 저록되어 있으며, 『진서』 권12 「천문지중」, '雜星氣', 322쪽에는 "후한 말에 이르러 유표는 형주목이 되어 무릉태수 劉叡에게 명하여 천문에 관한 여러 점서를 모으게 하고 『荊州占』이라 이름하였다"(及漢末劉表爲荊州牧, 命武陵太守劉叡, 集天文衆占, 名『荊州占』)라고 하였다.

28) 京房(BC 77～BC 37) : 자는 君明으로, 東郡 頓丘(하남성) 출신이다. 본래 성은 李였는데 스스로 京으로 고쳤다. 梁의 焦延壽에게 『易』을 배웠으며, 『한서』 권75에 그의 전기가 있다. 『한서』 권30 「예문지」, '易', 1703쪽에 "『孟氏京房』 11편, 『災異孟氏京房』 66편, 『京氏段嘉』 12편"이 저록되어 있다.

29) 陳卓 : 자는 季冑, 西晉 초기 인물이다. 『수서』, 권34, 「경적지」 '천문', 1018～1019쪽에 "『天文集占』 10권, 晋 太史令 陳卓 定", "『五星占』 1권, 陳卓 撰"으로 저록되어 있다.

30) 【계 1—1:2】와 【계 1—1:3】은 『진서』 권11 「천문지상」, 278～279쪽을 거의 전재한 것이다. 『진서』의 원문은 다음과 같다. "昔在庖犧, 觀象察法, 以通神明之德, 以類天地之情, 可以藏往知來, 開物成務. 故『易』曰, '天垂象, 見吉凶, 聖人象之.' 此則觀乎天文以示變者也. 『尙書』曰, '天聰明自我人聰明.' 此則觀乎人文以成化者也. 是故政教兆於人理, 祥變應乎天文, 得失雖微, 罔不昭著. 然則三皇邁德, 七曜順軌, 日月無薄蝕之變, 星辰靡錯亂之妖. 黃帝創受河圖, 始明休咎, 故其星傳尙有存焉. 降在高陽, 乃命南正重司天, 北正黎司地. 爰洎帝嚳, 亦式序三辰. 唐虞則羲和繼軌, 有夏則昆吾紹德. 年代遙邈, 文籍靡傳. 至于殷之巫咸, 周之史佚, 格言遺記, 于今不朽. 其諸侯之史, 則魯有梓慎, 晉有卜偃, 鄭有裨竈, 宋有子韋, 齊有甘德, 楚有唐昧, 趙有尹皐, 魏有石申夫, 皆掌著天文, 各論圖驗. 其巫咸·甘·石之說, 後代所宗. 暴秦燔書, 六經殘滅, 天官星占, 存而不毀. 及漢景武之際, 司馬談父子繼爲史官, 著「天官書」, 以明天人之道. 其後中壘校尉劉向, 廣「洪範」災條, 作「皇極

【啓 1—1:3】

及漢景・武之際, 好事鬼神, 尤崇巫覡之說, 旣爲當時可尙, 妖妄因此浸多. 哀・平已來, 加之圖讖, 檀[31]說吉凶. 是以司馬談父子, 繼著「天官書」, 光祿大夫劉向, 廣「鴻範」作「皇極論」. 蓬萊士, 得海浮之文, 著「海中占」. 大史令郗萌・荊州收[32]劉表・董仲・班固・司馬彪・魏郡太守京房・大史令陳卓・晋給事中韓揚等, 並脩天地灾異之占, 各羨雄才, 互爲干戈.

【계 1—1:4】

신이 살펴보건대, 『진서』「천문지」에 "무함・감덕・석중의 설은 후대에 (천문의) 종주가 되었다"[33]라고 하였습니다. 삼황시대(皇世)의 『삼분三墳』[34]과 오제시대(帝代)의 『오전五典』[35]을 경經이라 하고, 『삼분』의 뜻을 진술하고 『오전』의 뜻을 밝힌 것을 위緯라고 합니다. 세 성인(三聖)[36]이 이

論」, 以參往之行事. 及班固撰『漢史』, 馬續述「天文」, 而蔡邕・譙周各有撰錄, 司馬彪採之, 以繼前志. 今詳說, 以著于篇."

31) 檀 : 擅의 오사이다.

32) 收 : 牧의 오사이다.

33) 『진서』, 권11, 「천문지」, 277쪽.

34) 『三墳』 : 전설상 삼황의 글을 '삼분'이라고 한다.

35) 『五典』 : 전설상 오제의 글을 '오전'이라고 한다.

36) 세 성인(三聖) : 요・순・우를 가리킨다. 『한서』 권56 「董仲舒傳」, 2518쪽 동중서의 '賢良三策'에 "도의 커다란 근원은 하늘에서 나온다. 하늘은 변하지 않으며, 도 역시 변하지 않는다. 이 때문에 우는 순을 이었고, 순은 요를 이었던 것이다. 세 성인은 서로 계승하면서 하나의 도를 지켰다"(道之大原, 出于天, 天不變, 道亦

어지는 동안에는 순박하였지만, 부자夫子(공자) 이후에는 경박하게 되었습니다. 경박한 물결이 거듭 몰려드니 순박한 풍조가 영원히 사라졌습니다. 그리하여 『삼분』과 『오전』의 경經은 이미 지난날에 버림을 받았고, 구류九流(제자백가의 아홉 학파)의 위緯는 오늘날에 성행하고 있습니다. 위緯는 경經만 같지 못하지만 이미 전적에 실려 있어서, 거의 경문을 민멸시키면서 오히려 성인시대(당 고종의 시대)에 밝게 빛나고 있으며, 제자諸子의 문장들은 감덕과 석중의 소루함을 보충하고 있는 실정입니다.

【啓 1—1:4】

臣案『晋志』云"巫含・甘・石之説, 後代所宗", 皇世三墳・帝代五典, 謂之經也. 『三墳』旣陳, 『五典』斯炳, 謂之緯也. 歷於三聖爲淳, 夫子已後爲澆, 澆浪荐臻, 淳風永息. 故墳典之經, 見弃於往年, 九流之緯, 盛行乎兹日. 緯不如經, 旣在典籍, 庶令泯沒經文, 還昭晣於聖世, 諸子□詞, 補甘・石之疏遺.

【계 1—1:5】

수진守眞은 해와 달(日月)의 은택에 의지하여[37] 전대의 기록에서 도적

不變, 是以禹繼舜, 舜繼堯, 三聖相受而守一道)라고 하였다.

37) 해와 달(日月)의 은택에 의지하여 : 『예기정의』 권61 「昏義」, 1896쪽에 "천자와 후의 관계는 해와 달의 관계와 같다"(天子之與后, 猶日之與月)라고 하여 해와 달은 천자와 황후의 관계를 비유하는 말로 쓰인다. 또한 성현을 비유하기도 한다.

圖籍과 표첩表諜을 살펴보게 되었습니다. 말이 음양陰陽에 관계되고, 뜻이 서상瑞祥에 관련된 것이라면 자그마한 악도 숨기지 않고 털끝만큼의 선도 반드시 기술하였습니다. 이제 용의 연못(龍淵)에서 명주처럼 빼어난 문장을 줍고, 봉황의 동굴(鳳穴)[38]에서 비취 깃처럼 아름다운 글을 뽑아 유형별로 나열하여 20권을 완성하였습니다. 사물이 산과 바다에 가로막혀 귀와 눈으로 직접 살필 수 없는 것은 모두 『이아爾雅』[39] · 『서응도瑞應圖』[40] 등에 의거하여 그 형색을 그려 놓았으며,[41] 아울러 사성四聲의 주注를 달았습니다. 『천지서상지天地瑞祥志』라고 이름하였습니다.

【啓 1—1:5】

守眞憑日月之光耀, 觀圖諜於前載, 言涉於陰陽, 義關於瑞祥, 纖分之惡[42]無隱, 秋毫之善必陳. 今拾明珠於龍淵, 抽翠羽於鳳穴, 以類相從, 成廿卷. 物阻山海, 耳目未詳者, 皆據『爾雅』·『瑞應圖』等, 畫其形包[43],

---

38) 봉황의 동굴(鳳穴) : 봉황이 사는 곳이란 뜻으로, 文才가 모여 있는 곳을 비유한다.

39) 『爾雅』 : 여기서는 郭璞의 『爾雅圖』를 말한다. 『수서』 권32 「경적지」, 937쪽에 "『이아도』 10권, 郭璞 撰", 『구당서』 권46 「경적지상」, 1984쪽에 "『이아도』 1권, 郭璞 注"로 저록되어 있으며, 『진서』 권72 「곽박열전」, 1910쪽에는 "(곽박은) 『이아』에 주석을 달았다"라고 하였다. ○ 郭璞(276~324)은 자가 景純으로, 河東 聞喜(산서성) 출신이다. 동진시대의 고전 학자이자 시인이며, 사후에 弘農太守를 추증받았다.

40) 『瑞應圖』 : 작자 미상. 『수서』 권34 「경적지」, '五行', 1032쪽에 찬자 미상의 "『瑞應圖』 3권"과 "梁 孫柔之의 『瑞圖讚』 2권"이 저록되어 있고, 『구당서』 권47 「경적지하」, 2034쪽과 『신당서』 권59 「예문지」, 1535쪽, '雜家類'에 "梁 孫柔之 撰, 『瑞應圖記』 3권"과 "熊理의 『瑞應圖讚』 3권"으로 각각 저록되어 있다. 또한 『南齊書』 권18 「祥瑞志」, 349쪽에는 "庾溫이 『瑞應圖』를 찬하였다"라고 하였다. 『서응도기』는 『서응도』를 해설한 책으로 생각된다. 현재는 모두 망실되었고, 청대 馬國翰의 『玉函山房輯佚書』에 그 일부가 집일되어 있다.

41) 현재 『천지서상지』에는 34곳에 그림이 보이며, 그 중에는 채색으로 그려진 것도 있다. 이를 도표로 보면 다음과 같다.

兼注四聲, 名爲『天地瑞祥志』也.

	그림	전거
권17,「玉」, 15쪽	明珠明珠·玄珪·璧·玉英·玉英·璋	『周官』,「大宗伯」, "옥으로 6가지 옥기를 만들어 천지 사방에 예를 드린다."
권17,「貝」, 17쪽	蘇胡鉤	『瑞應圖』, "왕자가 공경스럽고 신실하면 (소호구가) 이른다. 어떤 책에는 '珊瑠鉤'로 되어 있다."
권17,「金車」, 17쪽	金車	『瑞應圖』, "금거는 왕자가 지극한 효와 어진 덕을 널리 베풀면 출현한다. 순임금 때 제왕의 뜰에 출현하였다."
권17,「根車」, 23쪽	根車	『孝經援神契』, "덕이 산언덕에까지 이르면 산에 근거가 출현한다. 근거는 만물을 떠받들고 양육한다."
권17,「象車」, 23쪽	象車	『孫氏瑞應圖』, "상거는 산의 정기다. 왕자가 덕의를 펼치면 출현한다."
권17,「山車」, 23쪽	山車	『禮記』,「禮運」, "산은 기물과 산거를 산출한다."
권17,「威香」, 24쪽	威香	『瑞應圖』, "왕자가 예를 지극히 갖추면 항상 생겨난다."
권19,「獸惣載」, 2쪽	麒麟	『瑞應圖』, "기린은 仁獸이다."
권19,「獸惣載」, 3쪽	澤馬·騰馬·玉馬·龍馬	
권19,「獸惣載」, 10쪽	羊	
권19,「獸惣載」, 16쪽	虎	『說文』, "虎는 산에 사는 들짐승의 군주이다."
권19,「獸惣載」, 20쪽	麋	『說文』, "麋는 사슴의 일종이다."
권19,「獸惣載」, 21쪽	鹿	『爾雅』, "노루의 숫컷을 麌라고 하고, 암컷을 麜라고 한다."
권19,「獸惣載」, 26쪽	犀	『爾雅』, "犀는 코끼리와 유사하다."
권19,「獸惣載」, 27쪽	解豸	『瑞應圖』, "왕자가 송사가 공평하면 출현한다."
권19,「獸惣載」, 27쪽	兕	『瑞應圖』, "兕는 소와 유사하다."
권19,「獸惣載」, 28쪽	白澤	『瑞應圖』, "黃帝 때 순수를 하다가 동해 물가에 이르렀는데 백택이 출현하였다. 말을 할 수 있다."
권19,「鼠」, 30쪽	鼢·鼩·鼸鼠·鼫鼠·鼷鼠·鼪·鼬·鼯鼠·鼰鼠	

이 밖에도 권18의「鳳凰」(4쪽)·「發明」(5쪽)·「焦明」(6쪽)·「鸕鷀」(6쪽) 등에 그림의 흔적이 있다.

42) 悪 : 『천지서상지』의 필사자는 "要或本作之" 즉 어떤 판본에는 '要'로 되어 있다고 교감하고 있다. 따라서 『천지서상지』를 필사할 때 이미 여러 판본이 유통되고 있었음을 짐작하게 한다.

43) 包 : 色의 오사이다.

【계 1—1:6】

이른바 서상瑞祥은 길흉에 앞서 먼저 나타나고 화복이 일어난 뒤에 응하는 것으로, 비유하자면 소리가 텅 빈 계곡에서 일어나고 거울이 형체를 비추는 것과 같습니다. 옛날 은나라의 탕임금이 자신을 자책하자 단비가 내려 윤택해졌고,[44] 주나라의 성왕이 스스로를 허물하자 곡식이 일어나고 바람이 반대로 불었습니다.[45] 이는 덕으로 괴이함을 이긴 경우로서, 전적에 기록되어 갖추어져 있습니다.

엎드려 생각하옵건대, 대왕전하大王殿下[46]께서는 은택이 해와 달에 빛

---

44) 歐陽詢, 『藝文類聚』, 권17, 人部1, 「髮」, 319쪽.

45) 『상서정의』, 권13, 「金縢」, 401쪽.

46) 大王殿下 : '전하'는 후한 · 위 이후에 사용된 제후왕 · 태자 및 제왕에 대한 존칭이다. ① 『三國志』 권12 「魏書 · 邢顒傳」, 382쪽에 "이전에 태자가 아직 정해지지 않았을 때, 臨菑侯 植이 총애를 받고 있었고, 丁儀 등이 모두 그의 아름다움을 칭송하였다. 태조가 邢顒에게 묻자, 형옹이 대답하였다. '서자가 종자를 대신하는 것은 선왕의 시대에 경계하던 바입니다. 원컨대, 殿下께서는 매우 신중하게 살피소서!'라고 하였다"(初, 太子未定, 而臨菑侯植有寵, 丁儀等並贊翼其美. 太祖問顒, 顒對曰, '庶代宗, 先世之戒也. 願殿下深重察之!' 太祖識其意, 後遂以爲太子少傅, 遷太傅)라는 말이 있다. ② 晋 王羲之, 「與會稽王箋」에 "(회계왕) 殿下께서는 덕이 나라 안에서 으뜸입니다"(殿下德冠宇內, 以公室輔朝, 最可直道行之)라고 하였다. ③ 劉宋 謝莊, 「太子元服上至尊表」에 "엎드려 생각건대, 황태자 전하께서는……"(伏維皇太子殿下, 明兩承乾, 元良作貳)이라고 하였다. ○ 삼국 · 위 시대에는 황태후, 당 이후에는 황태후 · 황후에게도 '殿下'라고 하였다. ④ 『三國志』 권4 「魏書 · 高貴鄕公髦」, 146쪽에 "신묘에, 여러 공이 태후에게 상주하여 말했다. '전하께서는 성스러운 덕이 빛나고 높아 천하를 평안히 구제하고 계십니다. 그런데도 오히려 令을 칭하여 번국과 같이하고 계십니다. 청컨대 앞으로 殿下께서 令書를 내리실 때에는 모두 詔制라고 칭하소서'"(辛卯, 羣公奏太后曰, '殿下聖德光隆, 寧濟六合, 而猶稱令, 與藩國同. 請自今殿下令書, 皆稱詔制, 如先代故事)라고 하였다. ⑤ 宋 高承, 『事物紀原』, 「公式姓諱 · 殿下」, "후한 이래 황태자 · 제왕에 대해 '殿下'라고 칭하였으니, 후한 이전에는 없던 일이다. 당 초기에 백관들은 황태후에 대해서도 '전하'라고 칭하였다"(漢以來 皇太子 · 諸王稱殿下, 漢之前未聞. 唐初, 百官于皇太后亦稱之. 百官洎東宮官, 對皇太子亦稱之)라고

나고, 어진 교화가 하늘과 땅에까지 미치고 있으며, 금경金鏡[47]을 잡으시고 옷깃을 드리우시며(垂衣)[48], 옥형玉衡[49]을 움직이시고 도끼 문양을 그려 넣은 병풍을 등지고(負扆)[50] 계십니다. 신은 다행히도 태평성대(昌運)를

하였다.

47) 金鏡 : 청동으로 만든 거울이라는 뜻으로, 밝은 도덕을 비유하는 말이다.

48) 옷깃을 드리우시며(垂衣) : 의복의 제도를 제정하여 예로써 천하에 보여 준다는 뜻이지만, 후에 제왕의 '무위정치'를 칭송하는 말로 사용되었다. 『주역정의』 권8 「계사하」, 353쪽에 "황제・요순은 옷깃을 드리우기만 하였는데, 천하가 저절로 다스려졌다. 하늘과 땅의 이치에서 취한 것이다"(黃帝・堯舜, 垂衣裳而天下治, 蓋取諸乾坤)라고 하였다.

49) 玉衡 : 璇璣玉衡. 옥으로 장식한 천문관측기로 왕자가 천문을 바로잡는 기구이다.

50) 병풍을 등지고(負扆) : '扆'는 도끼(斧) 문양을 그려 넣은 병풍의 일종으로, 천자가 제후의 조회를 받을 때 등지고 있는 것이다. 그러나 섭정할 때에도 이 '의'를 등지고 제후를 알현하는 경우가 있다. ①『예기정의』 권5 「곡례하」, 160쪽에 "천자가 '依'를 등지고 서 있고, 제후가 북쪽을 향해 천자를 알현하는 것을 '覲'이라고 한다. 천자가 '寧'을 등지고 서 있고, 諸公이 동쪽을 향하고 諸侯가 서쪽을 향하여 있는 것을 '朝'라고 한다"(天子當依而立, 諸侯北面而見天子, 曰'覲'. 天子當寧而立, 諸公東面, 諸侯西面, 曰'朝')라고 하였다. 이에 대한 공영달의 소에는 "'依'는 형상이 병풍과 같다. 진홍빛 비단으로 바탕을 삼고, 높이가 8척이다. 동쪽과 서쪽은 문(戶)과 창(牖) 사이에 해당한다. 繡는 도끼(斧) 문양의 수를 놓는데, 또한 '依斧'라고 한다. 천자가 제후를 접견할 때 그것에 의지하여 등지고 서서, 남쪽을 향하여 제후를 대한다.…… 제후가 봄에 알현하는 것을 '朝'라 하고, 가을에 알현하는 것을 '覲'이라 한다"라고 하였다. ②『예기정의』 권31 「明堂位」, 1085~1086쪽에 "옛날에 주공이 명당의 자리에서 제후를 조회할 때, 천자는 斧依를 등지고 남쪽을 향하면서 섰다"(昔者, 周公朝諸侯于明堂之位, 天子負斧依, 南鄕而立)라고 하였다. 이에 대해 정현은 주공이 섭정하면서 부의를 등지고 있는 것으로 해석하였다. "주공이 왕위를 섭행하여 명당의 예의로 제후를 조회한 것이다. 종묘에서 하지 않은 것은 왕을 피한 것이다. 천자는 주공을 가리킨다. '負'라는 말은 등진다(背)는 뜻이다. '斧依'는 도끼 문양(斧文)을 그려서 문과 창 사이에서 바람을 막는 것이다. 주공이 그 앞에 서 있었던 것이다." ③『사기』 권112 「平津侯主父列傳」, 2957쪽에 "남면을 하고 도끼 문양이 새겨진 병풍을 등지고, 옷자락을 올리면서 왕공에게 읍을 한다. 이는 폐하가 입는 것이다"(親天下而服, 四夷餘恩, 遺德爲數世隆, 南面負扆, 攝袂而揖王公, 此陛下之所服也)라고 하였고, ④『사기』 권33 「노주공세가」, 1548쪽, '索隱述贊'에는 "(주의) 무왕이 죽고 성왕은 어렸다. 주공이 섭정을 하였는데, 扆를 등지고 圖에 의거하였다"(武王旣沒, 成王幼孤. 周公攝政, 負扆據圖)라고 하였다.

만나서 외람되이 직무를 받들어 어리석은 식견에 따라 경솔하게 찬저하게 되었습니다. 신이 모아서 찬술한 바가 혹 조금이라도 볼 만한 것이 있다면, 비록 죽더라도 잊지 못할 것입니다. 황송하고 두려움의 지극함을 이겨내지 못하겠나이다. 삼가 계를 올려 아뢰나이다. 신 수진은 진실로 황공하옵게 머리를 조아리나이다. 죽을죄를 지었나이다.[51]

인덕麟德 3년(666) 4월 일, 태사大史 신臣 살수진薩守眞 상계上啓.

【啓 1—1:6】

所謂瑞祥者, 吉凶之先見・禍福之後應, 猶響之起空谷, 鏡之寫質形也. 在昔殷主責躬, 甘雨流潤, 周王自咎, 嘉禾反風. 以德勝妖, 備諸彝典. 伏惟大王殿下, 惠澤光於日月, 仁化浹於乾坤, 握金鏡而垂衣, 運玉衡而負扆. 臣幸逢昌運, 謬承未[52]職, 輒率愚管, 輕爲撰著. 臣所集撰, 少或可觀, 雖死之日, 猶生之年. 不任惶懼之至, 謹奉啓以聞. 臣守眞, 誠惶誠[53], 頓首頓首, 死罪死罪.

---

51) 최근 미즈구치 모토키(水口幹記)는 「계」의 양식을 토대로 『천지서상지』가 신라에서 편찬되었을 가능성을 추론하였다. 그의 논점은 다음과 같다. 『文苑英華』 권651~666에 기술된 역대 '계'의 사례를 분석하면 동궁에 올리는 '계'는 '臣某啓'(某 대신에 人名이 들어가는 경우도 있다)로, 그 밖의 '계'는 '某啓'로 시작되며, '謹啓'・'惶懼之至'・'下情無任'・'生死幸甚' 등으로 계문의 끝을 맺는다. 특히 '臣某啓'로 시작되는 경우에는 반드시 '謹啓'로 끝난다. 그런데 『천지서상지』는 '臣某啓'로 시작되면서도 그 끝은 '誠惶誠(恐), 頓首頓首, 死罪死罪'로서 '謹啓'가 아니다. 따라서 순수한 계문으로서는 세련되지 못하며, 오히려 '表'의 끝부분에 자주 나타나는 형식이다. 이처럼 '啓'와 '表'의 혼란은 唐의 주변국에서 일어나는 혼란으로, 본서가 당 이외 특히 신라에서 편찬되었을 가능성을 보여 주는 사례라고 주장하였다. 『日本古代漢籍受容の史的研究』, 제2부 『天地瑞祥志』の基礎的考察, 汲古書院, 2005, 198~199쪽 참조.

52) 未 : 末의 오사이다.

53) 誠惶誠 : 오타 쇼지로(太田晶二郎)는 뒤의 '誠' 다음에 '恐' 한 글자를 추가하였다. 「『天地瑞祥志』略說－附けたり, 所引の唐令佚文」, 『東京大學史料編纂所報』 7, 1972, 11쪽 참조.

麟德三年四月□日，大史臣薩守眞上啓.

明載字

해제 : 경전의 문장을 하찮게 여기고 괴이한 것만을 좋아하며, 자의적으로 경전을 해석하는 당시의 풍토를 비판한다. 찬자는 이를 바로잡기 위해 수명과 서상의 상징인 『하도』와 『낙서』 등에 근거한 정확한 글자풀이를 강조한다. 이어서 『주역』 「계사」 등을 인용하여 문자를 통한 치세의 중요성을 강조한다. 또한 본서에 사용되는 문자의 자훈을 확정해가는 작업이 이루어져 있다. 특히 본 항목에서는 각 글자마다 '반절'과 '성조'를 주기하고 있어 당대 초기 음운학의 동향을 살피는 데에 중요한 자료가 된다.

【명재자 1—2:1】

신이 듣건대, 『상서尙書』가 먼저 일어나고 『좌전左傳』이 뒤를 이어서 나와 우虞(순임금)와 하夏의 자취를 아득하게나마 살펴볼 수 있고, 상商(은나라)과 주周의 유풍을 대략적으로나마 좇을 수 있습니다. 그렇지만 육경六經은 이지러지고 빠진 부분이 있어서 학자들마다 듣는 것이 다르며, 문장의 뜻이 깊어서 각자 자신이 알고 있는 것만을 고수합니다. 따라서 시비를 가를 때에는 한쪽의 견해만을 근거로 삼아서는 안 됩니다.

지금 『서상지』에 실려 있는 경전의 문장은 근대 유가에서 말하는 것과 종종 어긋나고 뒤섞여 있습니다. 다만 세속사람들이 경전의 문장을 하찮게 여기고 괴이한 것을 훌륭하게 여기며, 고원한 것을 귀하게 여기고 비근한 것을 천하게 여겨 나무그루만을 부여잡고 토끼를 기다리거나(守株待兎) 기러기발을 갖풀로 붙여서 연주하듯(膠柱鼓瑟) 변통에 어두울까 걱정될 뿐입니다. 이에 다시 『하도河圖』와 『낙서雒書』의 문장을 찾아보았습니다.[1)]

"『역易』에 '하수河水에서 그림이 나오고, 낙수洛水에서 글이 나왔는데,

1) 『수서』 권32 「경적지」, '讖緯之書', 940~941쪽에는 '하도'와 '낙서'를 부연하여 저술한 참위 계통의 서적과 참위설의 흥기와 쇠퇴에 대해 비교적 자세하게 정리되어 있다. "『역』에 '하수에서 그림이 나왔고, 낙수에서 글이 나왔다'라고 하였다.…… 거북이 낙서를 등에 지고, 용이 하도를 입에 머금고 하수와 낙서에서 나와 왕조교체의 징조를 보여 준 것이다.…… 선왕은 그것이 인심을 어지럽히지 않을까 걱정되었기 때문에 감추어 두고 전하지 않았다. 어떤 사람은 이렇게 말한다. 공자는 육경을 정리하여 하늘과 인간의 도리를 밝혔는데, 후세 사람들이 그 의미를 이해하지 못할까 걱정되었다. 그래서 '經'과는 별도로 '緯'와 '讖'을 세워 후세에 남겨 놓았다. 그 책 가운데 전한시대에 나온 것으로는 『河圖』 9편과 『洛書』 6편이 있다. 이는 黃帝에서 周 文王시대까지 전수되어 오던 문장이라고 한다. 또 이와 별도로 30편이 있었는데, 태초부터 공자에 이르기까지 아홉 성인이 부연하여 내용을 확대한 것이라고 한다. 또 『七經緯』 36편이 있었는데, 공자의 작품이라고 한다. 모두 합해서 81편에 이르렀다. 여기에 다시 『尙書中候』·『尙書洛罪級』·『尙書五行傳』·『詩推度災』·『氾曆樞』·『詩含神務』·『孝經勾命決』·『孝經援神契』·『雜讖』 등의 서적이 있었다. 한대에는 郗氏·袁氏가 참위에 대한 학설을 세웠다. 후한 말기의 郎中 郗萌은 緯書·讖書·占書를 모아 50편으로 편집하여 『春秋災異』라고 하였다. 宋均과 鄭玄은 모두 참위의 법칙에 대해 주석을 달았다. 그러나 참위의 글은 그 문장이 천박·비속하고, 자구에 착란·오류가 있어서 성인의 뜻에 비할 바가 아니었다. 그 때문에 세상 사람들은 후세의 위작이거나 개찬이 가해진 것으로서 참된 기록은 아니라고 의심하였다. 그러나 왕망이 天命의 瑞兆를 존숭하고, 광무제가 圖讖으로 나라를 세우게 되자 다시 세상에 성행하게 되었다. 후한시대, 東平王 劉蒼에게 조칙을 내려 五經의 章句를 바로잡게 했을 때에도 모두 참위의 기록에 의거하도록 명하였다. 세속의 유학자들은 시세를 따라 더욱 그 학문에 힘썼다. 그리하여 참위의 서적은 편수와 권수가 더욱 증가하게 되었다. 五經에 대해서 말하는 자는 모두 참위에 의거하여 논리를 세웠다. 다만 孔安國·毛公·王璜·賈逵 등은 그러한 세태를 비난하고, 요망함이 유가가 말하는 중용의 가르침을 어지럽힐 것이라고 믿었다. 이 때문에 그들은 전한시대 魯의 恭王과 河間의 獻王이 수집한 古文에 기초해서 서로 참조하면서 그 의미를 정리하였다. 그리하여 이를 '古學'이라고 칭했다. 그러나 당시의 유학자들이 비난하고 헐뜯었기 때문에 끝내 세상에 유행하지는 못하였다. 魏의 王肅은 '고학'을 추숭하고 인용하여 참위의 이론을 비난하였다. 王弼과 杜預가 서로 잇달아서 그 학설을 밝혔다. 이로부터 '고학'이 서서히 확립되어 갔다. 宋의 大明(武帝 : 457~464) 연간에 이르러 처음으로 도참의 서적을 금지시켰다. 梁의 天監(武帝 : 502~519) 연간 이후에는 또 그 금지 제도를 더욱 엄중히 하였다. 隋의 高祖(文帝)가 새로운 왕조를 열어 제위에 오르자(589) 더욱 엄격하게 금지하였다. 煬帝가 즉위하자(605) 사신을 전국에 보내 참위와 관련된 서적을 찾아내게 하고는 모두 불태웠으며, 관리들에게 적발된 자들은 사형에 처해졌다. 이로부터 참위의 학은 다시는 부흥하지 못하였으며, 궁정의 서고에 있

성인이 그것을 법으로 삼았다'[2]라고 하였다. 이에 대해 유흠劉歆은 '포희씨庖義氏가 하늘의 뜻을 계승하여 왕이 되었는데, 하수의 그림을 받아서 이를 본떠 그렸다. (『주역』의) 팔괘八卦가 그것이다. 우禹가 홍수를 다스림에 하늘이 낙서洛書를 내려 주니, 이를 법으로 삼아 진술하였다. (『상서』의) 「홍범洪範」이 그것이다'[3]라고 하였다."[4]

"『상서』에서 말했다. '주나라의 무왕이 은나라를 멸망시켰다. 이에 기자箕子가 (호경으로) 돌아와 「홍범洪範」을 지었다. (그 내용은) 첫째, 오행五行이다. 둘째, 오사五事를 공경히 행하는 것이다. 셋째, 팔정八政을 돈독히 하여 행하는 것이다. 넷째, 오기五紀를 조화롭게 행하는 것이다. 다섯째, 황극皇極을 세워서 행하는 것이다. 여섯째, 삼덕三德을 다스리어 행하는 것이다. 일곱째, 의심스러운 것을 밝혀서 행하는 것이다. 여덟째, 여러 가지 징험을 생각하며 행하는 것이다. 아홉째, 오복五福으로 권면하고 육극六極으로 두렵게 하는 것이다.'[5] 이상의 무릇 56글자는 모두 『낙서雒書』의 문장이다."[6]

유형별로 서로 연결하여 『천지서상지』의 각 편에 나누어 기술했으니, 국가의 서상瑞祥은 이것으로 모두 설명할 수 있습니다.

【明載字 1—2:1】

臣聞『尙書』起於前, 『左傳』繼於後, 虞夏之迹, 髣髴可觀, 商周之風, 略

었던 참위의 서적도 산일된 것이 많았다."

2) 『주역정의』, 권7, 「계사상」, 341쪽.

3) 孔安國도 『河圖』를 '팔괘', 『洛書』를 '홍범구주'로 보았다. 『주역정의』 권7 「계사상」, 341쪽, 공영달의 소 참조.

4) 『한서』, 권27상, 「오행지」, 1315쪽.

5) 『상서정의』, 권12, 「홍범」, 351~355쪽.

6) 『한서』, 권27상, 「오행지」, 1315~1316쪽.

焉可踵. 六經殘缺, 學者異聞, 文義僻馳, 各守所見, 校其是非, 不可偏據. 今『瑞祥志』所列經文, 與近代儒家, 往往乖錯. 但恐俗人少經多恠, 貴遠賤近, 守株膠柱, 迷於變通, 所以更求『河』·『雒』本文也. "『易』曰, '河出圖, 雒出書, 聖人則之', 說者曰[7], '庖[8]羲氏繼天而王, 受河圖, 則而書[9]之, 八卦是也. 禹治洪水, 賜雒書, 法而陳之, 「洪範」是也.'" "『尙書』曰, '武王勝殷[10], 以箕子歸, 作「洪範」.[1] 一[11]曰五行,[2] 二[12]曰敬用五事,[3] 三曰農用八政,[4] 四曰叶[13]用五紀,[5] 五曰建用皇極,[6] 六曰叉[14]用三德,[7] 七曰明用稽疑,[8] 八曰念用庶徵,[9] 九曰饗[15]用五福, 畏[16]用六極.'[10] 凡此五十六字[17], 皆『雒書』本文也.[18]" 以類相從, 分在諸篇也, 爲國家之瑞祥, 盡於此也.

---

7) 說者 : 『한서』 권27상 「오행지」, 1315쪽에는 '劉歆以爲'로 되어 있다.
8) 庖 : 『한서』 권27상 「오행지」, 1315쪽에는 '庖'가 '虙'으로 되어 있다.
9) 書 : 『한서』 권27상 「오행지」, 1315쪽에는 '書'가 '畫'으로 되어 있다.
10) 『상서정의』 권12 「洪範」, 351쪽에는 '殷' 다음에 "殺受, 立武庚"의 5글자가 더 있지만 『한서』 「오행지」에는 이 글자가 없다. 『천지서상지』의 찬자가 같은 내용을 『한서』에 기초해서 기록했음을 반영한다고 하겠다.
11) 『상서정의』 권12 「홍범」, 355쪽과 『한서』 권27상 「오행지」, 1316쪽에는 '一' 앞에 '初' 한 글자가 더 있다.
12) 『상서정의』 권12 「홍범」, 355쪽과 『한서』 권27상 「오행지」, 1316쪽에는 '二' 앞에 '次' 한 글자가 더 있다. 이하 마찬가지로, 『천지서상지』에는 '次'의 글자가 모두 빠져 있다.
13) 叶 : 『상서정의』 권12 「홍범」, 355쪽에는 '協'으로, 『한서』 권27 「오행지」, 1315쪽에는 '旪'으로 되어 있다.
14) 叉 : 『상서정의』 권12 「홍범」, 355쪽에는 '乂'로, 『한서』 권27상 「오행지」, 1316쪽에는 '艾'로 되어 있다.
15) 饗 : 『상서정의』 권12 「홍범」, 355쪽에는 '嚮'으로 되어 있다.
16) 畏 : 『상서정의』 권12 「홍범」, 355쪽에는 '威'로 되어 있다.
17) 五十六字 : 『한서』 권27상 「오행지」, 1316쪽에는 '六十五字'로 되어 있다.
18) 凡此五十六字, 皆『雒書』本文也 : 『상서정의』 「홍범」에는 이 글자가 없으며, 『한서』 권27상 「오행지」, 3116쪽에만 있는 글자이다.

협주

1. '홍洪'은 크다(大)는 뜻이다. '범範'은 법法의 뜻이다. 천지의 큰 법을 말한다.
2. (오행이란) 첫째는 수水이고, 둘째는 화火이고, 셋째는 목木이고, 넷째는 금金이고, 다섯째는 토土이다. 수守는 말한다. "'행行'이란 하늘의 뜻에 순응하여 기를 운행한다는 뜻이다. 군주가 오행에 따라 정사를 다스리는 일 및 목·화 등에 관련된 재이현상은 모두 『천지서상지』 권16의 「오행편五行篇」에 기술되어 있다."
3. (다섯 가지 일이란) 첫째는 용모(貌)이고, 둘째는 말(言)이고, 셋째는 보는 것(視)이고, 넷째는 듣는 것(聽)이고, 다섯째는 생각하는 것(思)이다. 이 다섯 가지 일은 모두 (군주) 자신에게 달려 있으니, 이 다섯 가지를 행할 때 반드시 공경히 해야 비로소 좋은 결과를 얻는다. 수守는 말한다. "군주가 용모의 법도를 잃으면 항상 비가 내려서 곡식을 손상시킨다. 때때로 의복衣服[19]·거북(龜)[20]·닭(鷄)[21]의 얼孼[22]이 일어나며, 입이 머리 위에 있고 발이 등 위로 올라가는 화(痾)[23]까지 일어난다.[24] 군주가 말의 법도를 잃으면 항상 가뭄이

---

19) 衣服 : 풍속이 광포해져서 사람들이 사납고 기괴한 복장을 하게 되는 것을 말한다. 고대인들은 천하의 변이를 예시하는 것이라고 생각했다. 이를 '服妖'라고 한다.

20) 거북(龜) : 물 등이 움직여서 거북의 화가 생겨난다는 뜻이다. 본래 물에서 살아야 할 거북이 육지로 올라오게 되는 화를 말한다. 홍수가 일어나서 물고기들이 육지로 올라오는 것을 '물고기의 얼'(魚孼)이라고 하는 데 대해, 이를 '거북의 얼'(龜孼)이라고 한다.

21) 닭(鷄) : 홍수가 발생하면 닭이 많이 죽어서 괴이한 현상이 일어난다고 한다. 이를 '닭의 화'(鷄旤)라고 한다.

22) 孼 : 초목 등으로 인한 재이현상을 '妖', 곤충이나 벌레로 인한 재이현상을 '孼', 재앙이 가축에게까지 미치는 것을 '旤', 재앙이 사람에게까지 미치는 것을 '痾', 재앙이 심해서 기이한 사물이 생겨나는 것을 '眚', 밖에서 오는 것을 '祥'이라고 한다. 여기서의 '상'은 '재앙'의 뜻이다.

23) 입이~ 올라가는 화(痾) : 예를 들면 소의 다리가 거꾸로 등 위로 올라가는 것으로, 아래에 강력한 신하가 있어서 위의 군주를 해치는 상이다.

24) 『한서』 권27중상 「오행지」, 1352쪽에 "용모가 공손하지 못하면, 이를 '공경스럽지 못하다'고 말한다. 그 허물은 '狂'에 있고, 그 벌은 '항상 비가 내리는 것이고, 그것이 지극하면 '악'이 된다. 때로는 '의복의 요'가 일어나고, 때로는 '거북의 얼'이 일어나고, 때로는 '닭의 화'가 일어나고, 때로는 '아래 몸체가 위에서 자라나는

들어 곡식을 손상시킨다. 때때로 시요詩妖[25]가 일어나고, 또 개충介蟲과 개(犬)의 화𤸇[26]가 일어나며, 입과 혀의 병까지 깊어진다.[27] 군주가 보는 것이 밝지 못하면 항상 덥다. 때때로 초요草妖[28]가 일어나고, 나충蠃蟲과 양羊의 화[29]가 일어나며, 눈병까지 깊어진다.[30] 군주가 듣는 것이 밝지 못하면 항상 춥다. 음요音妖[31]가 일어나고, 어얼魚孼[32]·돼지(豕)의 화[33]가 일어나며, 귓

병'이 생기고, 때로는 '靑眚'과 '靑祥'이 일어난다. '금'의 기운이 '목'의 기운을 해치기 때문이다"(貌之不恭, 是謂不肅, 厥咎狂, 厥罰恒雨, 厥極惡. 時則有服妖, 時則有龜孽, 時則有雞𤸇, 時則有下體生上之痾, 時則有青眚青祥. 唯金沴木)라고 하였다.

25) 詩妖 : 군주가 포악하면 신하가 형벌을 두려워하여 입을 다문다. 그 원망하고 비난하는 마음이 시를 통해서 나타나는 것을 말한다.

26) 介蟲과 개(犬)의 𤸇 : 개충은 작고 날아다닐 수 있는 갑각류의 벌레로서, 메뚜기 따위로 인한 화를 말한다. 개는 짖으면서 집을 지키는데 이상한 형상을 보면 믿지 않는다. 일설에는 개가 미쳐서 죽거나 괴이한 짓을 하는 것을 가리킨다고 한다.

27) 『한서』 권27중상 「오행지」, 1376쪽에 "말이 순하지 못하면, 이를 '다스리지 못한다'라고 말한다. 그 허물은 '어긋나는 것'에 있고, 그 벌은 '항상 메마르는 것'이고, 그것이 지극하면 '근심스러운 일'이 된다. 때로는 '시요'가 일어나고, 때로는 '개충의 얼'이 생겨나고, 때로는 '개의 화'가 일어나고, 때로는 입과 혀의 병이 생기고, 때로는 '白眚'과 '白祥'이 일어난다. 이는 '목'의 기운이 '금'의 기운을 해치기 때문이다"(言之不從, 是謂不艾, 厥咎僭, 厥罰恒陽, 厥極憂, 時則有詩妖, 時則有介蟲之孽, 時則有犬𤸇, 時則有口舌之痾, 時則有白眚白祥. 惟木沴金)라고 하였다.

28) 草妖 : 초목의 변이현상을 말한다.

29) 蠃蟲과 羊의 화 : 나충은 마디충(螟)이나 누리(螽) 따위로서 껍질이나 깃털이 없는 벌레를 가리킨다. 양은 눈이 크지만 밝지 못하다. 보는 능력이 훼손되었기 때문에 '양의 화'가 생기는 것이다. 일설에는 무더운 해에 양이 역병으로 죽어서 그것이 괴이현상이 되는 것이라고 한다.

30) 『한서』 권27중하 「오행지」, 1405쪽에 "보는 것이 밝지 못하면, 이를 '지혜롭지 못하다'라고 말한다. 그 허물은 '이완되는 것'에 있고, 그 벌은 '항상 더운 것'이고, 그것이 극에 달하면 '질병'이 발생한다. 때로는 '초목의 변이'가 발생하고, 때로는 '나충의 얼'이 일어나고, 때로는 '양의 화'가 일어나고, 때로는 '눈병이 깊어지고', 때로는 '赤眚'과 '赤祥'이 발생한다. 이는 '수'의 기운이 '화'의 기운을 해치기 때문이다"(視之不明, 是謂不悊, 厥咎舒, 厥罰恆奧, 厥極疾. 時則有草妖, 時則有蠃蟲之孽, 時則有羊禍, 時則有目痾, 時則有赤眚赤祥. 惟水沴火)라고 하였다.

31) 音妖 : 군주가 엄혹하고 사나워서 아랫사람의 말을 듣지 않고, 신하는 두려워하

병까지 깊어진다.[34] 군주의 생각과 마음이 너그럽지 못하면 항상 바람이 불고 안개가 자욱하게 된다. 꽃(華)과 소(牛)의 화[35]가 일어나며, 심장과 배의 병까지 깊어진다.[36] 이상은 모두 『천지서상지』 각 편에 나누어 실려 있다."

4. '농農'은 돈독히 한다(厚)는 뜻으로, 돈독히 행해야 정사가 비로소 이루어진다.

여 귀를 막아 버리면 사람들은 분별없이 제멋대로 듣고 음성으로 드러낸다. 이를 '음요'라고 한다.

32) 魚孽 : 찬 기운이 일어나 물고기의 재앙이 생겨나는 것이다. 오랜 비가 내리면 거북이 물에서 육지로 올라오는 재앙이 일어난다. 그러나 거북은 육지에서도 살 수 있기 때문에 極陰은 아니다. 물고기는 물을 떠나면 죽기 때문에 극음의 재앙이다.

33) 돼지(豕)의 화 : 『역』에서 坎卦는 돼지(豕)를 상징하는데, 돼지는 귀는 크지만 총명하게 듣지 못한다. 군주에게 듣는 능력이 결여되었기 때문에 돼지의 화가 일어난다는 뜻이다. 일설에는 추운 계절에 돼지가 많이 죽어서 괴이한 현상이 일어나는 것이라고 한다.

34) 『한서』 권27중하 「오행지」, 1421쪽에 "듣는 것이 총명하지 못하면, 이를 '일을 도모하지 못한다'라고 말한다. 그 허물은 '다급한 데' 있고, 그 벌은 '항상 추운 것'이고, 그것이 극에 달하면 '가난'하게 된다. 때로는 '고요'가 일어나고, 때로는 '물고기의 얼'이 일어나고, 때로는 '돼지의 화'가 일어나고, 때로는 '귀의 병'이 생기고, 때로는 '黑眚'과 '黑祥'이 발생한다. '화'의 기운이 '수'의 기운을 해치기 때문이다"(聽之不聰, 是謂不謀, 厥咎急, 厥罰恆寒, 厥極貧. 時則有鼓妖, 時則有魚孽, 時則有豕旤, 時則有耳痾, 時則有黑眚黑祥. 惟火沴水)라고 하였다.

35) 꽃(華)과 소(牛)의 화 : 꽃의 화는 군주가 여색에 빠져 국난이 일어나는 것을 가리킨다. 『역』에서 巽卦는 바람(風)과 나무(木)를 상징하는데, 이 괘는 3월과 4월에 陽을 이어받아 다스리면서 나무의 꽃과 열매를 관장한다. 그런데 바람의 기운이 성해서 가을과 겨울이 되어도 나무에 다시 꽃이 피는데, 이를 '꽃의 화'라고 한다. 소의 화(牛禍)는 『역』에서 坤卦는 흙(土)과 소(牛)를 상징하는데, 소는 심장은 크지만 사고능력이 없다. 따라서 군주에게 사고능력이 결여되면 소의 화가 일어난다. 일설에는 소가 많이 죽어서 괴이한 현상이 일어나는 것이라고 한다.

36) 『한서』 권27하상 「오행지」, 1441쪽에 "생각과 마음이 너그럽지 못하면, 이를 '성스럽지 못하다'라고 말한다. 그 허물은 '어리석은 데' 있고, 그 벌은 '항상 바람이 부는 것'이고, 그것이 극에 달하면 '요절'하게 된다. 때때로 '몸체 안의 지방이 사람을 오염'시키고, 때로는 '꽃의 얼'이 일어나고, 때로는 '소의 화'가 발생하고, 때로는 '심장과 배의 병'이 생기고, 때로는 '黃眚'과 '黃祥'이 발생하며, 때로는 '금'·'목'·'수'·'화'의 기운이 '토'의 기운을 해치는 일이 생긴다"(思·心之不容, 是謂不聖, 厥咎霿, 厥罰恆風, 厥極凶短折. 時則有脂夜之妖, 時則有華孽, 時則有牛旤, 時則有心腹之痾, 時則有黃眚黃祥, 時則有金木水火沴土)라고 하였다.

'팔정八政'은 다음과 같다. 첫째는 먹는 것(食), 둘째는 재화(貨), 셋째는 제사(祀)이다. 넷째는 사공司空으로서, 땅을 다스려 백성을 거주시키는 일을 관장한다. 다섯째는 사도司徒로서, 백성에게 예의를 가르치는 일을 관장한다. 여섯째는 사구司寇로서, 간사한 도적이 방종하지 못하도록 하는 일을 관장한다. 일곱째는 손님 접대하는 일이고, 여덟째는 군대이다. 각각 『천지서상지』의 유사한 편에 기술되어 있다.

5. '협協'은 조화롭게 한다(和)는 뜻이다. (五紀는) 첫째 해(歲), 둘째 날(日), 셋째 달(月), 넷째 별(星辰), 다섯째 역법의 계산(曆數)이다. 이에 관한 것은 「칠요편七耀篇」에 수록되어 있다.
6. '황皇'은 크다(大)는 뜻이다. '극極'은 중정하다(中)는 뜻이다. 일을 세울 때는 크고 중정한 도를 써야 함을 말한 것이다. 수守는 말한다. "황극皇極의 재앙은 운기雲氣와 용사龍蛇이다. 각각 『천지서상지』의 유사한 편에 기술되어 있다."
7. 백성을 다스릴 때는 강함과 부드러움과 정직함의 세 가지 덕을 써야 한다. 이에 관련된 일은 『천지서상지』 권2의 「인편人篇」에 기술되어 있다.
8. "하・은・주에서 점을 치는 방식은 각각 달랐지만, 세 사람이 함께 점을 치면 두 사람의 말에 따랐다."[37] "너에게 커다란 의문이 있으면 너의 마음에 물어 보고, 관리들에게 물어 보고, 백성들에게 물어 보고, 거북점과 시초점에 물어 보라."[38]
9. "'념念'은 생각한다(思)는 뜻이다. '서庶'는 무리(衆)의 뜻이다. '징徵'은 응한다(應)는 뜻이다."[39] "그 응한다는 것은 비가 내리는 것(雨), 햇볕이 나는 것(暘), 더운 것(燠), 추운 것(寒), 바람 부는 것(風), 계절이 바뀌는 것(時)이다."[40] 각각 『천지서상지』의 유사한 편에 기술되어 있다.
10. 하늘이 사람을 권면할 때에는 오복五福으로 하고, 사람을 위압할 때에는 육극六極으로 한다는 뜻이다. "'오복'은 다음과 같다. 첫째, 장수하는 것이다(壽). 둘째, 부유한 것이다(富). 셋째는 편안한 것으로(康寧), '질병이 없다는 뜻이다

---

37) 『상서정의』, 권12, 「홍범」, 372쪽, 孔安國의 傳.
38) 『상서정의』, 권12, 「홍범」, 372쪽.
39) 『한서』, 권27상, 「오행지」, 1317쪽, 顔師古의 注.
40) 『상서정의』, 권12, 「홍범」, 377쪽.

.'[41] 넷째는 덕을 좋아하는 것으로(攸好德), '좋아하는 것이 덕과 복의 도임을 뜻한다.'[42] 다섯째는 천명을 다하고 죽는 것으로(考終命), '각기 타고난 길고 짧은 목숨을 다 누린다는 뜻이다.'[43] '육극'은 다음과 같다. 첫째는 횡사하거나 요절하는 것이다(凶短折). 둘째는 몸이 편안하지 못한 것(疾), 셋째는 마음이 편안하지 못한 것이다(憂). 넷째는 가난한 것이다(貧). 다섯째는 용모가 추한 것이다(惡). 여섯째는 의지가 박약한 것이다(弱)."[44] 이상은 모두 『천지서상지』 권2의 「인편人篇」에 기술되어 있다.

夾注原文

1. 範[45], 法也, 言天地之大法也. **2.** 一水・二火・三木・四金・五土也. 守曰, "行者, 順天行氣也. 其人君隨五行而治政之事及木・火災之類, 皆在「五行篇」也." **3.** 一[46]貌, 二言, 三視, 四聽, 五思心[47]. 皆[48]在身, 用之必敬, 乃善也. 守曰, "君貌夫[49], 則常雨傷穀, 有[50]有衣服魚[51]雞之孽, 及口有頭上・足出背上之齊也. 君言失則恒旱傷穀, 時有詩妖, 又有介蟲犬之禍, 及口舌之痾也. 君視之在[52]明, 則恒奧, 時有草妖, 有贏蟲羊之禍, 及目痾也. 君聽之不聰, 則恒寒, 有音妖, 魚豕之禍, 及耳痾也. 君思心不寬, 則恒風霜[53], 冥[54]華牛之禍, 乃心

41) 『상서정의』, 권12, 「홍범」, 383쪽, 공안국의 전.
42) 『상서정의』, 권12, 「홍범」, 383쪽, 공안국의 전.
43) 『상서정의』, 권12, 「홍범」, 383쪽, 공안국의 전.
44) 『상서정의』, 권12, 「홍범」, 383쪽.
45) 『상서정의』 권12 「홍범」, 352쪽, 공안국의 전에는 '範' 앞에 "洪, 大" 두 글자가 더 있다.
46) 『상서정의』 권12 「홍범」, 359쪽에는 '一' 다음에 '曰'이 있다. 이하 마찬가지로, 『천지서상지』에는 '曰'이 모두 빠져 있다.
47) 『상서정의』 권12 「홍범」, 359쪽에는 '五曰思'로 되어 있어 '思' 뒤에 '心'이 없다. 공안국의 전에서 '心慮所行'이라 하였기 때문에 이로 인해 '心'이 잘못 필사된 것이다.
48) 皆 : 『상서정의』 권12 「홍범」, 355쪽, 공안국의 전에는 '皆'가 '五事'로 되어 있다.
49) 夫 : 失의 오사이다.
50) 有 : 時의 오사인 듯하다.
51) 魚 : 『한서』 권27중상 「오행지」, 1352쪽에는 '魚'가 '龜'로 되어 있다.
52) 在 : 『한서』 권27중하 「오행지」, 1045쪽에는 '在'가 '不'로 되어 있다.
53) 霜 : 『한서』 권27하상 「오행지」, 1441쪽에는 '霜'이 '霿'으로 되어 있다.

腹之痾也. 皆分在諸篇也." **4.** 農, 厚也. 用厚之[55]政乃成也. 謂一[56]食・二貨・三祠[57]・四司空, 主空云[58]以居民也・五司徒, 主教以禮義[59]也・六司寇, 主姦盜使無縱也・七賓・八師. 各在類篇也. **5.** 恊, 和也. 謂一歲・二日・三月[60]・四星辰・五曆數也. 事在「七耀篇」也. **6.** 皇, 大也. 極, 中也. 言[61]立事當用大中之道也. 守曰, "皇極之灾, 雲氣龍蛇, 各在類篇也." **7.** 治民[62]用剛柔正直之三德也. 事在「人篇」也. **8.** "夏殷用上[63]筮各異, 三人並卜, 從二人之言." "女有大疑, 謀及乃心, 謀及庶人[64], 謀及庶人, 謀及卜筮也." **9.** 念, 思也. 庶, 衆也. 徵, 應也. 其雨・陽・煖・寒・風・時也.[65] 各有類篇也. **10.** 言[66]所以[67]勸人用五福, 所以威[68]人用六極也. 五福, 一[69]壽・二富・三康寧, 無疾病也・

---

54) 冥 : 有의 오사인 듯하다.
55) 用厚之 : 『상서정의』 권12, 「홍범」, 354쪽, 공안국의 전에는 '厚用之'로 되어 있다.
56) 一 : 『상서정의』 권12 「홍범」, 361쪽에는 '一' 다음에 '曰'이 있다. 이하 마찬가지다.
57) 祠 : 『상서정의』 권12 「홍범」, 361쪽에는 '祠'가 '祀'로 되어 있다.
58) 云 : 『상서정의』 권12 「홍범」, 361쪽, 공안국의 전에는 '云'이 '土'로 되어 있다.
59) 主教以禮義 : 『상서정의』 권12 「홍범」, 361쪽, 공안국의 전에는 "主徒衆, 教以禮義"로 되어 있다.
60) 二日・三月 : 『상서정의』 권12 「홍범」, 362쪽에는 "二曰月, 三曰日"로 되어 있다.
61) 言 : 『상서정의』 권12 「홍범」, 355쪽, 공안국의 전에는 '言'이 '凡'으로 되어 있다.
62) 民 : 『상서정의』 권12 「홍범」, 355쪽, 공안국의 전에는 '民' 다음에 '必' 한 글자가 더 있다.
63) 用上 : 『상서정의』 권12 「홍범」, 372쪽, 공안국의 전에는 '用上'이 '周卜'으로 되어 있다.
64) 庶人 : 『상서정의』 권12 「홍범」, 372쪽에는 '卿士'로 되어 있다. 뒤의 '庶人'으로 인해서 잘못 필사된 듯하다.
65) 『상서정의』 권12 「홍범」, 377쪽에는 '雨' 앞에 '曰' 한 글자가 더 있다. 이하 마찬가지로, 『천지서상지』에는 모두 빠져 있다.
66) 言 : 『상서정의』 권12 「홍범」, 355쪽, 공안국의 전에는 '言' 다음에 '天' 한 글자가 더 있다.
67) 以 : 『상서정의』 권12 「홍범」, 355쪽, 공안국의 전에는 '以' 다음에 '嚮' 한 글자가 더 있다.
68) 威 : 『상서정의』 권12 「홍범」, 355쪽, 공안국의 전에는 '威' 다음에 '沮' 한 글자가 더 있다.
69) 一 : 『사성정의』 권12 「홍범」, 383쪽에는 '一' 다음에 '曰' 한 글자가 더 있다. 이하도 마찬가지인데, 『천지서상지』에는 모두 빠져 있다.

四似[70]好德也, 言所好者德, 福之道也・ 五考終命也, 言各成長短之命也. 六極, 一凶短折・二疾・三憂・四貧・五惡・六弱也. 皆在「人篇」也.

【명재자 1—2:2】

『역易』에 "상고시대에는 결승結繩[71]으로 다스렸는데, 후세에 성인은 그것을 서계書契[72]로 바꾸었다"[73]고 하였으니, 글자의 유래는 오래된 것입니다. 이 때문에 여러 학자들의 글자 풀이에 차이가 많아지게 되었고, 당시 군주들은 좋아하고 싫어하는 것이 매우 달라서 각자 한 쪽 풀이만을 인용하고 자신들이 좋아하는 것만을 숭상하였습니다. 이제 『서상지』에 기록된 바는 다음과 같은 것에 의거하였습니다.

『좌전』에서는 "하늘이 계절의 변화 순서에 반하는 것이 '재災'이고, 땅이 사물의 본성에 반하는 것이 '요妖'이다. 사람이 덕에 반하는 것이 '난亂'이다. 평상적인 것과 다른 것이 '이異'이다"[74]라고 하였습니다.

---

70) 似 : 『상서정의』 권12 「홍범」, 383쪽에는 '似'가 '攸'로 되어 있다.

71) 結繩 : 문자가 아직 없던 상고시대에 결승의 정치가 행해졌다고 한다. 새끼줄을 연결해서 계약의 증거로 삼거나 징세의 기록으로 삼았던 것으로 생각되는데 자세한 것은 알 수 없다. ○ 정현은 "일이 크면 새끼줄을 크게 맺고, 일이 작으면 그 줄을 작게 맺는다"라고 하였다. 『주역정의』, 권8, 「계사하」, 356쪽, 공영달의 소 참조.

72) 書契 : 나무에 새겨 넣은 문자를 말한다. '書'는 '문자'라는 뜻이고, '契'는 나무를 파서 형태를 새긴다는 뜻이다. ○ 『상서정의』 권1 「尙書序」, 2쪽에 "옛날에 복희씨가 천하의 왕이 되었을 때, 처음으로 팔괘를 그리고 서계를 만들어 결승의 정치를 대신하였다. 이로부터 서적이 생겨났다"(古者伏犧氏之王天下也, 始畫八卦, 造書契以代結繩之政, 由是文籍生焉)라고 하였다.

73) 『주역정의』, 권8, 「계사하」, 356쪽.

『한서』에서 "벌레 따위(蟲豸)의 재앙을 '얼孼'이라 하고, 여섯 가지 가축(六畜)[75]의 재앙을 '화旤'라고 하고, 기이한 일이 발생하는 것을 '생眚'이라고 하고, 신하와 자식이 반역을 일으키는 것을 '반反'이라 하고, 흉한 일이 생기는 것을 앙殃이라 한다"[76]라고 하였습니다. 장안張晏의 주注에는 "백성에게 3년간의 비축분이 있는 것을 '승평升平'이라 한다"[77]라고 하였고, "3년간의 식량을 남기고 그 공업을 조정에 진상하는 것을 '등登'이라고 한다. '등'을 두 번 하면 이를 '평平'이라 한다. 6년간의 식량을 남기고, '등'을 세 번 하면 '태평大平'이라고 한다"라고도 하였습니다.[78]

『곡량전』에서 "한 가지 곡식이 익지 않는 것을 '겸嗛'이라고 한다. 두 가지 곡식이 익지 않는 것을 '기饑'라고 한다. 세 가지 곡식이 익지 않는 것을 '근饉'이라고 한다. 네 가지 곡식이 익지 않는 것을 '강康'이라 한다. 다섯 가지 곡식이 익지 않는 것을 '대침大侵'이라고 한다"[79]라고 말하였습니다.

【明載字 1—2:2】

『易』曰, "上古結繩以治, 後[80]聖人易之以書契", 其來尙矣. 於是諸子字訓, 多有不同, 時君世主, 好惡殊方, 各引一端, 崇其所善. 今『瑞祥志』所載, 據『左傳』曰, "天反時爲灾.[1] 地反物爲妖,[2] 人[81]反德爲亂,[3] 異於常謂

74) 『춘추좌전정의』, 권24, 宣公 15년조, 770쪽. 그러나 "평상적인 것과 다른 것이 異이다"라는 문장은 『좌전』에 없다.
75) 여섯 가지 가축(六畜) : 소(牛)·말(馬)·닭(鷄)·돼지(豕)·羊·개(犬)를 말하는데, 六牲이라고도 한다.
76) 『한서』, 권27중상, 「오행지」, 1353쪽. 그러나 "신하와 자식이~ 殃이라 한다"의 문장은 『한서』에 없다.
77) 『한서』, 권67, 「梅福傳」, 2919쪽, 장안의 주.
78) 『한서』, 권24상, 「식화지」, 1123쪽.
79) 『춘추곡량전주소』, 권16, 양공 24년조, 304쪽.
80) 後 : 『주역정의』 권8 「계사하」, 356쪽에는 '後' 다음에 '世' 한 글자가 더 있다.

之異."[4] 『漢書』曰, "蟲豸之類謂之孽,[5] 六畜謂之旤,[6] 異物內[82]生謂之眚,[7] 臣子作逆謂之反,[8] 凶咎謂之殃."[9] 張宴[83]注曰, "民有三年之儲曰升平",[10] "餘三年食, 進業曰登,[11] 再登曰平. 餘六年食, 三登曰大平." 『穀梁傳』曰, "一穀不升謂之嗛,[12] 二穀不升謂之飢[84],[13] 三穀不升謂之饉,[14] 四穀不昇[85]謂之歉[86],[15] 五穀不昇[87]謂之大祲[88]."[16]

협주

1. (灾는) 宰와 來의 반절反切[89]로서, 평성平聲이다. 두예杜預는 "계절의 변화 순

81) 人 : 『춘추좌전정의』 권24, 선공 15년조, 770쪽에는 '人'이 '民'으로 되어 있다.
82) 內 : 『한서』 권27상 「오행지」, 1353쪽에는 '內'의 글자가 없다.
83) 張宴 : 張晏의 오사이다. 張晏의 字는 子博으로 中山 출신이다.
84) 飢 : 『춘추곡량전주소』 권16, 양공 24년조, 304쪽에는 '飢'가 '饑'로 되어 있다.
85) 昇 : 『춘추곡량전주소』 권16, 양공 24년조, 304쪽에는 '昇'이 '升'으로 되어 있다.
86) 歉 : 『춘추곡량전주소』 권16, 양공 24년조, 304쪽에는 '歉'이 '康'으로 되어 있다.
87) 昇 : 『춘추곡량전주소』 권16, 양공 24년조, 304쪽에는 '昇'이 '升'으로 되어 있다.
88) 祲 : 『춘추곡량전주소』 권16, 양공 24년조, 304쪽에는 '祲'이 '侵'으로 되어 있다.
89) 反切 : '번절'이라고도 하는데, '切' · '反' · '翻' · '紐' · '反語' · '反音'이라고도 한다. '○○反' 또는 '○○切'로 나타낸다. 중국에서 문자학과 훈고학의 체제는 한대에 그 방법론적 인식과 틀이 거의 완성되었다. 반면에 음운학의 체제는 육조시대에 기본적 틀이 형성되었고, 당송을 거치면서 발전하였다. 중국의 음운학의 형성은 불교의 전래가 그 결정적 계기가 되었다. 인도의 학술은 독특한 문법학 · 음성학을 발전시켰는데, 중국인들은 이 새로운 학술과의 만남에서 자신들의 언어에 대해 반성을 하였다. 그들은 먼저 反切法('A는 BC의 反 또는 切'의 형태로 A의 발음을 명시한다. B는 그 語頭子音=聖母로 A의 그것을, C는 그 이외의 아래의 音聲=韻母를 표시한다)을 출현시켰고, 四聲(平 · 上 · 去 · 入의 네 종류 악센트)을 분석하여 운모와 성모의 체계적 분석을 하였다. 그리하여 隋 文帝 仁壽 원년(601) 陸法言에 의해서 그 집대성이라 할 수 있는 『切韻』이 편찬되었다. 이 운서는 당시 洛陽 등에서 사용되던 북방음을 표준으로 하였다. 唐代 이후 이를 개정하는 형태로 『절운』 계통의 다양한 운서가 등장하였다. 北宋 眞宗 大中祥符 원년(1008)에는 陳彭年 등에 의해 206운(평성 57, 상서 55, 거성 60, 입성 34)의 체계로 이루어진 『大宋重修廣韻』이 편찬되었다. 또한 北宋 英宗 治平 3년(1066)에는 『절운』 계통의 반절 용자를 전반적으로 개정한 『集韻』이 출현하였다. 『절운』 · 『광운』 · 『집운』 등의 운서가 모두 북방표준음을 반영하는 반면,

서에 반한다(反時)는 것은 추위와 더위가 계절에 뒤바뀌어 나타나는 것이다"[90]라고 하였다. 또 하늘이 운행 순서를 잃은 것을 '재灾'라고 한다. '재灾'는 해친다(傷)는 뜻이다. '烖'·'災' 이러한 것들은 모두 '灾'와 같은 글자이다.

2. (妖는) 於와 驕의 반절로서, 평성平聲이다. 두예는 "(요는) 뭇 사물이 본성을 상실하는 것"[91]이라고 하였다. 『한서』에는 "초목 등이 일찍 죽는 것을 '요妖'라고 한다"[92]라고 하였다. '妖'는 '夭'와 같으니, '夭'는 '灾'라고 말하는 것과 같은 뜻이다. '殀'·'訞'는 '妖'와 같은 글자이다.
3. (亂은) 鸞과 半의 반절로서, 거성去聲이다. 군사적 행동이 안에서 일어나는 것이 '란亂'이고, 밖에서 쳐들어오는 것이 '구寇'이다.
4. (異)는 怡와 吏의 반절로서, 거성去聲이다. '이異'라는 것은 괴이하다(恠)는 뜻이다. 恠의 음은 古와 拜의 반절로서, 거성去聲이다.
5. (孼은) 儀와 哲의 반절로서, 입성入聲이다. 다리가 있는 것을 '충蟲'이라 하고, 다리가 없는 것을 '치豸'라고 한다. 豸의 음은 直과 紙의 반절로서, 상성上聲이다. 蟲의 음은 除와 忠의 반절로서, 평성平聲이다.
6. (禍는) 胡와 火의 반절로서, 상성上聲이다. (禍는) 旤와 같은 글자이다.
7. (眚은) 生과 井의 반절로서, 상성上聲이다.
8. (反은) 非와 宛의 반절로서, 상성上聲이다.
9. (殃은) 於와 良의 반절로서, 평성平聲이다.

남방표준음을 반영하는 것이 梁 武帝 大同 9년(543) 顧野王이 저술한 『玉篇』이다. 『옥편』은 聲調(韻)로 분류하는 것이 아니라, 字形에 따라 분류하였다. ○ 반절에 대해서는 溝口雄三·丸山松幸·池田地久, 김석근·김용천·박규태 옮김, 『中國思想文化事典』, 민족문화문고, 2003, 697~699쪽 ; 이충구·임재완 등 역주, 『이아주소(1)』, 소명출판, 2004, 33~37쪽 ; 水口幹記, 『日本古代漢籍受容の史的研究』, 汲古書院, 2005, 213~218쪽 참조. ○ 한편 미즈구치 모토키(水口幹記)는 같은 책, 제2부 「『天地瑞祥志』の基礎的研究」에서 『천지서상지』 권1의 「2, 明載字」(222~226쪽)와 권7(272~291쪽)에 대한 세밀한 표점과 교감 및 내용에 대한 간단한 분석 작업을 하였다. 아울러 『천지서상지』에 표기된 반절음을 『절운』·『광운』·『집운』·『옥편』과 대조하여 표를 작성하였다.(같은 책, 214~216쪽) 매우 유용한 참고가 된다.

90) 『춘추좌전정의』, 권24, 선공 15년조, 770쪽, 杜預의 注.
91) 『춘추좌전정의』, 권24, 선공 15년조, 770쪽, 두예의 주.
92) 『한서』, 권27중상, 「오행지」, 1353쪽.

10. (升은) 舒와 丞의 반절이다. (平은) 扶와 呈의 반절이다.

11. (登은) 等과 恒의 반절로서, 평성平聲이다. '등登'은 곡식이 익는다(熟)는 뜻이다.

12. (嗛은) 嫌과 簟의 반절로서, 상성上聲이다. (한 가지 곡식이 익지 않았다는 것은) 먹을 것이 부족하다는 뜻이다. 『장자莊子』에 "고기의 맛을 본 지 오래되었다"[93]라고 하였다.

13. (飢는) 羈와 怡의 반절로서, 평성平聲이다. 『이아爾雅』에는 "곡식이 익지 않는 것을 '기饑'라고 한다"[94]라고 하였다. ('饑'는) '飢'와 같은 글자이다.

14. (饉은) 奇와 鎭의 반절로서, 거성去聲이다. (세 가지 곡식이 익지 않았다는 것은) 채소마저 익지 않았다는 뜻이다.

15. (歉은) 苦와 唐의 반절로서, 평성이다. 『설문說文』에는 "텅 비어 있는 것"이라고 하였다.

16. (祲은) 子와 鴆의 반절로서, 거성이다. 정현鄭玄은 "(침은) 음양의 기가 서로 침범하여 점차적으로 재앙을 이루는 것이다"[95]라고 하였다.

夾注原文

1. 宰來反, 平. 杜預曰, "反時, 寒暑天[96]性."[97] 又天大[98]曰灾, 灾之言傷也. '烖'·'災'彼皆同灾字也. **2.** 於驕反, 平. 杜預曰, "群物失性". 『漢書』, "草木之妖."[99] 妖猶夭, 夭猶言灾也. 祅·訞, 同妖字也. **3.** 鸞半反, 去. 兵於內爲亂, 於外爲寇也. **4.** 怡吏反, 去. 異之言也恠. 恠音古拜反, 去也. **5.** 儀哲反, 入. 有

---

93) 『莊子集解』 권8, 「盜跖」, 202쪽에서 "입이 고기와 술맛에 굶주리다"(口嗛於芻豢醪醴之味)라고 하였다.
94) 『이아주소』, 권6, 「석천」, 186쪽.
95) 『주례주소』, 권17, 「春官·眡祲」, 525쪽, 정현의 주.
96) 天 : 失의 오사이다.
97) 『춘추좌전정의』 권24, 선공 15년조, 770쪽, 두예의 주에는 '反時, 寒暑失性'이 '寒暑易節'로 되어 있다. 아마도 『좌전』의 '反時爲灾'로 인해서 '反時'가 잘못 들어갔고, 뒤의 '地反物爲妖'에 대한 두예의 주 '群物失性'으로 인해서 '失性'이 잘못 들어간 듯하다. 『좌전』 두예의 주에 따라 번역한다.
98) 大 : 失의 오사이다.
99) 『한서』 권27중상 「오행지」, 1353쪽에는 '凡草物之類謂之妖'로 되어 있다.

足曰蟲, 无足曰豸. 豸音直低反, 上. 蟲音除忠反, 平也. **6.** 胡火反, 上, 與禍同字. **7.** 生井反, 上. **8.** 非宛反, 上. **9.** 於良反, 平. **10.** 舒丞反. 扶呈反. **11.** 等恒反, 平. 登, 熟. **12.** 嫌簟反, 上. 食不足也. 『莊子』曰, "嗛芻豢之味也." **13.** 羈怡反, 平. 『爾雅』曰, "不熟爲饑." 飢同字者也. **14.** 奇鎭反, 去. 蔬菜不熟反.[100] **15.** 苦唐反, 平. 『說文』曰, "空虛之也." **16.** 子鴆反, 去. 鄭玄曰, "陰陽氣相浸成灾也."

【명재자 1—2:3】

맹강孟康[101]이 말하였습니다. "일월日月과 오성五星의 운행이 궤도에서 이탈하는 것을 '사邪'라고 하고, 궤도를 따르는 것을 '정正'이라 한다.[102] 뭇 별자리(列宿)가 어그러지지 않는 것을 '존存'이라 하고, 항성恒星이 나타나지 않는 것을 '망亡'이라고 한다. '허虛'와 '실實'은 예를 들면 천뢰성天牢星이 꽉 차면 죄수가 많아지고, 텅 비면 감옥을 열어서 죄수를 풀어 주는 따위를 가리킨다.[103] '활闊'과 '협陜'은 예를 들면 삼태성三台星[104]의 서로

100) 反 : '反'은 빠져야 할 것 같다. 앞의 '奇鎭反'의 '反'으로 인해 잘못 들어간 듯하다.
101) 孟康 : 字는 公休, 安平縣 廣宗 출신. 魏나라 사람으로 廣陵亭侯에 봉해졌다. 『사기』와 『한서』의 주를 지었다.
102) 궤도를~ 한다 : 『한서』 권26 「천문지」, 맹강의 주에는 이 문장이 없다.
103) 『한서』 권26 「천문지」, 1275쪽에는 "斗杓 끝에는 두 개의 별이 있다. 하나는 안쪽에 있는데 하늘의 창(矛)으로서, '招搖'라고 한다. 하나는 바깥쪽에 있는데 하늘의 방패(盾)로서, '天鋒'이라고 한다. 구부러지고 둥근 고리 같은 15개의 별이 있어 두표에 속하는데, 이를 '천인지뢰'라고 한다. 천인지뢰 별자리의 감옥 안에 있는 별이 빛나면(實) 죄수가 많아지고, 빛나지 않으면(虛) 감옥을 열어서 석방하여 죄수가 적어진다"(杓端有兩星. 一內爲矛, 招搖, 一外爲盾, 天鋒. 有句圜十五星, 屬杓, 曰賤人之牢. 牢中星實則囚多, 虛則開出)라고 하였다. ○ 북두는 天樞·天璇·天璣·天權·玉衡·開陽·搖光의 7개의 별로 이루어져 있다. 고대

간의 거리가 멀고 가까움 따위를 가리킨다. 뭇 별자리가 서로 끌어당기는 것을 '예직曳直'이라 하고,[105] 한 별자리에 함께 있는 것을 '합合'이라고 한다. 7촌寸 이내에서 두 별의 빛이 서로 미치는 것을 '범犯'이라 하고, 서로 마주보며 정면으로 지나가는 것을 '릉陵'이라 하고, 별들이 서로 치는 것을 '투鬪'라고 하고,[106] 별들이 서로 지나가서 보이지 않는 것을 '식蝕'이라고 하고, 해와 달에 빛이 없는 것을 '박薄'이라고 한다."[107]

인들은 이 7개의 별을 술을 뜨는 표주박 모양으로 상상하였다. 천추·천선·천기·천권은 표주박의 몸체에 해당하는데, 이를 '斗魁'라고 하였다. 옥형·개양·요광은 표주박의 자루에 해당하는데, 이를 '斗杓'라고 하였다.

104) 三台星 : 上台·中台·下台의 세 별자리를 말한다. ○『진서』 권11 「천문지상」, '中宮', 293쪽에서 "삼태는 6개의 별로 이루어졌다. 두 개씩 쌍을 이루어 거처하는데, 文昌에서 일어나 펼쳐져서 太微에 다다른다. 첫째는 '天柱'로서 삼공의 자리다. 인간세계에서는 三公이고, 천상에서는 三台이다. 덕을 열고 부신을 선포하는 일을 주관한다. 서쪽으로 문창에 가까이 있는 두별을 '上台'라고 한다. 司命이 되니, 수명을 주관한다. 그 다음 두 별이 '中台'로서 司中이 되니, 종실을 주관한다. 동쪽의 두 별이 '下台'로서 司祿이 되니, 전쟁을 주관한다. 덕을 밝게 비추고 어긋나는 일을 틀어막는 까닭이다"(三台六星, 兩兩而居, 起文昌, 列抵太微. 一曰天柱, 三公之位也. 在人曰三公, 在天曰三台, 主開德宣符也. 西近文昌二星曰上台, 爲司命, 主壽. 次二星曰中台, 爲司中, 主宗室. 東二星曰下台, 爲司祿, 主兵, 所以昭德塞違也)라고 하였다.

105) 뭇 별자리가~ '曳直'이라 하고 : 『한서』 권26 「천문지」, 맹강의 주에는 이 문장이 없다.

106) 별들이~ '鬪'라고 하고 : 『한서』 권26 「천문지」, 1173쪽에는 韋昭의 말로 되어 있다.

107) 『한서』 권26 「천문지」, 1173쪽, 맹강의 주. ○ 한편 『한서』 권26 「천문지」, 1173쪽, 韋昭의 주에서는 "아래로부터 가서 부딪치는 것을 '犯'이라 하고, 자기 별자리에 머무는 것을 '守'라고 하며, 그것을 거쳐 지나가는 것을 '歷'이라 하고, 부딪쳐서 가리는 것을 '陵'이라 하고, 별들이 서로 치는 것을 '鬪'라고 한다"(自下往觸之曰犯, 居其宿曰守, 經之爲歷, 突掩爲陵, 星相擊爲鬪也)라고 하였다. ○ 두 개의 별이 서로 가까이 있는 상태를 '合'·'犯' 등으로 표현한다. 그러나 한대의 문헌에는 이 두 용어를 명확하게 구분하여 사용한 것 같지는 않다. 당대에서야 두 개의 별이 7촌 이내일 때는 '犯', 1척 이내일 때는 '合'이라는 구분의식이 정착되었다고 한다. 李文揆, 「古代 中國 '天文' 해석의 원리—『史記』「天官書」를 중심으로」, 『東亞文化』 35, 1997년 참조.

【明載字 1—2:3】

孟康曰, "日月五星行下道爲耶[108],[1] 從道爲正,[2] 列宿不虧爲存[109],[3] 恒星不見爲亡[110],[4] 若天窂[111]星多爲實,[5] 開出星少爲虛.[112][6] 如三台相遠爲闊,[7] 相近爲陿,[113][8] 牽引爲曳直,[9] 同舍爲合[114],[10] 七寸已內光芒相及爲犯[115].[11] 相冒正過爲淩[116],[12] 相[117]擊爲鬪,[13] 相淩不見爲蝕[118],[14] 日月無光爲[119]薄."[15]

협주

1. (邪는) 謝와 嗟의 반절로서, 평성이다.
2. (正은) 之와 倂의 반절로서, 거성이다.

---

108) 耶 : 『한서』 권26 「천문지」, 1273쪽, 맹강의 주에는 '耶'가 '邪'로 되어 있다.
109) 列宿不虧爲存 : 『한서』 권26 「천문지」, 1273쪽, 맹강의 주에는 '存謂列宿不虧也'로 되어 있다.
110) 恒星不見爲亡 : 『한서』 권26 「천문지」, 1273쪽, 맹강의 주에는 '亡謂恒星不見'으로 되어 있다.
111) 窂 : 牢의 이체자이다.
112) 『한서』 권26 「천문지」, 1273쪽, 맹강의 주에는 "虛實, 若天牢星實則囚多, 虛則開出之屬也"로 되어 있다. 『천지서상지』의 필사본에는 앞뒤에 탈자와 오사가 있는 듯 문장이 자연스럽지 못하다. 『한서』에 따라 번역한다.
113) 『한서』 권26 「천문지」, 1273쪽, 맹강의 주에는 "闊陿, 若三台星相去遠近也"로 되어 있다.
114) 同舍爲合 : 『한서』 권26 「천문지」, 1273쪽, 맹강의 주에는 "合, 同舍也"로 되어 있다.
115) 七寸已內光芒相及爲犯 : 『한서』 권26 「천문지」, 1273쪽, 맹강의 주에는 "犯, 七寸已內光芒相及也"로 되어 있다.
116) 相冒正過爲淩 : 『한서』 권26 「천문지」, 1273쪽, 맹강의 주에는 "陵, 相冒過也"로 되어 있다.
117) 相 : 『한서』 권26 「천문지」, 1273쪽, 韋昭의 주에는 '相' 앞에 '星' 한 글자가 더 있다.
118) 相淩不見爲蝕 : 『한서』 권26 「천문지」, 1273쪽, 맹강의 주에는 "食, 星月相陵, 不見者則所蝕也"로 되어 있다.
119) 爲 : 『한서』 권26 「천문지」, 1273쪽, 맹강의 주에는 '爲'가 '曰'로 되어 있다.

3. (存은) 在와 屯의 반절로서, 평성이다.
4. (亡은) 万과 方의 반절로서, 평성이다.
5. (實은) 神과 日의 반절로서, 입성이다.
6. (虛는) 欣과 居의 반절로서, 평성이다.
7. (闊은) 課와 括의 반절로서, 입성이다.
8. (陜은) 胡와 夾의 반절로서, 입성이다.
9. (曳는) 餘와 滯의 반절로서, 거성이다. (直은) 除와 力의 반절로서, 입성이다.
10. (合은) 胡와 答의 반절로서, 입성入聲이다. 수守는 말한다. "'사舍'는 28수가 한 별자리에 있다는 뜻과 같다."
11. (犯은) 凡과 感의 반절로서, 상성이다. 또 유성이 침범해 이르는 것도 '범犯'이라고 한다. 천천히 운행하면서 범하는 것을 '간干'이라 하고, 빠르게 달리면서 제어하는 것을 '착捉'라고 하며, 예를 들어 두 견우성이 서로 별빛은 던지는 것은 '촉觸'이라고 한다.
12. (陵은) 力과 氷의 반절로서, 평성이다.
13. (鬪는) 當과 豆의 반절로서, 거성이다.
14. (蝕은) 乘과 勅의 반절로서, 입성이다. 무함巫咸은 "달이 별을 가리면 별이 사라지는데 이를 월식성月食星이라 하고, 별이 빛을 발하는 것을 성식월星食月이라 한다"[120]라고 하였다.
15. (薄은) 補와 白의 반절로서, 입성이다. 『경방역전京房易傳』에 "해와 달이 붉고 누런 것이 '박薄'이고, 교유하지 못하고 먹는 것을 '박薄'이라 한다"[121]라고 하였다. 위소韋昭는 "기운이 가까이 다가가는 것을 '박薄'이라 하고, 그리하여 이지러뜨리고 무너뜨리는 것을 '식蝕'이라 한다"[122]라고 하였다.

---

120) 『한서』 권26 「천문지」, 1273쪽, 맹강의 주에 인용되어 있다.
121) 『한서』 권26 「천문지」, 1273쪽, 맹강의 주에 인용되어 있다.
122) 『한서』 권26 「천문지」, 1273쪽, 맹강의 주에 인용되어 있다. ○ 瞿曇悉達, 『唐開元占經』 권9 「日薄蝕」에서 "『하도제람희』에 '해와 달이 붉고 누렇게 되어 빛이 없는 것을 박이라 하고, 파괴되어 훼손된 것을 식이라 한다'라고 하였다. 맹강자는 '해와 달에 빛이 없는 것을 박이라 한다'라고 하였다. 『경방역전』에서는 '해와 달이 교유하지 못하고 먹는 것을 박이라 한다'라고 하였다. 위소는 '달의 기운이 가서 압박하는 것을 박이라 한다'라고 하였다. 『경방역전』에는 또 '일식과 월식은 모두 그믐과 초하루에 일어나는데, 그믐이나 초하루가 아닌 때에 일어나는

夾注原文

1. 謝嗟反, 平. **2.** 之併反, 去. **3.** 在屯反, 平. **4.** 万方反, 平. **5.** 神日反, 入. **6.** 欣居反, 平. **7.** 課括反, 入. **8.** 胡夾反, 入. **9.** 餘滯反, 去. 除力反, 入. **10.** 胡答反, 入. 守曰, "舍猶廿八宿也, 在一宿也." **11.** 凡感反, 上. 又流星侵至爲犯. 徐行犯爲干, 疾走制爲投[123], 如二牛相投爲觸也. **12.** 力氷反, 平. **13.** 當豆反, 去. **14.** 乘勑反, 入. 巫咸曰, "月奄星, 星滅謂之月食星, 星有光謂之星食月也." **15.** 補白反, 入. 『京房傳』曰, "日月赤黃爲薄, '不[124]交而蝕[125]爲薄.'" 韋昭曰, "氣往迫之爲薄, 虧毁曰蝕[126]也."

【명재자 1—2:4】

『저명천문著明天文』[127]에서 말하였습니다. "아직 떠날 때가 아닌데 떠

것을 박이라고 한다. 이는 군주가 형벌을 이치대로 행하지 못하여 도적의 신하가 점차 거병하여 일어나는 상이다. 비록 해와 달이 함께 머물 때는 아니지만 음의 기운이 강성하여 오히려 해의 빛을 가리고 엷게 하는 것이다'라고 하였다" (『河圖帝覽嬉』曰, '日月赤黃無光, 命曰薄, 破毁傷, 命曰蝕.' 孟康子曰, '日月無光曰薄.' 『京房易傳』曰, '日月不交而蝕曰薄.' 韋昭曰, '月氣往迫之爲薄.' 『京房易傳』曰, '蝕皆於晦朔, 有不於晦朔者, 名曰薄. 此人君誅不以理, 賊臣漸擧兵而起, 雖非日月同宿時, 陰氣盛, 猶掩薄日光也')라고 하였다.

123) 投 : 捉의 오사이다.

124) 不 : 『한서』 권26 「천문지」, 1273쪽, 맹강의 주에 인용된 『경방역전』에는 '不' 앞에 '或曰' 두 글자가 더 있다.

125) 蝕 : 『한서』 권26 「천문지」, 1273쪽, 맹강의 주에 인용된 『경방역전』에는 '蝕'이 '食'으로 되어 있다.

126) 蝕 : 『한서』 권26 「천문지」, 1273쪽, 맹강의 주에 인용된 『경방역전』에는 '蝕'이 '食'으로 되어 있다.

127) 『着明天文』 : 『수서』 권34 「경적지」, '천문', 1020쪽에 『著明集』 10권이 찬자 미상으로 저록되어 있다. 新美寬 編/鈴木隆一 補, 『本邦殘存典籍による輯佚資料集成續』(京都大學 人文科學研究所, 1968)에 『천지서상지』의 이 부분이 수록되어 있다.

나는 것을 '출出'이라 하고, 아직 올 때가 아닌데 오는 것을 '입入'이라고 한다. 위로 지나가는 것을 '승乘'이라 하고, 배회하면서 그 자리를 떠나지 않는 것을 '수守'라 하며, 머물면서 이동하지 않는 것을 '유留'라고 하고, 운행하고 멈춤에 일정함이 있는 것을 '사舍'라고 한다. 주위를 맴도는 것을 '환요環繞'라 하고, 떠났다가 다시 돌아오는 것을 '구句'라 하며, 구를 두 번 하는 것을 '기己'라 하고,[128] 빛깔이 일정하지 않을 것을 '변變'이라고 한다. 빛을 발하면서 흔들리는 것을 '동動'이라 하고, 윤기가 흐르고 온화하고 유순한 것을 '희喜'라고 하며, 큰 것을 막고 강한 것을 감싸고 있는 것을 '노怒'라 하고, 가까이 다가가 좌우에 있는 것을 '제提'라고 한다. 그 빛이 5촌 이상이면 '망芒'이라 하고, 1척 이내이면 '록'(角)이라고 한다. 하루에 1~2촌을 운행하면 '지遲'(느리다)라 하고, 5촌 이상 1척 이내이면 '평平'(보통이다)이라 하며, 1도度가 되면 '질疾'(빠르다)이라고 한다. 그믐에 달이 서방에 나타나는 것을 '조朓'라 하고, 초하루에 달이 동방에 나타나는 것을 '육朒'이라 한다. 오성五星이 정해진 때보다 일찍 나오는 것을 '영盈'이라 하고, 오성이 정해진 때보다 늦게 나오는 것을 '축縮'이라 한다."

【明載字 1—2:4】

『著明天文』曰, "未應去而去爲出,[1] 未應來而來爲入,[2] 在上過爲乘,[3] 徘徊不去其度爲守,[4] 住不移爲留,[5] 行止有常爲舍,[6] 周廻爲環繞,[7] 去而復

128) 星體가 떠났다가 다시 돌아오는데 마치 갈고리처럼 둥글게 운행을 하고, '己'자의 형상을 하고 있기 때문에 '句己'라고 한다. ○『신당서』 권33「천문지」, 854쪽에 "永淳 원년(고종, 682) 5월 정사에 진성이 헌원을 범하였다. 9월 경술에 형혹이 여귀를 범하고, 질성을 범하였다. 11월 을미에 다시 여귀를 범하였다. 떠났다가 다시 온 것이니, 이를 '句己'라고 한다"(永淳元年五月丁巳, 辰星犯軒轅. 九月庚戌, 熒惑入輿鬼, 犯質星. 十一月乙未, 復犯輿鬼. 去而復來, 是謂句己)라고 하였다.

還爲句,[8] 再句爲已,[9] 包[129)]非其常爲變,[10] 光耀搖爲動,[11] 潤澤和順爲喜,[12] 杜大包强爲怒,[13] 逼在左右爲提.[14] 其光五寸以上爲芒.[15] 一尺以內[130)] 角,[16] 一日行一二寸爲遲,[17] 五寸以上一尺[131)]平,[18] 一度爲疾.[19] 晦而月見西方謂之朓,[20] 朔而[132)]見東方謂之朒,[21] 五星早出爲盈,[22] 晩出爲縮."[23]

협주

1. (出은) 尺과 律의 반절로서, 입성이다.
2. (入은) 而와 習의 반절로서, 입성이다.
3. (乘은) 實과 伏의 반절로서, 평성이다.
4. (守는) 收와 又의 반절로서, 거성이다. 수守는 말한다. "배회俳佪는 '방황한다'는 뜻과 같다. 가는 듯하고 오는 듯하면서도 여전히 남아서 오래도록 머문다는 뜻이다. 맹강孟康은 '자신의 별자리에 머무는 것이 수守이다'[133)]라고 하였고, 『광아廣雅』에서는 '수守는 오래 머문다는 뜻이다'[134)]라고 하였다."
5. (留는) 六과 求의 반절로서, 평성이다. 수守는 말한다. "이는 시기가 다 되었는데도 오래 머물면서 이동하지 않음을 말하는 것이다. 『이아爾雅』에는 '유留는 오래도록 머문다는 뜻이다'[135)]라고 하였다."
6. (舍는) 奢와 罵의 반절로서, 거성이다. 수守가 『주례周禮』에 의거해 보건대, 여행하는 자가 짐을 풀어 놓고 쉬는 곳이 '사舍'이다.[136)] 떠나야 하는데 잠시 머문다는 뜻이다. 그러므로 『좌전』에서 "하룻밤 묵는 것을 사舍라고 한다"[137)]

---

129) 包 : 色의 오사이다.
130) 內 : '內' 다음에 '爲' 한 글자가 탈오된 듯하다.
131) 尺 : '尺' 다음에 '爲' 한 글자가 탈오된 듯하다.
132) 而 : '而' 다음에 '月' 한 글자가 탈오된 듯하다.
133) 『한서』 권26 「천문지」, 1273쪽 주에는 '韋昭'의 말로 되어 있다.
134) 『광아』에 이 문장은 없다.
135) 『이아주소』 권2 「釋詁下」, 49쪽에서 "曩·塵·佇·淹·留는 오랫동안(久)이라는 뜻이다"라고 하였다.
136) 『주례주소』 권1 「天官·掌舍」, 16쪽, 정현의 주에 "'사'는 출행을 떠났다가 짐을 풀고 쉬는 곳이다"(舍, 行所解止之處)라고 하였다.

고 한 것이다.

7. (環은) 患과 班의 반절로서, 평성이다. (繞는) 如와 小의 반절로서, 상성이다.
8. (句는) 久와 具의 반절로서, 거성이다.
9. (己는) 居와 理의 반절로서, 상성이다. 『백호통白虎通』에서 "'기己'는 굽혔다가 다시 일어난다는 뜻이다"[138]고 하였다.
10. (變은) 碑와 春의 반절로서, 거성이다. 또 사물이 허물을 이루는 것을 '변變'이라고 한다.
11. (動은) 洞과 摠의 반절로서, 상성이다.
12. (喜는) 欣과 秘의 반절로서, 거성이다.
13. (怒는) 奴와 戶의 반절로서, 상성이다.
14. (提는) 徒와 奚의 반절로서, 평성이다. 『광아』에 "'지持'는 잡는다(執)는 뜻이다"라고 하였다.[139]
15. (芒은) 万과 亡의 반절로서, 평성이다.
16. (角은) 路와 木의 반절로서, 입성이다.
17. (遲는) 知와 夷의 반절로서, 평성이다.
18. (平은) 扶와 呈의 반절로서, 평성이다.
19. (疾은) 在와 日의 반절로서, 입성이다.
20. (朓는) 天과 曜의 반절로서, 거성이다.
21. (朒은) 女와 陸의 반절로서, 입성이다. 맹강孟康은 "조朓는 달의 운행이 빨라 하루 전에 뜨는 것이다. 그러므로 일찍 나타난 것이다. 육朒은 (달의) 운행이 늦어 하루 뒤에 뜨는 것이다. 마땅히 사라져야 하는데 다시 뜨는 것이다"[140]라고 하였다.
22. (盈은) 亦과 呈의 반절로서, 평성이다. (세성의 운행이) 머물 곳을 뛰어넘어 앞으로 나아가는 것이 '영盈'이니, 그 나라에 병란이 일어나서 회복되지 못한다.

---

137) 『춘추좌전정의』 권8, 莊公 3년조, 255쪽에서 "무릇 군사가 하루 머무는 것을 '舍'라고 하고, 이틀 머무는 것을 '信'이라 하고, 신을 넘기면 '次'라고 한다"(凡師, 一宿爲舍, 再宿爲信, 過信爲次)라고 하였다.
138) 『백호통』에는 이 문장이 없다.
139) 『광아』에는 이 문장이 없다.
140) 『한서』, 권27하하, 「오행지」, 1506쪽, 맹강의 주.

23. (縮은) 所와 陸의 반절로서, 입성이다. 머물 곳에서 물러나 있는 것이 '축縮'이니, 그 나라에 근심이 생겨나 장차 죽게 될 것이다.

夾注原文

1. 尺律反, 入. **2.** 而習反, 入. **3.** 實伏反, 平. **4.** 收又反, 去. 守曰, "俳佪猶仿偟, 若往若來, 猶似有遺而久居也. 孟康曰, '居之衆[141]曰爲守也.' 『廣雅』曰, '守, 久也.'" **5.** 六求反, 平. 守曰, "是謂遠留期, 而久居不移動也. 『爾雅』曰, "留, 久也." **6.** 奢罵反, 去. 守據『周禮』, "行者所解之止處曰舍也." 應行而蹔住, 故『左傳』曰, "一宿爲舍也." **7.** 患班反, 平. 如小反, 上. **8.** 久具反, 去. **9.** 居理反, 上. 『白席通』'己'之言折屈而起也 **10.** 碑春反, 去. 又物成巹爲變也 **11.** 洞揔反, 上. **12.** 欣秘反, 去. **13.** 奴戶反, 上. **14.** 徒奚反, 平. 『廣雅』, "持, 執也." **15.** 万亡反, 平. **16.** 路木反, 入. **17.** 知夷反, 平. **18.** 扶呈反, 平. **19.** 在日反, 入. **20.** 天曜反, 去. **21.** 女陸反, 入. 孟康曰, "朓者, 行[142]疾在日前, 故早見. 朒者, 月[143]行遲在日後, 當沒而更見也." **22.** 亦呈反, 平. 超舍而前爲盈, 其國有兵不□[144]也. **23.** 所陸反, 入. 退舍爲縮, 其國有憂, 將死也.

---

141) 居之衆 : 『한서』 맹강의 주에는 이 문장이 없다. 글자가 잘못 필사된 듯하다. 『한서』 권26 「천문지」, 1273쪽, 위소의 주에는 '居其宿曰守'로 되어 있다.

142) 行 : 『한서』 권27하하 「오행지」, 1506쪽, 맹강의 주에는 '行' 앞에 '月' 한 글자가 더 있다.

143) 月 : 『한서』 권27하하 「오행지」, 1506쪽, 맹강의 주에는 '月'이 없다.

144) 不□ : 『천지서상지』 필사본에는 '不' 다음에 글자가 공백으로 되어 있다. 『사기』 권27 「천관서」, 1312쪽에는 "贏, 其國有兵, 不復"으로 되어 있다.

明災異例

> 해제 : 하늘의 재이현상과 인간세계의 관계 양상을 논한다. 그 유형을 '여러 재이현상이 모여서 하나의 재앙으로 나타나는 경우', '한 번의 재이현상이 곧바로 재앙이 되는 경우', '인간의 구체적 실정에 대해 후에 재이를 출현시켜 견책하는 경우'의 3가지로 나누고, 이를 『한서』의 「천문지」와 「오행지」 등에서 인용하여 실증한다.

【명재이례 1—3:1】

신이 살펴보건대, 『도참圖讖』에 "재災는 반드시 한꺼번에 이르는 것은 아니다. 여러 재이현상이 모여 하나의 재앙을 이루기도 하고, 한 번의 재이현상으로 재앙을 입기도 하며, 어떤 때는 (구체적인) 일이 먼저 있고 재이현상이 뒤에 출현하기도 한다"라고 하였습니다.

『치맹점郗萌占』에는 "'섭제攝提[1])가 끌어서 길게 펼쳐짐', '왕량王梁[2])이 말을 채찍질 함', '천고天庫[3])가 빛을 감추고, 봉성鋒星[4])이 빛을 발함', '호狐와

---

1) 攝提 : 동방의 亢宿에 속하는 별자리로서 6개의 별로 이루어져 있다. 大角星의 양 옆에 각각 3개씩의 별이 솥발(鼎足)처럼 굽어서 위치한다. 왼쪽의 3별을 '좌섭제', 오른쪽의 3별을 '우섭제'라고 한다. ○『사기』 권27 「천관서」, 1297쪽에 "대각은 천왕의 제정이다. 그 양 곁에 각각 3개의 별이 있는데 솥발처럼 구부러져 있다. 이를 '섭제'라고 한다. 섭제는 斗杓가 가리키는 방향과 일직선에 있기 때문에 그것으로 때와 계절을 알 수 있다. 그래서 '섭제격'이라고 한다"(大角者, 天王帝廷. 其兩旁各有三星, 鼎足句之, 曰攝提. 攝提者, 直斗杓所指, 以建時節, 故曰'攝提格')라고 하였다.

2) 王梁 : 王良이라고도 한다. 天漢의 4별을 '天駟'라고 하는데, 그 곁의 한 별을 '王梁'이라고 한다. 왕량성이 말에 채찍을 가하여 빛을 발하면 車騎가 들판에 가득 찬다고 한다. 전쟁이 일어날 징조이다. 『한서』, 권26, 「천문지」, 1279쪽 참조.

3) 天庫 : 28수에 포함되지 않는 항성의 별자리 이름이다. 이 별이 가는 곳 아래에

랑狼[5])이 밝게 빛나고, 잔우殘尤[6])가 출현함', '왕시枉矢[7])가 흘러가고, 치우蚩尤[8])가 출현함', 이 8조는 각각 왕의 교체를 말한 것이다"라고 하였습니다. 한양韓揚은 치맹郗萌을 비판하면서, "무릇 8조의 변괴는 지극히 중한 것으로 고금에 드물게 나타난다. 반드시 여러 재災가 일어난 뒤에 함께 하나의 화禍를 이루는 것이다. 그런데 치맹의 점서는 가벼운 것은 제쳐 두고 중대한 것만을 가지고 예로 들었으니, 이는 치맹의 잘못이다"라고 하였습니다.

는 兵事가 일어난다고 한다. ○『진서』 권11「천문지」, 304쪽에 "성관 28수 이외의 별자리다. 庫樓는 10개의 별로 이루어져 있는데, 6개의 큰 별이 '庫'이고, 남쪽의 4개 별이 '樓'이다. 角宿의 남쪽에 있다. 일명 '天庫'로서 병거의 창고이다"(星官在二十八宿之外者. 庫樓十星, 六大星爲庫, 南四星爲樓, 在角南. 一曰天庫, 兵車之府也)라고 하였다.

4) 鋒星 : 房宿와 心宿 사이에 있는 별자리로서 이 별이 뜨면 반드시 亂臣이 생긴다고 한다. 天鋒, 蓬星이라고도 한다.

5) 弧와 狼 : 호와 랑은 모두 서방의 별이다. ○『한서』 권26「천문지」, 1278쪽에 "(天旗의) 동쪽에 있는 큰 별을 '狼'이라 한다. 랑의 별빛이 색을 바꾸면 도적이 들끓는다. 그 아래에 4개의 별이 있는데, '弧'이다. '랑'과 일직선상에 있다"(其東有大星曰狼, 狼角變色, 多盜賊. 下有四星曰弧, 直狼)라고 하였다.

6) 殘尤 : 五殘星이다. 고대에는 凶星으로 여겼다. 辰星과 유사하며 땅에서 6丈 정도 떨어져 있다. 塡星의 정기가 흩어져서 만들어진 것이라고 한다. 다른 쪽에서 나오면 그 아래에 병란이 일어나고, 그와 마주하는 쪽이 불리하다. ○『한서』 권26「천문지」, 1291쪽에 "오잔성은 정동쪽에서 나오니, 동방의 분야이다. 그 형상은 진성과 유사한데, 땅에서 6장 정도 떨어져 있고, 크며 황색을 띤다"(五殘星, 出正東, 東方之星. 其狀類辰, 去地可六丈, 大而黃)라고 하였다.

7) 枉矢 : 큰 유성과 같은 종류로, 뱀처럼 움직이고 푸르고 검은 색을 띠며 마치 깃털이 있는 것 같다. 항우가 거록성을 구원할 때 왕시가 서쪽으로 흘렀다고 한다. 왕시에 부딪히면 천하의 토벌 대상이 된다. 곧 멸망의 징조라고 한다. ○『한서』 권26「천문지」, 1293쪽에 "왕시는 그 형상이 커다란 유성과 유사하다. 뱀처럼 운행을 하는데, 푸르고 검은 색을 띤다. 이 별을 바라보면 마치 깃털과 눈이 있는 듯하다"(枉矢, 狀類大流星, 蛇行而倉黑, 望如有毛目然)라고 하였다.

8) 蚩尤 : 蚩尤之旗라고도 한다. 고대에는 이 별이 나타나면 정벌하는 일이 일어난다고 생각했다. 熒惑의 정기가 흩어져서 만들어졌다고 한다. ○『한서』 권26「천문지」, 1293쪽에 "치우지기는 혜성과 유사하지만 뒷부분이 구부러져 있다. 깃발 형상을 하고 있다. 이 별이 나타나면 왕자는 사방을 정벌한다"(蚩尤之旗, 類彗而後曲, 象旗. 見則王者征伐四方)라고 하였다.

【明灾異例 1—3:1】

三[9]臣按『畐[10]讖』曰, "非灾必俱至, 或待衆灾成一殃, 或一灾則受殃, 或事在前, 灾在後也." 『郗萌占』曰, "攝提横,[1] 王梁策馬,[2] 天庫虛, 鋒星角,[3] 狐・狼張,[4] 殘尤出,[5] 枉矢流,[6] 蚩尤出,[7] 此八條, 各言更紀聖代王也." 韓揚譏郗萌言, "凡八變至重, 古今希有, 必待衆灾, 幷成一禍, 而萌占書, 別輕就重, 此萌所失也."

협주

1. 수守는 말한다. "'횡橫'은 끌어서 길게 펼친다는 뜻이다. 음은 古와 鑊의 반절이다."
2. '말을 채찍질한다'는 것은 빛이 싹터서 움직인다는 뜻이다.
3. 봉성은 경하更河의 별명이다.
4. '張'은 밝게 빛난다는 뜻이다.
5. 전성塡星[11]의 정기精氣이다.
6. 유성의 이름이다.
7. 형혹熒惑[12]의 정기精氣이다.

夾注原文

1. 守曰, "横之言, 引而張也. 音古鑊反也." **2.** 策馬謂有光芒而動. **3.** 鋒星謂更河別名也 **4.** 張, 明光也. **5.** 鎭星之精. **6.** 流星名也. **7.** 熒惑之精.

9) 三 : 衍文이다. 목차 "三, 明灾異例"로 인해서 잘못 겹쳐서 필사된 것으로 생각된다.
10) 畐 : 圖의 이체자이다.
11) 塡星 : 土星의 별명이다. 중앙에 위치하여 늦가을을 관장하며, 土의 정기다. 鎭星이라고도 한다.
12) 熒惑 : 火星의 별명이다. 별이 불현듯 나타나서 사람을 미혹시키기 때문에 형혹이라고 한다. 형혹성이 출현하면 병란이 일어나고, 들어가면 군사가 흩어진다고 한다.

【명재이례 1—3:2】

『한서』「천문지」에서 말하였습니다. "효경제孝景帝 원년(BC 156) 정월, 금성金星과 수성水星의 두 별이 수녀須女[13]의 별자리에 모였다. 점을 쳤더니, '변란의 음모가 되고, 병란의 근심이 된다. 수녀는 월越과 제齊의 분야分野이다'로 나왔다. 7월, 금성과 수성과 목성의 세 별이 장張[14]의 별자리에 모였다. 점을 쳤더니 '밖과 안으로 병란과 상사喪事가 있고, 왕공王公을 바꾸어 세운다. 장은 주周와 초楚의 땅으로서 오늘날의 하내河內이다'로 나왔다. 9월, 서방에 혜성이 나타났다. 그 앞부분은 미尾[15]·기箕[16]에 해당하고, 끝부분은 견우牽牛를 가리켰으며 천한天漢[17]에까지 미쳤다. 16일 만에 보이지 않게 되었다.[18] 2년(BC 155) 7월에 화성과 수성이 새벽에 동방에서 출현하였고, 그리하여 두斗[19]의 별자리에 머물렀다. 점을 쳐 보았더니 '그 나라에 제사가 끊어질 것이다'로 나왔다. 12월에 수성과 화성이 두의 별자리에서 모였다. 점을 쳐 보았더니, '일을 거행하거나 군대를 일으켜서는 안 된다. 그러면 반드시 그 재앙을 입는다'로 나왔다. 그 해 3월에 6명의 황자皇子를 세워 왕으로 삼았다.[20] 3년(BC 154)에 오吳·초楚·교서膠西·교동膠

---

13) 須女 : 28수의 하나로서 북방 현무 7수 가운데 세 번째 별자리다. 4개의 별로 이루어져 있으며, 직녀성의 남쪽에 있다. 婺女, 女宿라고도 한다.
14) 張 : 28수의 하나로서 남방 주작 7수 가운데 다섯 번째 별자리다. 6개의 별로 이루어져 있다.
15) 尾 : 28수의 하나로서 동방 창룡 7수 가운데 여섯 번째 별자리다. 9개의 별로 이루어져 있다.
16) 箕 : 28수의 하나로서 동방 창룡 7수 가운데 일곱 번째 별자리다.
17) 天漢 : 銀河, 星河, 天河라고도 한다.
18) 9월~ 보이지 않게 되었다 : 『한서』「천문지」에는 이 문장이 없다.
19) 斗 : 28수의 하나로서 북방 현무 7수 가운데 첫 번째 별자리다. 南斗라고도 칭하는데, 6개의 별로 이루어져 있다.
20) 여섯 명의 왕은 淮陽王·汝南王·河間王·臨江王·長沙王·廣川王이다.

東・치천菑川・제남濟南・조趙의 7국이 반란을 일으켰다. 이로 인해서 한 조정에게 멸망당했다.[21)]"[22)]

이것이 이른바 '여러 재이현상이 모여 하나의 재앙을 이룬다'(待衆灾成一殃)는 것입니다. 그러므로 『역』에서는 "천하가 돌아갈 곳은 똑같지만 길은 다르며, 성취하는 것은 하나이지만 생각은 백 가지다"[23)]라고 한 것입니다.

『한서』「천문지」에서 말하였습니다. "고조 7년(BC 200)에 달무리가 삼參[24)]과 필畢[25)]의 별자리를 7겹으로 에워쌌다. 점을 쳐 보았더니, '필과 묘昴[26)] 사이가 천가성天街星[27)]이다. 천가성의 북쪽은 오랑캐 땅이고, 남쪽은 중국의 땅이다. 묘는 흉노의 땅이고, 삼은 조趙나라의 땅이고, 필은 변경의 군대이다'라고 나왔다. 이 해에 고조는 친히 군사를 이끌고 흉노를 공격하였다. 평성平城에 이르러 무득 선우에게 포위되었는데, 7일 만에 포위에서 벗어났다. 12년(BC 195)에 형혹성이 심心[28)]에 머물렀다. 그 해 4월에 고조가 붕어하였다."[29)]

---

21) 이로 인해서~ 멸망당했다 : 『한서』 권26 「천문지」에는 이 문장이 없다.
22) 『한서』, 권26, 「천문지」, 1303~1304쪽.
23) 『주역정의』, 권8, 「계사하」, 358쪽.
24) 參 : 28수의 하나로서 서방 백호 7수 가운데 일곱 번째 별자리다. 7개의 별로 이루어져 있다.
25) 畢 : 28수의 하나로서 서방 백호 7수 가운데 다섯 번째 별자리다. 8개의 별로 이루어져 있는데, 그 별이 분포하는 형상이 사냥할 때 사용하는 그물과 비슷하다고 하여 '畢'(그물)이라고 한다.
26) 昴 : 28수의 하나로서 서방 백호 7수 가운데 네 번째 별자리다. 7개의 별로 이루어져 있다.
27) 『사기』 권27 「천관서」, 1306쪽, 張守節의 주에 "천가성은 2개의 별로 이루어져 있는데, 필과 묘 사이에 있으면서 나라의 경계를 관장한다. 천가의 남쪽은 화하의 나라이고, 천가의 북쪽은 이적의 나라이다. 토성과 금성이 머무르면 오랑캐 병사가 쳐들어온다"(天街二星, 在畢昴間, 主國界也. 街南爲華夏之國, 街北爲夷狄之國, 土・金守, 胡兵入也)라고 하였다.
28) 心 : 28수의 하나로서 동방 창룡 7수 가운데 다섯 번째 별자리다. 3개의 별로 이루어져 있다. 그 주요한 별은 商星, 鶉火, 大火이다.

이것이 이른바 '한 번의 재이현상으로 재앙을 입는다'(一災則受殃)는 것입니다.

『한서』 「오행지」에서 말하였습니다. "옛날 노나라 '정공定公 2년 5월에 치문雉門 및 양관兩館30)에 화재가 일어났다.'31) 이에 대해 동중서董仲舒와 유향劉向은 이를 모두 사치와 참람됨이 그 정도를 지나쳤기 때문에 발생한 것으로 해석하였다. 이에 앞서 대부인 계환자季桓子가 소공昭公을 몰아냈는데, 소공은 외국에서 죽었다. 정공이 즉위하였지만, 이미 계환자를 죽일 수도 없었고, 더욱이 그의 사악한 말에 따라 여악女樂에 탐닉하였다. 이에 공자가 노나라를 떠났다.32) 그러므로 『경방역전』에 '군주가 도를 생각하지 않으면, 그 화는 불이 궁을 태우는 것으로 나타난다'라고 하였던 것이다."33)

(『한서』 「오행지」에서 말하였습니다) "(『춘추』) 엄공嚴公34) 31년조에 '겨울에 비가 내리지 않았다'라고 기록하였다. 이 해 1년 동안 세 차례에 걸쳐 누대를 쌓았다. (비가 내리지 않은 이유는) 사치스러워 백성의 일을 구휼하지 않았기 때문이다"35)

---

29) 『한서』, 권26, 「천문지」, 1301~1302쪽.

30) 兩館 : 『좌전』에는 '兩觀'으로 되어 있다. 양관은 치문 양 옆에 있는데, 흙을 쌓아 만든 누대이다. 누대 위는 이중의 지붕으로 되어 있어서 이를 '樓'라고 하며, 전망을 관람할 수 있다. 그래서 '觀'이라고 한다.

31) 『춘추좌전정의』, 권54, 정공 2년조, 1768쪽의 경문.

32) 『논어주소』, 권18, 「微子」, 282쪽.

33) 『한서』, 권27상, 「오행지」, 1329쪽.

34) 嚴公 : 노나라 莊公을 가리킨다. 후한시대 明帝의 이름 '莊'을 피휘하여 '嚴'으로 고친 것이다. 『한서』에서 시호나 성씨를 기록할 때 '嚴'이라고 한 것은 모두 이와 같다. 『한서』, 권27상, 「오행지」, 1322쪽, 안사고의 주 참조.

35) 『한서』, 권27중상, 「오행지」, 1389쪽. ○ 『춘추』의 장공 31년조에, "봄, 郎에 누대를 쌓았다.…… 여름 4월, 薛에 누대를 쌓았다.…… 가을, 秦에 누대를 쌓았다. 겨울에 비가 내리지 않았다"(三十有一年, 春, 築臺于郎. 夏, 四月, 薛伯卒.

이것이 이른바 '(구체적인) 일이 먼저 있고 재이현상이 뒤에 출현한다'(事在前, 災在後也)는 것입니다.

【明災異例 1—3:2】

『漢志』曰, "孝景元年正月, 金・水合於 須[36]女. 占曰, '有反謀[37], 爲兵憂也. 女[38], 越[39]・齊分也.' 七月, 金・水・木三合於張. 占曰, '外內有兵與喪, 有[40]立王公. 張, 周・楚地[41], 今之河內[42].' 九月, 有星孛於西方, 本尾・箕, 指牛, 及天漢, 十六日不見.[43] 其二年七月, 火與水晨見東

築臺于薛. 六月, 齊侯來獻戎捷. 秋, 築臺于秦. 冬,不雨)라고 하였다. ○ 이에 대한 『좌전』과 『공양전』의 해석은 다르다. 『좌전』은 장공이 세 차례에 걸쳐 누대를 쌓은 행위와 비가 내리지 않은 현상에 대해 별도의 해석, 즉 傳을 달지 않았다. 이에 대해 杜預는 '전이 없는 것은 그것이 재해가 되지 않기 때문'이라고 하였다.(『춘추좌전정의』, 권10, 338쪽) 반면에 『공양전』에서는 "가을, 진에 누대를 쌓았다. 무엇 때문에 기록한 것인가? 비판한 것이다. 왜 비판하였는가? 조정에 임했기 때문이다. 겨울, 비가 내리지 않았다. 무엇 때문에 기록한 것인가? 재이를 기록한 것이다"(『춘추공양전주소』, 권9, 214쪽)라고 하여, 장공이 누대를 쌓고 종묘・사직에 불경한 것이 원인이 되어 겨울에 비가 내리지 않는 재이현상이 발생한 것이라고 비판하였다. 이렇게 보면 『한서』의 기록은 『공양전』의 입장에 따른 것이라 할 수 있다.

36) 須 : 『한서』 권26 「천문지」, 1303쪽에는 '須'가 '婺'로 되어 있다. '婺女'를 '須女'라고도 하는데, '須'를 '須'로 잘못 필사한 듯하다.

37) 有反謀 : 『한서』 권26 「천문지」, 1303쪽에는 '爲變謀'로 되어 있다.

38) 女 : 『한서』 권26 「천문지」, 1303쪽에는 '女' 앞에 '婺' 한 글자가 더 있다.

39) 越 : 『한서』 권26 「천문지」, 1303쪽에는 '越'이 '粵'로 되어 있다.

40) 有 : 『한서』 권26 「천문지」, 1303쪽에는 '有'가 '改'로 되어 있다. 앞의 '有兵與喪'의 '有'로 인해 잘못 필사된 듯하다.

41) 周・楚地 : 『한서』 권26 「천문지」, 1303쪽에는 '周地'로 되어 있다.

42) 今之河內 : 『한서』 권26 「천문지」, 1303쪽에는 "今之河南也, 又爲楚"로 되어 있다.

43) "九月～十六日不見" 16글자는 『한서』의 「경제기」와 「천문지」 및 『西漢會要』에는 보이지 않는다. 다만 荀悅의 『漢紀』 권9, '孝景'에 "孝景皇帝丁未卽位. 秋九月, 有星孛于西方, 其本値尾箕, 末至牽牛, 及天漢, 十六日不見"으로 되어 있다. 『천지서상지』에는 앞뒤로 탈오가 있는 듯하다. 일단 『한기』에 따라 번역한다.

方, 因守斗. 占曰, '其國絶祀.' 十二月, 水・火合斗. 占曰, '不可擧事用兵, 必受其殃也.' 其三月, 立六皇子爲王也.1 其三年, 吳・楚・膠西・膠東・菑川・濟南・趙七國反, 故漢所滅也." 所謂'待衆灾成一殃', 故『易』曰, "天下同歸而殊塗, 一致而百慮", 是也. 『漢志』曰, "高帝七年, 月暈, 圍參・畢七重. 占曰, '畢昴間, 天街. 北[44], 胡也, 南[45], 中國也. 昴爲匈奴, 參爲趙, 畢[46]邊兵.' 是歲高帝自將兵擊匈奴, 至平城, 單[47]于所圍, 七日迺解也. 十二年春, 熒惑守心.2 四月, 宮車宴[48]駕也." 所謂'一灾則受殃', 是也. 『漢志』曰, "昔'定公二年, 五月, 雉門及兩觀灾.'3 劉向[49]以爲'此時[50]奢僭過度者也. 先是, 季氏遂[51]昭公, 死[52]于外.4 定公卽位, 旣不能誅季氏, 又用其耶[53]說, 淫於女樂, 而退孔子.5 故『京房傳』曰, '君不思道, 厥妖火燒宮也.'" "嚴公卅一年, '冬不雨.' 先是, 一年而三築臺,[54]6 奢侈不恤民之事也[55]." 所謂'事在前殃[56]在後', 是也.

---

44) 北 : 『한서』 권26 「천문지」, 1302쪽에는 '北' 앞에 '街' 한 글자가 더 있다.
45) 南 : 『한서』 권26 「천문지」, 1302쪽에는 '南' 앞에 '街' 한 글자가 더 있다.
46) 畢 : 『한서』 권26 「천문지」, 1302쪽에는 '畢' 앞에 '爲' 한 글자가 더 있다.
47) 單 : 『한서』 권26 「천문지」, 1302쪽에는 '單' 앞에 '爲冒頓' 세 글자가 더 있다.
48) 宴 : 『한서』 권26 「천문지」, 1302쪽에는 '宴'이 '晏'으로 되어 있다.
49) 劉向 : 『한서』 권27상 「오행지」, 1329쪽에는 '劉向' 앞에 '董仲舒' 세 글자가 더 있다.
50) 時 : 『한서』 권27상 「오행지」, 1329쪽에는 '時'가 '皆'로 되어 있다.
51) 遂 : 『한서』 권27상 「오행지」, 1329쪽에는 '遂'가 '逐'으로 되어 있다.
52) 死 : 『한서』 권27상 「오행지」, 1329쪽에는 '死' 앞에 '昭公' 두 글자가 더 있다.
53) 耶 : 『한서』 권27상 「오행지」, 1329쪽에는 '耶'가 '邪'로 되어 있다.
54) 先是, 一年而三築臺 : 『한서』 권27중상 「오행지」, 1389쪽에는 "是歲, 一年而三築臺"로 되어 있다. 『한서』의 다음 문장 "先是者, 嚴公夫人與公子慶父淫"의 '先是'로 인해서 이곳에 잘못 필사된 듯하다.
55) 之事也 : 『한서』 권27중상 「오행지」, 1389쪽에는 이 세 글자가 없다.
56) 殃 : 【明灾異例 1—3:1】의 모두에 "或事在前, 灾在後也"라고 하였으므로, 이곳의 '殃'은 '灾'의 잘못인 듯하다.

협주

1. 회양淮陽·여남汝南·하간河間·임강臨江·장사長沙·광천廣川에 분봉한 것이다.
2. 심心은 천왕의 자리다.
3. 안사고는 "치문은 제후 궁의 남쪽 문이다. 관은 궁궐이다"[57]라고 하였다.
4. 건후乾侯에서 죽은 것이다.
5. 안사고는 "제나라에서 여악을 보내왔는데, 계환자가 정공에게 권하여 받게 하였다. 군주와 신하가 서로 더불어 이를 관람하느라 3일 동안 조례朝禮를 폐하였다. 이에 공자가 노나라를 떠났다"[58]라고 하였다.
6. 이 해 봄에는 낭郎에 누대를 쌓았고, 여름에는 설薛에 누대를 쌓았으며, 가을에는 진秦에 누대를 쌓았음을 말한다. (이 세 곳은) 모두 노나라 땅이다.

夾注原文

1. 分封淮陽·汝南·河間·臨江·長沙·廣川. **2.** 心爲天王. **3.** 師古曰, "雉門, 公宮南門也. 館謂闕." **4.** 薨于乹[59]侯. **5.** 師古曰, "齊人歸女樂, 季桓子勸定公受之, 君臣相與觀之, 廢朝禮三日, 孔子乃行也." **6.** 言是春築臺于郎, 夏築臺于薛, 秋築臺于秦, 皆魯地也.

---

57) 『한서』, 권27상, 「오행지」, 1330쪽, 안사고의 주.
58) 『한서』, 권27상, 「오행지」, 1330쪽, 안사고의 주.
59) 乹 : 乾의 이체자이다.

明分野

해제 : 찬자는 『주례』 등을 인용하여 '분야'의 정의를 기술하고, 천상(28수)과 지상(분야)의 대응관계를 논한다. 또 분야에 따라 나타나는 화와 복의 실제를 각종 문헌을 통해 입증하고 있다. 마지막 부분에서 전한시대에 편찬된 것으로 생각되는 『낙서洛書』를 인용하여 28수宿-12차次-12진辰-9주州-분야分野의 대응관계를 기술한다.

【명분야 1—4:1】

무릇 분야分野란 구주九州의 전야田野로서, 모두 우러러 바라보면 하늘과 연결됩니다. 그러므로 『주례』에서 "보장씨保章氏는 성토星土[1]를 가지고 구주의 땅을 구분하고, 그것으로 재앙과 상서로움을 관찰한다"[2]라고 하였습니다. 옛날 우禹는 물과 땅을 다스려서 구주를 정하고,[3] 오복五服[4]을 나누었습니다. 은나라는 하나라의 예제를 답습하여 고치지 않았습니다.[5] 주나라는 은나라를 멸망시키고 나서 우가 정한 제도를 바꾸어 서주徐州와 양주梁州 두 주를 옹주雍州와 청주青州에 각각 편입시켰고, 기주冀州의 땅을 나누어 유주幽州와 병주幷州로 만들었습니다.

이제 분야의 별자리로 나아가 살펴보면, 정鄭은 하남河南의 예주豫州 지

1) 星土 : 별이 관장하는 땅이라는 뜻이다. 이 별은 28수로서, 천상의 각 별들이 관장하는 지상의 지역이 있다고 한다.

2) 『주례주소』, 권26, 「춘관・보장씨」, 829쪽. ○『주례』의 전체 경문은 다음과 같다. "星土를 가지고 구주의 땅을 구분한다. 봉건된 제국의 지역에는 모두 分星이 있어서 그것으로 각 지역의 길흉과 요상을 관찰한다."(以星土辨九州之地, 所封封域, 皆有分星, 以觀妖祥) '分星'은 봉건된 제국의 지역에 배당되는 별을 말한다.

3) 문헌에 보이는 구주와 그 위치를 도표화하면 다음과 같다.

역에 있는데 동남의 각角[6]과 항亢[7]에 속하고, 진晋은 하내河內의 기주冀州

『帝王世紀』(唐堯)		『尙書』「禹貢」(夏)		『爾雅』「釋地」(殷)		『周禮』「職方氏」(周)	
冀州	帝都	冀州	帝都	冀州	兩河間	冀州	河內
兗州	濟河	兗州	濟河	兗州	濟南	兗州	河東
青州	海岱	青州	海岱			青州	正東
徐州	海岱及淮	徐州	海岱及淮	徐州	濟東		
揚州	淮河	揚州	淮河	揚州	江南	揚州	東南
荊州	荊及衡陽	荊州	荊及衡陽	荊州	漢南	荊州	正南
豫州	荊河	豫州	荊河	豫州	河南	豫州	河南
梁州	華陽・墨水	梁州	華陽・墨水				
邕州	黑水・西河	邕州	黑水・西河	邕州	河西	邕州	河西
				幽州	燕	幽州	東北
				營州	齊		
						幷州	正北

州	오늘날 지역
冀州	河北省, 山西省, 河南省, 黃河 以北, 만주 遼寧省 遼河 以西
兗州	山東省 東昌府, 兗州, 濟南, 青州 서북쪽 경계, 河北省 大名府, 正定, 河間 동남쪽 경계
青州	山東省 膠東道, 濟南道 동쪽 경계, 만주 遼寧省 遼河 以東
徐州	江蘇省 徐州府 邳縣, 山東省 兗州府, 安徽省 宿縣・泗縣
揚州	江蘇省, 安徽省, 江西省, 福建省
荊州	湖南省, 湖北省, 四川省 遵義, 重慶 二府, 貴州省 思南・銅仁・思州・石阡 等府, 廣西省, 廣東省 連縣
豫州	河南省
梁州	陝西省 漢中道, 四川省
邕州	陝西省, 甘宿省, 青海額濟納의 지역

4) 五服 : 왕이 직접 통치하는 직할지(畿內) 이외의 지역을 '服'이라고 하며, 이 복을 나누어 주는 제도를 '畿服制度'라고 한다. 이는 왕의 직할지로부터 밖으로 확대되어 5개 혹은 9개 구역으로 구분되는데, 각 구역 내의 제후들은 왕실에 대해 차등적인 직무와 공납의 의무가 부가된다. 『상서』의 「益稷」과 「禹貢」에서는 5복제를 취한다. 孔安國은 侯服・甸服・綏服・要服・荒服의 5복이 있으며, 복의 거리는 5백리라고 하였다.(『상서정의』, 권5, 「益稷」, 147쪽) 『주례』에서는 '侯服'・'甸服'・'男服'・'采服'・'衛服'・'蠻服'・'夷服'・'鎭服'・'藩服'의 9복을 들고 있다.(『주례』, 권33, 「하관・직방씨」, 1030쪽)

5) 『한서』 권28상 「지리지」, 1539쪽에도 "은나라는 하나라를 계승하여 개변한 바가 없었다. 주나라는 은나라를 멸망시키자 하・은 두 왕조를 거울삼아 더하고 덜어서 관직을 정하고 나누었다. 우의 서주・양주를 바꾸어 옹주・청주에 합하였고, 기주의 땅을 나누어 유주・병주를 만들었다"라고 하여 하와 은의 9주를 동일한 것으로 보았다. ○ 그러나 『이아주소』 권7 「釋地」, 209쪽에는 "東河에서 西河(兩河間)까지가 冀州이다. 南河에서 漢水(河南)까지가 豫州이다. 西河에서

지역에 있는데 서남의 삼參에 속하는 것은 무엇 때문이겠습니까? 관직에 있으면서 공을 세우면 살아 있을 때에는 땅을 봉해 주고 씨氏를 내려 주며, 죽으면 그 귀신에 배향되어 자손들이 대대로 제사지낼 수 있게 해 주기 때문입니다.8)

【明分野 1—4:1】

夫分野者, 九州之田野也. 並仰繫上天矣. 故『周禮』曰 "保章氏以星土辨九州之地, 以觀祆祥也." 昔禹治之水土, 制九州而列五服也. 殷因於夏, 無所變改. 周旣克殷而改禹, 徐·梁二州合之於雍·青,[1] 分冀州之地, 以爲幽·幷也. 今就分野之星, 鄭在河南豫州之域, 而屬東南角亢, 晋在河內冀州之域, 而屬西南參星者, 何乎? 言處官有功, 生則昨土命氏, 死則

黑水(河西)까지가 雝州이다. 漢水의 남쪽에서 衡山의 남쪽(漢南)까지가 荊州이다. 長江의 남쪽에서 海(江南)까지가 楊州이다. 河東에서 濟水(濟河間)까지가 兗州이다. 濟水의 동쪽에서 海(濟東)까지가 徐州이다. 易水에서 北狄(燕)까지가 幽州이다. 岱山의 동쪽에서 海(齊)까지가 營州이다"라고 하였다. ○ 이처럼 '익주'·'예주'·'옹주'·'형주'·'양주'·'연주'·'서주'·'유주'·'영주'를 전하는 『이아』의 기술은 『상서』「우공」에서 '청주'·'양주'가 빠지고 대신 '유주'·'양주'가 들어가 있으며, 이는 또 『주례』「직방씨」의 9주와도 다른 것이다.(앞의 표 참조) 이 때문에 郭璞과 邢昺은 『이아』의 9주를 은의 제도를 전하는 것이라고 주장하였다. 이렇게 본다면 하에서 은 사이에 9주의 변화가 없었다는 『한서』「지리지」나 『천지서상지』의 관념과 대비된다.

6) 角 : 28수의 하나로서, 동방 창룡 7수 가운데 첫 번째 별자리다. 2개의 별로 이루어져 있다.

7) 亢 : 28수의 하나로서, 동방 창룡 7수 가운데 두 번째 별자리다. 4개의 별로 이루어져 있다.

8) 『춘추좌전정의』 권4, 은공 8년조, 129쪽에 "無駭가 죽자 羽父가 시호와 족성을 청하였다. 은공은 족성을 내리는 것이 가능한 지 衆仲에게 물었다. 중중은 '천자는 덕이 있는 사람을 제후로 삼는데, 태어난 곳의 명칭에 따라 姓을 하사하고, 땅으로써 보답하고 그 봉토의 이름에 따라 氏를 내려 줍니다'라고 대답했다"(無駭卒, 羽父請謚與族. 公問族於衆仲. 衆仲對曰, "天子建德, 因生以賜姓, 胙之土而命之氏")라고 하였다.

配食其神, 子孫世焉.

협주

1. 서주徐州는 청주靑州에 편입시키고, 양주揚州는 옹주邕州에 합하였다.

夾注原文

1. 徐州以入靑州, 梁州以合雍州也.

【명분야 1—4:2】

『좌전』 소공昭公 원년조에 "옛날 고신씨高辛氏에게 두 아들이 있었다. 형은 알백閼伯이고 동생은 실침實沈이다. 함께 광림曠林에 살았는데 서로 화목하지 못하였다. 요임금은 이를 좋지 않게 생각하여 알백을 상구商丘로 옮기어 진辰(大火星)을 제사지내게 하고, 실침을 대하大夏로 옮기어 삼參을 제사지내게 하였다"[9]라고 하였습니다.

『국어國語』에는 "주나라의 무왕이 은나라를 정벌하였을 때, 세성歲星이 순화鶉火[10]의 성차星次[11]에 머물렀다. 세성이 머문 곳은 우리 주나라의 분

9) 『춘추좌전정의』, 권41, 소공 원년조, 1332쪽.

10) 鶉火 : 남방에는 井・鬼・柳・星・張・翼・軫의 7수가 있는데, 앞의 井・鬼를 鶉首, 柳・星・張을 鶉火, 翼・軫을 鶉尾라고 부른다. 순화는 周의 분야이다. 고대인들은 세성은 하늘의 귀한 신이며, 세성이 머무는 곳은 반드시 번창한다고 믿었다. 주나라의 무왕이 은나라의 紂王을 정벌하고 개선했을 때, 세성이 鶉火의 張 별자리 13도에 머물렀다고 한다. 『한서』, 권21하, 「율력지」, 1015쪽 참조.

야이다"[12]라고 하였고, 또 "(주의 무왕이 은을 정벌할 때) 별(星)[13]이 천원

---

11) 星次 : 일월오성의 운행과 절기의 변화를 설명하기 위해 황도 부근의 하늘을 서쪽에서 동쪽으로 향하는 방향에 따라 12등분하고, 이를 '성차'라고 칭했다. 고대인들은 목성, 즉 세성이 서쪽에서 동쪽으로 12년 동안 하늘을 한 번 일주하기 때문에 매년 운행할 때마다 하나의 성차를 지난다고 생각하였다. 예를 들어 어떤 해에 세성이 '星紀'(丑)의 범위에 이르면, 이 해를 '歲在星紀'라고 하였고, 다음 해에 세성이 '玄枵'(子)에 이르면 '歲在玄枵'라고 하였다. 이처럼 세성의 위치로 해(年)를 표기하는 것을 '歲星紀年法'이라고 한다. 이 '세성기년법'은 대략 기원전 4세기 초에 형성되었으며, 이후 '干支紀年法'이 등장하였다고 한다.(이문규, 『고대 중국인이 바라본 하늘의 세계』, 문학과지성사, 2000, 103쪽) ○ 또 12支를 통해 太歲의 위치를 말하는 방법으로 紀年하기도 하였는데, 이를 '太歲紀年法'이라고 한다. 고대인들은 歲星이 12년(실제는 11.86년) 동안 하늘을 일주한다고 생각하였기 때문에 황도를 12등분 하고 세성의 위치로 歲名을 정하였다. 그러나 세성은 서쪽에서 동쪽으로 운행하기 때문에 역시 황도를 12등분 하고 동쪽에서 서쪽으로 향하는 방향에 따르는 子·丑·寅·卯 등 12支와는 운행 방향이 정반대이다. 이 때문에 '세성기년법'을 실제 생활에 적용하기가 불편하였다. 이에 '가상의 세성' 즉 '太歲'를 만들어 내어, 세성의 운행 방향과 정반대로 운동하게 하고, 매년 '태세'가 소재하는 위치로 紀年하였다. 예를 들면 어떤 해에 歲星이 星紀에 있다면 太歲는 析木(寅)에 있게 된다. 따라서 이 해는 '太歲在寅'이 된다. 다음 해에 세성이 玄枵에 이르면 태세는 大火(卯)에 있으므로 이 해는 '太歲在卯'가 된다. 또한 '攝提格'·'單閼' 등 12개의 '太歲年名'을 만들어 12해의 명칭으로 삼았다. 王力 著, 李鴻鎭 譯, 『中國古代文化常識』, 螢雪出版社, 1992, 30~33쪽 참조. ○12차와 분야론에 대해서는 金一權, 「古代 中國과 韓國의 天文思想 研究」, 서울대 대학원 철학박사학위논문, 1999, 46~49쪽 참조.

太歲年名	太歲위치 (12辰)		歲星위치 (12次)		晨出東方	
					月	28宿
攝提格	析木	寅	星紀	丑	正月	斗·牽牛
單閼	大火	卯	玄枵	子	2月	婺女·虛·危
執徐	壽星	辰	諏訾	亥	3月	營室·東壁
大荒落	鶉尾	巳	降婁	戌	4月	奎·婁
敦牂	鶉火	午	大梁	酉	5月	胃·昴·畢
協洽	鶉首	未	實沈	申	6月	觜觿·參
涒灘	實沈	申	鶉首	未	7月	東井·輿鬼
作噩	大梁	酉	鶉火	午	8月	柳·七星·張
閹茂	降婁	戌	鶉尾	巳	9月	翼·軫
大淵獻	諏訾	亥	壽星	辰	10月	角·亢
困敦	玄枵	子	大火	卯	11月	氐·房·心
赤奮若	星紀	丑	析木	寅	12月	尾·箕

12) 『國語』, 권3, 「周語下」, 138쪽.

天黿[14]의 성차에 머물렀다. 우리 황비皇妣 태강大姜[15]의 조카로서 백릉伯陵[16]의 후예인 방공逢公[17]이 신에 의지하던 곳이다"[18]라고 하였습니다.

---

13) 별(星) : 辰星을 가리킨다. 水星의 별명으로, 辰水星이라고도 한다.
14) 天黿 : 북방의 星次 이름으로, '玄枵'라고도 한다.
15) 皇妣 大姜 : '妣'란 죽은 여성 선조를 가리킨다. 태강은 周나라 太王(古公亶父 : 문왕의 조부)의 妃이자, 王季(季歷 : 문왕의 부)의 母이다. 有逢氏 伯陵의 손녀이다.
16) 伯陵 : 태강의 祖이다. ○『사기』 권7「항우본기」, 319쪽, 司馬貞의『索隱』에 인용된『括地志』에 "靑州는 臨菑縣으로서 옛날 臨菑의 땅이다. 일명 齊城이라고도 하며, 옛날 營丘의 땅으로 齊國의 도읍이다. 少昊시대의 '有爽 鳩氏', 虞·夏 시대의 '有季萴', 은나라 시대의 '有逢 伯陵', 은나라 말기의 '有薄姑氏'가 제후가 되자 이 땅에 도읍을 정했다. 후에 강태공이 봉해졌는데, 방 5백 리다"라고 하였다.
17) 逢公 : 백릉의 후예이자, 태강의 조카이다. 은나라 때의 제후로서, 齊 땅을 봉지로 받았다. 天黿은 齊의 분야이기 때문에 齊人들이 천원을 제사지냈고, 방공이 죽자 배식하여 천원의 신주로 삼았다. 이 때문에 주나라 사람도 자신들이 천원에서 나왔다고 믿었다.
18)『천지서상지』 필사본에 인용된『國語』의 두 문장과 살수진의 협주에는 축약과 탈자 및 오사가 심해서 뜻이 잘 통하지 않는다. 현재의『國語』 권3「周語下」, '景王聞鍾律於伶州鳩'의 원문과 이에 대한 韋昭의 주는 다음과 같다. ○ 원문 : 옛날 무왕이 은나라를 정벌할 때, 세성은 '순화'의 성차에 머물렀고, 달은 '천사'에 있었으며, 해는 '석목'의 성차 부근 천한성에 있었고, 해와 달이 만나는 辰은 북두의 자루 앞부분에 있었고, 辰星은 천원의 성차에 있었다. 진성과 해가 뜨는 위치 및 해와 달이 만나는 곳이 모두 北維 즉 북방의 하늘에 있었다. (북방은) 전욱의 발상지인데, 제곡이 계승하였다. 우리 희씨(周)는 천원의 성차에서 나왔다. 석목의 성차에 이르는 곳에, 중간에 건성과 견우성이 있다. 이는 우리의 황비 태강의 조카 백릉의 후사인 방공이 신에 의지하던 곳이다. 세성이 머문 곳은 우리 주나라의 분야이다.(昔武王伐殷, 歲在鶉火, 月在天駟, 日在析木之津, 辰在斗柄, 星在天黿. 星與日辰之位, 皆在北維. 顓頊之所建也, 帝嚳受之. 我姬氏出自天黿, 及析木者, 有建星及牽牛焉, 則我皇妣大姜之姪伯陵之後, 逢公之所馮神也. 歲之所在, 則我有周之分野也) ○ 위소의 주 : '歲'는 세성이다. '순화'는 성차의 이름으로서, 주나라의 분야이다. 柳(남방 주작의 3번째 별자리) 9도에서 張(남방 주작의 5번째 별자리) 17도까지가 '순화'이다. 무왕이 처음 군사를 일으켜 동쪽으로 정벌한 시기는 은의 역법으로 11월 28일 무자로서, 하의 역법으로는 10월이다. 이때 세성이 장 13도에 있었다. 장은 순화에 속한다.(歲, 歲星也, 鶉火, 次名, 周分野也. 從柳九度至張十七度爲鶉火. 謂武王始發師東行時, 殷之十一月二十八日戊子, 於夏爲十月, 是時歲星在張十三度, 張, 鶉火也) 天駟는 房星이다. 무자의 날

저녁에 달이 방성 5도에 머물렀다는 뜻이다.(天駟, 房星也. 謂戊子日月宿房五度) △ '津'은 天漢(天, 銀河河)이다. 析木은 성차 이름으로, 尾(동방 창룡의 6번째 별자리) 10도에서 斗(북방 현무의 첫 번째 별자리) 11도까지가 '석목'이다. 그 사이에 天漢의 나루터(津)가 있다. 戊子의 날에 해가 箕(동방 창룡의 7번째 별자리) 7도에 머물렀다는 뜻이다.(津, 天漢也. 析木, 次名, 從尾十度至斗十一度爲析木, 其間爲漢津. 謂戊子日日宿箕七度) △ '辰'은 해와 달이 만나는 것을 가리킨다. '斗柄'은 북두의 앞머리다. 戊子의 날 3일 뒤 주나라의 역법으로 정월 신묘 초하루, 은나라의 역법으로 12월, 하나라의 역법으로 11월에 해와 달이 북두 앞머리 1도에서 만났음을 가리킨다.(辰, 日月之會. 斗柄, 斗前也. 謂戊子後三日得周正月辛卯朔, 於殷爲十二月, 夏爲十一月, 是月合辰斗前一度) △ '星'은 辰星이다. '天黿'은 성차의 이름으로, 일명 '玄枵'이다. 須女(婺女, 북방 현무의 3번째 별자리) 8도에서 危(북방 현무의 5번째 별자리) 15도까지가 '천원'이다. 주나라의 정월 辛卯朔 2일 壬辰에 辰星이 처음 나타났고, 3일 癸巳에 무왕이 군사를 일으켰고, 28일 戊午에 孟津을 건넜다. 戊子로부터 31일 후의 일이다. 29일 己未 晦 冬至에 辰星이 須女와 함께 天黿의 머리에 엎드렸다는 뜻이다.(星, 辰星也. 天黿, 次名, 一曰玄枵. 從須女八度至危十五度爲天黿. 謂周正月辛卯朔二日, 壬辰辰星始見, 三日癸巳武王發行, 二十八日戊午渡孟津, 距戊子三十一日. 二十九日己未晦, 冬至, 辰星與須女伏天黿之首) △ '星'은 辰星(水星, 北水의 精)이다. 辰星은 須女(북방 현무의 3번째 별자리)에 있고, 해(日)는 析木의 나루터에 있고, 해와 달이 만나는 辰은 북두 앞머리에 있으니, 모두 '北維'에 있는 것이다. '북유'는 북방 水의 자리다.(星, 辰星. 辰星在須女, 日在析木之津, 辰在斗柄, 故皆在北維. 北維, 北方水位也) △ '建'은 세운다(立)는 뜻이다. '전욱'은 '제곡'에 의해 대체되었다. '제곡'은 주나라의 선조로서 그에게서 후직이 나왔다. 『예기』「제법」에 "주나라에서는 禘 제사를 지낼 때 제곡을 배향하였고, 郊 제사를 지낼 때 후직을 배향하였다"라고 하였다. '전욱'은 水德의 왕으로, 북방에서 발상하였다. 제곡은 木德이기 때문에 '水'에서 제위를 계승한 것이다. 이제 주나라 역시 목덕이므로 은나라의 수를 계승해야 한다. 이는 제곡이 전욱에게서 이어받은 것과 같은 것이다.(建, 立也. 顓頊, 帝嚳所代也. 帝嚳, 周之先祖, 后稷所出也. 『禮』「祭法」曰, "周人禘嚳而郊稷." 顓頊, 水德之王, 立於北方. 帝嚳木德, 故受之於水. 今周亦木德當受殷之水, 猶帝嚳之受顓頊也) △ '姬氏'는 주나라의 姓이다. '천원'은 곧 '현효'로서, 齊의 분야이다. 주나라의 皇妣인 王季의 母 大姜은 방백릉의 후예로서 齊女이다. 그러므로 "천원에서 나왔다"라고 말한 것이다. 『좌전』에 "有逢 伯陵이 계승하여, 蒲姑氏가 계승하였으며, 그 후에 太公(태공망 여상, 姜太公)이 계승하였다"라고 하였다. 또 "객성이 수녀에서 출현하였으며, 姜氏와 任氏가 실로 그 땅을 지켰다"라고 하였다.(姬氏, 周姓. 天黿, 卽玄枵, 齊之分野也. 周之皇妣王季之母大姜者, 逢伯陵之後, 齊女也. 故言"出於天黿."『傳』曰, "有逢伯陵因之, 蒲姑氏因之, 而後太公因之." 又曰, "有星出於須女, 姜氏 · 任氏實守其地") △ 북두 1도에서 11까지는 석목에 분속되니, 日辰의 소재이다. 건성은 견우성 사이에 있다. 진성의 소

그러므로 『좌전』에서 "귀신이 사람에게 돌아와 행하면, 백성이 신주가 된다. 화를 받는 것은 제주祭主의 나라에 있다"[19]라고 하였던 것입니다.

【明分野 1—4:2】

據『左傳』昭公元年曰, "昔高辛氏有二子, 伯曰閼伯, 季曰實沈, 俱居曠林, 不相能, 帝以爲不臧,[1] 遷閼伯于商丘祀辰,[2] 遷實沈于大夏祀參."[3] 『國語』曰, "武王伐殷, 歲在鶉火, 歲之所在, 我有周之分野."[4] 又曰, "星在天元龜[20], 則我皇妣大姜之姪伯陵之後, 逢公之所憑神焉."[5] 故『左傳』曰, "鬼神歸人而行, 民爲神主也, 禍所受在祭主之國也."

재・무녀・천원의 머리에서부터 석목의 분야・건성 및 견우성에 이르기까지 모두 水(북방)의 별자리임을 말한 것이다.(從斗一度至十一度分屬析木, 日辰所在也. 建星在牽牛間. 謂從辰星所在・須女・天黿之首至析木之分歷・建星及牽牛, 皆水宿) △ '皇'은 '君'의 뜻이다. 살아 있을 때에는 '母'라고 하고, 죽으면 '妣'라고 한다. '大姜'은 태왕의 비이자 왕계의 어머니인 姜女이다. 여자는 곤제의 아들이나 딸에 대해서 모두 '姪'이라고 한다. '백릉'은 태강의 祖 有逢伯陵이다. '逢公'은 백릉의 후예로서 태강의 조카이다. 은나라의 제후로서, 齊의 땅에 봉해졌다. 제의 땅은 천원에 속한다. 그러므로 천원에 제사를 지냈다. 그가 죽자 배향되어 그 신주가 되었다. 그러므로 '馮'이라고 하였으니, '馮'은 의지한다(依)는 뜻이다. '天黿'은 곧 皇妣家에서 의지하는 바로서, 水와 木이 서로 계승하는 것에 합치될 뿐만은 아니다. 또 우리 주나라는 실로 水家에서 나왔으며, 주나라의 道는 태왕에서 일어났다. 그러므로 태강에 근본하는 것이다.(皇, 君也. 生曰母, 死曰妣. 大姜, 大王之妃王季之母姜女也. 女子謂昆弟之子男女, 皆曰姪. 伯陵, 大姜之祖, 有逢伯陵也. 逢公, 伯陵之後, 大姜之姪. 殷之諸侯封於齊地, 齊地屬天黿, 故祀天黿. 死而配食, 爲其神主, 故云'馮'. 馮, 依也. 言天黿乃皇妣家之所馮依, 非但合於水木相承而已. 又我實出於水家, 周道起於大王, 故本於大姜) △ 세성이 순화에 있으니, 순화는 주나라의 분야이다. 세성이 있는 곳은 남을 정벌하기에 이롭다.(歲星在鶉火, 鶉火周之分野. 歲星所在, 利以伐人)

19) 『좌전』에는 이 문장이 없다.

20) 龜 : 黿의 오사이다.

협주

1. '제帝'는 요임금을 가리킨다. '장臧'은 선하다는 뜻이다.
2. '상구商丘'는 송宋나라의 땅이고, '진辰'은 대화성大火星이다. 그러므로 진辰은 상商나라의 별이 되는 것이다. 상商은 탕湯임금의 선조이다.
3. 대하大夏는 지금의 진양현晋陽縣이다. 그러므로 삼參은 진晋나라의 별이 되는 것이다.
4. 수守는 말한다. "당시 세성歲星이 장성張星의 13도에 있었기 때문에 순화鶉火라고 한 것이다."
5. 수守는 말한다. "당시 진성辰星이 수녀須女와 더불어 건성建星 및 견우성牽牛星을 엎드려 지나서 수녀에 이르렀다. 그러므로 천원天黿인 것이다. 방공逄公은 은나라의 제후로서 제齊 땅에 살았는데, 죽을 때쯤에 요성妖星이 수녀須女에서 나왔다. 그러므로 신에 의지하였다."

夾注原文

1. 帝謂堯也. 臧, 善也. **2.** 商丘, 宋地, 辰, 大火. 故辰爲商星也. 商者, 湯先也. **3.** 大夏, 今晋陽縣, 故以參爲晋星也. **4.** 守曰, "時歲星在張十三度, 故曰'鶉火'也." **5.** 守曰, "時辰星與須女伏歷建星及牽牛至須女, 故天龜[21]也. 逄公殷諸侯居齊地, 將死, 妖星出須女, 故所憑神也."

【명분야 1—4:3】

신 수守는 그렇게 생각하지 않습니다. 화와 복이 나타나는 것은 그 뜻이 다양해서 하나에서만 찾아서는 안 됩니다. 분야에 나타나기도 하고, 정반대 쪽에서 나타나기도 하고, 아랫사람에 임할 때에 나타나기도 하고, 보

21) 天龜 : 天黿의 오사이다.

는 사람에게 나타나기도 합니다. 어찌 아직 배우지 않은 사람이 자세히 알 수 있는 바이겠습니까?

이제 『좌전』에 의거해 보면, "재신梓愼은 '세성歲星이 성기星紀(丑)에 있어야 하는데 빠르게 운행해서 현효玄枵(子)에 있다. 이는 뱀이 용을 탄 것이니, 정鄭나라와 송宋나라에 반드시 기근이 들 것이다'[22]라고 하였고, 비조裨竈는 '세성이 자기의 성차를 버리고 이듬해 머물러야할 성차에 미리 가서 새의 꼬리(鳥帑[23])을 해치니, 주나라와 초나라가 재앙을 받게 될 것이다'[24]라고 하였다"라고 되어 있습니다. 이는 모두 세성이 성차를 잃은 것에 대해 논한 것입니다. 재신은 "송나라와 정나라에 기근이 들 것"이라고 하였고, 비조는 "주나라와 초나라의 왕이 죽게 될 것"이라고 하였으니, 모두 빈말이 아니었습니다.

【明分野 1—4:3】

臣守以爲不然, 禍福所見多義, 不可一求, 或在分野, 或在對衝, 或在臨下, 或在視人, 豈未學者, 所能詳也? 今據『左傳』曰, "梓愼曰, '歲在星紀, 而淫於玄枵,[1] 蛇乘龍, 宗[25])鄭必饑.'[2] 裨竈曰, '歲弃其次, 而旅於明年之次, 以害鳥帑. 周楚惡之.'"[3] 此俱論歲星失次. 梓愼曰'宗[26])鄭則饑', 裨竈則曰'周楚王死', 皆非空言.

22) 『춘추좌전정의』, 권38, 양공 28년조, 1230~1232쪽.
23) 새의 꼬리(鳥帑) : '탕'(帑)은 가늘고 약하다(細弱)는 뜻이다. 사람의 경우에는 妻子가 '탕'이 되고, 새의 경우에는 새의 꼬리(鳥尾)를 '탕'이라고 한다. 처자는 사람의 뒤고, 새의 꼬리 역시 새의 뒤기 때문에 모두 '탕'이라고 한다.
24) 『춘추좌전정의』, 권38, 양공 28년조, 1236쪽.
25) 宗 : 『춘추좌전정의』 권38, 양공 28년조, 1232쪽에는 '宗'이 '宋'으로 되어 있다.
26) 宗 : 『춘추좌전정의』 권38, 양공 28년조, 1232쪽에는 '宗'이 '宋'으로 되어 있다.

협주

1. 세歲는 세성歲星을 말한다. 성기는 축丑(북북동)에 있으니, 두斗와 우牛의 자리다. 현효는 자子(북)에 있으니, 허虛와 위危의 자리다. '음淫'은 지나간다(過)는 뜻이다. 이듬해에 현효에 있어야 하는데, 이미 현효에 있는 것이다. 빠르게 운행해서 자리를 잃은 것이다.
2. 뱀은 현무의 별자리로서 허虛의 자리다. 용은 세성(목성)으로서 청룡인데, 자리를 잃고 허虛・위危의 별자리 아래로 나와 타게 된다. 세성의 본래 위치는 동쪽이다. 그러므로 방房과 심心은 송나라의 분야이고 항亢은 정나라의 분야이다. 따라서 송나라와 정나라에 반드시 기근이 든다. 수守는 말한다. "이른바 『한서』「천문지」에 '송나라와 정나라의 강역은 세성으로 살피고, 방房・심心으로 점친다'[27]라고 한 것이 이것이다."
3. '여旅'는 손님으로 머문다는 뜻이다. 세성이 머물면, 그 나라에 복이 있다. 이제 자리를 잃고 북쪽에서 머물고 있으니, 화가 남쪽으로 향한다. 남쪽은 붉은 새(朱鳥)를 상징한다. 새의 꼬리를 탕帑이라고 한다. 순화鶉火와 순미鶉尾는 주나라와 초나라의 분야이기 때문에 주왕周王과 초자楚子가 그 재앙을 입는다. 수守는 말한다. "12월에 주나라 영왕靈王이 붕어하고, 초자楚子 소昭가 졸하였다."

夾注原文

1. 歲, 歲星也. 星紀在丑, 斗・牛之次也. 玄枵在子, 虛・危之次也. 淫猶過也. 明年當在玄枵, 今已在玄枵也. 故淫行失次之也. **2.** 蛇者, 正武之宿, 虛之次也. 龍者歲, 歲星爲青龍, 失次而出虛・危下, 爲可乘也. 歲星本位東, 故房・心爲宗[28]分, 亢爲鄭分也. 故宗[29]・鄭必饑也. 守曰, "『漢志』曰, '所謂宋・鄭之壃, 候歲星, 占房・心', 是也. **3.** 旅, 客處也. 歲星所在, 國有福. 失次於北, 福[30]衝於南. 南爲朱鳥. 鳥尾曰帑. 鶉大[31]・鶉尾, 周・楚之分, 故周王・楚子, 受其

---

27) 『한서』, 권26, 「천문지」, 1289쪽.
28) 宗 : 『춘추좌전정의』 권38, 양공 28년조, 1232쪽에는 '宗'이 '宋'으로 되어 있다.
29) 宗 : 『춘추좌전정의』 권38, 양공 28년조, 1232쪽에는 '宗'이 '宋'으로 되어 있다.
30) 福 : 『춘추좌전정의』 권38, 양공 28년조, 1236쪽, 두예의 주에는 '福'이 '禍'로 되어 있다.

咎也. 守曰, "十二月, 周靈王崩, 楚子昭卒."

【명분야 1—4:4】

『한서』에서 "성제成帝 양삭陽朔 원년(BC 24) 달이 심心의 별자리를 범하였다. 점을 쳐 보았더니 '그 분야의 나라에 근심이 있든가 대상大喪이 있을 것이다'로 나왔다. 11월 초나라 왕 우友가 죽었다"[32]라고 말하였습니다. 『포박자』에서 "오吳나라 적오赤烏 13년(250), 낮에 까마귀가 세 발가락을 드러냈는데 위魏나라와 촉蜀나라에서는 그것을 보지 못했다. 얼마 뒤 오나라 왕 손권孫權이 죽었다"[33]라고 말하였습니다.

이것이 '보는 자가 그 재앙을 받는다'는 것입니다. 그러나 화와 복이 나타나는 것은 일정한 법칙이 없었습니다. 세대가 오래도록 제사를 끊었지만 조투부인曺套夫人이 편안했던 것도 그런 까닭입니다. 천지음양의 기에는 희노애락의 정이 있습니다. 그 정기는 위로 창천蒼天에 있으니, 창천이 견계하는 바는 아래로 인군人君을 경계하는 것입니다. 그러므로 서상瑞祥이 나타나는 나라에서는 삼가지 않을 수 없습니다.

【明分野 1—4:4】

『漢書』曰, "成帝陽朔元[34], 月犯心. 占曰, '其國有憂, 若有大喪.' 十一

31) 大 : 火의 오사이다.
32) 『한서』, 권26, 「천문지」, 1310쪽.
33) 『포박자』에는 이 문장이 없다.

月, 楚王交[35]薨."[1] 『抱朴子』曰, "吳赤烏十三年, 日烏見三足, 魏蜀爲不視之, 須臾吳王孫權薨", 斯視者受其災, 是也. 然者, 禍福所見, 不可常典也. 所以然者, 世代遐邈, 絶祭主之, 杳套夫人康, 天地陰陽之氣, 有喜怒哀樂之情, 其精上在蒼天, 天之所譴, 下誡人君, 故瑞祥所見之國, 不可不愼也.

협주

1. 심心은 송나라 땅이다. 송나라는 이제 초나라의 땅이 되었다. 이 땅의 사람들은 송나라의 자손이 아니다. 그런데도 화가 그 땅에 미친 것이다. 이른바 '분야에 나타난다'는 것이 이것이다.

夾注原文

1. 心爲宗[36). 宋, 今楚地, 是非宗[37]之子孫, 而禍在其地也. 所謂在野分[38], 是也.

【명분야 1—4:5】

『낙서洛書』에서 말하였습니다. "남두南斗의 12도에서 수녀須女의 7도까지가 성기星紀이다. (12辰으로 말하면) 축丑에 있으니, (9州로 말하면) 양주

34) 元 : 『한서』 권26 「천문지」, 1310쪽에는 '元' 다음에 '年' 한 글자가 더 있다.
35) 交 : 『한서』 권26 「천문지」, 1310쪽에는 '交'가 '友'로 되어 있다.
36) 宗 : 宋의 오사이다.
37) 宗 : 宋의 오사이다.
38) 野分 : 分野의 오사이다.

揚州이다. 수녀의 8도에서 위危의 15도까지가 현효玄枵이다. 자子에 있으니, 청주青州이며, (分野로 말하면) 제齊이다. 위危의 16도에서 규奎의 4도까지가 추자娵訾이다. 해亥에 있으니, 병주幷州이며, 위衛이다. 규奎의 5도에서 위胃의 6도까지가 강루降婁이다. 술戌에 있으니, 서주徐州이며, 노魯이다. 위胃의 7도에서 필畢의 11도까지가 대량大梁이다. 유酉에 있으니, 기주冀州이며, 조趙이다. 필畢의 12도에서 정井의 15도까지가 실침實沈이다. 신申에 있으니, 익주益州이며, 진晋·위魏이다. 정井의 16도에서 류柳의 8도까지가 순수鶉首이다. 미未에 있으니, 옹주雍州이며, 진秦이다. 류柳의 9도에서 장張의 17도까지가 순화鶉火이다. 오午에 있으니, 주周·삼하三河이다. 장張의 18도에서 진軫의 11도까지가 순미鶉尾이다. 사巳에 있으니, 형주荊州이며, 초楚이다. 진軫의 12도에서 호互[39]의 4도까지가 수성壽星이다. 진辰에 있으니, 연주兗州이며, 정鄭·한韓이다. 호互의 5도에서 미尾의 9도까지가 대화大火이다. 묘卯에 있으니, 예주豫州이며, 송宋이다. 미尾의 10도에서 두斗의 11도까지가 절목折木이다. 인寅에 있으니, 유주幽州이며, 연燕이다."[40]

【明分野 1—4:5】

『洛書』曰, "從南斗十二度, 至須女七度, 爲星紀, 在丑, 楊[41]洲.[1] 須女八度, 至危十五度, 爲玄枵, 在子, 靑州, 齊也. 危十六度, 至奎四度, 爲娵訾, 在亥, 幷州, 衛也. 奎五度, 至胃六度, 爲降婁, 在戌, 徐州, 魯也. 胃七度, 至畢十一度, 爲大梁, 在酉, 冀州, 趙也. 畢十二度, 至井十五度, 爲實沈, 在申, 益州, 晋·魏也. 井十六度, 至柳八度, 爲鶉首, 在未, 雍州, 秦也. 柳九度, 至張十七度, 爲鶉火, 在午, 周·三河也. 張十八度,

39) 互 : 28수 가운데 '互'는 없으므로, '亢'의 잘못인 듯하다. 그런데 安香山居·中村璋八 輯, 『僞書集成』(河北人民出版社, 1994), 1286쪽에도 '互'로 되어 있다.

40) 이상을 도표로 만들면 아래와 같다.

[표 1] 『洛書』의 分野說(『天地瑞祥志』「明分野」)

28宿		12次	12辰	9州	分野
1	南斗 11도~須女 7도	星紀	丑	揚州	
2	須女 8도~危 15도	玄枵	子	青州	齊
3	危 16도~奎 4도	諏訾	亥	幷州	衛
4	奎 5도~胃 6도	降婁	戌	徐州	魯
5	胃 7도~畢 11도	大梁	酉	冀州	趙
6	畢 12도~井 15도	實沈	申	益州	晋・魏
7	井 16도~柳 8도	鶉首	未	雍州	秦
8	柳 9도~張 17도	鶉火	午		周・三河
9	張 18도~軫 11도	鶉尾	巳	荊州	楚
10	軫 12도~互(亢?) 4도	壽星	辰	兗州	鄭・韓
11	互(亢?) 5도~尾 9도	大火	卯	豫州	宋
12	尾 10도~斗 11도	析木	寅	幽州	燕

[표 2] 『晋書』의 分野說(『晋書』「天文志」)

28宿		12次	12辰	9州	分野
4	南斗 12도~須女 7도	星紀	丑	揚州	吳・越
5	須女 8도~危 15도	玄枵	子	青州	齊
6	危 16도~奎 4도	諏訾	亥	幷州	衛
7	奎 5도~胃 6도	降婁	戌	徐州	魯
8	胃 7도~畢 11도	大梁	酉	冀州	趙
9	畢 12도~東井 15도	實沈	申	益州	魏
10	東井 16도~柳 8도	鶉首	未	雍州	秦
11	柳 9도~張 16도	鶉火	午	三河	周
12	張 17도~軫 11도	鶉尾	巳	荊州	楚
1	軫 12도~氐 4도	壽星	辰	兗州	鄭
2	氐 5도~尾 9도	大火	卯	豫州	宋
3	尾 10도~南斗 11도	析木	寅	幽州	燕

[표 3] 『唐開元占經』의 分野說(『唐開元占經』 권64, 宿次分野1)

28宿		12次	12辰	9州	分野
4	南斗・牽牛(南斗 12・須女 7)	星紀	丑	揚州	吳・越
5	須女・虛(須女 8~危 15)	玄枵	子	青州	齊
6	危・室・壁(危 16~奎 4)	諏訾	亥	幷州	衛
7	奎・婁(奎 5~胃 6)	降婁	戌	徐州	魯
8	胃・昴(胃 7~畢 11)	大梁	酉	冀州	趙
9	畢・觜・參(畢 12~東井 15)	實沈	申	益州	魏
10	東井・輿鬼(東井 16~柳 8)	鶉首	未	雍州	秦
11	柳・七星・張(柳 9~張 10)	鶉火	午	三河	周
12	翼・軫(張 18~軫 11)	鶉尾	巳	荊州	楚
1	角・亢(軫 12~氐 4)	壽星	辰	兗州	鄭(韓)
2	氐・房・心(氐 5~尾 9)	大火	卯	豫州	宋
3	尾・箕(尾 10~南斗 11)	析木	寅	幽州	燕

至軫十一度, 爲鶉尾, 在巳, 荊州, 楚也. 軫十二度, 至氐四度, 爲壽星, 在辰, 兗州, 鄭·韓也. 氐五度, 至尾九度, 爲大火, 在卯, 豫州, 宋也. 尾十度, 至斗十一度, 爲析木, 在寅, 幽州, 燕也."

협주

1. 두斗는 오吳의 땅이고, 우牛와 수녀須女는 월越의 땅이다.

夾注原文

1. 斗吳, 牛女越也.

【명분야 1—4:6】

석씨石氏는 말하였습니다. "갑甲은 제齊, 을乙은 동이東夷, 병丙은 초楚, 정丁은 남이南夷, 무戊는 위魏, 기己는 한韓, 경庚은 진秦, 신辛은 서이西夷, 임壬은 연燕, 계癸는 북이北夷의 분야이다. 자子는 주周, 축丑은 적翟, 인寅은 조趙, 묘卯는 정鄭, 진辰은 진晋, 사巳는 위衛, 오午는 진秦, 미未는 중산中山, 신申은 제齊, 유酉는 노魯, 술戌은 조趙, 해亥는 연燕의 분야이다."[42]

---

41) 楊 : 安香山居·中村璋八 輯, 『僞書集成』(河北人民出版社, 1994), 1286쪽에는 '楊'이 '揚'으로 되어 있다. 그러나 『僞書集成』의 『洛書』는 尊經閣本 『天地瑞祥志』에서 집일한 것이다. 『천지서상지』는 『낙서』의 28수-12차-12진-9주(지역)-分野의 대응관계를 온전히 전하는 가장 오래된 자료라고 할 수 있다.

42) 각 문헌에 보이는 천상(28수·12차·12진·월)과 지상(9주·국·분야)의 대응관계를 『천지서상지』와 비교하여 도표화하면 다음과 같다.

【明分野 1—4:6】

石氏曰, "甲齊, 乙東夷, 丙楚, 丁南夷, 戊魏, 己韓, 庚秦, 辛西夷, 壬燕, 癸北夷也. 子周, 丑翟, 寅趙, 卯鄭, 辰晋, 巳衛, 午秦, 未中山, 申齊, 酉魯, 戌趙, 亥燕也."

[표 1] 『회남자』 「천문훈」

	28宿	分野
1	角・亢	鄭
2	氐・房・心	宋
3	尾・箕	燕
4	斗・牽牛	趙
5	婺女	吳
6	虛・危	齊
7	營室・東壁	衛
8	奎・婁	魯
9	胃・昴・畢	衛
10	觜觿・參	趙
11	東井・輿鬼	秦
12	柳・七星・張	周
13	翼・軫	楚

[표 2] 『주례』 「보장씨」(정현의 주)

	12次	分野
1	星紀	吳・越
2	玄枵	齊
3	諏訾	衛
4	降婁	魯
5	大梁	趙
6	實沈	晋
7	鶉首	秦
8	鶉火	周
9	鶉尾	楚
10	壽星	鄭
11	大火	宋
12	析木	燕

[표 3] (『천지서상지』 「명분야」)

	28宿	國
1	角・亢	鄭
2	氐・房・心	宋
3	尾・箕	燕
4	斗・牽牛	趙
5	婺女	吳
6	虛・危	齊
7	營室・東壁	衛
8	奎・婁	魯
9	胃・昴・畢	衛
10	觜觿・參	趙
11	東井・輿鬼	秦
12	柳・七星・張	周
13	翼・軫	楚

[표 4] 『한서』 「지리지」

	28宿	分野
1	角・亢・氐	韓
2	房・心	宋
3	尾・箕	燕
4	斗	吳
5	牽牛・婺女	粵
6	虛・危	齊
7	營室・東壁	齊
8	奎・婁	魯
9	昴・畢	趙
10	觜觿・參	魏
11	東井・輿鬼	秦
12	柳・七星・張	周
13	翼・軫	楚

【명분야 1—4:7】

『한서』「천문지」에서 말하였습니다. "진秦의 강역은 태백太白으로 길흉을 예측하고, 낭狼과 호弧로 점을 친다. 오吳·초楚의 강역은 형혹熒惑으로 길흉을 예측하고, 조형鳥衡[43]으로 점을 친다. 연燕·제齊의 강역은 진성辰星으로 길흉을 예측하고, 허虛·위危로 점을 친다. 송宋·정鄭의 강역은 세성歲星으로 길흉을 예측하고, 방房·심心으로 점을 친다. 진晋의 강역은 또한 진성辰星으로 길흉을 예측하고, 삼參·벌罰[44]로 점을 친다. (진이 통일한 이후 중국은 사해 내에서) 동남쪽에 위치하게 되었으니, 양陽이 된다. 양은 해日이며, 세성歲星·형혹熒惑·진성鎭星 역시 양으로서, 천가성天街星의 남쪽에서 점을 치는데 필畢이 이를 관장한다. 중국의 서북쪽은 음이 된다. 음은 달月이며, 태백太白·진성辰星 역시 음으로서, 천가성의 북쪽에서 점을 치는데 묘昴가 이를 관장한다."[45]

[표 5]『사기』「천관서」

	28宿	分野
1	角·亢·氐	兗州
2	房·心	豫州
3	尾·箕	幽州
4	斗	江湖
5	牽牛·婺女	楊州
6	虛·危	靑州
7	營室·東壁	幷州
8	奎·婁·胃	徐州
9	昴·畢	冀州
10	觜觿·參	益州
11	東井·輿鬼	雍州
12	柳·七星·張	三河
13	翼·軫	荊州

43) 鳥衡 : 柳宿를 말한다. 남방 주작 7수 가운데 3번째 별자리다. 형혹과 조형은 모두 남방의 별자리기 때문에 오·초의 占候이다.
44) 罰 : 3개의 별로 이루어진 서방의 별자리로서, 군사를 주관한다.

【明分野 1—4:7】

『漢書』「天文志」曰, "秦之疆, 候大白, 占狼・弧也. 吳・楚之疆, 候熒惑, 占鳥衡也. 燕・齊之疆, 候辰星, 占虛・危也. 宋・鄭之疆, 候歲星, 占房・心也. 晋之疆, 亦候辰星, 占參・罰也. 在東南爲陽, 陽則日, 歲星・熒惑・鎭星, 占於街南, 畢主也. 其在西北爲陰, 陰則月, 大白・辰星, 占於街北, 昴主也."[1]

협주

1. 『칠요천문七耀天文』에서 말하였다. "일월과 오성이 처음 범하여 머물거나 출입하는 날에는 갑을甲乙의 기한을 120일로 삼고, 병정丙丁은 80일로 삼고, 무기戊己는 60일로 삼고, 경신庚辛은 20일로 삼고, 임계壬癸도 20일로 삼는다. 색으로 말하면 적색은 초楚에, 청색은 제齊에, 황색은 위衛에, 흑색은 연燕에, 백색은 진秦에 각각 해당한다. 범하여 머문 지 3일 이내에 큰비가 내리면 그 재앙이 풀린다. 작은 비는 이익이 없다."

夾注原文

1. 『七耀天文』曰, "日月五星初犯守出入, 日以甲乙期爲百二十日, 丙丁爲八十日, 戊己爲六十日, 庚辛爲二十日, 壬癸爲二十日也. 色赤爲楚, 青爲齊, 黃爲衛, 黑爲燕, 白爲秦也. 犯守三日內大雨, 其灾解, 小雨無益也."

45) 『한서』, 권26, 「천문지」, 1289쪽 참조.

災消福至

해제 : 자연현상의 배후에 인간 · 사회 현상이 존재한다고 보고, 양자 사이에 무언가 상관관계가 있다고 믿는 고대적 사유를 천인상관설이라고 한다. 그 가장 원초적인 것이 재이설이다. 찬자는 길흉화복은 군주의 정치적 행위의 결과임을 전제하고, 군주가 덕을 닦음으로써 자연계의 여러 현상에 대응할 수 있다는 관념을 기술한다. 찬자는 마지막 부분에서 위 명제와 당 태종의 조칙문을 수록하여 덕을 닦아 흉 · 화를 길 · 복으로 바꾸었던 군주의 사례로 들고 있다.

【재소복지 1—5:1】

신 수진守眞은 표表[1]에서 말하였습니다. "옛 사람의 절조를 느끼고 성스러운 군주의 은혜에 보답할 것을 생각하였나이다. 천고를 더듬어 찾아가서 매양 전적을 펼칠 때마다, 성스러운 제왕과 지혜로운 왕(聖帝明王)들은

1) 表 : 신하가 제왕에게 올리는 문서의 일종으로, 陳情謝賀에 많이 사용된다. ○ 후한시대 蔡邕은 신하가 제왕에게 올리는 문서의 종류를 다음과 같이 분류하였다. "무릇 신하가 천자에게 올리는 글에는 4가지가 있다. ①'章', ②'奏', ③'表', ④'駮議'이다. '章'은 '需頭'(비답을 받기 위해 머리 위쪽에 공백을 두는 것)를 하고, '稽首'라고 칭한다. '奏'도 '需頭'를 하는데, 京師官인 경우에는 '稽首'라고만 하고, 끝부분에 '稽首以聞'이라고 하며, 그 중간에 청하는 내용을 쓴다. '表'는 '需頭'를 하지 않고, 앞부분에 '臣某言'이라고 하고, 끝부분에는 "臣某, 誠惶誠恐, 稽首頓首, 死罪死罪"라고 하며, 왼쪽 귀퉁이 밑에 '某官臣某甲上'이라는 말을 붙인다." 『獨斷』, 권상, 4~5쪽. ○ 또한 蔡邕은 "漢은 秦의 의법을 계승하여 신하들이 상서할 때에는 모두 '昧死言'이라고 하였다. 왕망이 찬탈하자 古法을 흠모하여 '昧死'를 없애고, '稽首'로 하였다. 후한의 광무제는 이를 그대로 계승하여 고치지 않았다. 朝臣의 경우에는 '稽首頓首'라고 하였고, 조신이 아닌 경우에는 '稽首再拜'라고 하였다. 公卿 · 侍中 · 尙書가 皁衣를 입고 조회하면 '朝臣'이라고 하고, 諸營의 校尉 · 將 · 大夫 이하는 '朝臣'이 되지 못한다"라고 하였다. 『獨斷』, 권상, 5쪽. ○ 상주 문서의 양식에 대해서는 山要敏寬 編, 『中國歷史公文書讀解辭典』, 汲古書院, 2004 참조.

삼가 넓은 하늘의 뜻을 따르고 견계하는 바를 헤아리지 않았던 적이 없었나이다.

무릇 제왕帝王은 그 덕이 천지와 짝하고 음양과 합치됩니다. 그러므로 정치적 명령을 발하고 시행하는 것이 어두움과 밝음의 도리에 관계되어 길흉화복의 징조가 각각 감응하여 일어납니다. 그러므로 『상서尙書』에 '도道에 따르면 길하고, 역逆에 따르면 흉하니, 그림자나 메아리와 같은 것이다'[2]라고 하였던 것입니다."

【灾消福至 1—5:1】

臣守眞表曰, "感古人之節, 思酬□聖主之恩, 緬尋千古, 每披典籍, 聖帝明王, 莫不欽若昊天, 祇[3]承譴誡也. 夫帝王者, 配德天地, 叶契陰陽, 發號施令, 動關幽顯, 休[4]咎之徵, 隨感而作. 故『書』曰, '惠迪吉, 從逆凶, 唯影響也.'"

협주

1. '迪'은 도道라는 뜻이다. 도에 따르면 길하고, 역을 따르면 흉하다. 길흉의 보답은 그림자가 형체를 따르고 메아리가 소리에 응하는 것과 같다. 헛된 것이 아님을 말하는 것이다.

夾注原文

1. 迪, 道也. 順道, 吉, 從逆, 凶. 吉凶之報, 若影之隨形, 響之應聲. 言不虛也.

2) 『상서정의』, 권4, 「대우모」, 105쪽.
3) 祇 : 祇의 이체자이다.
4) 休 : 休의 이체자이다.

【재소복지 1—5:2】

『한서』에 "인군이 정사를 잘 닦아서 삼가 그 벌을 막는다면 재이현상은 사라지고 복이 이른다. 정사를 잘 닦지 않으면 복이 사라지고 화가 발생한다. 길흉은 일정함이 없어서 행동에 따라서 화와 복을 이룬다"[5]라고 하였습니다. 『주례』에서는 "돌림병(大札)·흉년(大荒)·재해(大灾)가 일어나면 소복素服을 입는다"[6]라고 하였습니다. (『좌전』에서는) "옛날 우禹와 탕湯은 잘못을 자신에게 돌렸는데 그 흥기함이 성대하였고, 걸桀과 주紂는 잘못을 남에게 돌렸는데 그 망함이 빨랐다"[7]라고 하였습니다.

【灾消福至 1—5:2】

『漢書』曰, "人君能修政, 恭[8]禦[9]厥罰, 則灾消而福至, 不能修政[10], 則福息而禍生. 吉凶無[11]常, 隨行而成禍福也." 『周禮』曰, "大杜[12]·大荒·大烖, 素服."[1] "昔禹·湯罪己, 其興也勃焉, 桀·紂罪人, 其亡也忽焉."[2]

협주

1. '대찰大札'은 돌림병이다. '대황大荒'은 기근이다. '대재大烖'는 물과 불로 인해

5) 『한서』, 권27하하, 「오행지」, 1479쪽.
6) 『주례주소』, 권21, 「春官·司服」, 655쪽.
7) 『춘추좌전정의』, 권9, 장공 11년조, 280쪽.
8) 恭 : 『한서』 권27하하 「오행지」, 1479쪽에는 '恭'이 '共'으로 되어 있다.
9) 禦 : 『한서』 권27하하 「오행지」, 1479쪽에는 '禦'가 '御'로 되어 있다.
10) 修政 : 『한서』 권27하하 「오행지」, 1479쪽에는 이 두 글자가 없다.
11) 無 : 『한서』 권27하하 「오행지」, 1479쪽에는 '無'가 '亡'으로 되어 있다.
12) 杜 : 『주례주소』 권21 「春官·司服」, 655쪽에는 '杜'가 '札'로 되어 있다.

재해가 일어나는 것이다. 군주와 신하가 소복素服과 호관縞冠을 하고 정전正殿을 피하는 것이다. 진晋의 백종伯宗이 양산梁山이 무너진 것에 곡을 한 것[13]과 같은 뜻이다.

2. 『좌전』의 문장이다. '발勃'은 성대한 모양이다. '홀忽'은 빠른 모양이다.

夾注原文

1. 大杜[14], 疫病也. 大荒, 飢饉也. 大裁, 水火爲灾也. 君臣素服縞冠, 避正殿, 若晋伯宗哭梁山之崩也. **2.**『左傳』之辭也. 勃, 盛貌也. 忽, 遠[15]貌也.

【재소복지 1—5:3】

(『상서』에서 말하였습니다) "성탕成湯의 시대에 7년 동안 가뭄이 들었다. 머리카락을 잘라 자신을 희생으로 삼자, 천리에 걸쳐 비가 내렸으며",[16] "은殷나라 태무太戊시대에 뽕나무(桑)와 닥나무(穀)가 조정에서 자라나자[17] 두려워하면서 덕을 닦았더니, 드디어 16개의 나라가 멀리서 조

---

13) 『춘추곡량전주소』, 권13, 성공 5년조, 251쪽.

14) 杜 : 『주례주소』 권21 「春官 · 司服」, 655쪽에는 '杜'가 '札'로 되어 있다.

15) 遠 : 『춘추좌전정의』 권9, 장공 11년조, 280쪽, 두예의 주에 '遠'이 '速'으로 되어 있다.

16) 이 문장은 현재 『상서』 및 공안국의 전에는 보이지 않는다. 『태평어람』 권591 文部7 「御製上」, 2661쪽에 같은 내용이 인용되어 있다. 『藝文類聚』 권17 人部1 「髮」, 319쪽 및 『呂氏春秋』 권9 「順民」, 86쪽에도 유사한 내용이 보인다.

17) 은나라의 太戊(沃丁의 동생의 아들)가 亳 땅에 도읍을 정했는데, 뽕나무와 닥나무 두 그루가 함께 조정에서 자랐다. 조정은 나무가 자라는 곳이 아니기 때문에 좋지 못한 조짐으로 여겨졌다. 伊陟(탕의 신하였던 伊尹의 아들)이 이 일을 巫咸에게 고하자, 사관은 그 일을 기록하여 『咸乂四篇』을 지었다고 한다. 『상서정의』 권8 「咸有一德」, 262쪽, 공영달의 소 참조.

공을 바치러 왔으며",[18] "은나라 고종高宗(武丁)이 성탕成湯을 제사지낼 때 꿩이 솥귀에 올라가 울었는데 조기祖己의 가르침을 받아 중흥의 공을 세웠다.[19]"

(『상서』에서 말하였습니다) "주나라의 관숙管叔과 채숙蔡叔이 유언비어를 퍼뜨리자 주공周公은 동방으로 피하여 물러났는데, 천둥과 번개가 치고 바람이 일어 곡식이 모두 쓰러지고 나무가 뽑혔다. 이때 성왕成王은 금등金縢(글을 넣고 금으로 봉한 궤)을 열어 보고 드디어 교외에서 주공을 맞이하였다. 곡식들이 모두 다시 일어나게 되었다."[20]

(『사기』에서 말하였습니다) "형혹성熒惑星이 심心에 머물렀다. 송宋나라 경공景公은 화를 다른 곳으로 옮기라는 신하의 세 가지 제안을 거절하였는데, 마침내 21년을 더 살 수 있었다.[21]"

【灾消福至 1—5:3】

"成湯之世, 有七年之旱, 剪髮爲犧, 千里雨降." "大戊之時, 桑穀生朝, 懼而修德, 遂使十有六國, 重譯而來." "高宗祭成湯, 有雉登鬲斤[22]耳而雊, 受祖己之訓, 立中興之功." "管・蔡流言, 而周公居東, 雷電以風, 偃禾

---

18) 『상서정의』, 권8, 「咸有一德」, 263쪽, 공영달의 소 참조.

19) 『상서정의』, 권10, 「高宗肜日」, 302쪽. 鼎은 三足으로 三公을 상징하며, 귀(耳)로 움직인다. 野鳥인 꿩이 鼎의 귀에 올라 앉아 있는 것은 소인이 장차 삼공의 자리에 올라 종묘의 제사를 끊을 징조이다.

20) 『상서정의』, 권13, 「金縢」 참조.

21) 心의 분야는 송나라이다. 따라서 심에 형혹성이 머물렀다는 것은 송나라에 화가 닥칠 조짐이다. 이에 경공은 천문을 관장하는 신하 子韋에게 물었다. 자위는 그 화를 재상에게 옮기게 할 것, 백성에게 옮기게 할 것, 흉년으로 옮기게 할 것 등 3번을 청하였다. 그러나 경공은 군주로서 못할 짓이라 하여 모두 거절하였다. 경공의 진실에 감복하여 형혹성이 물러갔다고 한다. 『사기』, 권38, 「宋微子世家」, 1631쪽.

22) 鬲斤 : 鼎의 이체자이다.

拔木, 於是成王啓金縢, 乃還迎公於郊, 而禾盡起也." "熒惑守心, 宋景棄[23]三移, 而延壽卄一年也."

【재소복지 1—5:4】

『진서晋書』에서 말하였습니다. "위魏 명제明帝 태화太和(227~232) 연간 초에 태사령太史令 허지許芝가 '이제 해와 달이 서로 가릴 것이니, 영성靈星에 기도하소서'라고 주청하였다. 명제는 조칙을 내려 말하였다. '대체로 듣건대, 군주의 정치에 부덕함이 있으면 하늘은 재이를 내려 그를 두렵게 한다. 견고譴告하여 스스로 닦게 하려는 까닭이다. 그러므로 해와 달이 서로 가리는 것은 다스리는 방도에 마땅하지 않음이 있음을 밝히는 것이다. 짐이 즉위한 이래, 이미 선제先帝의 성스러운 덕을 밝게 빛내지 못하였고, 교화를 펼침에 황신皇神의 뜻에 합치되지 못함이 있었다. 그리하여 하늘이 그것을 일깨워 준 것이다. 마땅히 정사에 힘쓰고 스스로를 닦아서 신명神明께 보답함이 있어야 할 것이다. 하늘과 인간의 관계는 아버지와 아들의 관계와 같은 것이다. 아버지가 그 자식을 꾸짖고자 하는데, (아들이) 성찬을 바쳐서 죄를 벗어나고자 하는 일은 있을 수 없다. 이제 제사를 지내 빈다는 것은 의리상에서 들어본 적이 없다. 여러 공경公卿과 사士는 각기 자기 직무를 힘쓰고 닦아서 짐이 미치지 못하는 점들을 보충할 수 있다면

---

23) 棄 : 弃의 오사이다.

각각 봉문을 갖추어 올리도록 하라!'"[24]

【灾消福至 1—5:4】

『晋書』曰, "明帝大和初, 太史令許芝奏, '今日月薄蝕, 祈於靈星.' 帝詔曰, '蓋聞人主政有不得, 則天懼之以灾異, 所以譴告使淂[25]自脩也. 故日月薄光, 明治道有不當者. 朕卽位以來, 旣不能光明先帝聖德, 而化有不合於皇神, 故上天有以寤之, 宜勅自脩, 有以報於神明. 天之於人, 猶父之於子, 未有父欲有貴[26]其子, 而可獻成饌以求免也. 禳祠之, 於義未聞也. 群公卿士, 其各勉脩厥職, 有可以補朕不遂[27]者, 各封上之.'"

【재소복지 1—5:5】

태종大宗 문황제文皇帝[28]는 조서에서 다음과 같이 말하였습니다. "문하門下,[29] 옛날에 은나라 왕 태무大戊는 뽕나무와 닥나무(桑穀)의 변이(變)가

24) 『진서』, 권12, 「천문지」, 338쪽.
25) 淂 : 得의 오사이다.
26) 貴 : 責의 오사이다.
27) 遂 : 逮의 오사이다.
28) 大宗 文皇帝 : 唐 태종의 묘호와 시호. ○『구당서』 권3 「태종본기하」, '貞觀二十三年', 62쪽에서 "(649년) 8월 丙子에 백관들이 시호를 올려 '文皇帝'라고 하였고, 묘호를 '太宗'이라 하였다. 庚寅에 昭陵에 매장하였다. 上元 원년(고종, 674) 8월에 다시 존호를 올려 '文武聖皇帝'로 고쳤다. 天寶 13년(현종, 754) 2월에 존호를 올려 '文武大聖大廣孝皇帝'로 고쳤다"라고 하였다.
29) 門下 : 관명으로 侍中이다. ○『南齊書』 권16 「百官志」, 322쪽에서 "永元 3년(齊東昏侯, 501) 侍中을 '門下'라 부르고, 또한 令史를 두었다. 속관으로는 다음과

일어났지만 두려워하면서 스스로를 닦았고, 은나라 마지막 왕 상신商辛(紂)은 새매와 참새의 상서로움(鸇雀之祥)[30]이 있었지만 뽐내면서 마음대로 결정하였다. 변괴가 일어났지만 장수하는 경사를 누렸고, 상서로움이 있었지만 마음대로 결정하여 도리어 나라가 전복되는 근심을 초래하였다. 길함과 흉함은 거울이 여기에 있는 것과 같은 것이다.

짐은 삼가 선조의 신기神器를 지키고, 우러러 하늘을 섬기면서 아침저녁으로 전전긍긍하고 늘 백성을 두려워하는 마음을 잊지 않으면서 매양 아름다운 복이 내리기를 바랐다. 감히 합당하게 하지 못하여서 성상星象이 잠시라도 어긋나게 되면 반드시 더욱 두려워하였다. 태사太史가 '이 달 하순 이래로 객성이 남방에서 나와서 빛을 발하고 있습니다□□'라고 하였다. 비록 천도는 고원하고 음양은 예측할 수 없지만, 진실로 그 응함은 짐의 박덕함 때문에 초래된 것이다. 한 사람(황제)의 생각으로 만 갈래의 도(정사)를 행하니, 응당 눈이 비추지 못하는 바가 있고, 지혜가 두루 미치지 못하는 바가 있으며, 짐의 마음이 아랫사람들을 깨우치지 못하고 아랫사람의 마음이 위에 도달하지 못하는 바가 있을 것이다. 이 때문에 아침 내내 세 번 반성하고, 밤을 지새워서 아홉 번 생각하여 고요히 다스림의 방도를 생각하였지만 그 뜻을 자세히 알지 못하겠다. 그리하여 늘 전전긍긍

같다. 給事黃門侍郎. 또한 詔令을 관장하여 맡는다. 세상에서는 '小門下'라고 불렀다"라고 하였다. 『資治通鑑』 권101 「晉紀」, '安皇帝乙'에서는 "(王憲으로 하여금) 選曹의 일을 통솔하여 이끌고 겸하여 門下를 관장하게 하였다"라고 하였다. 이에 대한 胡三省의 주에는 "選曹는 吏部尙書의 관직이다. 門下는 侍中・常侍・給事黃門의 관직이다"라고 하였다.

30) 새매와 참새의 상서로움(鸇雀之祥) : 군주에게 충신이 있음을 비유하는 말이다. 『춘추좌전정의』 권20, 문공 18년조, 662쪽에서 "자기 군주에게 예의가 있는 자를 보거든 효자가 부모를 봉양하듯이 그를 섬기고, 자기 군주에게 무례한 자를 보거든 새매가 참새를 쫓아내듯이 그를 주살하라"라고 하였다.

하고 있다. □□. 경관京官과 문무관文武官 및 행서行署 이상으로 하여금 각각 봉사封事를 올려서 짐의 결점을 살피도록 하라. 그 형벌刑罰이 법에 합치되지 않거나 치정治政이 시세에 맞지 않으며, 혹은 불초한 자들이 조정에 올라서 서로 편당을 구하고 현명한 사람들이 재야에 묻혀서 발탁되지 못한다면 마땅히 기록을 갖추어 보고하여서 숨김이 없이 간언하도록 하라. 직언의 길을 넓히고 피하지 않는 문을 여노니, 정도를 구하여 답하기를 바라노라. □□."

이러한 조목들은 일일이 들 수가 없을 정도이지만, 이제 대략 덕을 닦은 군주들에 대해서만 기록하였습니다. 『역易』「약례略例」에는 "길하여 허물이 없는(吉無咎) 것은 본래는 또한 허물이 있는(有咎) 것인데, 길함의 도에 따랐기 때문에 허물을 면할 수 있었던 것이다"[31]라고 하였습니다.

【灾消福至 1—5:5】

大宗文皇帝詔書曰, "門下, 昔大戊有桑穀之變, 懼而自脩, 商辛有鸖雀之祥, 矜而自決, 變而□□享遐年之慶, 祥而自決, 更招傾覆之憂. 吉凶同□□鏡斯在. 朕祇[32]守神器, 仰事上玄, 夙夜戰兢, 無忘馭朽, 每休[33]徵降福, 未敢剋當, 而星象蹔僁, 必增悚慄. 大史奏, '今月下旬以來, 有星出於南方', 光□□□, 雖天道高遠, 陰陽不測, 固應爲朕薄德致玆. □□□以一人之慮, 思萬機之道, 必當明有所不燭, 智有所不周, 或朕心未諭於下, 下情不達於上. 是用終朝三省, 通夜九思, 靜念治方, 未詳厥趣, 兢兢蒙蒙, 氷炭□□□, 令京官文武官及行署以上, 各上封事, 以規朕厥, 其形[34]罰不衷於法, 治政不便於時, 或不肖升朝, 共相求阿黨, 賢能在野,

31) 王弼, 『周易註』, 권9, 「略例下」.
32) 祇 : 祗의 이체자이다.
33) 休 : 休의 이체자이다.

未蒙採擢, 宜具錄聞奏, 有犯無隱. 廣直言之路, 開不諱之門, 庶求正道以答. 天□□□□." 此等條貫 不可勝舉, 今略載脩德之君也.『易』「略例」曰, "告[35]無咎者, 本亦有咎由吉, 故得免咎也."

---

34) 形 : 刑의 오사이다.

35) 告 : 王弼의『周易註』권9「略例下」에는 '告'가 '吉'로 되어 있다.

明目錄

『天地瑞祥志』 권1 「明目錄」

해제 : 현재 『천지서상지』는 전체 20권 가운데 권1·7·12·14·16·17·18·19·20 등 9권만이 남아 있고, 나머지는 모두 일실되었다. 다행히 권1의 「명목록明目錄」이 남아 있어 이를 통해서 『천지서상지』의 전체 구성과 대강을 엿볼 수 있다.

【明目錄 1—6】

天地瑞祥志 第一

條例目錄

一, 啓　二, 明載字　三, 明灾異例　四, 明分野
五, 明灾消福至　六, 明目錄

第二

一, 三才始　二, 天地像　三, 天　四, 天[1)]
五, 人　六, 人變相

第三

一, 三光　二, 黃道　三, 日鉵[2)]　四, 救蝕
四[3)], 日光變　六, 日雜異　七, 日鬪　八, 晷
一, 月蝕　二, 月光變　三, 月雜異
一, 五星惣載　二, 歲星　三, 熒惑　四, 鎭星
五, 太白　六, 辰星　七, 五星會　八, □[4)]
九, 三星會　十, 二星會

---

1) 天 : 地의 오사인 듯하다.
2) 鉵 : 蝕의 오사이다.
3) 四 : 五의 오사이다.

第四

一, 東七宿(附見六星)　　二, 北七宿(附見二星)

第五

一, 西七宿(附見三星)　　二, 南七宿(附見三星)

第六

內官九十八官(附見四官)

第七

一, 內官卌六官(附見五官)　　二, 外官九十官(附見二官)

第八

一, 流星名狀　二, 流星廿八宿　三, 流星內官　四, 流星外官
五, 流星晝　六, 流星日月　七, 流星五星(五星自流附見)
八, 星　九, 流星翬[5]上

第九

一, 客彗惣載　二, 客彗別名　三, 客彗晝出
四, 客彗出(日月辛)　五, 客彗出五星　六, 客彗出廿八宿
七, 客彗出內官　八, 客彗出外官　九, 天漢

第十　暈 雲氣

一, 翬[6]珥狀　二, 日暈抱珥　三, 月暈
四, 暈五星(五星自暈附見)　五, 暈廿八宿

---

4) □ : 공백부분은 '四星會'인 듯하다.
5) 翬 : 暈의 오사인 듯하다.
6) 翬 : 暈의 오사인 듯하다.

六, 暈內官　　七, 暈外官
一, 翬[7]珥狀　　二, 日暈抱珥　　三, 月暈
四, 暈五星(五星自暈附見)　　五, 暈廿八宿
六, 暈內官　　七, 暈外官
八, 虹蜺(日旁虹蜺附見)
雲氣
一, 雲氣惣載　　二, 正月朔旦雲氣　　三, 五包雲氣
四, 日旁雲氣　　五, 月旁雲氣　　六, 廿八宿雲氣
七, 內官雲氣　　八, 外官雲氣

第十一　雷 電

雷惣載　　始雷　　雷而無雲及雨冬雷
雷而後電　　軍[8]上雷　　霹靂
電　　陰曀　　晝冥　　露雪　　霰　　雹
霜　　霧　　旱　　熱　　寒

第十二

一, 風惣載　　二, 風期日　　三, 正月朔旦風
四, 五音風　　五, 六情風　　六, 八風(主客附見)
七, 廻風雨[9]
雨
一, 雨惣載　　二, 候雨　　三, 候雨晴
四, 四時雨(正月朔附見)　　五, 當雨不雨
六, 偏雨　　七, 無雲而雨(軍雨附見)
八, 異雨　　九, 霖雨

第十三　夢

一, 夢惣載　　二, 天地　　三, 人鬼神　　四, 人體

---

7) 翬 : 暈의 오사인 듯하다.
8) 軍 : 暈의 오사인 듯하다.
9) 雨 : 연문인 듯하다. 아래의 '雨'로 인해서 잘못 필사된 듯하다.

五, 文書衣服	六, 金玉瑟鼓	七, 宅田	八, 飲食屎
九, 訴訟	十, 劍弓	十一, 龍蛇	十二, 六畜
十三, 禽獸	十四, 魚龜	十五, 水火	十六, 道路行臥
十七, 船車	十八, 山草木	十九, 冢墓	

第十四

一, 音聲	二, 童謠	三, 妖言	四, 革俗
五, 神	六, 鬼	七, 魂魄	八, 物精

第十五

農業	百穀	禾	秬必亡[10]	稻	黍	稷
秫	粟	穄	菽	麥	麻	蠶
草	蓍	芝英	蓮蒲	華平	朱草	萱英[11]
福并	延嘉	紫蓬	平甫	賓連	萍實	屈軼
蜚廉	菊	蒺藜	苦買	薏苡	薑	爪[12]
薺	葶藶	水藻	艾	三蔆	葵	福草
禮草	葳[走玉][13]					

第十六　月令

五行	木	火	土	金	水(醴泉井附見)

第十七

宅舍	光	血	宍	毛	衣服	床	刀劍	鏡
鼎	釜	甑	甕	印璽	金藤	環	玉	貝

---

10) 必亡 : 鬯의 오사인 듯하다.
11) 英 : 萊의 오사인 듯하다.
12) 爪 : 瓜의 오사인 듯하다.
13) [走玉] : 蕤의 오사인 듯하다.

蘸　胡鉤　山　石　船　金車　銀車　象車　山車
鳥車　威車

第十八　禽惣載

鳳凰　發明　焦明　鸕鶿　幽昌　鸑　吉利鳥　富貴鳥
鸑鷟　商羊　鵁鶄　海鳧　鵹丘　稀[14]　跋[15]踵　潔鉤
島[16]　溪　酸與　蚩鼠　鸀鳩　肚遇　鶘　大鶚
鶼　鶼(一名比翼)　鸛　鶴　鸛雀　鵞　鴈
鳧　鵜鶘　鶖　鵙　鷗　白鷺　世樂　鷄
雉　烏　鵲　鶉　鶘胡　鸗　雀　鴳
鴝鴿　鵙　鸜鴿　反舌　戴鵀　鷹　鳩　鳶
鴞　梟　蟬　蠅　蟣蠓　胡蝶　蜂　螳螂
魚　龜　虺　蟹　虫　蜘蛛　蝗　蚯蚓
蟻　螻蛄　蝦蟆　射妖

第十九　獸惣載

麒麟　象　馬　牛　羊　大[17]　虎　狼
熊　猪　麋　麈　麖　麢　鹿　麞
駮牙　狐　菟　猨　狸　貐　獺　犀
獬豸　兕　白澤　狡　比肩　周巾　角端　狸力
長舌　猾　朱厭　犰　朱儒　蜚　蜎
鼠(服翼附見)　龍　蛟螭

第廿　祭惣載

封禪　郊　祭日月　迎氣　巡狩　社稷　宗廟(拜墓附見)
藉田(蠶附見)　靈星　三司　明堂　五祀　高禖　祭風雨

---

14) 稀 : 號의 오사인 듯하다.
15) 跋 : 跛의 오사인 듯하다.
16) 島 : 梟의 오사인 듯하다.
17) 大 : 犬의 오사인 듯하다.

雩　祭氷　禚　儺　祭馬　治兵　祭向神　祭鼓蘼
盟誓　振旅　樂祭　祭日遣事

天地瑞祥志 卷廿

祭摠載

해제 : 『천지서상지』 권20에서 기술되는 국가 제사에 대한 총론이다. 치국治國 원리로서의 예禮의 중요성을 강조하고, 길례吉禮 즉 '제사'의 개념과 그 의미 및 정치 · 사회적 기능을 기술한다. 『예기』 · 『주례』 등을 인용하여 천자 · 제후 · 대부 · 사 등 신분에 따른 제사 범위를 논하고, 체 · 교 · 조종의 제사 대상과 그 방식에 대해 기술한다. 또한 『사령祠令』에 규정된 대사 · 중사 · 소사의 범위를 인용하고 있어 당唐 초기 국가 제사의 대강을 엿볼 수 있는 중요한 자료가 된다.

『天地瑞祥志』第廿 祭惣載

1. 封禪
2. 郊
3. 祭日月
4. 迎氣
5. 巡狩
6. 社稷
7. 宗廟(拜墓附見)
8. 藉田(蠶附見)
9. 靈星
10. 三司
11. 明堂
12. 五祀
13. 高禖
14. 祭風雨
15. 雩
16. 祭氷
17. 禙
18. 儺
19. 祭馬
20. 治兵
21. 祭向神
22. 祭鼓麾
23. 盟誓
24. 振旅
25. 樂祭
26. 祭日連[1]事

---

1) 連 : 【명목록 1—6】에는 '連'이 '遭'으로 되어 있다. '遭'의 오사인 듯하다.

【제총재 20:1】

『예기』에 "사람을 다스리는 도리에는 예禮보다 급한 것이 없다. 예에는 다섯 줄기(五經)가 있는데, 제사보다 중요한 것이 없다"2)라고 하였습니다. 이 때문에 「홍범洪範」에서 여덟 가지 정사(八政) 가운데 세 번째를 '제사'(祀)라고 한 것입니다.3) 제사란 효를 밝히고 조상을 섬겨서 신명과 통하는 것으로, 곁으로 사해까지 미치지 않음이 없고, 아래로 금수에 이르기까지 제사가 있습니다.4) 『상서대전尙書大傳』에서는 "'제祭'라는 글자는 '지극하다'(察), '바친다'(薦)의 뜻이다"5)라고 하였습니다.

【祭惣載 20:1】

『禮記』曰, "治人之道, 莫急於禮. 禮有五經, 莫重於祭."1 是以「洪範」八政三曰'祀', 祀者, 所以昭孝事祖, 通于神明者也. 莫不旁及四海, 下至禽獸有祭.2 『尙書大傳』曰, "祭之爲言, 察也, 薦也."3

---

2) 『예기정의』, 권49, 「祭統」, 1570쪽.

3) 『상서정의』, 권12, 「홍범」, 361쪽. 여덟 가지 정사(八政)는 첫째 먹는 것(食), 둘째 재화(貨), 셋째 제사(祀), 넷째 司空, 다섯째는 司徒, 여섯째 司寇, 일곱째 손님 접대(賓), 여덟째는 군대(師)이다. 【명재자 1—2:1】 협주 4 참조.

4) 『한서』 권25상 「교사지」, 1189쪽에는 "곁으로 사방 오랑캐에 이르기까지 (제사)를 닦지 않는 사람이 없다. 아래로 금수에 이르기까지 승냥이와 수달에게도 제사가 있다"(旁及四夷, 莫不修之, 下至禽獸, 豺獺有祭)로 되어 있다.

5) 孫之騄 輯校, 『尙書大傳』 권3 「洛誥傳」, 99쪽에 "'祭'라는 글자는 '察'의 뜻이다. '察'은 지극하다(至)는 뜻이다. 지극한 것은 사람의 일이다. 사람의 일이 지극한 뒤에야 제사지낸다. '祭'는 薦의 뜻이다. '薦'이라는 글자는 가지고 있다(在)는 뜻이다. 가지고 있다는 것은 그 道를 가지고 있다는 뜻이다"(祭之爲言, 察也. 察者, 至也. 至者, 人事也. 人事至然後祭. 祭者, 薦也. 薦之爲言, 在也. 在也者, 在其道也)라고 하였다.

협주

1. 다섯 줄기(五經)란 길례吉禮·흉례凶禮·빈례賓禮·군례軍禮·가례嘉禮를 가리킨다. 그 길례 가운데 중대한 것은 제례보다 더한 것이 없다.
2. 「월령」에 "맹춘의 달(1월)에 물고기는 살이 찌고 맛이 있다. 수달(獺)이 그 물고기를 잡아먹으려고 할 때 먼저 물고기를 제사지낸다"[6], "계추의 달(9월)에 승냥이(豺)는 들짐승을 제사지낸다"[7]라고 하였다. 승냥이(豺)는 모습이 개(狗)와 유사한데 이리(狼) 종류이다. 수달(獺)은 물에 살면서 물고기를 잡아먹는다. 모두 죽이고서 쭉 늘어뜨려 그 선조에게 제사를 지낸다. 豺의 음은 仕와 皆의 반절이다. 獺의 음은 吐와 曷의 반절이다.[8]
3. 수守는 말한다. "『공양전』에 의하면 제사(祭, 감사제)란 제철에 생겨나는 음식을 바치는 것이지 맛을 올리는 것은 아니다."[9]

夾注原文

1. 五經謂吉·凶·賓·軍·嘉也. 其吉禮之大, 莫過於祭禮之也. **2.**「月令」曰, "孟春之月, 魚肥美, 獺欲食之, 先祭魚." "季秋之月, 豺祭獸也." 豺形似狗而狼類也. 獺水居而食魚也. 皆敍之而布列, 以祭其先也. 犲音反[10], 獺音吐曷反也 **3.** 守曰, "據『公羊傳』, 祭者, 薦其時所生也, 非厚[11]味也."

---

6) 『예기정의』, 권14, 「월령」, 531쪽, 정현의 주.
7) 『예기정의』, 권17, 「월령」, 623쪽.
8) 『한서』 권25상 「교사지」, 1189쪽, 안사고의 주에서 "'승냥이'(豺)는 사납게 사냥하는 들짐승이다. 형상은 개와 유사하다. '수달'(獺)은 물에 살면서 물고기를 잡아먹는다. '제사'(祭)란 물고기를 죽이고 펼쳐 늘어뜨리고 그 선조에게 제사지내는 것을 말한다. '豺'의 음이 '仕'와 '皆'의 반절이고, '獺'의 음은 '吐'와 '曷'의 반절이다"(豺, 摯搏之獸, 形似狗. 獺, 水居而食魚. 祭者, 謂殺之而布列, 以祭其先也. 豺音仕皆反, 獺音吐曷反)라고 하였다.
9) 『공양전』에는 이 말이 보이지 않는다. 『춘추곡량전주소』 권14, 성공 17년조, 274쪽에서 "제사란 그 때를 올리는 것이며, 그 공경함을 올리는 것이며, 그 아름다움을 올리는 것이다. 맛을 올리는 것이 아니다"(祭者, 薦其時也, 薦其敬也, 薦其美也, 非享味也)라고 하였다.
10) 豺音反 : 『한서』 권25상 「교사지상」, 1189쪽, 안사고의 주에 "豺音, 仕皆反"으로 되어 있다.
11) 厚 : 『춘추곡량전주소』 권14, 성공 17년조, 274쪽에 '非享味也'로 되어 있는 것으

【제총재 20:2】

"상고시대에 신과 백성을 관장하는 관직이 있었는데 각각 그 질서를 관장하여 서로 혼란하지 않았다. 이에 신은 여러 상서로운 기운을 내려 주었고, 재화災禍가 닥치지 않았다. 소호씨少昊氏[12]가 쇠하게 되자, 구려九黎[13]가 덕을 어지럽히고, 제사에 법도가 없었다. 신의 상서로운 기운이 내리지 않았고, 재화災禍가 잇달아 닥쳤다."[14]

"은나라의 공갑孔甲이 음탕한 덕으로 신을 친압하자, 신이 이를 더럽게 여겨 두 용이 떠나갔고"[15], "제을帝乙은 신을 업신여기다가 벼락을 맞아 죽었으며"[16], "동구왕東甌王은 귀신을 공경하여 160세의 장수를 누렸지만,

---

로 보아 '厚'는 '享'을 잘못 필사한 듯하다. 본 항목 주9 참조.

12) 少昊氏 : 전설상의 제왕으로, 이름은 摯, 자는 靑陽이다. 黃帝의 아들이라고 한다. 金德으로 왕이 되었기 때문에 金天氏라고도 한다. 황제의 증손 高辛氏 帝嚳의 아들이라는 설도 있다.

13) 九黎 : 상고시대 남방의 부락 명칭이라는 설과 동이족으로서 치우의 무리라는 설이 있다.

14) 『國語』 권18 「楚語下」, 562쪽에서 "소호씨의 세력이 약해지자 남방의 구려가 덕을 어지럽혔다. 인간과 신을 관장하는 관직이 서로 뒤섞여 구별되지 않았다. 사람들마다 제사를 거행하였고, 집집마다 巫史를 두어서 엄숙함이나 진실함이 없었다.…… 제사를 지내는 데에 법도가 없었고, 인간과 신이 동등한 지위에 있었다.…… 신이 곡물을 내리지 않자 인간들은 제물을 마련할 수 없었다. 재앙과 재난이 거듭해서 내려 신과 인간 모두 생기를 잃었다"(少皞之衰也, 九黎亂德, 民神雜糅, 不可方物. 夫人作享, 家爲巫史, 無有要質. 民匱于祀, 而不知其福. 烝享無度, 民神同位. 民瀆齊盟, 無有嚴威. 神狎民則, 不蠲其爲. 嘉生不降, 無物以享. 禍災荐臻, 莫盡其氣)라고 하였다. 거의 유사한 내용이 『한서』 권25상 「교사지」, 1190쪽에도 보인다.

15) 『한서』 권25상 「교사지」, 1192쪽, 應劭의 주에 "하나라 임금 공갑이 즉위하자 하늘이 타는 용을 하사하였는데, 하수와 한수에 각각 두 용이 있었다. 그 후 신을 친압하여 더럽혔기 때문에 용이 떠나갔다"(夏帝孔甲, 天賜之乘龍, 河漢各二. 其後媟黷嫚神, 故龍去之)라고 되어 있다.

16) 『한서』, 권25상, 「교사지」, 1193쪽.

후세에 (귀신 섬기기를) 태만히 하고 업신여겼기 때문에 쇠하였다."[17]

【祭惣載 20:2】

"上古有神民之官, 若司其序[18], 不相亂, 神降嘉生, 災禍不至.[1] 及少昊之衰, 九黎亂德, 祭禮无度, 神嘉不降, 災禍荐臻." "孔甲淫德好神, 二[19]黷, 二龍去",[2] "帝乙嫚神, 而震死",[3] "東甌王敬鬼, 壽百六十歲. 後世怠嫚, 故衰秏也."[4]

협주

1. '가嘉'는 선하다(穀)는 뜻이다.[20]
2. 공갑은 하나라의 왕이다. 그 신을 더럽히고 함부로 하였기 때문에 용신龍神이 떠난 것이다.
3. 제을帝乙은 은나라의 왕이다. 가죽으로 주머니를 만들어 그 속에 피를 채우고 위를 우러러보며 활로 쏘고는 '하늘을 맞추었다'(射天)라고 하였다. 후에 벼락을 맞아 죽었다.[21]
4. 수守는 말한다. "동구東甌는 지명으로서 월越 땅이다. (甌의) 음은 於와 侯의 반절이다."

17) 『한서』 권25하 「교사지」, 1241쪽 및 『사기』 권12 「효무본기」, 478쪽 등에 보인다. 동구왕은 漢 惠帝 때의 東海王 搖를 가리킨다. 『사기』, 권114, 「東越列傳」, 2979쪽 참조.
18) 若 : 『한서』 권25상 「교사지」, 1189쪽에는 '若'이 '各'으로 되어 있다.
19) 『한서』 권25상 「교사지」, 1192쪽에는 '二黷'이 '神黷'으로 되어 있다. 뒤의 '二龍'으로 인해 잘못 필사된 듯하다.
20) 應劭는 "嘉는 선하다(穀)는 뜻"이라고 하였고, 顔師古는 "嘉生은 여러 상서로운 기운(衆瑞)"이라고 하였다. 『한서』, 권25상, 「교사지」, 1190쪽, 안사고의 주 참조.
21) 『사기』 권3 「은본기」, 104쪽에는 '帝乙'이 '帝武乙'로 되어 있다.

▒ 夾注原文 ▒

1. 嘉, 穀之也. **2.** 孔甲, 夏之王也. 汚慢其神去[22], 故龍神去也. **3.** 帝乙, 殷之王也. 爲韋囊盛血, 仰而射之, 號曰射天. 後遇雷震而死也. **4.** 守曰, "東甌, 地名, 越也. 音於侯反也."

【제총재 20:3】

『주례』에서 "커다란 재해(大烖)[23]가 일어나면 상하의 신기神祇에게 빌고 제사를 올린다"[24], "무릇 천지의 커다란 재앙(天地大烖)[25]이 발생하면 사직과 종묘 제사의 형태로 유제類祭[26]를 지낸다"[27]라고 하였습니다.

『예기』에서 말하였습니다. "제사는 자주 지내려고 하면 안 된다. 자주 지내면 번거롭고, 번거로우면 공경스럽지 못하게 된다. 제사는 듬성듬성

---

22) 去 : 연문이다. 뒤의 '神去'로 인해서 중복 필사된 듯하다.

23) 커다란 재해(大烖) : 나라에 수해 · 화재 · 흉년 등이 발생하는 것을 말한다.

24) 『주례주소』 권19 「춘관 · 소종백」, 583쪽에 "커다란 재화가 발생하면 (소종백은) 집사들과 더불어 상하의 신기(神示)에게 빌고 제사를 올린다"(大烖, 及執事禱祠于上下神示)라고 하였다. 이에 대한 정현의 주에서는 "執事는 大祝과 남녀 무당을 가리킨다. 복을 구하는 것을 '禱'라고 하고, 구하던 것을 얻고 나서 제사지내는 것을 '祠'라고 한다"(執事, 大祝及男巫女巫也. 求福曰禱, 得求曰祠)라고 하였다.

25) 천지의 커다란 재앙(天地大烖) : 일식 · 월식 · 지진 등을 가리킨다. 수해 · 화재 · 흉년의 재해에 비해 중대한 재앙이기 때문에 단순한 기도나 감사제 차원을 넘어 제단을 설치하고 사직 · 종묘 제사의 의례에 의거하여 제사를 지낸다.

26) 類祭 : 커다란 재화가 일어나면 天神 · 사직 · 종묘에 제사를 지내는 것이다. '유'(類)는 유사하게 한다는 뜻이다. 종묘 · 사직에 지내는 정식의 의례와 유사하게 하지만 약간 생략한다는 의미다. 정현은 正禮에 의거하여 지내는 제사라고 하였다. 錢玄 · 錢興奇 編著, 『三禮辭典』, 1998, 1246쪽 참조.

27) 『주례주소』, 권19, 「춘관 · 소종백」, 587쪽.

지내려고 하면 안 된다. 듬성듬성 지내면 게을러지고, 게을러지면 잊어버리게 된다."[28] 그러므로 정기적인 제사 제도를 두는 것입니다. (또 『예기』에서 말하였습니다) "천자天子는 천지와 사방과 천하의 명산대천 및 오사五祀에게 제사를 지낸다. 제후諸侯는 자신의 봉지 안에 있는 명산대천 및 오사에게 제사를 지낸다. 사士는 자기 선조에게 제사를 지낸다.[29] 무릇 제사는 폐지했다면 감히 거행하지 않는다. 거행했다면 감히 폐지하지 않는다. 제사 대상이 아닌데 제사지내는 것을 '음사淫祀'라고 한다. 음사에는 복이 없다."[30]

【祭惣載 20:3】

『周禮』曰, "大烖, 祠[31]于上下神祇", "凡天地大烖, 類社稷·宗廟."[1] 『禮記』曰, "祭不欲數, 數則煩, 煩則不敬. 祭不欲踈, 踈則怠, 怠則忘." 故有常之制, "天子祭天地·四方·天下名山天[32]川及五礼[33].[2] 諸侯祀名山

28) 『예기정의』, 권47, 「제의」, 1528쪽.

29) 『예기정의』 권5 「곡례하」, 178쪽, 정현의 주에서 "사방에 제사를 지낸다는 것은 五官의 신을 사방의 郊에서 제사지내는 것을 말한다. 句芒은 동교에서 제사지내고, 祝融과 后土는 남교에서 제사지내고, 蓐收는 서교에서 제사지내고, 玄冥은 북교에서 제사지낸다. '方祀'는 각기 그 관할지역의 관에 제사지낼 뿐이다. '五祀'의 대상은 문의 신, 부엌의 신, 방 중앙의 토신, 대문의 신, 길의 신이다. 이는 은나라의 제도이다. 『예기』 「제법」에 '천자는 칠사를 세우고, 제후는 오사를 세우고, 대부는 삼사를 세우고, 사는 이사를 세운다'고 한 것은 주나라의 제도이다"(祭四方謂祭五官之神於四郊也. 句芒在東, 祝融后土在南, 蓐收在西, 玄冥在北. 『詩』云"來方禋祀." 方祀者, 各祭其方之官而已. 方祀者各祭其方之官而已. 五祀, 戶·竈·中霤·門·行也. 此蓋殷時制也. 「祭法」曰, "天子立七祀, 諸侯立五祀, 大夫立三祀, 士立二祀", 謂周制也)라고 하였다.

30) 『예기정의』, 권5, 「곡례하」, 178~180쪽.

31) 祠 : 『주례주소』 권19 「춘관·소종백」, 583쪽에는 '祠' 앞에 '禱' 한 글자가 더 있다.

32) 天 : 大의 오사인 듯하다. 『예기정의』 권5 「곡례하」, 178쪽에는 "天子祭天地, 祭四方, 祭山川, 祭五祀禮, 歲徧"으로 되어 있다.

大川之在其地及五祀. 士祭其先. 凡祭, 有其廢之, 莫敢擧, 有其擧之, 莫敢廢.[3] 非其所祭而祭之, 名曰'淫祀'. 淫祀无福."[4]

협주

1. 종묘에 대해 '유類'라고 말한 것은 (정식 종묘제사와) 유사하게 제사를 지내기 때문이다.
2. '사방四方에 제사지낸다'는 것은 사방의 교외郊外에서 오관五官[34]의 신을 제사지내 기운을 맞이한다(迎氣)는 뜻이다. '오사五祀'는 호戶(문의 신)・조竈(부엌의 신)・중류中霤(방 중앙의 토신)[35]・문門(대문의 신)・항行(길의 신)을 가리킨다. 이는 은나라 때의 제도인 듯하다. 천자는 칠사七祀로서 (오사에) 사명司命[36]과 태려大厲[37]를 더한다. '오'라고 말한 것은 그 중간을 들었을 뿐이다.
3. '폐지'(廢)・'거행'(擧)이란 은나라에서 농農[38]의 제사를 폐지하고 기棄[39]를 제

---

33) 礼 : 『예기정의』 권5 「곡례하」, 178쪽에는 '礼'가 '祀'로 되어 있다.

34) 五官 : 五行의 장관을 뜻한다. ○『춘추좌전정의』 권53, 소공 29년조, 1733~1734쪽에서 "오행의 관직이 있는데, 이를 '五官'이라고 한다. 木의 장관을 '구망', 火의 장관을 '축융', 金의 장관을 '욕수', 水의 장관을 '현명', 土의 장관을 '후토'라고 한다"(木正曰句芒, 火正曰祝融, 金正曰蓐收, 水正曰玄冥, 土正曰后土)라고 하였다. 이에 대한 두예의 주와 공영달의 소에서는 "'구망'은 나무(木)가 생장할 때 구부러지고 까끄라기가 있는 것에서 이름을 취한 것이다.(木-春) '重'에 제사지낸다. '축융'은 두 글자 모두 밝다는 뜻이다. 여름의 기운이 밝은 데서 이름을 취한 것이다.(火-夏) '犁'에 제사지낸다. '욕수'는 가을의 곡물이 꺾여서 수확할 수 있다는 데서 이름을 취한 것이다.(金-秋) '該'에 제사지낸다. '현명'은 물(水)의 기운이 음이고 어두운 것에 이름을 취한 것이다.(水-冬) '脩'와 '熙'에 제사지낸다. '후토'는 土가 만물의 주인이기 때문에 后라고 한 것이다.(土-季夏) 句龍에 제사지낸다. 家에서는 中霤에 제사지내고, 野에서는 社에 제사지낸다"라고 하였다.

35) 中霤 : 小土神을 말한다. 천자와 제후는 土神을 위해 社壇을 세우지만 경・대부 이하는 社를 세울 수 없다. 이 때문에 중류를 토신의 의지처로 삼게 하고 방 중앙(室中)에서 제사한다. 중류의 신을 '宅神'이라고도 한다.

36) 司命 : 文昌宮의 네 번째 별자리다.

37) 태려大厲 : 죽어서 후사를 잇지 못한 영혼을 '厲'라고 한다. 옛날 제왕은 후사가 없으면 이에 제사를 지내 재해를 풀었다.

사지냈기 때문에 후에 다시 기의 제사를 폐지하고 농을 제사지낼 수 없게 된 것 같은 경우이다.

4. 옛날에 노나라 은공이 종무鍾巫[40]를 제사지내다 죽임을 당했다.[41] 음사淫祀에는 복이 없음을 밝힌 것이다.

夾注原文

1. 宗曰類, 以類而祭也 **2.** 四方謂祭五官之[42]於四郊外, 迎氣也. 五礼[43]謂戶・竈・中霤・門・行, 此盖殷時制也. 天子七祀, 加司命・大厲也. 言五, 擧其中耳也 **3.** 廢・擧謂若殷廢農祀弃, 後不復廢弃祀農之也. **4.** 昔魯隱公祭鍾巫氏而見殺, 明淫祠无福之也.

---

38) 農 : 농업의 신을 말한다. 납향 제사 때 제사지내는 대상으로, 田畯이라고도 한다. 농경을 최초로 가르쳐준 조상이다. 『예기』「교특생」과 『주례』「春官・籥章」에 자세한 내용이 보인다. 錢玄・錢興奇 編著, 『三禮辭典』, 967쪽 참조.

39) 棄 : 주나라의 시조 后稷의 이름이다. 稷官이 되었기 때문에 '직'이라고 한다.

40) 鍾巫 : 神의 이름으로, 춘추시대에 제후 및 대부가 그것을 세워서 祭主로 삼았다. 일설에는 제사 명칭으로 보기도 한다. 『사기』, 권33, 「魯周公世家」, 1529쪽, 『集解』에 인용된 '賈逵'의 주 참조.

41) 『춘추좌전정의』 권4, 은공 11년조, 149~150쪽에서 "은공이 公子이던 시절에 鄭나라와 호양에서 싸우다가 포로가 되었다. 그때 정나라 사람이 은공을 尹氏 집에 가두었다. 은공이 윤씨에게 뇌물을 주고서 윤씨가 제사지낼 때의 主神인 鍾巫神에게 기도를 올리고 나서 드디어 윤씨와 함께 노나라로 돌아와서 노나라에 종무신의 신주를 세웠다. 11월에 은공이 종무에게 제사를 지내려고 사포에서 몸을 청결히 하고, 위씨의 집에 머물렀다. 그런데 임진일에 우보가 자객을 시켜 은공을 위씨 집에서 죽이고, 환공을 군주로 세웠다"(公之爲公子也, 與鄭人戰于狐壤, 止焉. 鄭人囚諸尹氏, 賂尹氏, 而禱於其主鍾巫, 遂與尹氏歸而立其主. 十一月, 公祭鍾巫, 齊于社圃, 館于寫氏. 壬辰, 羽父使賊弑公于寫氏, 立桓公, 而討寫氏, 有死者)라고 하였다.

42) 之 : '之' 다음에 '神' 자가 빠진 듯하다. 『예기정의』 권5 「곡례하」, 178쪽, 정현의 주에는 "祭四方, 謂祭五官之臣於四郊也"로 되어 있다.

43) 礼 : 祀의 오사이다.

【제총재 20:4】

『주례』에서 말하였습니다. “무릇 양사陽祀에는 털빛이 순수하게 붉은 희생을 쓰고, 음사陰祀에는 털빛이 순수하게 검은 희생을 쓴다. 망사望祀[44]에는 각각의 방향을 상징하는 순수한 털빛의 희생을 쓴다. 시사時祀[45]에는 반드시 순수한 털빛의 희생을 쓴다.”[46]

『예기』에서 말하였습니다. “천자는 희우犧牛[47]를 쓰고, 제후는 비우肥牛[48]를 쓰고, 대부는 색우索牛를 쓰고, 사는 양이나 돼지를 쓰며”[49], “서인은 봄에 파(葱)를 천신하고, 여름에는 보리(麥)를 천신하고, 가을에는 기장(黍)을 천신하고, 겨울에는 곡물(稻)을 천신하며”[50], “하나라에서는 희생으로 검은 털빛을 썼고, 은나라에서는 흰 털빛을 썼고, 주나라는 붉은 털빛을 썼다.”[51]

『사령祠令』[52]에서 말하였습니다. “동지에 원구圜丘에서 호천상제昊天上

44) 望祀 : 멀리 산천의 地祇를 바라보면서 지내는 제사 의식으로, 五嶽·四鎭·四瀆을 제사지낸다.

45) 時祀 : 네 계절에 정기적으로 지내는 산림·천택 등의 小祀를 말한다. 주대에는 사방의 작은 산림·천택을 제사지내는 것도 모두 정해진 때가 있었기 때문에 ‘시사’라고 한다. 錢玄·錢興奇 編著, 『三禮辭典』, 645쪽 참조.

46) 『주례주소』, 권13, 「地官·牧人」, 379~380쪽.

47) 犧牛 : 털빛이 순수하고 섞이지 않은 것을 ‘犧’라고 한다.

48) 肥牛 : 희생을 사육하는 우리에서 특별히 살찌운 소를 말한다.

49) 『예기정의』, 권5, 「곡례하」, 180쪽.

50) 『예기정의』 권12 「왕제」, 458쪽에는 “서인은 봄에는 부추(韭)를 천신하고, 여름에는 보리(麥)를 천신하며, 가을에는 기장(黍)을 천신하고, 겨울에는 곡물(稻)을 천신한다”(庶人春薦韭, 夏薦麥, 秋薦黍, 冬薦稻)라고 하였다.

51) 하나라에서는~ 털빛을 썼다 : 『예기』에는 이 문장이 없다.

52) 『祠令』 : 『天地瑞祥志』에 인용된 『祠令』에 대해서는 新美寬 編·鈴木隆一 補, 『本邦殘存典籍による輯佚資料集成(續)』, 京都大學人文科學研究所, 1968, 「史部 제9 刑法類」; 太田晶二郎, 「『天地瑞祥志』略說－附けたり, 所引の唐令佚文」(『東京大學史料編纂所報』 7, 1973 ; 『太田晶二郎著作集』 제1책, 吉川弘文館, 1991에

帝를 제사지내는데, 송아지(犢) 6마리, 양羊 9마리, 돼지(豕) 9마리를 쓴다. 하지에 방구方丘에서 황지기皇地祇를 제사지내는데, 송아지 3마리, 양 5마리, 돼지 5마리를 쓴다."[53]

【祭牲載 20:4】

『周禮』曰, "凡陽祀, 用騂牲毛之. 陰祀, 以黝牲毛之. 望祀, 各以其方之色[54].[1] 時祀, 必用牷牲."[2] 『禮記』曰, "天子以犧牛,[3] 諸侯以肥牛, 大夫以素[55]牛, 士以羊豕",[4] "庶人春以[56]慈[57], 夏以麥, 秋以黍, 冬以稻",[5] "夏

수록)에 소개되어 있다. ○ 그 年次에 대해서 오타 쇼지로(太田晶二郎)는 ①『천지서상지』가 唐 高宗 麟德 3년(乾封 元年, 666)에 찬술되었다는 점, ②『천지서상지』에 인용된 『사령』 안에 "高祖配……太宗配"라는 문장이 보인다는 점을 근거로 高宗의 永徽 2年令(651)일 것으로 추정하였다.(『太田晶二郎著作集』 제1책, 163쪽) 唐代에는 10여 차례에 걸쳐 令이 편찬되었는데, 그 제1차의 令이 『武德令』 31권(고조 무덕 7년, 624), 제2차의 令이 『貞觀令』 30권(태종 정관 11년, 637), 제3차의 令이 『永徽令』 30권(고종 영휘 2년, 651)이다. ○ 이케다 온(池田溫)도 『천지서상지』에 인용된 『사령』의 순서는 '永徽祠令'의 조문 배열을 반영하는 것이라고 하였다. 또한 『開元禮』의 기재 순서에 의거하여 정리한 『唐令拾遺』(東京大學出版會, 1964) '復舊條文'의 해당 개소에 『천지서상지』에 인용된 『사령』을 추가 게재하였고, 해당 조문이 없는 경우 復元新條文의 항목으로 정리·게재하였다.(仁井田陞 著, 池田溫 編集代表, 『唐令拾遺補』, 제2부 「唐令拾遺補訂」 '祠令' 제8, 東京大學出版會, 1997) ○ 한편 나카무라 유이치(中村裕一)는 『당령습유보』에서 『구당서』 「예의지」 사료와의 대조가 없었던 점을 지적하였으며, 『구당서』 「예의지」는 唐의 祠令을 복원하는 데에 매우 중요한 사료로서, 『太平御覽』의 祠令逸文과 일치하는 부분이 있다고 하였다. 이런 점에서 그는 玄宗 開元 25年令(737년 완성)의 『祠令』을 인용하고 있는 『태평어람』과 高宗 永徽 2年令의 『祠令』을 전하는 『천지서상지』를 함께 주목해야 한다고 주장하였다.(『唐令逸文の研究』, 2장 「祠令逸文」, 汲古書院, 2005) ○ 본 번역에서는 『천지서상지』의 『사령』과 관련된 기타 문헌자료를 함께 번역하여 唐代 祠令 연구의 기초 자료를 제공하고자 한다.

53) 仁井田陞 著, 池田溫 編集代表, 『唐令拾遺補』, 東京大學出版會, 1997, 제2부 「唐令拾遺補訂」(이하 『당령습유보』라고 하겠음) '祠令' 제8, 488쪽.

54) 各以其方之色 : 『주례주소』 권13 「地官·牧人」, 379쪽에는 '色' 다음에 '牲毛之' 세 글자가 더 있다.

牲用玄求[58], 殷用白, 周用赤也." 『祠令』曰, "冬至祀昊天上帝於圜丘, 用犢六羊九豕九. 夏至祭皇地祇於方立[59], 用犢三羊五豕五也."

협주

1. '성騂'은 붉은 색(赤色)의 뜻이다. '음사陰祀'는 북교北郊에서 땅의 신을 제사지내고 사직에까지 미치는 것이다. "정사농鄭司農[60]은 '양사陽祀는 봄과 여름의 제사이다. 유黝는 검은 색(黑)의 뜻이다'라고 하였다. 정현鄭玄은 '양사陽祀는 남교南郊에서 하늘을 제사지내고, 종묘에까지 미치는 것이다'라고 하였다."[61]
2. '시사時祀'는 네 계절에 정기적으로 지내는 제사이다. 희생은 털빛이 순수하고 몸체가 온전해야 한다.
3. 순수한 털빛이다.(純色)
4. '색索'은 구해서 사용한다(求)는 뜻이다.
5. 서인에게는 일정한 희생이 없어서, 제철의 음식 가운데 마땅한 것을 취한다.

夾注原文

1. 騂, 赤色也. 陰祀, 北郊地及社稷.[62] "鄭司農曰, '陽祀, 春夏也. 黝, 黑也.'

---

55) 素 : 『천지서상지』의 필사자는 '索'의 잘못이라고 교감하였고, 『예기정의』 권5 「곡례하」, 180쪽에도 '索'으로 되어 있다.
56) 以 : 『예기정의』 권12 「왕제」, 458쪽에는 '以'가 '薦'으로 되어 있다. 아래에도 마찬가지다.
57) 慈 : 『천지서상지』의 필사자는 '葱'의 잘못으로 교감하였다. 『예기정의』 권12 「왕제」, 458쪽에는 '韭'로 되어 있다.
58) 求 : 연문인 듯하다. 〔협주〕 '索, 求'의 '求'로 인해서 이곳에 잘못 필사된 듯하다.
59) 立 : 丘의 오사인 듯하다.
60) 鄭司農 : 鄭衆(?~83)을 말한다. 후한시대 開封 출신으로, 자는 仲師이다. 12세 때 아버지에게 『춘추좌씨전』을 전수받아 배웠고, 『春秋雜記條例』를 지었다. 또 三統曆에 밝았으며, 『역』·『시』에도 정통했다. 후한 明帝 永平(58~75) 연간 초에 明經給事中으로서 흉노에 사신이 되어 갔다. 建初 6년(81)에 大司農이 되었다. 이 때문에 '鄭司農'으로 칭해진다. 『후한서』 권36에 그의 전기가 있다.
61) 『주례주소』, 권13, 「지관·목인」, 379쪽, 정현의 주.

玄謂'陽祭天及宗厝[63]之也.'"[64] **2.** 時祀, 四時所常祀也. 牲, 純體皃[65]具之也. **3.** 純色. **4.** 索, 求. **5.** 庶人无常牲, 取新物相宜也.

【제총재 20:5】

신臣 수守는 아룁니다. 비록 명문 규정이 있어도 성스런 제왕과 지혜로운 군주는 일에 따라서 법을 제정하고, 세상의 변화에 따라 가르침을 이룹니다. 이 때문에 풍성하게 하고 검소하게 하는 데에 일정함이 없으며, 짐작하는 일은 정해진 것이 아닙니다. 그러므로 『역』에서 "동쪽의 이웃에서 소를 잡아 성대한 제사를 지내지만, 서쪽의 이웃에서 소박한 제사를 지내는 것만 못하다"[66]라고 하였고, 『상서』에서 "제사를 지낼 때에 위의威儀를 많이 갖추는데, 그 위의의 정성이 예물에 미치지 못한다면 신은 그 음식을 흠향하지 않는다"[67]라고 하였습니다. 『좌전』에서는 "마음이 진실로 밝고 신의가 있다면 계곡·연못·모래섬에서 자라는 풀, 개구리밥·다북쑥·

62) 陰祀, 北郊地及社稷 : 『주례주소』 권13 「지관·목인」, 379쪽, 정현의 주에는 '陰祀, 祭地北郊及社稷也'로 되어 있다.

63) 厝 : '厝'는 庴의 이체자로서, 廟의 오사이다.

64) 玄謂陽祭天及宗厝之也 : 『주례주소』 권13 「地官·牧人」, 379쪽, 정현의 주에는 "玄謂陽祀, 祭天於南郊及宗廟"로 되어 있다. 정현은 '음사'를 '北郊'에서 지내는 것으로 보았으므로, 이에 대응되는 '양사'는 '南郊'에서 지내는 것으로 보아야 할 듯하다.

65) 皃 : 完의 오사이다.

66) 『주역정의』, 권6, 295쪽. 旣濟卦(䷾, 水火旣濟) 九五의 효사이다. 기제괘의 九五는 일이 이미 이루어져서 높은 자리에 있을 때에는 제사에 힘써야 함을 경계하는 것이다.

67) 『상서정의』, 권15, 「周書·洛誥」, 483쪽.

마름 따위의 야채, 대광주리나 볼품없는 솥 따위의 용기用器, 웅덩이의 고인 물, 길바닥에 흐르는 물을 갖고서도 귀신에게 제물로 바칠 수 있으며, 왕공에게 올릴 수 있다"[68]라고 하였습니다. 『예기』에서는 "제사를 지낼 때에는 풍년이라고 해서 사치스럽게 지내지 않고, 흉년이라고 해서 검소하게 지내지 않는다"[69], "군자의 제사는 아무리 가난해도 제사 기물(祭器)을 내다 팔지 않고, 아무리 추워도 제사 옷(祭服)을 입지 않는다"[70], "공물貢物을 진열하는 데에 특정한 지역을 한정하지 않는다"[71]라고 하였습니다.

【祭惣載 20:5】

臣守以爲雖有成文, 而聖帝哲主逐物而制法, 隨世而造敎, 是以豊儉元[72]常, 斟酌非定. 故『易』曰, "東隣殺牛, 不如西隣之禴祭."[1] 『尙書』曰, "享多儀, 儀不及物, 曰不享."[2] 『左傳』曰, "苟有明信, 澗谿沼時[73]之毛,[3] 蘋

68) 『춘추좌전정의』, 권3, 은공 3년조, 85~87쪽.

69) 『예기정의』, 권12, 「왕제」, 441쪽.

70) 『예기정의』, 권4, 「곡례하」, 133쪽.

71) 『예기정의』, 권25, 「교특생」, 906쪽. ○ 「교특생」의 원문은 다음과 같다. "진열하는 공물에 지역을 한정하지 않는다. 지역에 따른 토산물을 구분하고 거리의 차이에 따른 기한을 조절하기 위한 것이다. 거북은 앞줄에 놓는데, 길흉을 미리 알려 주기 때문이다. 鐘을 그 다음에 놓는데, 화목함을 뜻하는 것을 공물의 가운데에 함께 진열하는 것이다. (그 다음에) 호랑이와 표범 가죽을 놓는데, 사나운 이들을 복속시킨다는 뜻을 보이는 것이다. 비단 한 속에 더해 놓은 벽옥은 유덕한 이에게 (그 덕에 비견되는 옥을) 바치는 것이다." 이에 대한 진호의 주에서는 "'旅'는 진설한다는 뜻이다. 庭實(寢廟의 堂 아래 마당)에 진열되는 공물은 한 곳에서 바치는 것이 아니다. 그래서 '진열되는 공물에 지역을 한정하지 않는다'라고 한 것이다. 땅에서 산출되는 것은 지역마다 그 지역에 맞는 산물이 있고, 지리상의 거리가 다르므로 바치는 기한도 서로 다르다. 군자는 덕을 玉에다가 비견한다. '유덕한 이에게 바친다'는 것은 덕에 비견되는 옥을 유덕한 이에게 가져가 바침을 말한다"라고 하였다. 陳澔, 『禮記集說』, 권11, 「郊特牲」, 320쪽의 주.

72) 元 : 无의 오사이다.

73) 時 : 『춘추좌전정의』 권3, 은공 3년조, 85쪽에는 '時'가 '沚'로 되어 있다.

蘩薀藻之菜,[4] 筐筥錡釜之器,[5] 潢汙行潦之水,[6] 可薦於鬼神, 可羞於王公",[7] 『禮記』曰, "祭, 豊年不奢, 凶年不儉." "君子祭, 雖貧不鬻祭器, 雖寒不衣祭服也", "□弊無方74)."[8]

협주

1. 『주역』 기제괘既濟卦 구오九五의 효사爻辭이다. 왕필王弼의 주注에서 말하였다. "소牛를 잡는 것은 제사의 성대함이다. 약禴은 제사의 소박함이다. 제사의 성대함은 덕을 닦는 것보다 성대한 것이 없다. 그러므로 냇가나 물위에 떠다니는 물풀·개구리밥이나 부평초 등의 채소를 가지고도 귀신에게 올릴 수 있다. 그러므로 '서직이 향기로운 것이 아니라 밝은 덕이 향기롭다'75)고 한 것이다. 이 때문에 '동쪽의 이웃에서 소를 잡아 성대한 제사를 지내는 것이 서쪽의 이웃에서 소박한 제사를 지내 실제로 그 복을 받음만 못하다'76)라고 말하는 것이다."
2. 『상서』「주서周書·낙고洛誥」의 문장이다. 제사를 올리는 도리는 다만 깨끗함과 정성으로 하는 것이다. 만약 위의를 화려하게 갖추었다 해도 (정성이) 예물에 이르지 못하면 신이 그것을 흠향하지 않는다는 뜻이다.
3. '계谿' 역시 계곡(澗)의 뜻이다. '소沼'는 연못(池)의 뜻이다. '지沚'는 작은 모래섬(小渚)이다. '모毛'는 풀(草)이다.
4. '빈蘋'은 물풀(水采)로서, 뿌리가 없이 떠다닌다. 큰 것을 '빈蘋'이라 하고, 작은 것을 '평萍'이라 한다. '번蘩'은 다북쑥(皤蒿)이다. '온조薀藻'는 뒤엉킨 마름(聚藻)이다.
5. 네모진 바구니를 '광筐'이라 하고, 둥근 바구니를 '려筥'라고 한다. 다리가 없는 솥을 '부釜'라고 하고, 다리가 있는 솥을 '기錡'라고 한다.

---

74) □弊無方 : 『천지서상지』 필사본에는 '弊' 앞에 공백으로 되어 있지만, 『예기정의』 권25 「교특생」, 906쪽에는 '旅弊無方'로 되어 있다.

75) 『상서정의』, 권18, 「周書·君陳」, 579쪽.

76) 『주역정의』, 권6, 「旣濟」, 295쪽.

6. '황오潢汙'는 고인 물이고, '행뇨行潦'는 흐르는 물이다.
7. '수羞'는 올린다(進)는 뜻이다. 『시』의 「국풍國風」과 「대아大雅」에 각기 기록되어 있다.[77]
8. 나라에서 산출되고 계절마다 있는 것을 따를 뿐이다.

夾注原文

1. 旣濟九五之辭也. 王曰, "牛, 祭之盛也, 禴, 祭之薄也. 祭祀之盛, 莫盛脩德, 故沼沚之毛・蘋蘩之菜, 可羞之於鬼神, 故'黍稷非馨, 明德惟馨', '實[78]受其福'也." **2.** 「周書・各水[79]誥」之辭也. 言祭享之道, 唯以潔誠, 若多其容儀, 而不及禮物, 則不爲神所享之也. **3.** 谿, 亦澗也. 沼, 池也. 時[80], 小諸[81]也. 毛, 草也 **4.** 蘋, 水采, 无根而浮. 大曰蘋, 小曰萍. 蘩, 皤蒿也. 薀藻, 聚藻之也 **5.** 方曰筐, 員曰筥. 釜有足錡之也.[82] **6.** 潢汙, 停水. 行潦, 流潦之也. **7.** 羞, 進也.

---

77) ○『모시정의』, 권1-4, 「國風・召南・采蘋」, 86~87쪽, "개구리밥 뜯으러 어디로 갈까? / 남녘 산골 계곡으로 간다네. / 마름 풀 뜯으러 어디로 갈까? / 저 흐르는 개울가로 간다네. / 어디다 담을까? / 둥근 바구니 모난 바구니에 담지. / 어디다 삶을까? / 가마솥 옹솥에 삶지. / 어디다 놓을까? / 종묘 대청에 차려 놓지. / 누가 이 일을 주관하나? / 공손하고 아리따운 아가씨가 한다네."(于以采蘋? 南澗之濱. 于以采藻? 于彼行潦. 于以盛之, 維筐及筥. 于以湘之, 維錡及釜. 于以奠之, 宗室牖下. 誰其尸之, 有齊季女) ○『모시정의』, 권17-3, 「大雅・生民之什・泂酌」, 1320~1322쪽, "저 멀리 흐르는 물을 떠다가, / 이 작은 그릇에 부으면, / 찐 밥 술밥 지어 먹을 수 있다네. / 온화하신 군자여, 백성들의 부모로세. / 저 멀리 흐르는 물을 떠다가, / 이 작은 그릇에 부으면, / 제사 그릇 씻을 수 있다네. / 온화하신 군자여, 백성들이 따를 분이로세. / 저 멀리 흐르는 물을 떠다가, / 이 작은 그릇에 부으면, / 술통 씻을 수 있다네. / 온화하신 군자여, 백성들 쉴 곳이로세."(泂酌彼行潦, 挹彼注茲, 可以餴饎. 豈弟君子, 民之父母. 泂酌彼行潦, 挹彼注茲, 可以濯罍. 豈弟君子, 民之攸歸. 泂酌彼行潦, 挹彼注茲, 可以濯溉. 豈弟君子, 民之攸塈)
78) 『주역정의』 권6 旣濟卦, 295쪽, 왕필의 주에는 '實' 앞에 "是以東鄰殺牛, 不如西鄰之禴祭"의 13글자가 더 있다.
79) 各水 : 洛의 오사이다.
80) 時 : 『춘추좌전정의』 권3, 은공 3년조, 85쪽, 두예의 주에는 '時'가 '沚'로 되어 있다.
81) 諸 : 『춘추좌전정의』 권3, 은공 3년조, 85쪽, 두예의 주에는 '諸'가 '渚'로 되어 있다.

『詩』「國風」·「大雅」各載之也. **8.** 隨國所出, 時所有而已也.

【제총재 20:6】

『예기』「제법祭法」에서 말하였습니다. “유우씨(순임금)는 ‘체禘’ 제사를 지낼 때에 황제黃帝를 배향하였고, 교郊 제사를 지낼 때에 곡嚳을 배향하였으며, 전욱顓頊을 조祖로 삼고 요堯를 종宗으로 삼아 제사지냈다. 하나라는 ‘체’ 제사를 지낼 때에 황제를 배향하였고, ‘교’ 제사를 지낼 때에 곤鯤을 배향하였으며, 전욱을 조로 삼고 우禹를 종으로 삼아 배향하였다. 은나라는 ‘체’ 제사를 지낼 때에 곡을 배향하였고, ‘교’ 제사를 지낼 때에 명冥을 배향하였으며, 설契을 조로 삼고 탕湯을 종으로 삼아 배향하였다. 주나라에서는 ‘체’ 제사를 지낼 때에 곡을 배향하였고, ‘교’ 제사에 직稷을 배향하였으며, 문왕文王을 조로 삼고 무왕武王을 종으로 삼아 배향하였다.”83)

82) 釜有足錡之也 : 『춘추좌전정의』 권3, 은공 3년조, 87쪽, 두예의 주에는 “無足曰釜, 有足曰錡”로 되어 있다.

83) 『예기정의』, 권46, 「제법」, 1506쪽. ‘禘’ 제사를 天祭로 볼 것인가 宗廟祭로 볼 것인가, 또 제사에 누구를 배향할 것인가 등에 대해서는 역대 논쟁거리였다. 경문에 대한 정현의 주와 공영달의 소를 통해 ‘체’ 제사에 대한 해석의 대강을 보겠다. ○ 정현의 주 : 禘·郊·祖·宗은 배식하면서 지내는 제사를 말한다. 이 경문에서의 ‘禘’는 昊天을 圜丘에서 제사지내는 것을 뜻한다. 上帝를 南郊에서 제사지내는 것을 ‘郊’라고 한다. 五帝와 五神을 明堂에서 제사지내는 것을 ‘祖’·‘宗’이라 한다. 조와 종은 통용해서 사용할 뿐이다. 아래에 체·교·조·종이 있다. 『효경』에서 “문왕을 명당에서 높여서 제사지내(宗祀) 상제에 배향하였다”라고 하였다. (채옹의) 『명당월령』에서는 “봄은 그 帝가 大昊이고, 그 神이 句芒이다. 여름은 그 帝가 炎帝이고, 그 神이 祝融이다. 中央(季夏)은 그 帝가 黃帝이고, 그 神이 后土이다. 가을은 그 帝가 少昊이고, 그 神이 蓐收이다. 겨울은 그 帝가 顓頊이고, 그 神이 玄冥이다”라고 하였다. 순임금 이전에는 덕을 숭상하였

기 때문에 '체'·'교'·'조'·'종'의 제사에 덕이 있는 자를 배향하였을 뿐이다. 하나라 이후 점차 자기의 '姓'으로 그것을 대신하였다. 선후의 차례로 말하면, 순임금(유우씨)과 하나라는 '교' 제사에서 '전욱'을 배향해야 마땅하고, 은나라는 '교' 제사에서 '설'을 배향해야 마땅하다. 郊에서는 (오제 가운데) 하나의 帝에 제사를 올리고, 明堂에서는 五帝에 제사를 올린다. 덕이 작은 자는 배향하는 것이 적고, 덕이 큰 자는 배향하는 것이 많다. 이것이 禮에 있어서 줄여 가는 원칙(殺)이다. ○ 공영달의 소 : 이 경문은 순임금 이후 하·은·주까지의 4왕조에서 체·교·조·종의 제사를 지낼 때 배향하는 사람들에 대해 논한 것이다. (경문에서) '有虞氏禘黃帝'라고 한 것은 유우씨가 동지에 昊天上帝를 원구에서 제사지내고, 大禘의 때에 황제를 배향하여 제사지냈다는 뜻이다. (경문에서) '而郊嚳'이라고 한 것은 하나라의 월력(夏正)으로 建寅의 달(1월, 주나라의 월력 3월)에 感生帝를 南郊에서 제사지낼 때 곡을 배향한 것을 뜻한다. (경문에서) '祖顓頊而宗堯'라고 한 것은 五天帝·五人帝 및 五人神을 명당에서 제사지낼 때 전욱 및 요임금을 배향하였다는 뜻이다. 그러므로 "전욱을 조로 삼고, 요임금을 종으로 삼아 제사지냈다"고 한 것이다. '祖'는 시작(始)이라는 뜻이다. 도덕의 시초가 된다는 뜻이다. '宗'은 높인다(尊)는 뜻이다. 덕이 있어서 존숭할 만하기 때문에 '宗'이라고 한 것이다. 하우씨 이후 체·교·조·종의 제사도 그 의미는 이와 마찬가지다. 그러나 배향되는 사람은 왕조마다 각각 다르다. (정현은) "이 경문에서의 禘는 昊天을 圜丘에서 제사지낸다는 뜻이다"라고 하였다. 그러나 經과 傳의 문장에서 '체'를 칭한 곳이 하나가 아니고, 그 의미도 각각 다르다. 『논어』「팔일」에서 "체 제사를 지낼 때 강신제 이후에는 보고 싶지 않다"라고 한 것과 『춘추』 희공 8년조에서 "태묘에서 체 제사를 지냈다"라고 했을 때의 '체'는 종묘의 제사를 가리킨다. 『예기』「상복소기」에서 "왕자는 자기 시조가 나온 바에 체 제사를 지낸다"라고 한 것과 『예기』「대전」에서 "예에 있어서 왕이 되지 못하면 체 제사를 지내지 못한다"라고 했을 때의 '체'는 남교에서 감생제를 제사지내는 것을 가리킨다. '체'를 칭한 문장이 많기 때문에 (정현이) "이 경문에서의 체는 호천상제를 원구에서 제사지낸 것이다"라고 말했던 것이다. (정현이 체 제사를) '원구'에서 지낸다고 단정했던 것은 '체'라는 글자가 '교 제사' 앞에 있는데, 교 제사 이전의 제사는 원구뿐이기 때문이었다. 그러나 『이아』「석천」에서 "체는 큰 제사이다"라고 하였다. 따라서 다른 제사에 비해 큰 제사라면 모두 체라고 칭할 수 있는 것이다. 살펴보건대, 왕숙의 『성증론』에서는 "황제를 배향하는 이 체 제사는 종묘에서 5년마다 지내는 제사의 명칭이다. 그러므로 『예기』「상복소기」에서 '왕자는 자기 시조가 나온 바에 체 제사를 지낼 때 자기 시조를 배향한다'라고 한 것은 유우씨의 시조가 황제로부터 나왔기 때문에 시조 전욱을 황제에 배향하여 제사지냈다는 뜻이다. 그러므로 '자기 시조를 배향한다'고 말하는 것이다"라고 하였다. 『사기』「오제본기」에 의하면 황제는 순임금의 9대조인데, 황제는 昌意를 낳았고 창의는 전욱을 낳았으므로 전욱은 순임금의 7대조에 해당한다. 전욱을 황제에 배향하여 제사지냈다는 것은 자기 시조가 나온 바에 체 제사를 지내면서 자기 시조를 배향했다는 뜻이다. 또 왕숙은 조와 종을 공이 있는 사람을 조로 삼고 덕이 있는 사람을 종으로 삼으며(祖有功宗有德), 그들의 묘는 훼천하지 않는 뜻으로 해석하였다. 또 왕숙은 교와 원구는 하나로서 교가 곧 원구라고 보았다. 그러므로 왕숙은 정현을 비난하면서 다음과 같이 말하였다. "살펴보건대, 『역』 說卦에 '帝는 震에서 나오니', '진은 동방이다'라고 하였다. (동방은) 만물을 낳는 처음이기 때문에 왕자가 이를 제정한 것이다. 처음 木의 덕으로 천하의 왕이 되었지만, 이는 목의 정기가 낳았다는 뜻이 아니다. 오제는 모두 황제의 자손으로 각각 호칭을 바꾸면서 오행의 순서에 따라 교체되는 것이다. 어떻게 太微의 정기에서 낳는 것이겠는가? 또 교 제사에 대해서 정현은 '감생제를 제사지내는데, 단지 하나의 帝만을 제사지낼 뿐이다'라고 하였다. (이 말대로라면) 『예기』 「교특생」에서 어떻게 '교의 제사는 두루 天에 보답하는 제사이지만 해를 주신으로 삼는다'라고 할 수 있었겠는가? 또 天은 단지 하나뿐이니, 어떻게 6개가 있을 수 있겠는가? 또 『공자가어』에 '계강자가 五帝에 대해서 물었다. 공자는 天에는 五行이 있으니, 목·화·금·수·토이다. 계절을 나누어 교화하고 양육하여 만물을 이룬다. 그 신을 五帝라고 한다고 답하였다'라고 하였다. 이는 오제의 보좌관이다. 三公이 왕을 보필하니, 삼공을 '왕의 보좌관'(王輔)이라고 칭할 수는 있지만 天王이라고 칭할 수 없는 것과 마찬가지다. 五帝를 '천의 보좌관'(天佐)라고 칭할 수는 있지만 上天이라고 칭할 수는 없다. 그런데도 정현은 五帝가 靈威仰 등을 말한다고 하였으니 잘못된 것이다. 정현은 원구에서 昊天에 제사지내는 것을 으뜸의 예로 생각하였다. 그러나 주나라에서는 후직의 묘는 세웠지만 제곡의 묘를 세우지는 않았다. 이는 주나라에서 제곡보다 후직을 더 높였다는 뜻이다. 문왕과 문왕 때에 이르러 제곡을 지극히 귀중한 天에 배향하였다면, 이 얼마나 경중이 전도된 잘못인가! 교 제사를 지내는 곳이 원구이니, 원구는 곧 교이다. 이는 왕성의 안과 경사의 관계 같아서 명칭은 다르지만 장소는 같은 것이다." 또 왕숙과 孔晁는 "순임금과 하나라는 황제에서 나왔고, 은나라와 주나라는 제곡에서 나왔다. 『예기』 「제법」에서 이 네 왕조가 두 帝에 체 제사를 지냈다는 것은 위아래로 서로 증명되는 명문이다. 『시』의 「商頌·玄鳥」에서 '天이 현조에게 명하네'라고 하였고, 「大雅·生民」에서는 '帝의 발자국에 엄지발가락을 밟으시어'라고 하였다. 이는 정당한 의론으로서 참위의 요설이 아니다"라고 하였다. 이러한 논리는 모두 왕숙이 정현을 비난한 대략이다. 그런데 정현의 위와 같은 해석에 대해서 司馬昭는 정현의 해석을 확대시켜 말하였다. "왕자는 자기 시조가 나온 바에 체 제사를 지낼 때 자기 시조를 배향한다. 이는 경문의 문장을 살펴본다면 자명한 것이다. 그렇다면 시조가 나온 바는 五帝가 아니고 누구겠는가? 『하도』에서는 '姜原은 거인의 발자국을 밟고서 감응하여 후직을 낳았으며, 太任은 키가 큰 사람이 자신에게 느끼는 꿈을 꾸고서 문왕을 낳았다'라고 하였다. 『中候』에서는 '주나라의 문왕(姬昌)은 蒼帝의 아들이다'라고 하였다. 이상은 經과 緯에서 말한 명문이다. 또 『효경』에서는 '郊에서 후직을 제사지내 天에 배향하였다'라고 하였다. 이는 주공이 창제 영위앙에게 (후직을)

배향한 것이다. 漢과 魏에서는 이 의리에 의거하여 각각 오행에 배향하였다. 『역』 說卦에서 '帝는 震에서 나온다'라고 하였다. 이는 팔괘가 네 계절에 만물을 양육한다는 것이지 감생제에 의거하여 나오는 바가 아님을 스스로 논한 것이다." 또 張融은 논평하여 말하였다. "『대대례』 및 『사기』에 따르면, 직·설 및 요임금은 모두 제곡의 아들이며, 요임금에게는 어진 동생 70이 있어서 굳이 순을 등용할 필요가 없었다고 한다. 그러나 이는 잘못된 것임이 분명하다. 漢은 요임금의 자손으로, 劉媼이 赤龍에 감응하여 고조를 낳았고, 薄嬉 또한 감응하여 문제를 낳았다. 한은 요임금의 자손으로 火德을 사용하였다. 大魏는 순임금을 계승하여 똑같이 土行에 따랐다. 또 공자가 『상서』를 산삭하고 역사책을 구할 때 황제의 현손 帝魁의 책을 얻었다. 만약 오제 자신의 시대에 서로 전하였다면 어떻게 현손 제괴가 있을 수 있겠는가?" 장융은 경전에 수록된 하·은·주 삼대의 올바름에 의거하여 오제는 황제의 자손들이 서로 계승한 것이 아니었다고 생각하였다. 첫째, 탕왕과 무왕이 혁명을 하였지만 직과 설이 채용한 오행을 바꾸지 않았다는 것으로 상고하였다. 둘째, 대위·한에서는 요·순이 채용한 火·土의 법을 계승하였다는 것으로 징험하였다. 셋째, 제괴가 황제의 왕조를 계승하였다는 점을 증거로 제시하였다. 이는 사마소와 장융 등이 뜻을 천명한 것이다. 그러나 장융은 '禘'를 5년마다 지내는 大祭로 보았고, 또 '圜丘'가 곧바로 '丘'라는 입장에서 동중서·유향·마융의 논리를 인용하면서 모두 『주례』의 원구는 『효경』에서 말한 남교라고 하였다. 이는 왕숙과 같은 해석으로서 정현의 의리가 아니다. 또 『춘추명력서』에서 "炎帝는 大庭氏라고 칭하는데, 8세대 총 520년을 전하였다. 黃帝는 帝軒轅이라고도 하는데, 10세대 2,520년을 전하였다. 다음은 帝宣 少昊로서 金天氏라고도 하는데, 窮桑氏가 8세대 5백 년을 전하였다. 다음으로 顓頊 高陽氏는 20세대 350년을 전하였다. 다음 帝嚳 高辛氏는 10세대 4백 년을 전하였다"라고 하였다. 이는 정현이 의거한 바이다. 『대대례』에서 "소전은 헌원을 낳았으니, 이가 황제이다. 황제는 현효를 낳았고, 현효는 교극을 낳았고, 교극은 고신씨를 나았으니, 이가 제곡이다. 제곡은 방훈을 낳았으니, 이가 제요이다. 황제는 창의를 낳았고, 창의는 고양씨를 낳았으니, 이가 전욱이다. 전욱은 궁선을 낳았고, 궁선은 경강을 낳았고, 경강은 구망을 낳았고, 구망은 교우를 낳았고, 교우는 고수를 낳았고, 고수는 중화를 낳았으니, 이가 제순이다. 제순은 상오를 낳았다. 또 전욱은 곤을 낳았고, 곤은 문명을 낳았으니, 이가 우이다"라고 하였다. 사마천은 『사기』를 지을 때 이에 의거하여 수록하였다. 이는 모두 정현이 취하지 않은 바이다. (정현이) "오제와 오신을 명당에서 제사지내는 것을 '조'·'종'이라고 한다. 조와 종은 통용해서 말할 뿐이다"라고 한 것은 『명당월령』에서 "봄은 그 帝가 태호이고, 그 神이 구망이다"라고 했기 때문이다. 五時에는 모두 帝와 神이 있으며, 또 『예기』「월령」에 "계추에 크게 帝에 제사를 올린다"라고 하였다. 그러므로 명당의 제사에는 오인신 및 오천제가 있음을 알 수 있다. 또 『효경』에서는 "文王을 명당에서 宗으로 제사지낸다"라고 하였는데, 이 경문에서는 "武王을 宗으로 제사지낸다"라고 하였고 또 "文王을 祖로 제사지낸다"라고 하였다. 이는 문왕에 대해서 '祖'라고 칭한 것이다. 이 때문에 (정현이) "조와 종은 통용해서 사용한다"라고 한 것이다. 『雜問志』에서 "봄은 그 帝가 태호이고, 그 신이 구망이다. 창제 영위앙을 제사지낼 때 태호를 배식한다. 구망은 庭에서 제사를 지낸다. 오덕은 명당에서 제사를 지내는데, 오덕의 제가 또한 배식하고, 문왕과 무왕을 배향한다"라고 하였다. 『예기』「제법」에 "문왕을 조로 삼고 무왕을 종으로 삼아 제사지낸다"라고 한 것은 명당에서 합제를 지낸다는 뜻이다. 이상은 『예기정의』, 권46, 「제법」, 1506~1509쪽 참조. ○ 한편 '昊天'과 '上帝' 그리고 '五帝'가 동일한 것인가 구별되는 것인가에 대한 역대 논쟁이 있었다. 『예기』「제법」에 대한 정현의 주에서 알 수 있듯이 그는 체 제사의 주신을 '호천', 교 제사의 주신을 '상제'로 해석함으로써 양자를 구분하였다. 그러나 정현은 동시에 호천과 상제를 하나로 이해하기도 하였다. 『주례주소』 권18 「春官·大宗伯」, 530쪽에서 "禋祀로 昊天上帝를 제사지낸다. 實柴로 日月星辰을 제사지낸다. 槱燎로 司仲·司命·風師·雨司를 제사지낸다"라고 하였다. 이에 대해 정현은 호천상제를 '동지에 원구에서 제사지내는 天皇大帝'로 해석하였다. 그러나 金榜은 '호천'과 '상제'가 다를 뿐 아니라 '上帝'와 '五帝'도 다른 것으로 이해하여 정현의 설을 반박하였다. 그는 "인사로 호천과 상제를 제사지낸다", "호천과 상제를 제사지낼 때에는 새끼 양 갖옷을 입고 면류관을 쓴다. 오제를 제사지낼 때에도 이와 마찬가지다"는 『주례』의 「大宗伯」과 「司服」에 근거하여 '昊天'과 '上帝'가 분명 다른 것이라고 하였다. 또한 "왕이 上帝에게 大旅의 제사를 지낼 때는 모직 양탄자를 깔고 오색의 깃털로 장식한 병풍을 설치한다. 춘분에 해를 맞이하거나 五帝를 제사지낼 때에는 큰 휘장·작은 휘장을 펼치고, 이중의 장막과 두 겹의 모직 양탄자를 설치한다"는 『주례』의 「天官·掌次」에 의거하여 '上帝'와 '五帝' 역시 다른 것이라고 주장하였다. 또한 金榜은 "동지에 昊天에 禘 제사를 지낼 때 嚳을 배향하고, 계칩에 上帝에 郊 제사를 지낼 때 稷을 배향한다. 이 때문에 『국어』「노어」에서 '주나라에서는 禘 제사를 지낼 때 嚳을 배향하고, 郊 제사를 지낼 때 稷을 배향하였다'라고 한 것이다. 내(金榜)가 생각하기에, '昊天'은 垂象의 天이고, '上帝'는 祈穀의 帝이다. 동지에 禘 제사를 지내는 것은 그 대상이 昊天이고, 계칩에 郊 제사를 지내는 것은 그 대상이 上帝이다. 정현이 昊天과 上帝를 하나로 본 것은 오류이다"(『禮箋』, 권3, '禘'[阮元 編刊, 王進祥 重編本, 『皇清經解(8)』 권556, 漢京文化事業有限公司印行, '三禮', 5255쪽 수록])라고 하였다. 孫詒讓도 『주례정의』 권33에서 "'昊天'은 원구에서 제사지내는 天으로서, 천을 총괄하는 신이다. '上帝'는 남교에서 제사지내는 受命의 帝로서, 오제 가운데 蒼帝이다.…… 하나의 帝가 아님을 알 수 있다"라고 하였다. ○한편 '郊'를 祭天 의식으로 볼 것인가, 祭地 의식으로 볼 것인가도 논란의 대상이 되었다. "계칩에 남교에서 상제에게 제사를 지내 祈穀을 한다"는 것은 『좌전』의 기술과 『좌전』 桓公 5년조의 "무릇 제사에 있어서, 계칩에 郊 제사를 지낸다"라고 한 것에 대해 두예는 "夏正 建寅의 달(1월)에 남교에서 天을 제사지내는 것"으로 해석하였다. 이처럼 '郊'를 祭天 의식으로 보는 입장도 있지만, 祭地 의식으

그러므로 공자는 "사람의 행동 가운데 효보다 큰 것이 없고, 효는 아버지를 높이는 것보다 큰 것이 없고, 아버지를 높이는 것은 하늘에 배향하는 것보다 큰 것이 없다"[84]라고 하였습니다.

로 이해하는 경우도 있다. ①『주례주소』 권22 「春官・大司樂」, 689쪽에서는 "하지에 澤中의 方丘에서 음악을 연주한다. 음악의 악장이 여덟 번 바뀌면 地示가 모두 나오게 되니, 제사를 지낼 수 있게 된다"라고 하였다. 이는 澤中의 方丘에서 地祇를 제사지내는 것으로, 圜丘에서 天神을 제사지내는 것과 대응된다. ②『주례주소』 권20 「春官・典瑞」, 630쪽에서는 "가운데가 둥글고 양 끝에 圭처럼 펼쳐진 것이 있는 玉器를 가지고 地神을 제사하고, 四望에 旅제사를 지낸다"라고 한 것에 대해 정현은 "지신을 제사한다는 것은 北郊에서 神州의 神을 제사지내는 것을 말한다"라고 하였다. 이는 南郊에서 天神을 제사지내는 것과 대응된다. 일반적으로 전통적인 주석가들은 '郊'를 '祭天'의식을 가리키는 말로 해석하였고, '祭地' 의식에 대해서는 '郊'라고 하지 않았다. 그러나 經傳의 기술에 의하면 '郊'는 '祭天'과 '祭地'에 겸하여 사용되었을 뿐 아니라, '祭地'를 '禘'라고 칭한 경우도 있다. 金鶚은 다음과 같이 말하였다. "『주례』「대사악」에 '하지에 澤中의 方丘에서 제사지낸다'는 구절에 대해 정현은 '이 또한 禘로서의 大祭이다'라고 하였다. 『예기』「왕제」에서 '天과 地에 제사지내는 소는 뿔이 누에고치나 밤톨만한 것을 쓴다'라고 하였는데, 이는 祭天과 마찬가지로 祭地에도 송아지(犢)를 쓴다는 뜻이다. 그런데 『국어』에 '禘' 제사와 '郊' 제사를 지낼 때 희생은 누에고치나 밤톨만한 송아지를 넘지 않도록 하는 것으로 되어 있다(『국어』, 권18, 「楚語下」, 565쪽, "王曰, '其小大何如?' 對曰, '郊禘不過繭栗, 烝嘗不過把握'") 라고 하였다. 따라서 祭地도 '禘'라고 칭하였음을 알 수 있다. 『예기』의 「제법」과 『국어』에는 '禘'를 먼저 말하고 뒤에 '郊'를 말하였으며, 또 '郊'는 祭天과 祭地에 겸하여 사용되었다. 그렇다면 '禘' 역시 제천과 제지에 겸하여 사용되었음을 알 수 있다. 『예기』의 「禮運」에서 '노나라의 郊禘는 예가 아니다'(魯之郊禘, 非禮也) 라고 한 것에 의하면, '郊'와 '禘'는 통용되는 용어로서, '郊禘'라고 말하면 단지 '郊'를 의미하는 용례도 있는 것이다."(『求古錄』『禮說』 권3, '禘祭考'. 『皇淸經解』 '三禮' 수록) ○ 정현과 왕숙을 중심으로 한 '禘'제사에 대한 역대 주석가의 해석사에 대해서는 박례경, 「'禘' 해석의 근거 읽기」(『東洋哲學』 23, 2005) 참조. 한~당에 이르는 郊祀・宗廟 제도의 실태와 변천에 대해서는 김일권의 「魏晋南北朝 시기의 교사제도 변천과 天文思想」(『震壇學報』 86, 1998) 및 金子修一의 『古代中國と皇帝祭祀』(汲古書院, 2001), 제1・2부 참조.

84) 『효경주소』 권5 「성치장」, 33~34쪽에서 "증자가 물었다. '감히 묻겠습니다. 성인의 덕에 효보다 큰 것이 있습니까?' 공자가 대답했다. '천지의 생명체 가운데 사람이 가장 귀하다. 사람의 행동 가운데 효보다 큰 것이 없다. 효에는 아버지를 존엄하게 높이는 것(嚴父)보다 큰 것이 없다. 아버지를 존엄하게 높이는 데에는

전한 말 왕망은 『주례』의 '선비先妣를 제사지낸다'[85]는 문장을 인용하여 북교에서 제사지내면서 후后를 배향하였습니다. 고후高后(여태후)를 지기地祇에 배향하는 것은 이때부터 시작되었습니다.[86] 후한 광무제光武帝 중원中元 연간(56~57)에 고묘高廟(고조 유방)에 제사지내면서 박후薄后(문제의 모)를 지기에 배향하여 고후를 대신하였습니다.[87] 조씨曹氏(曹魏)는 방구方丘에서 제사를 지내면서 순임금의 비 이씨伊氏를 지기에 배향하였습니다.[88] 진晉나라에서도 선목황후宣穆皇后[89]를 지기에 배향하였습니다.[90]

하늘에 배향하는 것보다 큰 것이 없다. 주공이 바로 그러하였던 사람이다. 옛날에 주공은 교에서 후직을 제사지내 天에 배향하였고, 문왕을 명당에서 높여 제사지내 상제에 배향하였다"(曾子曰, '敢問聖人之德無以加於孝乎?' 子曰, '天地之性人爲貴, 人之行莫大於孝, 孝莫大於嚴父, 嚴父莫大於配天, 則周公其人也. 昔者周公郊祀后稷以配天, 宗祀文王於明堂以配上帝)라고 하였다.

85) 『주례주소』 권22 「春官 · 大司樂」, 685쪽에서 "이칙의 음악을 연주하고 소려의 음악을 노래하고 태호를 춤추면서 先妣를 제사지낸다"(奏夷則, 歌小呂, 舞大濩, 以享先妣)라고 하였다.

86) 『宋書』 권16 「예지」, 432쪽에서 "한 문제 초기에 위양에서 지기를 제사지낼 때 고제를 배향하였다. 무제는 후토사를 세워 분음에서 제사지냈는데, 역시 고제를 배향하였다. 전한시대에는 태조를 천신과 지기에 겸하여 배향하였지만 后를 地祇에 배향하지는 않았다. 왕망은 相이 되자 『주례』의 '선비를 제사지낸다'는 문장을 인용하여 北郊에서 제사지낼 때 (후를) 배향하였다. 夏至에 后土의 신을 제사지내면서 高后를 배향하는 것은 이때부터 시작되었다"(漢文帝初祭地祇於渭陽, 以高帝配. 武帝立后土祠於汾陰, 亦以高帝配. 漢氏以太祖兼配天地, 則未以后配地也. 王莽作相, 引『周禮』'享先妣'爲配北郊. 夏至祭后土, 以高后配, 自此始也)라고 하였다.

87) 『송서』 권16 「예지」, 432쪽에서 "광무제 건무(25~55) 연간에는 북교를 세우지 않았다. 이 때문에 后地의 神은 항상 天壇에서 배식하였고, 산천의 사망은 모두 영내에 있으니, 모두 104신이었다. 중원(56~57) 연간에 북교를 세우고 사공 풍방으로 하여금 고묘에 고하면서 여후를 대신하여 박후를 배향하게 하였다"(光武建武中, 不立北郊, 故后地之祇, 常配食天壇, 山川四望皆在營內, 凡一千五百一十四神. 中元年, 建北郊, 使司空馮魴告高廟, 以薄后代呂后配地)라고 하였다.

88) 『진서』 권19 「예지」, 582쪽에서 "景初(魏 明帝) 원년(237) 10월 乙酉, 처음으로 낙양 남쪽의 委粟山에 圜丘를 조영하였다. 명제는 조칙을 내려 말하였다. '옛날 漢初에 학문을 멸절시킨 진의 뒤를 이어 잔결된 것을 주워 모아서 교사의 제도를 갖추었다. 甘泉의 后土로부터 雍宮의 五畤, 神祇의 제사 위치는 대부분 경전

『禮記』「祭法」曰, "夏[91]后氏[92]禘黃帝而郊鯤, 祖顓頊而宗禹. 殷人禘嚳而郊冥, 祖契而宗湯. 周人禘嚳而郊稷, 祖文王而宗武王"[1] 故孔子曰, "人行莫大於孝, 孝莫大於嚴父, 嚴父莫大於配天也."[2] 漢末王莽引『周禮』'享先妣', 由此北郊[93], 以高后配地, 自此始也. 先[94]武中元告高廟, 以薄后配地伐[95]高后. 曺氏方兵[96]所祭, 以舜妃伊氏配地. 晋亦以宣穆皇后

에 보이지 않으며, 또한 흥폐가 무상하였다. 4백여 년 동안 폐해져서 禘 제사의 예가 없었다. 우리 曹魏의 계통은 유우씨(순임금)로부터 나왔다. 이제 원구에서 제사를 지낼 때 시조인 帝舜을 배향하고, 원구를 皇皇帝天이라 칭하라. 方丘에서 제사지내는 대상을 皇皇后地라고 하고 순임금의 비 伊氏를 배향하라. 天郊에서 제사지내는 대상을 皇天之神이라 하고 太祖 武皇帝를 배향하라. 地郊에서 제사지내는 대상을 皇地之祇라고 하고 武宣后(무제 조조의 宣卞皇后, 문제 조비의 모)를 배향하라. 皇考 高祖 文皇帝를 명당에서 높여 제사하여 上帝에 배향하라.' 晋 泰始(武帝 司馬炎) 2년(266), 圜丘와 方丘를 동지와 하지에 모두 남·북교에서 제사지냈다"(景初元年十月乙卯, 始營洛陽南委粟山爲圜丘. 詔曰, '昔漢氏之初, 承秦滅學之後, 採摭殘缺, 以備郊祀. 自甘泉后土, 雍宮五畤, 神祇兆位, 多不經見, 並以興廢無常, 一彼一此, 四百餘年, 廢無禘禮. 曹氏系世, 出自有虞氏, 今祀圜丘, 以始祖帝舜配, 號圜丘曰皇皇帝天. 方丘所祭曰皇皇后地, 以舜妃伊氏配. 天郊所祭曰皇天之神, 以太祖武皇帝配. 地郊所祭曰皇地之祇, 以武宣后配. 宗祀皇考高祖文皇帝於明堂, 以配上帝.' 至晉泰始二年, 幷圜丘・方丘二至之祀於南北郊)라고 하였다.

89) 宣穆皇后 : 晋의 宣穆張皇后로서, 諱는 春華이다. 司徒濤의 從祖姑로서 景帝・文帝・平原王幹・南陽公主를 낳았다. 魏 正始 8년(247)에 죽었다. 咸熙(魏 元帝) 원년(264)에 宣穆妃로 追號되었고, 武帝(사마염)가 魏의 선양을 받아 晋을 개국하자 宣穆皇后로 추존되었다.

90) 『진서』 권19 「예지」, 584~585쪽에서 "東晋 成帝 咸和 8년(333) 정월…… 이 달 辛未에 북교에서 제사를 지냈는데, 처음으로 宣穆長皇后를 배향하였다. 이는 위씨의 고사이지, 진의 옛 제도가 아니다."(成帝咸和八年正月……是月辛未, 祀北郊, 始以宣穆張皇后配, 此魏氏故事, 非晉舊也)라고 하였다.

91) 夏 : 『예기정의』 권46 「제법」, 1506쪽에는 '夏' 앞에 "有虞氏禘黃帝而郊嚳, 祖顓頊而宗堯"의 문장이 더 있다.

92) 氏 : 『예기정의』 권46 「제법」, 1506쪽에는 '氏' 다음에 '亦' 한 글자가 더 있다.

93) 由此北郊 : 『宋書』 권16 「禮志」, 432쪽에는 '爲配北郊'로 되어 있다.

94) 先 : 光의 오사이다.

95) 伐 : 代의 오사이다.

96) 兵 : 丘의 오사이다.

配地也.

협주

1. 체禘·교郊·조祖·종宗은 배식하면서 지내는 제사를 말한다.
2. 왕자王者는 자기의 고考(父)를 높여서 하늘의 신에 배향하는 것이다.

夾注原文

1. 禘·郊·祖·宗謂祭祀以配食之也. **2.** 王者尊其考, 以配天也.

【제총재 20:7】

신臣 수守는 아룁니다. 교 제사를 지낼 때 황후를 배향한다는 것은 경전에 근거가 없습니다. 왕망이 인용한 『주례』의 '선비先妣'는 강원姜原을 가리킵니다. 강원은 후직을 낳았으니, 주나라의 선모先母입니다. (이 때문에) 주나라에서 특별히 강원의 묘廟를 세워 제사지내고, 이를 비궁閟宮이라 하였던 것입니다. 왕망은 성인의 제도를 어기고 천신天神과 지기地祇의 위치를 어지럽히고 천지의 마음을 잃어 계사繼嗣의 복을 틀어막았습니다. 『역』「대전大傳」에 "신을 속이는 자, 재앙이 3대까지 미친다"[97]라고 하였습니다. 끝내 왕망은 어리석어서 고질병에 걸렸던 것입니다.

---

97) 『한서』 권25하 「교사지」, 1258쪽에 이 말이 인용되어 있다.

【祭惣載 20:7】

臣守以爲"皇后配郊者, 經典無聞也. 莽所引『周禮』'先妣'者, 姜原, 姜原生后稷, 是周之先母也. 周特立姜原廟而祭, 謂之閟宮也. 莽違聖人制亂神祇之位, 失天地之心, 以妨繼嗣之福也. 『易』「大傳」曰, '誣神者, 殃及三世也', 終莽蒙㢊也."1

협주

1. '무誣'는 망녕되이 한다는 뜻이다.

夾注原文

1. 誣, 妄之也.

【제총재 20:8】

『사령祠令』에서 말하였습니다. "호천상제昊天上帝 · 오방상제五方上帝[98] ·

98) 五方上帝 : 동 · 서 · 남 · 북 · 중 다섯 방위의 상제를 가리킨다. ○ 정현은 『주례』「소종백」에서 "오제를 사교에서 제사지낸다"고 한 것에 대해 "五帝는 靈威仰(蒼 · 春 · 東), 赤熛怒(赤 · 夏 · 南), 含樞紐(黃 · 季夏 · 中), 白招拒(白 · 秋 · 西), 汁光紀(黑 · 冬 · 北)이다. 이들 오제를 제사지낼 때 太昊 · 炎帝 · 黃帝 · 少昊 · 顓頊을 배향하며, 黃帝도 남교에서 제사지낸다"라고 하였다.(『주례주소』, 권19, 「춘관 · 소종백」, 573쪽) 가공언은 『春秋緯』「運斗樞」의 "태미궁에 오제의 별자리가 있다", 『春秋緯』「文耀鉤」의 "봄에 靑의 기운을 일으켜서 제도를 받으니, 그 이름이 영위앙이다"라는 문장을 근거로 정현의 설은 緯書에 기초한 것이라고 주장하였다.(『주례주소』, 권19, 「춘관 · 소종백」, 573쪽) 金鶚은 "오제는 오행의 정기로서, 호천을 도와 화육한다. 그 존귀함이 호천에 다음간다. 오제가 곧바로

황지기皇地祇・신주神州99)・종묘宗廟 등이 대사大祀이다. 일월성신日月星辰의 신과 악진해독岳鎭海瀆의 신 및 선농先農 등이 중사中祀이다. 사중司中・사명司命・풍사風師・우사雨師100)・제성諸星・산림山林・천택川澤 등이 소사小祀

天이라고 주장하는 사람이 있지만 잘못된 것이다. 『예기』「월령」에서 말한 '춘제 태호, 하제 염제, 중앙 황제, 추제 소호, 동제 전욱'은 5天帝의 명칭이다. '복희・신농・헌원・금천・고양'은 5人帝이다. 오덕에 따라 차례로 일어나기 때문에 5천제로 호칭한 것이다. 「월령」에서 말한 것은 天帝이다.…… 정현이 『주관』에 주를 달면서 『춘추위』「문요구」를 인용하여 '창제 영위앙, 적제 적표노, 황제 함추뉴, 백제 백초거, 흑제 즙광기'를 오제의 정식 명칭으로 삼았지만, 그것이 괴이하고 망녕되어 근거할 수 없음을 모르는 것이다"라고 하였다.(『求古錄』「禮說・五帝五祀說」) 이처럼 가공언과 김악은 정현의 오제설이 緯書에 근거했음을 비판하였다. 孫詒讓은 "김악이 「월령」에서 말한 '태호・염제・황제・소호・전욱'의 5天帝를 제사지낼 때, 복희・신농・헌원・금천・고양의 5人帝를 배향한다고 주장한 것은 그 설이 지극히 타당하다. 후한시대 王逸은 『楚辭』「九章・惜頌」의 '오제에게 명하여 분명하게 하리라'(令五帝以折中兮)에 주를 달면서 '五帝는 五方의 신이다. 동방을 태호, 남방을 염제, 서방을 소호, 북방을 전욱, 중앙을 황제라고 한다'라고 하였다. 漢나라 사람은 이미 태호 등을 오제의 명칭으로 삼았다는 것은 김악의 주장과 서로 증명된다"라고 하였다.(『주례정의』, 권36) ○ 唐 태종~고종 연간 '호천상제'에 대한 정현설과 왕숙설의 대립은 하워드 J.웨슬러 지음, 임대희 옮김, 『비단같고 주옥같은 정치』(고즈윈, 2006), 252~261쪽 참조.

99) 『사기』 권74 「騶衍列傳」, 2344쪽에서 "儒者들이 말하는 '中國'은 실제로는 천하의 1/81에 불과하다. '중국'을 '赤縣神州'라고 하는데, 이 적현신주 안에 9개의 州가 있다. 禹가 구획한 9주가 그것이다. 그러나 이 주는 실제 하나의 주로 계산할 수 없다. 왜냐하면 중국 밖에 적현신주 크기의 지역이 9개 있는데, 이것이 이른바 실제 9주이기 때문이다. 이 주들은 각기 작은 바다로 둘러싸여 있어 사람과 금수들이 서로 왕래하지 못하고 마치 하나의 구획을 이루고 있는 듯하다. 이것이 곧 하나의 州가 된다. 이와 같은 것이 9개 있는데, 큰 바다가 그 밖을 둘러싸고 있다. 이것이 곧 천지의 끝이다"(儒者所謂中國者, 於天下乃八十一分居其一分耳. 中國名曰'赤縣神州.' 赤縣神州內, 自有九州, 禹之序九州是也, 不得爲州數. 中國外如赤縣神州者九, 乃所謂九州也. 於是有裨海環之, 人民禽獸莫能相通者, 如一區中者, 乃爲一州. 如此者九, 乃有大瀛海環其外, 天地之際焉)라고 하였다. '赤縣神州'에 관해서는 이문규, 『고대 중국인이 바라본 하늘의 세계』(문학과지성사, 2000), 65~66쪽 및 安居香山・中村璋八, 『緯書の基礎的研究』(漢魏文化研究會, 1966), 제6장 「緯書における地理的世界觀」, 201~217쪽 참조.

100) 司中은 文昌宮의 5번째 별자리고, 司命은 4번째 별자리다. 風師는 箕 즉 동방

이다. 주州와 현縣의 제사는 소사의 예에 준한다. 산재散齋하는 동안 낮에는 평상시처럼 일을 처리하지만, 밤에는 집에 머물며 정침正寢을 한다. 문상을 하거나 문병을 할 수 없으며, 형벌을 처리하는 문서에 서명할 수 없으며, 죄인의 처벌을 결행할 수 없으며, 음악을 연주할 수 없으며, 더럽고 악한 일에 간여할 수 없다. 치재致齋하는 동안에는 오직 제사에 관련된 일만 행할 수 있으며, 그 나머지는 모두 끊는다. 산재나 치재를 하지 않는 사람은 다만 맑게 재계하고 본사本司 및 제사지내는 곳(祀所)에서 줄곧 머문다."[101]

창룡 7수 가운데 7번째 별자리고, 雨師는 畢 즉 서방 백호 7수 가운데 5번 째 별자리다.

101) 이 『사령』의 규정은 『당령습유보』, 488쪽에 수록되어 있다. 각 문헌에 보이는 대사·중사·소사의 제사 대상과 의식절차 및 금기 사항 등은 다음과 같다. ○『수서』 권6 「예의지」, 117쪽에서 "무릇 大祀에는 齋官이 모두 당일 새벽에 상서성에 모여 誓戒를 받는다. 산재는 4일 동안, 치재는 3일 동안 한다. 제사 하루 전날, 낮의 시간이 5각에 이르면 제사 장소에 도착하여 목욕을 하고, 明衣(목욕 후 입는 깨끗한 내의)를 입으며, 상복이나 곡읍을 하는 사람을 보거나 들어서는 안 된다. 호천상제·오방상제·일월·황지기·신주·사직·종묘 등이 '대사'이다. 성신·오사·사망 등이 '중사'이다. 사중·사명·풍사·우사 및 제성·제산천 등이 '소사'이다. 대사를 지낼 때에는 희생을 90일 동안 滌宮에서 사육하는데, 중사에는 30일, 소사에는 10일 동안 한다. 그 희생은 방향을 상징하는 털빛을 선택하는데, 갖추기 어렵다면 순수한 털빛의 희생으로 대신하는 것을 허용한다. 제사에 쓰일 희생은 매질을 해서는 안 되며, 죽으면 그 시신을 묻는다"라고 하였다. ○『구당서』 권21 「예의지」, 819쪽에서는 "호천상제·오방제·황지기·신주 및 종묘가 '대사'이다. 사직·일월성신·선대제왕·악진해독·제사·선잠·석전이 '중사'이다. 사중·사명·풍백·우사·제성·산림천택 등이 '소사'이다. '대사'에는 관할 부서에서 매년 미리 날을 정해서 아뢰고 내려보낸다. '소사'에는 단지 유관 관리에게 이첩한다. 천자가 친제하여 제사지내지 못할 경우에는 三公이 대행하고, 만약 관직에 결원이 생겼을 경우 職事 3품 이상이 삼공을 대신하여 대행한다. '대사'에는 산재 4일, 치재 3일을 한다. '중사'에는 산재 3일, 치재 2일을 한다. '소사'에는 산재 2일, 치재 1일을 한다. 산재하는 동안, 낮에는 평소처럼 일을 처리하지만 밤에는 집에 머물면서 정침을 한다. 문상이나 문병을 할 수 없고, 刑殺의 문서에 서명하지 못하며, 죄인을 벌하지 못하고, 음악을 연주할 수 없으며, 더럽고 나쁜 일에 간여하지 못한다. 치재하는 동안에는 단지 제사

【祭惣載 20:8】

『祠令』曰, "昊天上帝・五方上帝・皇地祇・神州・宗廟等爲大祀.[1] 日月・星辰・岳鎭・海瀆・先農等爲中祀.[2] 司中・司命・風師・雨師・

에 관한 일만 행할 수 있으며, 그 나머지는 모두 끊는다. '대사'의 경우, 재관은 모두 산재하는 날에 상서성에 모여 誓戒를 받고 태위가 誓文을 읽는다. 치재하는 날에 삼공은 상서성에서 취침하고, 나머지 관리는 각각 본사에서 취침한다. 만약 황성 안에 본사가 없다면 太常郊社・太廟署에서 취침을 하는데, 모두 해가 뜨기 전에 재계 장소(齋所)에 도착해야 한다. 제사 하루 전에 각각 재계 장소에서 낮 시간 5각이 되면 제사 장소로 향한다. 接神하는 官은 모두 목욕을 하고 명의를 지급받는다. 천자가 친제할 경우 正殿에서 치재의 예를 행한다. 문·무관은 袴褶을 입고, 정전 뜰에 배석하여 자리한다. 車駕 및 齋官은 제사지내는 장소로 달려가고, 州縣 및 金吾는 행하는 길을 청소하며, 여러 흉악한 일 및 상복 입은 자를 보아서는 안 된다. 곡읍하는 소리가 제사지내는 곳에 들리면 권한으로 중단시키고, 일을 마치면 본래대로 하게 한다. 齋官이 제사 장소에 도착하면 太官은 음식을 내온다. 제사가 끝나면 반차에 따라 제사 음식을 차등적으로 나누어 준다. 그것이 끝나면 제사고기를 고르게 나누어 주는데, 신분이 높은 자도 고기를 겹으로 쌓아 많이 주지 않고, 신분이 낮은 자도 그릇을 비우게 하지 않는다. '중사' 이하는 다만 誓戒를 받지 않을 뿐 그 이후 나머지는 '대사'의 예와 똑같이 한다." ○ 『구당서』 권43 「직관지」, '禮部尙書', 1830쪽에서는 "무릇 제사의 명칭에는 네 가지가 있다. 첫째 天神을 제사(祀)하는 것이고, 둘째 地祇를 제사(祭)하는 것이고, 셋째 人鬼를 제사(享)하는 것이고, 넷째 先聖과 先師를 제사(釋奠)하는 것이다. 그 차등에는 세 가지가 있다. 호천상제・황지기・신주・종묘가 '대사'이다. 天과 地를 제사할 때는 모두 祖宗을 배향한다. 일월성신・사직・선대제왕・악진해독・제사・선잠・공선부・제태공・제태자묘가 '중사'이다. 사중・사명・풍사・우사・중성・산림천택・오룡사 등 및 주현의 사직・석전이 '소사'이다. 대사에는 황제가 친제를 하는데, 太尉가 亞獻이 되고, 光祿卿이 終獻이 된다. 유사가 섭행을 하는 경우에는 태위가 초헌이 되고, 太常卿이 아헌이 된다. 무릇 '대사'에는 4일 동안 산재를 하고 3일 동안 치재를 한다. 대사에는 齋官이 모두 산재하는 날 동틀 무렵에 상서성에 모여 서계를 받는다. '중사'에는 3일 동안 산재를 하고, 2일 동안 치재를 한다. '소사'에는 2일 동안 산재를 하고, 1일 동안 치재를 한다. 모두 제사 전에 예를 익히고, 목욕을 하며, 아울러 명의를 지급한다"라고 하였다. 나카무라 유이치(中村裕一)는 『구당서』 「직관지」의 『사령』을 開元 7년과 開元 25년의 三祀에 관한 사령의 일문으로 추정한다. (『唐令逸文の硏究』, 2장 「祠令逸文」, 汲古書院, 2005, 54쪽. 이하 『당령일문』이라 함) ○ 이상 각종 문헌에 보이는 대사・중사・소사의 구별을 도표화 하면 아래와 같다.

諸星・山林・川澤之屬爲小祀. 州縣之[102), 准小祀例也.3 諸散齋之內, 盡[103)理事如舊, 夜宿於家正寢, 不得予喪問疾, 不判署刑殺文書, 不決罰罪人, 不作樂, 不預穢惡之事也. 致齋, 唯爲祀事得行, 其餘悉斷, 非應

[표 1]『隋書』권6,「禮儀志」제1

	大祀	中祀	小祀
제사 대상	昊天上帝・五方上帝・日月・皇地祇・神州社稷・宗廟	星辰・五祀・四望	司中・司命・風師・雨師・諸星・諸山川
散齋・致齋	散齋 4일, 致齋 3일		

[표 2]『舊唐書』권21,「禮儀志」제1, '大祀・中祀・小祀'

	大祀	中祀	小祀
제사 대상	昊天上帝・五方帝・皇地祇・神州・宗廟	社稷・日月星辰・先代帝王・岳鎭海瀆・帝社・先蠶・釋奠	司中・司命・風伯・雨師・諸星・山林川澤
散齋・致齋	散齋 4일, 致齋 3일	散齋 3일, 致齋 2일	散齋 2일, 致齋 1일

[표 3]『舊唐書』권43,「職官志」제23, '禮部尙書'

	大祀	中祀	小祀
제사 대상	昊天上帝・皇地祇・神州・宗廟	日月星辰・社稷・先代帝王・岳鎭海瀆・帝社・先蠶・孔宣父・齊太公・諸太子廟	司中・司命・風師・雨師・衆星・山林川澤・五龍祠・州縣社稷・釋奠
散齋・致齋	散齋 4일, 致齋 3일	散齋 3일, 致齋 2일	散齋 2일, 致齋 1일

[표 4]『唐六典』권4,「尙書禮部」

	大祀	中祀	小祀
제사 대상	昊天上帝・五方帝・皇地祇・神州・宗廟	日月星辰・社稷・先代帝王・岳鎭海瀆・帝社・先蠶・孔宣父・齊太公・諸太子廟	司中・司命・風師・雨師・衆星・山林川澤・五龍祠 및 州縣社稷・釋奠

[표 5]『大唐開元禮』권1,「序例上」

	大祀	中祀	小祀
제사 대상	昊天上帝・五方上帝・皇地祇・神州地祇・宗廟	日月星辰・社稷・先代帝王・嶽鎭海瀆・帝社・先蠶・孔宣父・齊太公・諸太子廟	司中・司命・風師・雨師・靈星・山林川澤・五龍祠
비고	州縣社稷・釋奠 및 諸神의 제사는 小祀에 준함		

[표 6]『天地瑞祥志』권20,「祭惣載」

	大祀	中祀	小祀
제사 대상	昊天上帝・五方上帝・皇地祇・神州・宗廟	日月・星辰・岳鎭・海瀆・先農	司中・司命・風師・雨師・諸星・山林・川澤
散齋・致齋	散齋 4일, 致齋 3일	散齋 3일, 致齋 2일	散齋 2일, 致齋 1일
비고	州縣의 제사는 小祀에 준함		

102) '之' 다음에 '祀'가 빠진 듯하다.
103) 盡 : 晝의 오사이다.

散齋·致齋者, 唯淸齋一宿於本司及祠所也."

협주

1. 산재散齋 4일을 하고, 치재致齋 3일을 한다.
2. 산재 3일을 하고, 치재 2일을 한다.
3. 산재 2일을 하고, 치재 1일을 한다.

夾注原文

1. 散齋四日, 致齋三日也. **2.** 散齋三日, 致齋二日. **3.** 散齋二日, 致齋一日.

【제총재 20:9】

『주례』의 기록에는 모두 "하늘의 일월성신과 사중·사명·풍사·우사를 제사지낼 때에는 모두 섶을 불태워 연기를 피워 올린다"[104]고 하였고, "땅의 산림을 제사할 때는 희생과 폐백을 땅속에 묻고 제사지내며, 천택을 제사할 때는 희생과 폐백을 물속에 잠겨 두고 제사지낸다"[105]고 하였습니다.

---

104) 『주례주소』 권18 「춘관·대종백」, 530쪽에는 "인사로 호천상제를 제사지내고, 실시로 일월성신을 제사지내고, 유료로 사중·사명·풍사·우사를 제사지낸다"(以禋祀祀昊天上帝, 以實柴祀日月星辰, 以槱燎祀司中·司命·飌師·雨師)로 되어 있다.

105) 『주례주소』 권18 「춘관·대종백」, 536~537쪽에는 "피를 땅에 뿌려 사직·오사·오악을 제사하고, 희생과 폐백을 땅속에 묻거나 물속에 잠겨 두어 산림과 천택을 제사하고, 해체된 희생의 몸을 받들어 사방의 백물을 제사지낸다"(以血祭祭社稷·五祀·五嶽, 以貍沈祭山林·川澤, 以疈辜祭四方百物)로 되어 있다.

【祭惣載 20:9】

『周禮』之記並曰, “祭天日月星辰, 司中司命風師雨師, 皆以燔柴而升煙也”, “祭地山林以埋也. 祭川澤以沈也.”1

협주

1. 『이아爾雅』에 “산에 제사지내는 것을 ‘기현庪縣’이라고 한다”라고 하였는데,106) ‘기현’은 매단다(縣)는 뜻이다. “별에 제사지내는 것을 ‘포布’라고 한다”라고 하였는데,107) ‘포’는 흩어뜨린다(散)는 뜻이다. “바람에 제사지내는 것을 ‘책磔’이라고 한다”라고 하였는데,108) ‘책’은 큰 길을 만나서 바람을 그치게 한다(當大道, 以止風)는 뜻이다.109) 『좌전』에 “신에게 진振을 받는다”는 문장이 있다. 여재呂才110)의 『음양서陰陽書』에 “제사가 끝나고 신을 보낼 때 술로 깨끗하게 뿌리고, 복주福酒를 받아 재배하고서 마신다”라고 하였다.

夾注原文

1. 『爾雅』曰, “祭山曰庪”, 庪, 縣也. “祭星曰布”, 布, 散也. “祭風曰磔”. 磔當大道, 以止風也. 『左傳』有‘受振于神’也. 呂才『陰陽書』“祭訖送神, 以酒潔散受福酒, 再拜飮之也.”

---

106) 희생과 폐백을 산림 속에 매달아 두고 제사를 지내기 때문에 ‘기현’이라고 한다.

107) 제사를 지내고 나서 희생과 폐백을 땅에 늘어뜨려 놓은 것이 별이 하늘에 펼쳐져 나열되어 있는 것과 비슷하기 때문에 ‘布’라고 한다.

108) 희생의 몸체를 쪼개고 찢어서 제사지내 바람이 물건을 분산시키는 것을 상징한다. 그래서 ‘磔’이라고 한다.

109) 큰 길을 만나서~ 뜻이다 : 郭璞은 “오늘날 풍속에 큰 길을 마주하고서 개를 찢고는 ‘이것으로 바람을 그치게 한다’라고 말한다”(今俗當大道中磔狗, 云以止風)라고 하였다. 『이아주소』, 권6, 「석천」, 200쪽 참조.

110) 呂才 : 博州 淸平 출신으로 어려서 학문을 좋아하였는데, 특히 陰陽 · 方伎의 글에 정통했다고 한다. 『구당서』「경적지」‘五行類’에 『陰陽書』 50권, ‘雜藝術類’에 『大博經』 2권이 각각 저록되어 있다. 『구당서』 권79에 그의 전기가 있다.

封禪

해제 : 봉선 제사의 유래와 그 자의字義를 기술하고, 제환공과 관중의 대화를 통해 천명을 받은 제왕이 서상瑞祥이 출현한 후에 천天에 지내는 제사임을 밝힌다. 진의 시황, 전한의 무제, 후한의 광무제, 당의 고종 등 실제로 봉선 제사를 거행하였던 황제들의 순행 경로와 제사의 의식 절차를 기술한다. 또한 한 무제와 당 고종은 봉선 제사 후에 개원하였음을 언급한다. 유가의 문헌에는 봉선에 대한 절차 규정이 없다. 따라서 이들 황제의 봉선 의식은 그 자체가 봉선 제사의 전례와 근거가 된다.

【봉선 20—1:1】

(〔封은〕 甫와 龍의 반절로서, 평성이다. 〔禪은〕 時와 戰의 반절로서, 상성이다)

"무릇 봉선의 시작은 상황上皇시대부터이다"1)라고 하였습니다. 이는 곧 (봉선) 제사의 시작이 그 유래가 오래되었음을 의미합니다. 봉선에 대한 설명은 경전에는 보이지 않습니다. 『예기』에는 "하늘의 높음을 따라 하늘을 받들었고, 대지의 낮음을 따라 대지를 받들었다. 이름난 산을 따라 제후의 공적을 평가하고 하늘에 제사를 올려 고하였다"2)는 문장이 있습니

1) '上皇'은 태고시대의 제황을 가리킨다. 정현이 "시의 흥기는 진실로 상황의 시대보다 이후이다"(『모시정의』, 「詩譜序」, 4쪽, "詩之興也, 諒不於上皇之世")라고 한 것에 대해 공영달은 "'상황'은 복희씨를 가리킨다. 삼황 가운데 가장 앞선 자이기 때문에 '상황'이라고 한 것이다"라고 하였다. ○『후한서』「제사지」, 3205쪽에 "'上皇' 이래 태산에 봉 제사를 지낸 것은 周나라에 이르기까지 72왕조였다. '봉'이란 흙을 쌓아서 제단을 만들고 섶을 불태워 제사지내 하늘에 고한다는 뜻으로, 새로운 왕조가 흥기하여 공을 이루었음을 보여 주는 것이다.…… 왕조를 교체하면(易姓) 봉을 바꾼다. 이는 한 왕조의 시작을 보여 주는 것으로, (이전 왕조를) 계승하지 않음을 밝히는 까닭이다. 선대를 계승한 왕이 순수를 할 때에는 봉을 수리하고 제사지낼 뿐이다"라고 하였다.

다. (하지만) 이는 순행을 나서서 그 지방의 큰 산에 이르러 번시燔柴의 예를 행하고 하늘에 제사하면서 공로를 이룬 것을 하늘에 고한다는 뜻으로, (봉선과) 서로 유사하지만 같은 것은 아닙니다.

【封禪 20—1:1】

[甫龍反平, 時戰反上]
"夫封禪之起, 自上皇也", 斯則祭祀之始, 其來久矣.[1] 封禪之說, 經典無聞也. 禮有"因天事天, 因地事地, 因名山升中于天", 巡狩至於方嶽, 燔柴祭天, 以告其成功, 相似而非是也.

---

2) 『예기정의』 권24 「禮器」, 876~877쪽에서 "옛날 先王은 덕이 있는 이를 숭상하고 도가 있는 이를 높였으며, 재능이 있는 자를 임용하고 어진 자를 천거하여 등용하였으며, 대중들을 불러 모아 맹세하게 하였다. 그러므로 하늘의 높음을 따라 하늘을 받들었고, 대지의 낮음을 따라 대지를 받들었다. 이름난 산을 따라 제후의 공로를 평가하고 하늘에 제사를 올려 고하였으며, 吉土를 따라 郊에서 天帝에게 大饗의 제사를 지냈다. 제후의 공로를 평가하고 하늘에 제사를 올려 고하자 봉황이 내려오고 거북과 용이 이르렀다. 郊에서 天帝에게 大饗의 제사를 지내자 바람과 비가 절기에 맞았고, 춥고 더운 것이 때에 맞았다. 그러므로 성인이 남쪽을 향하여 서 있는데 천하가 크게 다스려졌다"(是故昔先王尙有德, 尊有道, 任有能, 擧賢而置之, 聚衆而誓之. 是故因天事天, 因地事地 因名山升中于天. 因吉土以饗帝于郊. 升中于天而鳳凰降, 龜龍假. 饗帝於郊, 而風雨節寒暑時. 是故聖人南面而立, 而天下大治)라고 하였다. 이에 대한 정현의 주에서는 "옛날에 장차 大事(제사)가 있을 때 반드시 현자를 선발하고 대중들에게 맹세시키는 것을 중시하였다. 하늘은 높으므로 높은 곳을 이용하여 하늘에 제사를 올린다. 대지는 낮으므로 낮은 곳을 이용하여 대지에 제사를 올린다.…… 순행을 나서서 그 지방의 큰 산에 이르면 '燔柴'의 예를 행하고 하늘에 제사하면서 제후가 공로를 이룬 것을 하늘에 고한다. 『孝經說』에 '泰山에 제단을 쌓고 제후의 공적을 살피며, 燔柴의 예를 행하여 하늘에 제사한다. 梁甫에 제터〔墠〕를 마련하여 대지에 제사하고 돌에 기록을 새긴다'라고 하였다. '吉土'는 천자가 점을 쳐서 택하여 거주하는 땅이다. '郊에서 天帝에게 大饗의 제사를 지낸다'는 것은 四時의 징조로 사방 교외에서 제사한다는 것이다. 오늘날 漢나라에서도 사시에 오행의 기운을 맞이하는데 그 예가 간략하다. 공적이 이루어져 크게 평안하고 음양의 기가 조화롭게 되어 상서로운 것들이 나타나게 한다"라고 하였다.

협주

1. '봉封'이란 크게 한다(大)는 뜻이다. 흙을 쌓아 큰 산을 더욱 크게 하는 것이다. '선禪'이란 선墠의 뜻이다. 땅을 깨끗이 쓸어서 선墠을 만든다. 선墠은 제터(壇)이다. 선禪은 전수한다는 뜻이기도 하다. 태산太山에서 봉 제사를 지내고 양보梁甫에서 선 제사를 지내 서로 전수하는 것이니, 아버지가 그 아들에게 전하는 것과 같다.

夾注原文

1. 封者, 大也. 築土增太大山也. 禪者, 墠也. 除地爲墠. 墠, 壇也. 又禪者, 傳授也. 封太山禪梁甫, 以相傳授, 猶父禪其子也.

【봉선 20—1:2】

『한서』에서 말하였습니다. "관중이 말하였다. '옛날에 태산泰山에서 봉封 제사를 지내고 양보梁父에서 선禪 제사를 지낸 군주는 72명이었지만, 제가 기억하는 것은 12명입니다. 무회씨 · 복희 · 신농 · 염제 이 세 왕은 태산에서 봉 제사를 지내고 양보[3]에서 선 제사를 지냈습니다. 황제는 태산에서 봉 제사를 지내고, 정정산亭亭山에서 선 제사를 지냈습니다. 전욱 · 제곡 · 요순은 태산에서 봉 제사를 지내고, 양보산에서 선 제사를 지냈습니다. 우왕은 태산에서 봉 제사를 지내고, 회계산會稽山에서 선 제사를 지냈습니다. 탕왕은 태산에서 봉 제사를 지내고 양보에서 선 제사를 지냈으

3) 『한서』 권25상 「교사지」, 1196~1197쪽에는 무회씨 · 복희씨 · 신농씨 · 염제 모두 '云云'에서 선 제사를 지낸 것으로 되어 있다. '운운'은 양보 동쪽에 있는 산 이름이다.

며, 주나라 성왕은 태산에서 봉 제사를 지내고 사수산社首山에서 선 제사를 지냈습니다.'

제환공이 말하였다. '과인은 북쪽으로 산융山戎을 정벌하고 고죽국孤竹國을 지났으며, 서쪽으로는 정벌하여 말을 묶어 수레에 걸고 비이산卑耳山에 올랐으며, 남쪽으로는 소릉召陵에 이르러 웅이산熊耳山에 올라 강수江水와 한수漢水를 바라보았다. 옛날 (하·은·주) 삼대에서 천명을 받았을 때 어찌 이와 달랐겠는가?'

관중이 말하였다. '72명의 군주는 모두 천명을 받은 뒤에 비로소 봉선 제사를 지냈습니다. 호상鄗上에서 자라는 기장과 북리北里에서 생산되는 곡물로 제기(簠簋)를 채웠으며, 강수와 회수 사이에서는 한 줄기에 세 가지가 붙은 띠풀[4]이 자라는데, 그것으로 자리를 만들었습니다. 동해에서 비목어比目魚[5]를 바치고, 서해에서는 비익조比翼鳥[6]를 바쳤습니다. 그런 후에 상서로운 사물이 부르지 않아도 저절로 이르게 되었던 것입니다. 지금 봉황과 기린이 출현하지 않고, 가화嘉禾[7]가 자라나지 않았는데도 봉선을 하고자 하니, 잘못된 것이 아니겠습니까? 또 계씨季氏가 노나라를 전횡하면서 태산에 여旅 제사를 지내자 공자가 그를 비난하였습니다.'[8]"[9]

---

4) 한 줄기에 세 가지가 붙은 띠풀 : 靈茅, 靑茅라고도 한다. 옛날에 제왕들이 봉선 제사를 지낼 때에는 청모와 濾酒를 사용하였다고 한다.

5) 比目魚 : 동방에 산다는 상서로운 물고기로서, 눈이 하나인데 두 마리가 양쪽으로 합쳐져야 갈 수 있다.

6) 比翼鳥 : 남방에 사는 상서로운 새로서, 오리와 비슷하고, 청흑색이다. 눈이 하나에 날개도 하나인데 두 마리가 합쳐져야 날 수 있다.

7) 嘉禾 : 기이하게 생장하는 곡물로서, 吉祥의 징조로 여겼다.

8) 또 계씨가~ 비난하였습니다 : 이 말은 관중의 말이 아니다. 『한서』, 권25상, 「교사지」, 1199쪽 참조.

9) 『한서』, 권25상, 「교사지」, 1196~1199쪽. 유사한 내용이 『사기』 권26 「봉선서」, 1361~1364쪽에 보인다.

【封禪 20—1:2】

『漢書』曰, "管仲云, '古者封泰山禪梁父者七十二家, 而夷五[10]所記者十有二焉. 其無懷氏[1]·宓羲·神農氏·炎帝[2], 此三主者, 封泰山禪梁父.[3] 黃帝封泰山禪亭亭,[4] 顓頊·帝嚳·堯·舜封泰山禪梁父山. 禹封泰山禪會稽, 湯封泰山禪梁父, 周成王封泰山禪社首.'[5] 齊桓公曰, '寡人北伐山戎, 過孤竹, 西伐, 束馬縣車, 土早[11]耳之山, 南[12]至召陵, 登熊耳山, 以望江漢. 昔三伐[13]受命, 亦何以畢[14]乎?'[6] 管仲曰, '七十二君, 皆受命, 乃封禪也. 鄗上黍, 北里禾, 所以爲盛[7] 江淮間一弟[15]三脊, 所以爲藉也. 東海致比目之魚, 西海致比翼之鳥. 然後物有不召而自至[16]焉. 今鳳凰麒麟不至, 嘉禾不生, 而欲封禪, 無迺不可乎? 又季氏專魯, 旅於泰山, 仲尼譏.'"[8]

협주

1. 정씨鄭氏는 "무회씨는 옛 왕으로서, 복희씨 이전에 있었다"[17]라고 하였다.
2. 이기李奇는 "염제는 신농 이후에 있었다"[18]라고 하였다.
3. 복건服虔은 "(云云은) 양보의 동쪽에 있는 산의 이름"이라고 하였고, 진작晋灼은 "(云云은) 몽음현蒙陰縣에 있다"[19]라고 하였다.
4. 진작은 "거평鉅平에 정정산이 있다"[20]라고 하였다.

---

10) 五 : 吾의 오사이다.
11) 『한서』 권25상 「교사지」, 1197쪽에는 '土早'가 '上卑'로 되어 있다.
12) 『한서』 권25상 「교사지」, 1197쪽에는 '南' 뒤에 '伐' 한 글자가 더 있다.
13) 『한서』 권25상 「교사지」, 1197쪽에는 '伐'이 '代'로 되어 있다.
14) 『한서』 권25상 「교사지」, 1197쪽에는 '畢'이 '異'로 되어 있다.
15) 『한서』 권25상 「교사지」, 1197쪽에는 '弟'가 '茅'로 되어 있다.
16) 『한서』 권25상 「교사지」, 1197쪽에는 '至' 뒤에 '者十有五' 네 글자가 더 있다.
17) 『한서』, 권25상, 「교사지」, 1197쪽, 鄭氏의 주.
18) 『한서』, 권25상, 「교사지」, 1197쪽, 이기의 주.
19) 모두 『한서』 권25상 「교사지」, 1197쪽의 주에 보인다.

5. 진작은 "사수社首는 거평 남쪽 12리에 있다"[21]라고 하였다.

6. 수守는 말한다. "환공이 패자가 된 후 노나라 희공僖公 9년(BC 651)에 규구葵丘에서 제후를 모아 놓고서 봉선을 논의하고자 하였다."

7. 소림蘇林은 "호상과 북리는 모두 지명이다"라고 하였고, 안사고는 "(盛은) 제기를 채운다는 뜻이다"라고 하였다.[22]

8. 안사고는 말한다. "여旅는 진설한다는 뜻이다. 예물을 진설하고 제사를 지내는 것이다. (계씨가) 배신陪臣(제후의 신하 곧 대부)으로서 태산에 제사를 올리니, 제후의 예를 참람되이 행한 것이다. 그러므로 공자가 그를 비난하면서 '아! 일찍이 태산의 신령이 임방만도 못하다고 생각하느냐?'라고 하였다. 이에 관해서는 『논어』에 보인다."[23]

夾注原文

1. 鄭玄[24]曰, "无懷氏, 古王者, 在伏羲前也." **2.** 李奇田[25], "炎帝在神農後也." **3.** 服虔曰, "梁父東山名也." 晋灼曰, "在蒙陰縣之也." **4.** 晋灼曰, "鉅平有亭亭山也." **5.** 晋灼曰, "社首在鉅平南十二里也." **6.** 守曰, "桓公旣霸, 以僖九年, 會諸侯於祭[26]丘, 而欲封禪之議也." **7.** 蘇林曰, "鄗上・北里皆地名." 師古曰, "實簠簋." **8.** 師古曰, "旅, 陳也. 陳禮物而祭也. 陪臣以祭太山, 僭諸侯之禮也. 故孔子非之[27]也."

---

20) 『한서』, 권25상, 「교사지」, 1197쪽, 진작의 주.
21) 『한서』, 권25상, 「교사지」, 1197쪽, 진작의 주.
22) 모두 『한서』 권25상 「교사지」, 1198쪽의 주에 보인다.
23) 『한서』, 권25상, 「교사지」, 1197쪽, 안사고의 주. 『논어』 「八佾」에서 "계씨가 태산에 여 제사를 지냈다. 공자는 염유에게 '네가 그것을 바로잡을 수 없겠느냐?'라고 하자, 염유는 '불가능합니다'라고 대답하였다. 공자가 말했다. '아! 일찍이 태산의 신령이 임방만도 못하다고 생각하느냐?'"(季氏旅於泰山, 子謂冉有曰, "女弗能救與?" 對曰, "不能." 子曰, "嗚呼! 曾謂泰山不如林放乎?")라고 하였다.
24) 玄 : 『한서』 권25상 「교사지」, 1197쪽에는 '玄'이 '氏'로 되어 있다. 『한서』 주의 정씨는 정현이 아니다. 『천지서상지』 필사본의 오사인 듯하다.
25) 田 : 曰의 오사이다.
26) 『한서』 권25상 「교사지」, 1197쪽에는 '祭'가 '癸'로 되어 있다.
27) 『한서』 권25상 「교사지」, 1199쪽, 안사고의 주에는 '之' 다음에 "曰, 嗚乎, 曾謂泰山不如林放乎! 事見『論語』"의 문장이 더 있다.

【봉선 20—1:3】

“진시황 즉위 3년(BC 219)에 동쪽으로 순수하다가 이윽고 수레 길을 단장하였다. 태산 남쪽으로부터 올라가 꼭대기에 이르러 돌을 세워 덕을 기리고 북쪽 길을 따라 내려왔다. 한번은 시황제가 태산에 오를 때 중턱에서 폭풍우를 만나 큰 나무 아래서 쉬고 있었다. 유생들은 이미 배척을 받아 봉선에 참여할 수가 없었다. 시황제가 폭풍우를 만났다는 소식을 듣고 비웃었다. 마침내 (진시황은) 동쪽 바닷가로 가서 명산대천과 여덟신(八神)[28]에 제사를 지내고, 거인擧人·선문羨門 등에게 복을 기원하였다.”[29]

【封禪 20—1:3】

秦始皇卽位三年, 東巡狩, 而遂除車道. 上自太山陽至顚[30], 立石頌德,

---

28) 여덟신(八神) : 天主·地主·兵主·陰主·陽主·月主·日主·四時主를 가리킨다. 『사기』 권28 「봉선서」, 1367쪽에는 “첫째는 ‘天主’로서 天齊에 제사를 지낸다. 天齊淵水는 임치 남쪽 교외의 산 아래에 있다. 둘째는 ‘地主’로서 태산과 양보산에서 제사를 지낸다. 天神은 음의 기를 좋아하기 때문에 반드시 높은 산 아래나 작은 산 위에서 제사지내야 한다. 그 제단을 ‘畤’라고 부른다. 地祇는 양의 기를 귀하게 여기기 때문에 반드시 늪 가운데의 둥근 언덕〔澤中圜丘〕에서 제사지내야 한다. 셋째는 ‘兵主’로서 蚩尤에 제사를 지낸다. 치우는 東平陸의 監鄕에 있으며, 齊의 서쪽 경계이다. 넷째는 ‘陰主’로서 三山에서 제사를 지낸다. 다섯째는 ‘陽主’로서 之罘山에서 제사를 지낸다. 여섯째는 ‘月主’로서 萊山에서 제사를 지낸다. 모두 齊의 북쪽에 있으며 渤海에 인접해 있다. 일곱째는 ‘日主’로서 成山에서 제사를 지낸다. 성산은 가파르게 굽이져 바다로 들어가며, 제의 가장 동북쪽 모퉁이에 위치하여 일출을 맞이할 수 있다고 한다. 여덟째는 ‘四時主’로서 琅邪에서 제사를 지낸다. 낭야는 제의 동쪽에 있으며 그곳에서 한 해의 시작을 기원한다. 이들 여덟 신에 제사를 지낼 때에는 모두 소뢰의 희생을 쓰지만, 규옥과 폐백은 무축이 증감하여 달리할 수 있다”라고 하였다. ○『한서』 권25상 「교사지」, 1202쪽에도 같은 내용이 있다.

29) 『한서』 권25상 「교사지」, 1201~1202쪽과 『사기』 권28 「봉선서」, 2366~1367쪽에 유사한 내용이 보이는데, 『천지서상지』에서는 많이 축약하여 인용하고 있다.

從陰道下,[1] 過暴風雨, 休於大樹下. 不得封禪.[31] 遂東游海上, 祠名山川[32]及八神, 永[33]擧人羨門之屬.[2]

협주

1. 안사고는 "산의 남쪽을 양陽이라고 하고, 산의 북쪽을 음陰이라고 한다"[34]라고 하였다.
2. 응소는 "선문은 옛 선인仙人이다"라고 하였다. 안사고는 "옛날에는 '擧'자로 '仙'자를 썼다"[35]라고 하였다.

夾注原文

1. 師古曰, "山南曰陽遇, 山北曰陰之也." **2.** 應劭曰, "羨門, 古仙人也." 師古曰, "古以擧爲仙字之也."

【봉선 20—1:4】

"한의 무제가 즉위함에 이르러 귀신의 제사를 더욱 공경히 하였다. 한

---

30) 『사기』 권28 「봉선서」, 1367쪽에는 '顚'이 '巔'으로 되어 있다.
31) 過暴風雨, 休於大樹下. 不得封禪 : 『천지서상지』의 필사본에는 앞뒤에 탈오가 있는 듯하다. 문장 연결이 안 된다. 『한서』 권25상 「교사지」, 1202쪽에는 "始皇之上泰山, 中阪遇暴風雨, 休於大樹下. 諸儒旣黜, 不得與封禪, 聞始皇遇風雨, 卽譏之"로 되어 있고, 『사기』 권28 「봉선서」, 1367쪽에도 마찬가지다.
32) 『사기』 권28 「봉선서」, 1367쪽에는 '川'이 '大川'으로 되어 있다.
33) 『사기』 권28 「봉선서」, 1367쪽에는 '永'이 '求'로 되어 있다.
34) 『한서』 권25상 「교사지」, 1202쪽, 안사고의 주.
35) 모두 『한서』 권25상 「교사지」, 1202쪽의 주에 보인다.

이 흥기한 지 이미 60여 년이 되었고, 천하는 다스려지고 안정되었다. 그 즉위 31년(BC 110) 여름 4월, 천자(무제)는 양보산梁父山에 올라 예를 갖추고 지주地主에게 제사를 지냈다. 을묘乙卯에 이르러 태산에 올라 봉 제사를 지냈다. 다음날 북쪽 길로 내려왔다. 병진丙辰에 태산 아래 기슭 동북쪽의 숙연산肅然山에서 선 제사를 지냈다. 그날 밤 빛이 발하는 듯하였고, 낮에는 흰 구름이 봉 제사를 지냈던 곳에서 피어나는 듯했다. 천자가 돌아와서 명당에 앉으니 군신들이 돌아가며 축수를 올렸고, 원봉元封 원년으로 개원하였다."[36]

"후한 세조 광무제 건무 32년(56), 태산에 제단을 쌓고 태산 남쪽에서 제사지낸 것은 하늘에 제사지낸 것이고, 양보산에서 땅을 쓸었던 것은 땅에 제사지낸 것이다."[37]

---

36) 『사기』 권12 「효무본기」, 452쪽 및 『한서』 권25상 「교사지」, 1236쪽 등에 보인다.

37) 『후한서』 권1하 「광무제기」, 中元 원년조, 82쪽에서 "(건무 32년 정월) 정묘에 동쪽으로 순수를 떠났다. 2월 을묘에 魯에 행차하고, 나아가 태산에 행차하였다. 북해왕 흥과 제왕 석이 東嶽에서 조회하였다. 신묘에 岱宗에서 柴望의 제사를 올리고, 태산에 올라가 封 제사를 지냈으며, 갑오에 양보산에서 禪 제사를 올렸다.…… 여름 4월 계유에 황제의 수레가 환궁하였다. 기묘에 천하에 크게 사면령을 내리고, (태산군에 속하는) 영·박·양보·봉고의 4현에 부세를 면제해 주고, 금년의 전조와 추고를 내지 말도록 하였다. (建武에서) 中元으로 개원하였다"(丁卯, 東巡狩. 二月己卯, 幸魯, 進幸太山. 北海王興·齊王石朝于東嶽. 辛卯, 柴望岱宗, 登封太山, 甲午, 禪于梁父. 三月戊辰, 司空張純薨. 夏四月癸酉, 車駕還宮. 己卯, 大赦天下, 復嬴·博·梁父·奉高, 勿出今年田租芻藁. 改年爲中元)라고 하였다. 이에 대한 李賢의 주에서는 "岱宗은 태산이다. 양보는 태산 아래의 작은 산이다. '封'은 흙을 모아서 제단을 만든다는 뜻이다. '墠'은 땅을 쓸어서 제사를 지낸다는 뜻이다. '墠'을 '禪'으로 고친 것은 신비롭게 보이기 위한 것이다. 「續漢志」에 '당시 황제의 수레가 산에 올랐다. 나아가 제단 남쪽에 위치하여 북면을 하자, 상서령이 玉牒檢을 받들어 올렸다. 황제는 1촌 3분의 옥새로 친히 봉하였다. 옥첩을 안장하는 의식이 끝나고, 다시 돌로 덮는 의식을 마치고, 상서령이 5촌의 인장으로 石檢을 봉하는 의식이 끝나자 황제가 재배하였다. 禪은 양보산 북쪽에서 땅을 제사하는 것인데, 高后(여태후)를 배향하였고, 산천의 여러 신이

"대당大唐 인덕麟德(高宗) 3년(666) 세차歲次 병인丙寅 정월 무진戊辰 삭朔, 황제는 원일元日에 원구의 제단에서 예를 갖추어 땔나무를 태워 하늘에 고했고, 2일에 개병산芥兵山의 정상에 올라 봉 제사를 지냈으며, 3일에 내려와 사수산社首山에서 선 제사를 지내고, 건봉乾封 원년으로 개원하였다."[38]

【封禪 20—1:4】

"曁於漢武帝卽位, 尤敬鬼神之祀. 漢興已六十餘歲矣, 天下乂[39]安. 其卽位後卅一年夏四月, 天子至梁父禮祠地主. 至乙卯, 上泰山爲封, 明日, 下陰道. 丙辰, 禪泰山下阯東北肅然山.[1] 其夜若有光, 盡[40]有日[41]雲封中.[2] 天子還, 坐明堂, 群臣更上壽, 更爲元封元年也." "後漢世祖光武帝建武卅二年, 封太山壇, 祭於太山陽者, 祭天也, 於梁除者, 祭地也." "大唐麟德三年歲次景[42]寅正月戊辰朔, 皇帝以元日備禮於圜丘之

從祀되었다. 그 옥첩의 내용은 비밀에 부쳐졌다. 돌에 새겨진 문장이 많기는 하지만 기록하지 않겠다"라고 하였다.

38) 고종의 봉선 의례에 관한 좀 더 구체적인 내용이 『구당서』 권5 「고종본기하」, '麟德 3년 · 乾封 원년'조, 89쪽에 보인다. "인덕 3년 춘 정월 戊辰 朔, 황제의 수레가 태산 꼭대기에 이르렀다. 이날 (황제는) 친히 封祀의 제단에서 호천상제를 제사지냈는데, 고조 · 태종을 배향하였다. 己巳(2일)에, 황제는 산에 올라 봉선의 예를 거행하였다. 庚午(3일)에 社首山에서 禪 의식을 거행하여 皇地祇를 제사지냈는데, 태목태황태후(고조의 황후 竇氏) · 문덕황태후(태종의 황후 長孫氏, 고종의 모)를 배향하였다. 황후가 아헌의 예를 행하였고, 월국의 태비 연씨가 종헌의 예를 행하였다. 辛未(4일)에 황제는 선의 제단에서 내려왔다. 壬申(5일)에 황제는 朝覲의 壇에서 朝賀를 받았고, 인덕 3년을 건봉 원년으로 개원하였다."(麟德三年春正月戊辰朔, 車駕至泰山頓. 是日親祀昊天上帝於封祀壇, 以高祖 · 太宗配饗. 己巳, 帝升山行封禪之禮. 庚午, 禪於社首, 祭皇地祇, 以太穆太皇太后 · 文德皇太后配饗, 皇后爲亞獻, 越國太妃燕氏爲終獻. 辛未, 御降禪壇. 壬申, 御朝覲壇受朝賀, 改麟德三年爲乾封元年)

39) 『사기』 권12 「효무본기」, 452쪽에는 '乂'가 '艾'로 되어 있다.

40) 『사기』 권25 「교사지」, 1235쪽에는 '盡'이 '晝'로 되어 있다.

41) 『사기』 권25 「교사지」, 1235쪽에는 '日'이 '白'으로 되어 있다.

42) 景 : 唐 高祖(李淵)의 아버지 唐 世祖의 이름이 '昞'이기 때문에 '丙'을 피휘하여

壇, 焚[43]柴告天, 二日登封於芥兵之頂, 三日降禪於社首之山, 更爲乹[44]封元年也."

협주

1. 안사고는 "'지阯'는 산의 기슭이라는 뜻이다"[45]라고 하였다.
2. 안사고는 "구름이 봉 제사를 지낸 속에서 나온 것이다"[46]라고 하였다.

夾注原文

1. 師古曰, "阯者, 山之基足也." **2.** 師古曰, "雲出於封之中也."

'景'으로 바꾼 것이다. 唐代에는 '昞', '炳', '丙', '秉'을 모두 '景'으로 고쳤다. 김일권, 「『天地瑞祥志』의 역사적 의미와 사료적 가치-撰者에 대한 재검토와 『高麗史』 所引記事 검토」(『한국고대사연구』, 제26권, 2002), 230~231쪽, 주 12) 및 이중생 저, 임채우 역의 『언어의 禁忌로 읽는 중국문화』(동과서, 1999), 216쪽 참조.

43) 焚 : 焚의 이체자이다.

44) 乹 : 乾의 이체자이다.

45) 『한서』, 권25상, 「교사지」, 1236쪽, 안사고의 주.

46) 『한서』, 권25상, 「교사지」, 1236쪽, 안사고의 주.

郊

『天地瑞祥志』 권20 「郊」[1]

해제 : 『예기』 「교특생」과 『주례』 「대종백」을 인용하여 동지에 남교에서 호천상제를 제사지내는 의식으로 '교' 제사를 규정하고 있다. 또한 본서 편찬 당시에 행용되던 『대당사령』을 인용하여 동지-호천상제-원구와 하지-황지기-방구라는 교 제사의 방식과 주신·배신·종신 및 희생에 대한 규정을 기술하고 있다. 예 문헌의 교 제사 관념과 당 초기 교 제사의 실태를 비교하는 데에 중요한 자료가 된다.

【교 20—2:1】

『예기』 「교특생」에서 "교郊의 제사는 낮이 길어지기 시작하는 때를 맞이하는 것이다. 두루 하늘에 보답하는 제사이지만 해를 주신으로 삼는다. 남교南郊에 제단을 마련하는데, 양陽의 자리에 나아가는 것이다. 땅을 쓸고 제사를 지내는데, 질박함을 숭상하는 것이다. 제기는 흙으로 만든 그릇(陶匏)을 사용하는데, 그것으로 천지의 성품을 본뜨는 것이다. 교郊에서 지내기 때문에 '교郊'라고 한다. 희생은 붉은 소를 쓰는데, 붉은 색을 숭상하기 때문이다. 송아지를 쓰는데 순결함을 귀하게 여기는 까닭이다. 교의 제사를 신일辛日[2]에 지내는 것은 주나라에서 처음 교 제사를 지낼 때 그 달에 동지가 들어 있었기 때문이다"[3]라고 하였습니다.

---

1) 『천지서상지』의 필사본에는 【封禪 20—1:4】에 붙어 있는데, 『천지서상지』 권1, 【明目錄 1—6】에 의거하여 분리한다.

2) 辛日 : '신辛'은 10干의 첫 번째이다. 교 제사를 행할 때에 '齋戒'·'自新'해야 한다는 뜻을 취한 것이다. '신'을 동지의 '날'로 보는 설과 동지의 '달'로 보는 설이 있다.

3) 『예기정의』, 권26, 「교특생」, 926~927쪽.

『주례』「대종백」에서는 "인사禋祀[4])로 호천상제를 제사지내고, 실시實柴[5])로 일월성신을 제사지내고, 유료槱燎[6])로 사중·사명·풍사·우사를 제사지낸다.[7]) 혈제血祭[8])로 사직·오악을 제사지내고, 매침貍沈[9])으로 산림·천택을 제사지내고, 벽고疈辜[10])로 사방 백물의 신을 제사지낸다"[11])라고 하였습니다.

『예기』「제법」에서는 "태단泰壇[12])에서 섶을 쌓아 (옥과 희생을) 불태우는 것은 하늘에 제사하는 것이고, 태절泰折[13])에서 (비단과 희생을) 땅에 묻는 것은 땅에 제사하는 것이다. 붉은 털빛의 송아지를 희생으로 쓴다"[14])

---

4) 禋祀 : 정현의 주에는 "'禋'은 연기(煙)라는 뜻이다. 주나라에서는 냄새를 숭상하였다. 연기는 기의 냄새이다"라고 하였다. 대체로 폐백을 섶나무 위에 올려놓고 불을 태워 연기를 피워 올리면서 지내는 제사를 말한다.

5) 實柴 : 폐백과 희생을 섶 위에 올려놓고 불을 태워 연기를 위로 올라가게 하면서 제사지내는 것을 말한다.

6) 槱燎 : 정현의 주에는 "'槱'는 쌓는다(積)는 뜻이다"라고 하였다. '인사'·'실시'·'유료' 세 가지는 모두 섶을 쌓고 불을 태워 연기를 위로 올라가게 한다는 점에서는 공통이다. 다만 '인사'는 폐백을 올려놓고, '실시'는 희생의 몸체와 폐백을 올려놓고, '유료'는 희생의 몸체를 올려놓는다는 차이가 있을 뿐이다.

7) 『주례주소』, 권18, 「춘관·대종백」, 530쪽.

8) 血祭 : 피를 땅에 뿌려서 지내는 제사를 혈제라고 한다. 땅을 제사지낼 때에는 모두 혈제를 한다.

9) 貍沈 : '貍'는 '埋'와 같은 뜻이다. 희생과 폐백을 땅속에 묻거나 물속에 가라앉혀 제사지내는 것을 말한다. 정현은 "산림을 제사지낼 때에는 '매'라고 하고, 천택을 제사지낼 때에는 '침'이라고 한다"라고 하였다. 가공언은 "산림에는 물이 없기 때문에 묻는 것이고, 천택에는 물이 있기 때문에 가라앉히는 것이다"라고 하였다.

10) 疈辜 : 정현은 "'疈'은 희생의 가슴을 가른다는 뜻이다"라고 하였다. 즉 희생의 가슴을 가르고, 그 몸체를 찢어서 제사지내는 것을 말한다.

11) 『주례주소』, 권18, 「춘관·대종백」, 536쪽.

12) 泰壇 : 하늘을 제사지내는 제단을 말한다. 제단 위에 섶을 올려놓고 불태워 희생과 옥백을 태운다.

13) 泰折 : 땅을 제사지내는 곳을 말한다. 땅을 제사지낼 때에는 희생과 폐백을 땅에 묻는다. '折'은 밝다(炤晳)는 뜻으로, 신을 높인다는 뜻으로 '태절'이라고 한 것이다.

라고 하였습니다.

【郊 20—2:1】

『禮記』曰[15]「郊特牲」曰, "郊之祭也, 迎長日之至也[16].[1] 兆[17]於南郊, 就陽位.[2] 掃地而祭, 於其質.[3] 器用陶匏, 以[18]天地之性.[4] 郊[19]之用辛也, 周之始郊, 日以至."[5] 『周禮』「大宗伯」曰, "以禋祀, 祀昊天上帝[20],[6] 以血祭, 祭社稷·五岳也[21]."[7] 『禮記』「祭法」曰, "燔柴於太[22]壇, 祭天也. 瘞埋於太[23]析[24], 祭地也. 用騂犢."[8]

협주

1. 정현은 "『역설易說』에서 '하夏·은殷·주周 삼대의 교郊 제사는 모두 하력 정월(夏正)에 지냈다'[25]라고 하였다. 하력 정월은 건인建寅의 달(하력으로 1월, 주력

14) 『예기정의』, 권46, 「祭法」, 1509쪽.
15) '曰'은 연문이다.
16) 也 : 『예기정의』 권26 「교특생」, 926쪽에는 '也' 다음에 '大報天而主日也'의 문장이 더 있다.
17) 兆 : 兆의 이체자이다.
18) 『예기정의』 권26 「교특생」, 927쪽에는 '以' 다음에 '象' 한 글자가 더 있다.
19) 郊 : 『예기정의』 권26 「교특생」, 927쪽에는 '郊' 앞에 "於郊, 故謂之郊. 牲用騂, 尙赤也. 用犢, 貴誠也"의 문장이 더 있다.
20) 帝 : 『주례주소』 권18 「춘관·대종백」, 530쪽에는 '帝' 다음에 "以實柴祀日月星辰, 以槱燎祀司中·司命·飌師·雨師"의 문장이 더 있다.
21) 也 : 『주례주소』 권18 「춘관·대종백」, 530쪽에는 '也' 다음에 "以貍沈祭山林川澤, 以疈辜祭四方百物"의 문장이 더 있다.
22) 太 : 『예기정의』 권46 「祭法」, 1509쪽에는 '泰'로 되어 있다.
23) 太 : 『예기정의』 권46 「제법」, 1509쪽에는 '泰'로 되어 있다.
24) 析 : 『예기정의』 권46 「제법」, 1509쪽에는 '折'로 되어 있다.
25) 『易緯』, 「乾鑿度」 권상, '益卦'에서 "바야흐로 이때에 천지가 교감하고 만물이 형통함을 알 수 있다. 그러므로 태괘와 익괘는 모두 하력의 정월이다. 이는 사시의 올바름이니, 바꿀 수 없는 도이다. 그러므로 삼왕의 교 제사는 모두 하력 정

으로 3월)이다. 이곳에서 '낮이 길어지기 시작하는 때를 맞이한다'라고 한 것은 건묘建卯의 달(하력 2월, 주력 4월)에 낮과 밤의 길이가 같아지고, 같아지고 나서 해가 길어지기 때문이다"[26]라고 하였다. 노식盧植[27]은 "주나라의 교 제사는 자라나고 성장하는 기운, 즉 일지日至를 맞이하는 것이다. 이는 곧 동지에 원구圜丘에서 하늘에 제사지내는 것을 뜻한다. 일설에는 하력 정월에 해가 길어진다고 한다. 이는 곧 경칩에 교 제사를 지낸다는 뜻이다. 내가 생각건대, 동지는 하력 정월이 아니다. 이제 『역설易說』·『백호통白虎通』·『오경통의五經通義』 등을 살펴보면, 모두 '하·은·주 삼대의 교郊 제사는 모두 하력 정월에 지냈다'라고 하였다. 하력 정월 이후에 낮이 점점 길어진다. 그러므로 '낮이 길어지기 시작하는 때를 맞이한다'라고 말한 것이다. 이 때문에 『좌전』에서 '경칩에 교 제사를 지낸다'[28]라고 한 것은 이를 두고 하는 말이다"라고 하였다.

2. 정현은 "(해는) 태양의 정수(精)이다"라고 하였다. 노식은 "(남교는) 하늘을 제사지내는 지역이다"라고 하였다.
3. 원구의 땅을 쓸고서 제사지내는 것이다. 장식을 가하지 않는 것이 질박함이다.
4. '도陶'는 질그릇이다. '포匏'는 박으로 만든 것이다. 조각하거나 꾸밈의 아름다움이 없는 것은 그것이 질박하고 소박하기 때문이다.
5. 노식盧植은 "주나라가 처음 천하를 얻은 것이 신일이었는데, 이날이 동지였다. 이제 『주례』를 살펴보건대 동지에 원구에서 하늘에 제사를 지내고, 하지

월에 지냈다. 사시에 순응하고 천지의 도를 본받는 까닭이다"(方知此之時天地交, 萬物通, 故泰·益之卦, 皆夏之正也. 此四時之正, 不易之道也. 故三王之郊, 一用夏正, 所以順四時, 法天地之道也)라고 하였다. 『역위』의 이 문장은 安居香山·中村璋八 輯, 『緯書集成』, 17~18쪽에 수록되어 있다.

26) 『예기정의』, 권26, 「교특생」, 926쪽, 정현의 주.

27) 盧植(?~192) : 자는 子幹으로, 어렸을 때 정현과 함께 馬融을 스승으로 섬겼고 고금학에 정통하였다. 『구당서』 권46 「경적지상」, '禮類', 1971쪽에 "『禮記』 20권, 盧植 注", 『신당서』 권57 「예문지」, '禮類', 1430쪽에 "盧植 注, 『小戴禮記』 20권", 『후한서』 권64 「노식열전」, 2116쪽에 "『尙書章句』·『三禮解詁』"가 저록되어 있다.

28) 『춘추좌전정의』 권6, 환공 5년조, 192쪽, 杜預의 주에서 "계칩은 하력 건인의 달(1월, 주력으로 3월)이니, 남교에서 하늘에 제사를 올린다"(啓蟄, 夏正建寅之月, 祀天南郊)라고 하였다.

에 방택方澤에서 땅에 제사지낸다. 그러므로 '이지以至'라고 한 것이다. 이는 곧 이지일二至日(동지와 하지)이다"라고 하였다.

6. '인禋'은 연기다. 주나라 사람은 냄새를 숭상하였다. 정사농은 "호천은 천天이고, 상제는 현천玄天이다"[29]라고 하였다. 정현은 "천황대제天皇大帝이다"[30]라고 하였다. 수守는 말한다. "호천상제는 천에 대한 총칭으로 (호천과 상제가) 구별되는 것은 아니다."
7. "'땅에 제사지낸다'라고 말하지 않았지만 이는 모두 땅의 신이므로 땅에 제사지내는 것임을 알 수 있다. 사직은 토지와 곡식의 신이다."[31]
8. '단'과 '절'은 흙을 쌓아 제터를 만든 것이다. 하늘의 제사에는 붉은 말을 쓰고, 땅의 제사에는 송아지를 쓴다.

夾注原文

1. 鄭玄曰, "『易說』曰, '三王之郊, 一用夏正也[32]'. 言'迎[33]'者, 建卯而晝夜分, 分而日長矣." 盧桓[34]曰, "周家郊祭, 迎長養之氣, 卽日至, 是卽冬至, 祭天於丘也. 一說以夏正長日至矣, 此卽啓蟄而郊也. 盧謂冬至者, 非夏正也. 今案『易說』·『白虎通』·『五經通義』等並曰, '三王祭, 祭天一用夏正.' 夏正後日漸長, 故'長日之至'也. 是以『左傳』云, '啓蟄而郊', 此之謂也." **2.** 鄭玄曰, "大陽之精也", 盧曰, "祭天之地域也." **3.** 庚六[35]掃員丘土地而祭, 不加飭爲質也. **4.** 陶爲瓦器, 匏爲瓠. 无彫飭之美, 以其質索[36]也. **5.** 盧云, "周始得天下以辛, 此日以至也. 今謂之案『周禮』, 冬至祭天於員丘, 夏至祭地於方澤, 故曰'以至'也. 是卽

29) 『주례주소』, 권18, 「춘관 · 대종백」, 530쪽, 정사농의 주.
30) 『주례주소』 권18 「춘관 · 대종백」, 530쪽, 정현의 주에 "호천상제는 동지에 원구에서 제사지내는 천화대제를 가리킨다"(昊天上帝, 冬至於圜丘所祀天皇大帝)라고 하였다.
31) 『주례주소』, 권18, 「춘관 · 대종백」, 537쪽, 정현의 주.
32) 也 : 『예기정의』 권26 「교특생」, 926쪽에는 '也' 다음에 "夏正, 建寅之月也"의 문장이 더 있다.
33) 迎 : 『예기정의』 권26 「교특생」, 926쪽에는 '迎' 다음에 '長日' 두 글자가 더 있다.
34) 桓 : 植의 오사이다.
35) 庚六 : 잘못 찬입된 듯하다.
36) 索 : 素의 오사이다.

二至日也之.” **6.** 禋, 煙也. 周人尙臭也. 鄭司農曰, “昊天, 天也, 上帝, 玄天也.” 玄謂, “天皇大帝也.” 守曰, “昊天上帝是天惣號, 非別之也.” **7.** “不言祭地, 此皆地祇, 祭地可知也. 社稷, 土穀之神也.” **8.** 壇 · 折, 封土爲祭處也. 天祀用騂, 地祀用犢也.

【교 20—2:2】

오늘날의 『대당사령大唐祠令』에서 말합니다. “동지에 호천상제를 원구에서 제사지내는데 태조를 배향하고, 희생으로 푸른 털빛의 송아지 2마리를 쓴다. 이때 오방상제 · 일월을 종사從祀하는데, 희생으로 방향을 상징하는 빛깔의 송아지 각 한 마리를 쓴다. 오성五星[37] 이하 내관內官 42좌, 중관中官 136좌, 외관外官 112좌와 중성衆星 360좌에는 양 9마리와 돼지 9마리를 희생으로 올린다. 하지에 황지기皇地祇를 방구에서 제사지내는데 태조를 배향하고, 희생으로 황색 송아지 2마리를 쓴다. 이때 신주神州를 종사하는데, 희생으로 흑색 송아지 한 마리를 쓴다. 그 악진 · 해독 · 산림 · 천택 · 구릉 · 독연 · 원습에는 양 5마리와 돼지 5마리를 희생으로 올린다.”[38]

---

37) 五星 : 辰星(수성), 太白(금성), 熒惑(화성), 歲星(목성), 塡星(토성)의 5개의 행성을 말한다.

38) 이 『사령』의 규정은 『당령습유보』, 489쪽에 수록되어 있다. ○ 『구당서』 권21 「예의지」, 819~820쪽에서 “武德初, 定令. 매년 동지에 호천상제를 원구에서 제사지내는데, 경제를 배향한다. 그 제단은 경성 명덕문 밖 동쪽으로 2리에 있다.…… 제사지낼 때마다 호천상제 및 배향되는 황제의 신위를 평평한 자리에 놓는다. 자리는 볏짚을 사용하고, 제기는 질그릇 바가지를 사용한다. 오방상제 · 일월 · 내관 · 중관 · 외관 및 중성을 모두 종사한다. 오방제 및 일월의 7좌는 제단의 제2등에 있다. 오성 이하 내관 55좌는 제단의 제3등에 있다. 28수 이하 중관 135좌는 제단의 제4등에 있다. 외관 102좌는 제단 아래 외유의 안쪽에 있다.

중성 360좌는 외유의 밖에 있다. 그 희생으로는, 상제 및 배향되는 황제에게는 푸른 털빛의 송아지 2마리를 쓴다. 오방제 및 일월에는 방향을 상징하는 털빛의 송아지 각각 1마리를 쓰고, 내관 이하에는 羊과 豕 각각 9마리를 올려놓는다. 하지에 황지기를 방구에서 제사지내는데, 역시 경제를 배향한다. 그 제단은 궁성의 북쪽 14리에 있다.…… 제사지낼 때마다 지기 및 배향되는 황제의 신위를 제단 위쪽에 설치한다. 신주 및 오악·사진·사독·사해·오방의 산림·천택·구릉·분연·원습을 모두 종사한다. 신주는 제단의 제2등에 있고, 오악 이하 37좌는 제단 아래 외유의 안쪽에 있다. 구릉 등 30좌는 유 밖에 있다. 그 희생으로는, 지기 및 배향되는 황제에게는 송아지 2마리를 쓰고 神州에는 검은 털빛의 송아지 1마리를 쓴다. 악진 이하에는 羊과 豕 각각 5마리를 올려놓는다"(武德初, 定令. 每歲冬至, 祀昊天上帝於圓丘, 以景帝配. 其壇在京城明德門外道東二里.……每祀則昊天上帝及配帝設位於平座. 藉用藁秸, 器用陶匏. 五方上帝·日月·內官·中官·外官及衆星, 並皆從祀. 其五方帝及日月七座, 在壇之第二等. 五星已下內官五十五座, 在壇之第三等. 二十八宿已下中官一百三十五座, 在壇之第四等. 外官百十二座, 在壇下外壝之內. 衆星三百六十座, 在外壝之外. 其牲, 上帝及配帝用蒼犢二, 五方帝及日月用方色犢各一, 內官已下加羊豕各九. 夏至, 祭皇地祇于方丘, 亦以景帝配. 其壇在宮城之北十四里.……每祀則地祇及配帝設位於壇上, 神州及五嶽·四鎭·四瀆·四海·五方·山林·川澤·丘陵·墳衍·原隰, 並皆從祀. 神州在壇之第二等. 五嶽已下三十七座, 在壇下外壝之內. 丘陵等三十座, 在壝外. 其牲, 地祇及配帝用犢二, 神州用黝犢一, 岳鎭已下加羊豕各五)라고 하였다. ○『당육전』 권4 「禮部尙書」, '祠部郎中 員外郎', 120~121쪽에서 "동지에 호천상제를 원구에서 제사지내는데, 고조를 배향한다. 또한 동방의 청제 영위앙, 남방의 적제 적표노, 서방의 백제 백초거, 북방의 흑제 즙광기, 중앙의 황제 함추뉴 및 해·달을 제단의 제1등에서 제사지낸다. 또한 내관 55좌를 제단의 제2등에서 제사지내고, 중관 159좌를 제단의 제3등에서 제사지내며, 외관 105좌와 중성 360좌를 내유의 안쪽에서 제사지낸다.…… 하지에 황지기를 방구에서 제사지내는데, 고조를 배향한다. 신주를 제단의 제1등에서 제사지내고, 오악·사진·사해·사독·오방의 산림·천택·구릉·분연·원습 등 70좌를 모두 내유의 안쪽에서 제사지낸다"(冬至祀昊天上帝於圜丘, 以高祖配焉, 又祀東方青帝靈威仰·南方赤帝赤熛怒·西方白帝白招拒·北方黑帝汁光紀·中央黃帝含樞紐及大明·夜明於壇之第一等, 又祀內官五十五坐於壇之第二等, 又祀中官一百五十九坐於壇之第三等, 又祀外官一百五坐·衆星三百六十坐於內壝之內.……夏至祭皇地祇於方丘, 以高祖配焉, 祭神州於壇之第一等, 五嶽·四鎭·四海·四瀆·五方山林川澤丘陵墳衍原隰, 凡七十坐, 皆於內壝之內)라고 하였다. ○『통전』 권43 예3 길례2 「郊天下」, 1192쪽에서 "大唐 武德 初, 定令. 매년 동지에 원구에서 호천상제를 제사지낸다. 경제를 배향하고, 오방상제·천문을 모두 종사한다. 호천상제 및 배향되는 황제에는 푸른 털빛의 송아지 각각 한 마리를 희생으로 쓰고, 오방제 및 일·월에는 방향을 상징하는 털빛의 송아지 각각 한 마리를 쓰고, 내관 이하

【郊 20—2:2】

今『大唐祠令』曰, "冬至日, 祀昊天上帝於圜丘, 大祖配, 牲用蒼犢二. 其從祀五方上帝・日月, 用方色犢各一, 五星以下內官卌二座・中官一百卅六座・外官百十二座, 衆星三百六十座, 加羊九豕九[39]. 夏至日, 祭

에는 羊과 豕 각각 9마리를 올려놓는다"(大唐武德初, 定令. 每歲冬至, 祀昊天上帝於圓丘, 以景帝配, 五方上帝・天文皆從祀. 上帝及配帝, 用蒼犢各一, 五方帝及日月, 用方色犢各一, 內官以下加羊豕各九)라고 하였다. ○『통전』 권106 예66 開元禮纂類1 序例上「神位」, 2766~2769쪽에서 "동지에 호천상제를 원구에서 제사지내는데, 고조신요황제를 제단 위에 배향한다.(좌마다 籩・豆 각각 12, 簠・簋・甄・俎 각각 1로서, 모두 689좌이다) 제단의 제1등 제사(동방의 청제 영위앙, 남방의 적제 적표노, 중앙의 황제 함추뉴, 서방의 백제 백초거, 북방의 흑제 즙광기 및 일・월 등 7좌로서, 籩과 豆 각각 8, 簠・簋・甄・俎 각각 1이다), 제단의 제2등 제사(천황대제・북두・북신・천일・태일・자미오제의 좌로서, 모두 차등적으로 행렬의 자리 앞에 있다. 나머지 내관의 여러 좌 및 오성・십이진・하한은 모두 49좌인데 나란히 12계단 사이에 있다. 좌마다 籩과 豆 각각 2이다. 나머지는 제1등의 제사와 같이한다), 제단의 제3등 제사(중관시원좌・칠공・일성・제좌・대각・섭제・태미・태자・명당・헌원・삼태・오차・제왕・월성・직녀・건성・천기 등 17좌 및 28수는 나란히 차등적으로 앞 열에 있다. 나머지 142좌는 나란히 배열되는데 12계단 사이에 있다. 좌마다의 변・두 등은 제2등 제사와 같다)가 있다. 또 외관 105좌를 내유의 안쪽에서 제사지내고, 또 중성 360좌를 내유의 밖에 설치한다.…… 하지에 황지기를 방구의 제단 위에서 제사지내는데, 고조신요황제를 배향한다. 신주지기를 제단의 제1등에서 제사지낸다. 오악・사진・사해・사독・오산・오천・오림・오택・오구・오릉・오분・오연・오원・오습을 내유의 밖에서 제사지내는데, 각각 방위에 의거한다"(冬至祀昊天上帝於圓丘, 以高祖神堯皇帝配座, 在壇上.〔座每籩豆各十二, 簠簋甄俎各一, 都六百八十九座.〕壇之第一等祀〔東方青帝靈威仰・南方赤帝赤熛怒・中央黃帝含樞紐・西方白帝白招拒・北方黑帝汁光紀及大明・夜明等七座, 籩・豆各八, 簠・簋・甄・俎各一也〕, 第二等祀〔天皇大帝・北斗・北辰・天一・太一・紫微五帝座, 並差在行位前. 餘內官諸座及五星・十二辰・河漢, 都四十九座, 齊列在十二陛間. 每座籩豆各二, 餘如上也.〕, 第三等祀〔中官市垣座・七公・日星・帝座・大角・攝提・太微・太子・明堂・軒轅・三台・五車・諸王・月星・織女・建星・天紀等十七座及二十八宿, 並差在前列. 餘百四十二座, 齊列, 在十有二陛間. 每座籩豆等如二等也.〕. 又祀外官百五座於內壝之內, 又設衆星三百六十座於內壝之外.……夏至日祭皇地祇於方丘壇上, 以高祖神堯皇帝配座. 祭神州地祇於壇第一等. 祭五嶽・四鎮・四海・四瀆・五山・五川・五林・五澤・五丘・五陵・五墳・五衍・五原・五隰於內壝之外, 各依方面)라고 하였다.

皇地祇於方丘, 大祖配, 牲用黃犢二. 神州從祀, 用黑犢一, 其岳鎭·海瀆·山林·川澤·丘陵·犢[40]衍·原隰, 加羊五豕五[41]."

【교 20—2:3】

『대대례大戴禮』[42]에서 "교郊 제사의 축문祝文에는 '빛나고 빛나는 상천께서 하토를 밝게 비추어 임하시어 땅의 신령한 기운을 모아서 단 바람과 비를 내리시네. 한 사람 아무개가 황천의 복에 경배 드리나이다'라고 한다. 땅을 제사하는 축문에는 '넓고 넓은 땅이 하늘의 신령함을 이어받아 단 바람과 비를 일으키시네. 나 한 사람 아무개가 하토의 신령함에 경배 드리나이다'라고 한다"[43]라고 하였습니다.

【郊 20—2:3】

『大戴禮』曰, "郊祝文曰[44], '星星[45]上天, 照臨下土, 集地之雲[46], 降甘

39) 加羊九豕九 : 『당령습유보』, 489쪽에는 '加'가 '如'로 되어 있다.
40) 犢 : 瀆의 오사이다.
41) 加羊五豕五 : 『당령습유보』, 489쪽에는 '加'가 '如'로 되어 있다.
42) 『大戴禮』 : 『大戴禮記』를 말한다. 前漢 宣帝시대 戴德의 撰이다. 주요 내용은 공자가 제자들과 정치·군사·문화·예의·문물·효도의 제반 분야에 걸쳐 문답한 것들 중 일반 공자관련 저서에서 빠진 부분들을 모아 놓은 것이다. 현재 39편이 전한다.
43) 黃懷信 主撰, 『大戴禮記彙校集注』, 권13, 「公符」, 1361쪽.
44) 郊祝文曰 : 黃懷信 主撰의 『大戴禮記彙校集注』 권13 「公符」, 1361쪽에는 이 4글자가 없다.

風雨云云.[1] 唯其一人[47]，敬拜皇天之祐也.' 地祝曰[48]，'滂滂之土[49]，承天之神，與風雨[50]云云，唯一人某[51]，敬拜下土之靈也.'" 人皇地之祇，人后土祇也.[52]

협주

1. 때에 따라 마땅함을 따르는 것이다.

夾注原文

1. 據時隨宜.

---

45) 星星 : 黃懷信 主撰의 『大戴禮記彙校集注』 권13 「公符」, 1361쪽에는 '星星'이 '皇皇'으로 되어 있다.

46) 集地之雲 : 『大戴禮記彙校集注』 권13 「公符」, 1361쪽에는 '雲'이 '靈'으로 되어 있다.

47) 唯其一人 : 『大戴禮記彙校集注』 권13 「公符」, 1361쪽에는 '唯其一人'이 '維予一人某'로 되어 있다.

48) 地祝曰 : 『大戴禮記彙校集注』 권13 「公符」, 1361쪽에는 이 3글자가 없다.

49) 滂滂之土 : 『大戴禮記彙校集注』 권13 「公符」, 1361쪽에는 '滂滂之土'가 '薄薄之土'로 되어 있다.

50) 與風雨 : 『大戴禮記彙校集注』 권13 「公符」, 1361쪽에는 '與風雨'가 '興甘風雨'로 되어 있다.

51) 唯一人某 : 『大戴禮記彙校集注』 권13 「公符」, 1361쪽에는 '唯一人某'가 '維予一人某'로 되어 있다.

52) 人皇地之祇, 人后土祇也 : 앞뒤에 탈오가 있는 듯하다. 억지로 해석하지 않겠다.

祭日月

『天地瑞祥志』 권20 「祭日月」[1]

해제 : 춘분과 추분에 해와 달을 제사지내는 절차에 대해 서술하고 있다. 음양의 어두움과 밝음, 위아래를 구별하기 위해 각각 단壇과 감坎이라는 제사 장소의 구분이 있음을 지적하고 있다. 이곳에서도 『사령』을 인용하여 당대 초기 해와 달에 대한 제사 절차를 기술하고 있다.

【제일월 20—3:1】

『예기』에서 "해에 제사지낼 때는 단壇에서 하고, 달에 제사지낼 때는 감坎에서 하여 어두움과 밝음을 구별하고, 위와 아래를 제정한다.[2] 해에 제사지낼 때는 동쪽에서 하고, 달에 제사지낼 때는 서쪽에서 하여 안과 밖을 구별하고 그 지위를 바르게 한다"[3]라고 하였습니다.

『주례』에서는 "희생물과 섶으로 해와 달과 별과 별자리를 제사지낸다"[4]라고 하였습니다.

---

1) 「제일월」 역시 『천지서상지』의 필사본에는 【郊 20—2:3】에 붙어 있는데, 『天地瑞祥志』 권1 條例目錄에 따라 분리한다.

2) 陳澔, 『禮記集說』 권22 「祭法」, 560쪽, 方慤의 주에서는 "壇의 형태는 둥글어서 이지러지는 바가 없다. 해가 이지러지는 바가 없이 가득 찬 것을 상징한다. 坎의 형태는 텅 비어서 받는 바가 있다. 달이 받는 바가 있어서 밝아지는 것을 상징한다. 단은 높고 드러나며, 감은 깊고 감춘다. 한 번 드러나고 한 번 감추는 것은 음양의 어둡고 밝음을 구별하기 위한 것이다. 한 번 높고 한 번 깊은 것은 음양의 상하를 제정하기 위한 것이다"(方氏曰, "壇之形則圓而無所虧, 以象日之無所虧而盈也, 坎之形則虛而有所受以象月之有所受而明也. 壇高而顯, 坎深而隱, 一顯一隱所以別陰陽之幽明, 一高一深所以制陰陽之上下")라고 하였다.

3) 『예기정의』, 권47, 「祭義」, 1543쪽.

4) 『주례주소』, 권18, 「춘관 · 대종백」, 530쪽.

『사령』에서 말하였습니다. "춘분 아침에 국성國城의 동쪽에서 해를 제사지내고, 추분 저녁에 국성의 서쪽에서 달을 제사지내는데, 각각 그 방향을 상징하는 털빛의 송아지 1마리를 쓴다."[5]

【祭日月 20—3:1】

『禮記』曰, "祭日於壇, 祭月於坎, 以別幽明, 以制上下. 祭日於東, 祭月於西, 以別外內, 以端其位."[1] 『周禮』曰, "以實柴, 祀日月星辰."[2] 『祠令』曰, "春分朝, 祭日於國城之東, 秋分夕, 祭月於國城之西, 各用包[6]犢一."

협주

1. "'단端'은 바르게 한다는 뜻이다."[7]
2. "섶을 쌓고 희생물의 몸체를 섶 위에 올려놓는다. 혹은 옥과 비단을 올려놓기도 하는데, 불을 태워서 연기를 피어오르게 한다. 양陽에 보답하는 까닭이다."[8]

---

5) 이 『사령』의 규정은 『당령습유보』, 492쪽에 수록되어 있다. ○ 『구당서』 권24 「예의지」, 909~910쪽에서 "武德 · 貞觀의 制.…… 춘분 아침에 국성의 동쪽에서 해를 제사지내고, 추분 저녁에 국성의 서쪽에서 달을 제사지낸다. 각각 방향을 상징하는 털빛의 송아지 한 마리를 희생으로 쓰고, 籩과 豆는 각각 4, 簠簋와 甑俎는 각각 1이다"(武德 · 貞觀之制.……春分朝日於國城之東, 秋分夕, 月於國城之西. 各用方色犢一, 籩 · 豆各四, 簠簋 · 甑俎各一)라고 하였다. ○ 『大唐開元禮』 권1, 序例上, 「神位」, 15쪽에서 "춘분 아침에 동교에서 해를 제사지내고, 추분 저녁에 서교에서 달을 제사지낸다"(春分朝日於東郊, 秋分夕月於西郊)라고 하였다. ○ 『通典』 권44, 禮4, 吉禮3, 「朝日夕月」, 1233쪽에서 "大唐. 춘분과 추분에 국성의 동·서쪽에서 해와 달을 제사지내는데, 각각 방향을 상징하는 털빛의 송아지를 희생으로 쓴다. 절차는 『개원례』에 갖추어져 있다"(二分朝日夕月於國城東西, 各用方色犢. 備『開元禮』)라고 하였다.

6) 包 : 色의 오사이다.

7) 『예기정의』, 권47, 「제의」, 1543쪽, 정현의 주.

8) 『주례주소』, 권18, 「춘관 · 대종백」, 530쪽, 정현의 주.

夾注原文

1. "端, 正." **2.** "積柴實牲體焉, 或有玉帛. 燔燎而外[9]煙, 所以報陽也."

9) 外 : 升의 오사이다.

迎氣

해제 : 입춘 · 입하 · 입추 · 입동의 절기에 새로운 기운을 맞이하는 의미로 행하는 제사에 대해 그 절차를 중심으로 서술하고 있다. 『사령』에는 계하에 황제黃帝를 남교에서 주신主神으로 하여 제사하는 것으로 규정하고 있다. 이는 당 왕조가 토덕土德에서 흥기하였다고 믿는 관념에서 당연하다. 그러나 찬자는 『예기』「월령」과 정현의 학설에 근거하여 황제는 주신이 될 수 없으며 배향될 뿐이라고 비판하고 있어 주목된다.

【영기 20—4:1】

(〔迎은〕 宜와 呈의 반절로서, 평성이다. 〔氣는〕 祛와 旣의 반절로서, 거성이다)

『예기』「월령月令」에서 "입춘의 날에 천자는 친히 삼공 · 구경 · 제후 · 대부를 이끌고 가서 동교東郊에서 봄을 맞이한다. 돌아와서는 조정에서 공경 등에게 상을 내린다.[1] 입하의 날에 천자는 친히 삼공 · 구경 · 대부를 이끌고 가서 남교南郊에서 여름을 맞이한다. 돌아와서는 상을 내리고, 제후를 봉한다. 상이 곳곳에 내려져 기뻐하지 않는 사람이 없다.[2] 입추의 날에 천자는 친히 삼공 · 구경 · 제후 · 대부를 이끌고 가서 서교西郊에서 가을을 맞이한다. 돌아와서는 조정에서 군수軍帥와 무인武人에게 상을 내린다.[3] 입동의 날에 천자는 친히 삼공 · 구경 · 대부를 이끌고 가서 북교北郊에서 겨울을 맞이한다. 돌아와서는 나랏일을 위해 죽은 자에게 상을

---

1) 『예기정의』 권14「월령」, 535쪽에는 "돌아오면 조정에서 공경 · 제후 · 대부에게 상을 내린다"(還反, 賞公卿 · 諸侯 · 大夫於朝)로 되어 있다.

2) 『예기정의』, 권15, 「월령」, 577쪽.

3) 『예기정의』, 권16, 「월령」, 609쪽.

내리고, 그의 처자를 구휼해 준다"[4]라고 하였습니다.

【迎氣 20—4:1】

[宜呈反平, 祛旣反去]
『禮記』「月令」曰, "立春之日, 天子親師[5]三公·九卿·諸侯·大夫, 以迎春於東郊. 還反, 賞公卿等於朝.[1] 立夏之日, 親[6]師[7]三公·九卿·大夫, 以迎夏於南郊. 還反, 行賞, 封諸侯, 慶賜遂行, 無不欣說.[2] 立秋之日, 親[8]師[9]三公·九卿·諸侯·大夫, 以迎秋於西郊. 還反, 賞軍師[10]·武人[11].[3] 立冬之日, 親[12]師[13]三公·九卿·大夫, 以迎冬於北郊. 還反, 賞死事, 恤孤寡."[4]

협주

1. 정현은 "'봄을 맞이한다'는 것은 창제 영위앙을 동교의 제단에서 제사지낸다는 뜻이다"[14]라고 하였다. 『사령』에서 "(이 제사에) 제복희帝宓羲를 배향하

4) 『예기정의』, 권17, 「월령」, 635~636쪽.
5) 師 : 『예기정의』 권14 「월령」, 535쪽에는 '師'가 '帥'로 되어 있다.
6) 親 : 『예기정의』 권15 「월령」, 577쪽에는 '親' 앞에 '天子' 두 글자가 더 있다.
7) 師 : 『예기정의』 권15 「월령」, 577쪽에는 '師'가 '帥'로 되어 있다.
8) 親 : 『예기정의』 권16 「월령」, 609쪽에는 '親' 앞에 '天子' 두 글자가 더 있다.
9) 師 : 『예기정의』 권16 「월령」, 609쪽에는 '師'가 '帥'로 되어 있다.
10) 師 : 『예기정의』 권16 「월령」, 609쪽에는 '師'가 '帥'로 되어 있다.
11) 人 : 『예기정의』 권16 「월령」, 609쪽에는 '人' 다음에 '於朝' 두 글자가 더 있다.
12) 親 : 『예기정의』 권17 「월령」, 635쪽에는 '親' 앞에 '天子' 두 글자가 더 있다.
13) 師 : 『예기정의』 권17 「월령」, 635쪽에는 '師'가 '帥'로 되어 있다.
14) 『예기정의』, 권14, 「월령」, 535쪽, 정현의 주. 원문의 '兆'는 제터의 뜻으로서, 제단의 사방 주위를 흙으로 쌓아 올려 경계로 삼는 것이다. 본래의 글자는 '垗'이다. 『이아』「석언」에는 "兆, 域也"라고 하였고, 『한서』 권22 「예악지」, 1033쪽, 안사고의 주에서는 "兆, 界也"라고 하였다. 중국 고대에 신을 제사지낼 때는 흙을 쌓아 올려 壇을 만들고, 단 밖에는 사방을 둘러쳐 경계를 만들었다. 이를 '域'

고, 구망勾芒[15])을 종사한다"라고 하였다.

2. "'여름을 맞이한다'는 것은 적제赤帝 적표노帝赤熛怒를 남교의 제단에서 제사지낸다는 뜻이다."[16]) 『사령』에서 "(이 제사에) 제신농帝神農을 배향하고, 축융祝融[17])을 종사한다"라고 하였다.
3. "'가을을 맞이한다'는 것은 백제白帝 백초거白招拒를 서교의 제단에서 제사지낸다는 뜻이다."[18]) 『사령』에서 "(이 제사에) 제소호帝少昊를 배향하고, 욕수蓐收[19])를 종사한다"라고 하였다.
4. "'겨울을 맞이한다'는 것은 흑제黑帝 즙광기汁光紀를 북교의 제단에서 제사지낸다는 뜻이다."[20]) (『사령』에서 이 제사에) "전욱顓頊을 배향하고, 현명玄冥[21]) 을 종사한다"라고 하였다.

夾注原文

1. 鄭云, "迎, 蒼帝靈威仰之神也.[22])" 『祠令』云, "帝宓義[23])配, 勾荒[24])從祀之也." **2.** "迎赤帝也.[25])" 『祠令』曰, "帝神農配, 祝融從祀之也." **3.** "迎白帝也.[26])"

이라고 한다. '단'에서 제사지내는데, 단은 '역' 안에 있기 때문에 역의 안을 '兆'라고 하였다. 『三禮辭典』, 327쪽 참조.

15) 勾芒 : 木의 神으로서, 少昊氏의 아들 重이며, 木官이 되었다.
16) 『예기정의』, 권15, 「월령」, 577쪽, 정현의 주.
17) 祝融 : 火의 神으로서, 顓頊氏의 아들 黎이며, 火官이 되었다.
18) 『예기정의』, 권16, 「월령」, 609쪽, 정현의 주.
19) 蓐收 : 金官의 臣으로서, 少皞氏의 아들 該이며, 金官이 되었다.
20) 『예기정의』, 권17, 「월령」, 636쪽, 정현의 주.
21) 玄冥 : 水의 神으로서, 少皞氏의 아들 脩와 熙이며, 水官이 되었다. 구망・축융・욕수・현명에 대해서는 『춘추좌전정의』 권53 소공 29년조, 1733~1738쪽 참조.
22) 『예기정의』 권14 「월령」, 535쪽, 정현의 주에는 "迎春, 祭蒼靈威仰於東郊之兆也"로 되어 있다.
23) 義 : 羲의 오사이다.
24) 荒 : 芒의 오사이다.
25) 『예기정의』 권15 「월령」, 577쪽, 정현의 주에는 "迎夏, 祭赤帝赤熛怒於南郊之兆也"로 되어 있다.
26) 『예기정의』 권16 「월령」, 609쪽, 정현의 주에는 "迎秋者, 祭白帝白招拒於西郊之兆也"로 되어 있다.

『祠令』云, "帝少昊配, 蓐收從祀也." **4.** "迎黑帝也.[27]" "帝[28]顓頊配, 玄冥從祀之也."

【영기 20—4:2】

『사령』에서 "계하의 토 기운이 왕성한 날에 남교에서 황제黃帝를 맞이하는데, 헌원軒轅을 배향하고, 후토后土를 종사한다"[29]라고 하였고, 또 "각

---

27) 『예기정의』 권17 「월령」, 636쪽, 정현의 주에는 "迎冬者, 帝黑帝汁光紀於北郊之兆也"로 되어 있다.

28) 帝 : 앞의 사례에 의거해 본다면 '帝' 앞에 '『祠令』云'의 문장이 빠진 듯하다.

29) 이 『사령』의 규정은 『당령습유보』, 491쪽에 수록되어 있다. ○ 『구당서』 권24 「예의지」, 909쪽에서 "武德·貞觀의 制. 천지·선왕의 합사 이외에 매년 입춘의 날에 동교에서 청제를 제사하는데, 제복희를 배향하고, 구망·세성·삼신·칠수를 종사한다. 입하에 남교에서 적제를 제사하는데, 제신농씨를 배향하고, 축융·형혹·삼신·칠수를 종사한다. 계하 토의 기운이 왕성한 날에 남교에서 황제를 제사하는데, 제헌원을 배향하고, 후토·진성을 종사한다. 입추에 서교에서 백제를 제사하는데, 소호를 배향하고, 욕수·태백·삼신·칠수를 종사한다. 입동에 북교에서 흑제를 제사하는데, 제전욱을 배향하고, 현명·진성·삼신·칠수를 종사한다. 교 제사를 지낼 때마다 오제 및 배향되는 신좌에는 방향을 상징하는 털빛의 송아지 각각 한 마리를 쓰고, 籩과 豆 각각 4, 簠와 簋 각각 2, 㽅과 俎 각각 1이다. 구망 이하 오성 및 삼신·칠수에는 머물 때마다 희생으로 소뢰를 쓰고, 신좌마다 籩·豆·簠·簋·㽅·俎 각각 1이다"(武德·貞觀之制, 神祇大享之外, 每歲立春之日, 祀青帝於東郊, 帝宓羲配, 勾芒·歲星·三辰·七宿從祀. 立夏, 祀赤帝於南郊, 帝神農氏配, 祝融·熒惑·三辰·七宿從祀. 季夏土王日, 祀黃帝於南郊, 帝軒轅配, 后土·鎭星從祀. 立秋, 祀白帝於西郊, 帝少昊配, 蓐收·太白·三辰·七宿從祀. 立冬, 祀黑帝於北郊, 帝顓頊配, 玄冥·辰星·三辰·七宿從祀. 每郊帝及配座, 用方色犢各一, 籩·豆各四, 簠·簋各二, 㽅·俎各一. 勾芒已下五星及三辰·七宿, 每宿牲用少牢, 每座籩·豆·簠·簋·㽅·俎各一)라고 하였다. ○ 『당육전』 권4 「禮部尙書」, '祠部郎中 員外郞', 121쪽에서 "입춘일에 동교에서 '청제'를 제사하는데 태호를 배향하고 구망 및 세성, 동방의 삼신·칠수를 모두 종사한다. 입하일에 남교에서 적제를 제사하는데, 신농을 배향하고 축융씨 및 형혹성, 남방의 삼신·칠수를 모두 종사한다. 계하 토의 기운이

각 방향을 상징하는 빛깔의 송아지를 쓴다. 이성二星[30] · 삼신三辰[31] · 칠수七宿[32]의 제사에는 희생으로 소뢰少牢를 쓴다. 영기迎氣의 날에는 각각 오사五祀를 제사지낸다"[33]라고 하였습니다.

【迎氣 20—4:2】

『祠令』曰, "季夏土王之日, 迎黃帝於南郊, 軒轅配, 后土從祀也." 1 又曰, "各用方色犢, 二星三辰七宿祀, 牲用少牢[34], 迎氣之日, 各祠五祀也."

왕성한 날에 남교에서 황제를 제사하는데 헌원을 배향하고 후토씨 · 진성을 모두 종사한다. 입추일에 서교에서 백제를 제사하는데 소호를 배향하고 욕수씨 및 태백성, 서방의 삼신 · 칠수를 모두 종사한다. 입동일에 북교에서 흑제를 제사하는데 전욱을 배향하고, 원명씨 · 진성 및 북방의 삼신 · 칠수를 모두 종사한다"(立春之日, 祀靑帝於東郊, 以太昊配焉, 其句芒氏及歲星 · 東方三辰 · 七宿並從祀. 立夏之日, 祀赤帝於南郊, 以神農配焉, 其祝融氏及熒惑星 · 南方三辰 · 七宿並從祀. 季夏土王日, 祀黃帝於南郊, 以軒轅配焉, 其后土氏 · 鎭星並從祀. 立秋之日, 祀白帝於西郊, 以少昊配焉, 其蓐收氏 · 太白星 · 西方三辰 · 七宿並從祀. 立冬之日, 祀黑帝於北郊, 以顓頊配焉, 其元冥氏 · 辰星及北方三辰 · 七宿並從祀)라고 하였다. ○『대당개원례』 권1 「序例上」, 15쪽에서 "계하의 토 기운이 왕성한 날에 남교에서 황제를 제사지낸다"(季夏土王日, 祀黃帝於南郊)라고 하였다. ○『통전』 권106 開元禮纂類1 序例上 「神位」, 2768쪽에서 "입춘일에 동교에서 청제를 제사지낸다. 입하일에 남교에서 적제를 제사지낸다. 계하일에 남교에서 황제를 제사지낸다. 입추일에 서교에서 백제를 제사지낸다. 입동일에 북교에서 흑제를 제사지낸다"(立春日, 祀靑帝於東郊. 立夏日, 祀赤帝於南郊. 季夏日, 祀黃帝於南郊. 立秋日, 祀白帝於西郊. 立冬日, 祀黑帝於北郊)라고 하였다. ○『太平御覽』 권21 時序部6 「夏上」, 104쪽에서 "『사령』에 '계하의 토 기운이 왕성한 날에 남교에서 황제를 제사지내는데, 제헌원을 배향하고, 후토를 종사한다'라고 하였고, 또 '계하의 영기일에 중류를 제사지낸다'라고 하였다"(『祠令』曰, "季夏土王日, 祀黃帝於南郊, 帝軒轅配, 后土從之", 又曰, "季夏迎氣日祀中霤")라고 하였다.

30) 二星 : 견우와 직녀성을 가리킨다.

31) 三辰 : 日 · 月 · 星을 가리킨다.

32) 七宿 : 7개의 별자리로서, 동서남북 사방에 각각 7수씩을 배당하여 모두 28수가 된다.

33) 이 『사령』의 규정은 『당령습유보』, 511쪽에 수록되어 있다.

34) 窂: 牢의 이체자이다.

협주

1. 수守는 말한다. "『예기』「월령」에는 '황제黃帝를 맞이한다'는 문장이 없으며, 다만 '네 계절의 기운을 맞이한다'라고 했을 뿐이다. 『주례』에서 '사교四郊에서 오제五帝를 제사지낸다'[35]라고 하였다. 이에 대해서 정현의 주에서는 '황의 신(黃神)은 함추뉴含樞紐이다. 황제黃帝는 남교에서 배식配食한다'[36]라고 하였는데, 옳다."

夾注原文

1. 守曰, "「月令」无迎黃帝也, 唯迎四時氣而已也. 『周祀[37]』'乖[38]五帝於四郊', 鄭注云, '黃神曰含樞紉[39]也. 黃帝食於南郊', 是也."

【영기 20—4:3】

『주례』에서 "청규靑圭[40]로 동방의 신에게 예를 갖추고(禮)[41], 적장赤璋[42]으로 남방의 신에게 예를 갖추고, 백호白琥[43]로 서방의 신에게 예를

---

35) 『주례주소』, 권19, 「춘관·소종백」, 573쪽.
36) 『주례주소』 권19 「춘관·소종백」, 573쪽, 정현의 주에서 "창은 영위앙이라고 하는데, 태호가 배식한다. 적은 적표노라고 하는데, 염제가 배식한다. 황은 함추뉴라고 하는데, 황제가 배식한다. 백은 백초거라고 하는데 소호가 배식한다. 흑은 즙광기라고 하는데, 전욱이 배식한다. 황제는 또한 남교에서도 배식한다"(蒼曰靈威仰, 太昊食焉. 赤曰赤熛怒, 炎帝食焉. 黃曰含樞紐, 黃帝食焉. 白曰白招拒, 少昊食焉. 黑曰汁光紀, 顓頊食焉. 黃帝亦於南郊)라고 하였다.
37) 祀 : 禮의 오사이다.
38) 乖 : 兆의 이체자이다.
39) 紉 : 紐의 오사이다.
40) 靑圭 : 청색의 圭이다. 규 윗부분에 鈍角이 있다. 동방의 제사에 사용한다.
41) 예를 갖추고(禮) : 처음 신에게 고할 때 예물을 神坐에 올려놓는 것을 말한다.
42) 赤璋 : 붉은 색의 장이다. 장은 圭의 반이다. 남방의 제사에 사용한다.

갖추고, 현황玄璜[44]으로 북방의 신에게 예를 갖춘다"[45]라고 하였습니다.

【迎氣 20—4:3】

『周祀[46]』, "以靑圭禮東, 以赤璋禮南, 以白琥[47]禮西, 以玄璜禮北."[1]

협주

1. '규圭'는 날카롭다(銳)는 뜻으로, 봄철에 사물이 자라나는 것을 상징한다. 규를 반으로 나눈 것이 '장璋'으로, 여름철에 사물이 반쯤 죽는 것을 상징한다. '호琥'는 사납다(猛)는 뜻으로, 가을철의 엄숙함을 상징한다. 벽璧을 반으로 나눈 것이 '황璜'으로, 겨울철에 닫고 저장하는 것을 상징한다.

夾注原文

1. 圭, 銳, 象春物生也. 半圭曰璋, 象夏物半死也. 琥, 猛, 象秋嚴也. 半璧曰璜, 象冬閉藏也.

---

43) 白琥 : 백옥에 호랑이 문양을 그려 넣은 것이다. 서방의 제사에 사용한다. 군사를 징발할 때의 신부로도 사용된다.

44) 玄璜 : 흙색의 황이다. 황은 璧을 절반으로 나눈 것으로 북방에 제사할 때 사용한다.

45) 『주례주소』, 권18, 「춘관・대종백」, 562쪽.

46) 祀 : 禮의 오사이다.

47) 琥 : 琥의 이체자이다.

巡守

해제 : 천자가 5년에 한 번 순수를 떠나서 동·서·남·북의 사악四岳에 제사를 지내는 의미와 절차를 기술하고 있다. 『사령』에는 매년 오교五郊에서 악岳·진鎭·해海·독瀆에 제사를 지낸다는 것과 그 구체적인 지역의 제사 대상과 장소·희생 및 예관禮官에 대한 규정이 보인다.

【순수 20—5:1】

(〔巡은〕 似와 倫의 반절로서, 평성이다. 〔守는〕 舒와 又의 반절로서, 거성이다)

『상서尙書』에서 "2월에 동쪽으로 순수를 떠나 대종岱宗에 이르러 시柴 제사를 지내고, 멀리 산천을 바라보면서 차례로 제사지내고, 드디어 동쪽의 제후를 만난다. 5월에 남쪽으로 순수를 떠나 형산衡山에 이르고, 8월에 서쪽으로 순수를 떠나 화산華山에 이르고, 11월에 북쪽으로 순수를 떠나 항산恒山에 이르는데, 모두 대종岱宗에서의 예와 같이 한다. 5년에 한 번 순수를 떠난다"[1]라고 하였습니다.

【巡守 20—5:1】

[似倫反平, 舒又反去]
『尙書』曰, "二月東巡狩, 至于岱宗, 柴,[1] 望秩于山川,[2] 遂見東后.[3] 五月南巡狩, 至于衡山[2]. 八月西巡狩, 至于華山[3]. 十一月北巡狩, 至于恒

1) 『상서정의』, 권3, 「舜典」, 71~72쪽.
2) 衡山 : 『상서정의』 권3 「순전」, 71쪽에는 '衡山'이 '南岳'으로 되어 있고, 그 다음

山[4]. 皆如岱宗之禮也. 五載一巡狩也."

협주

1. '수狩'는 지킨다(守)는 뜻이다. "제후가 천자를 위해 땅을 지키기 때문에 '수'(지킨다)를 칭하면서 순행하는 것이다. 섶(柴)을 불태워 하늘에 제사지내 도착했음을 고하는 것이다."[5]
2. "동악東岳 제후의 경계 내에 있는 명산대천에 대해 마치 멀리 바라보듯이 하여 차례대로 제사지내는 것이다."[6] 『주례』에서 "사망四望은 오악五岳 · 사진四鎭 · 사독四瀆 등을 가리킨다"[7]고 하였다.
3. "드디어 동방의 군주를 만나는 것이다."[8]

夾注原文

1. 狩, 守也. "諸侯爲天子守云[9], 故巡行也. 燔柴祭天告至也." **2.** "東岳, 諸侯境內名山大川, 如其次在遠望而祭秩次也."[10] 『周禮』"四望謂五岳 · 四鎭 · 四瀆之類也." **3.** "遂見東方之國君也."

에 '如岱禮' 세 글자가 더 있다.

3) 華山 : 『상서정의』 권3 「순전」, 71쪽에는 '華山'이 '南岳'으로 되어 있고, 그 다음에 '如初' 두 글자가 더 있다.

4) 恒山 : 『상서정의』 권3 「순전」, 71쪽에는 '恒山'이 '北岳'으로 되어 있고, 그 다음에 '西禮' 두 글자가 더 있다.

5) 『상서정의』, 권3, 「순전」, 71쪽, 공안국의 전.

6) 『상서정의』, 권3, 「순전」, 71쪽, 공안국의 전.

7) 『주례주소』, 권19, 「춘관 · 소종백」, 573쪽, 정현의 주.

8) 『상서정의』, 권3, 「순전」, 71쪽, 공안국의 전.

9) 諸侯爲天子守云 : 『상서정의』 권3 「순전」, 71쪽, 공안국의 전에 "諸侯爲天子守土, 故稱守, 巡行之"로 되어 있다.

10) 東岳, 諸侯境內名山大川, 如其次在遠望而祭秩次也 : 『상서정의』 권3 「순전」, 71쪽, 공안국의 전에는 "東岳, 諸侯竟內名山大川, 如其秩次望祭之"로 되어 있다.

【순수 20—5:2】

『예기』에서 왕자王者는 순수의 예를 제정한다고 기록한 것은 무엇 때문이겠습니까? 하늘을 높이고 백성을 중하게 여기기 때문입니다. 5년에 한 번 순수를 하는 것은 무엇 때문이겠습니까? 5년이면 윤달이 두 번 들어와 천도가 크게 갖추어지니, 왕자의 생각 또한 경계에까지 미치기 때문입니다. 사악四岳에 이르는 것은 무엇 때문이겠습니까? 악岳은 기운이 성대한 산이며 사방의 중심으로서, 구름과 비를 내릴 수 있기 때문입니다. '순巡'은 닦는다(脩)는 뜻이고, '수狩'는 거둔다(收)는 뜻으로, 하늘을 위해 행실을 닦고 백성의 마음을 거두어들이는 것입니다. 『주례』에서는 "혈제血祭로 오악五岳을 제사지내고, 매침埋沈으로 산림과 천택을 제사지낸다"[11]라고 하였습니다.

【巡守 20—5:2】

禮記王者制巡狩之禮, 何? 尊天重民也. 所以五年一巡狩, 何? 五歲再閏, 天道大備, 王者思亦當竟也. 所以至四岳者, 何? 岳者, 盛得之山, 四方之中, 能與雲致雨也.[12] 巡者, 脩也, 狩, 收也. 爲天脩行收民也. 『周禮』曰, "以血祭祭五岳, 埋沈祭山川林澤."[13]1

---

11) 『주례주소』, 권18, 「춘관 · 대종백」, 536~537쪽.
12) 能與雲致雨也 : '能致雲與雨也'의 오사인 듯하다.
13) 『周禮』曰~山川林澤 : 이 문장은 위의 내용과 연결되지 않는다. 【郊 20—2:1】의 "以血祭, 祭社稷 · 五祀 · 五岳也" 다음에 들어가야 할 것이 잘못 이곳에 필사된 듯하다.

협주

1. "산림에 제사지내는 것을 '매'(埋, 희생과 옥백을 땅에 묻는다), 천택에 제사지내는 것을 '침'(沈, 희생과 옥백을 물속에 가라앉힌다)이라고 한다."[14]

夾注原文

1. "祭山林曰埋, 川澤曰沈也."

【순수 20—5:3】

『사령』에서 말하였습니다. "뭇 악岳·진鎭·해海·독瀆은 매년 별도로 한 번 제사지내는데, 각기 오방의 교외(五郊)에서 기운을 맞이하는(迎氣) 날에 한다. 동악東岳 대산岱山은 연주兗州의 경계에서 제사지낸다. 동진東鎭 기산沂山은 기주沂州의 경계에서 제사지낸다. 동해東海는 내주萊州의 경계에서 제사지낸다. 동독東瀆 대회大淮는 당주唐州의 경계에서 제사지낸다. 남악南岳 형산衡山은 형주衡州의 경계에서 제사지낸다. 남진南鎭 회계산會稽山은 월주越州의 경계에서 제사지낸다. 남해南海는 광주廣州의 경계에서 제사지낸다. 남독南瀆 대강大江은 익주益州의 경계에서 제사지낸다. 중악中岳 숭산嵩山은 낙주洛州의 경계에서 제사지낸다. 서악西岳 화산華山은 화주華州의 경계에서 제사지낸다. 서진西鎭 오산吳山은 기주岐州의 경계에서 제사지낸다. 서해西海이자 서독西瀆인 대하大河는 동주同州의 경계에서 제사지낸다. 북악北岳 항산恒山은 정주定州의 경계에서 제사지낸다. 북진北鎭 의무려산醫無閭山은 영주營州의 경계에서 제사지낸다. 북해北海이자 북독北瀆인 대제大濟는

14) 『주례주소』, 권18, 「춘관·대종백」, 537쪽, 정현의 주.

회주懷州의 경계에서 제사지낸다. 그 희생으로는 모두 태뢰大牢를 쓴다. 예관禮官은 해당 경계의 도독자사都督刺史로 충당한다. 만약 도독자사에게 일이 생겼을 경우에는 상좌上佐[15]를 보내 대행하게 한다."[16]

【巡守 20—5:3】

『祠令』曰, "諸岳鎭·海瀆, 年別一祭, 各以五郊迎氣日祭之. 東之[17]岳岱山, 於兗州界. 東鎭沂山, 於沂州界, 東海, 於萊州界, 東瀆大淮, 於唐州界, 南岳衡山, 於衡州界, 南鎭會稽山, 於越州界, 南海, 於廣州界, 南瀆大江, 於益州界, 中岳嵩山, 於洛州界, 西岳華山, 於華州界, 西鎭吳山, 於岐州界, 西海西瀆大河, 於用州[18]界, 北岳恒山, 於定州界, 北鎭醫閭無山,[19] 於營州界, 北海·北瀆大濟, 於壞[20]州界. 其牲皆用大窂[21], 禮官以當界都督·剌[22]史死[23], 若都督·剌[24]史有事故者, 遣上佐行事也."

15) 上佐 : 別駕·長史·司馬 등을 가리킨다. 『통전』 권33 「職官典」, '總論郡佐', 911쪽 "大唐州府佐吏與隋制同, 有別駕·長史·司馬"에 대한 두우의 주에 "大都督府司馬有左右二員. 凡別駕·長史·司馬, 通謂之上佐"라고 하였다.

16) 이 『사령』의 규정은 『당령습유보』, 495쪽에 수록되어 있다. ○ 武德·貞觀之制를 수록한 『구당서』 권24 「예의지」, 910쪽과 『통전』 권46 禮6 「山川」, 1280쪽에도 『천지서상지』의 『사령』과 동일한 내용이지만, "만약 도독자사에게 일이 생겼을 경우에는 상좌를 보내 대행하게 한다"는 규정은 없다.

17) 뒤에 남악·중악·서악·북악으로 되어 있는 것으로 보아 '之'는 연문인 듯하다.

18) 用州 : 『당령습유보』, 495쪽에는 '同州'로 되어 있다.

19) 醫閭無山 : 『당령습유보』, 495쪽과 『구당서』 권24 「예의지」, 910쪽에는 모두 '醫無閭山'으로 되어 있다.

20) 壞 : 『당령습유보』, 495쪽에는 '壞'가 '懷'로 되어 있다.

21) 窂 : 牢의 이체자이다.

22) 剌 : 刺의 이체자이다.

23) 死 : 充의 오사인 듯하다.

24) 剌 : 刺의 이체자이다.

社稷

해제 : 사직의 기원과 전설상의 시대에서 주나라에 이르는 토지신의 계보를 설명하고 있다. 또한 『예기』를 인용하여 천자 · 제후 · 대부 이하 등 신분과 그 설치 목적에 따른 사의 명칭 차이를 기술한다. 『사령』를 통해서 당대 초기 사직 제사의 시기와 주신主神 · 배신配神 및 희생의 규모에 대한 규정을 소개하고 있다.

【사직 20—6:1】

(〔社는〕 時와 野의 반절로서, 상성이다. 〔稷은〕 子와 力의 반절로서, 입성이다)

『예기』에서 "공공씨共工氏는 구주九州의 패자가 되었다. 그 아들 구룡句龍은 토목공사를 잘 다스렸고, 죽어서 사社의 제사 대상이 되었다. 열산씨烈山氏는 천하의 왕이 되었다. 그 아들 주柱는 백곡을 잘 증식하였고, 죽어서 직稷의 제사 대상이 되었다"[1]라고 하였으며, "하나라가 쇠하자, 주나라의 기棄가 계승하였다. 왕은 군성群姓을 위하여 사社를 세워 대사大社라고 하는데, 왕이 자신을 위해 사社를 세우면 왕사王社라고 한다. 제후는 백성百姓을 위하여 사社를 세워 국사國社라고 하는데, 제후가 자신을 위해 사社를 세우면 후사侯社라고 한다. 대부 이하의 사람들은 무리를 이루어 사社를 세우는데, 치사置社라고 한다"[2]라고 말하였습니다.

『주례』에서는 "혈제血祭로 사직을 제사지낸다"[3]라고 하였습니다.

---

1) 『예기』에는 이 문장이 없다. 『한서』 권25상 「교사지」, 1191쪽에 보인다.
2) 『예기정의』, 권46, 「제법」, 1520쪽.
3) 『주례주소』, 권18, 「춘관 · 대종백」, 536쪽.

【社稷 20—6:1】

[時野反上, 子力反入]

『禮記』曰, "共工氏霸九州, 其子句龍能平水土, 死社祠.[1] 烈山氏王天下, 其子柱能殖百穀, 死爲稷祠."[2] "夏之衰, 周弃繼也[4]. 王爲群姓立社, 曰大社. 王自爲立社, 曰王社. 諸侯爲百姓立社, 曰國社. 自[5]爲立社, 曰侯社. 大夫以下成群立社, 曰置社也."[3] 『周禮』曰, "以血祭祭社稷."[4]

협주

1. "공공씨共工氏는 태호太昊와 염제炎帝의 사이다. 녹을 받아서 왕이 된 적이 없다. 그러므로 패霸라고 한 것이다."[6]
2. "열산씨烈山氏는 염제이다."[7]
3. "군群은 무리라는 뜻이다. 대부는 단독으로 사를 세울 수 없다. 백가 이상이 되면 공동으로 하나의 사를 세운다."[8]
4. "사직은 토지와 곡식의 신이다. 덕이 있는 자는 사직에 배향된다."[9]

夾注原文

1. "共工氏在大昊·炎帝之間. 無錄而王, 故謂之霸也." **2.** "烈山氏, 炎帝也." **3.** "群, 衆也. 大夫不得自立社, 百家以上共立一社也." **4.** "社稷, 土穀之神也. 有德者配食焉."

---

4) 夏之衰, 周弃繼也 : 『예기정의』에는 이 문장이 없다.
5) 自 : 『예기정의』 권46 「제법」, 1520쪽에는 '自' 앞에 '諸侯' 두 글자가 더 있다.
6) 『한서』, 권25상, 「교사지」, 1191쪽, 안사고의 주.
7) 『한서』, 권25상, 「교사지」, 1191쪽, 안사고의 주.
8) 『예기정의』, 권46, 「제법」, 1520쪽, 정현의 주.
9) 『주례주소』, 권18, 「춘관 · 대종백」, 536쪽, 정현의 주.

【사직 20—6:2】

『사령』에서 말하였습니다. "중춘(2월)과 중추(8월)의 길한 무일戊日에 대사大社와 대직大稷을 제사지낸다. 사를 제사지낼 때에는 구룡을 배향하고, 직을 제사지낼 때에는 후직을 배향한다. 각각 태뢰太牢[10] 하나를 쓰는데, 희생의 색은 모두 흑색이다. 주현州縣에서는 각각 소뢰小牢를 쓰고, 사사私社에서는 특생特牲[11]을 쓴다."[12]

【社稷 20—6:2】

『祠令』曰, "仲春·仲秋吉戊, 祭大社·大稷. 社以勾龍配, 稷以后稷配. 各用大窂[13]一, 牲色並黑. 州縣各用少窂[14], 私社持[15]牲."[1]

---

10) 太牢 : 牛·羊·豕 세 희생을 모두 갖춘 것을 태뢰, 羊과 豕 두 희생만을 갖춘 것을 소뢰라고 한다.
11) 特牲 : 牛·羊·豕의 세 희생 가운데 '豕'만을 갖춘 것을 특생이라 한다. 一豚, 特豕, 特豚이라고도 한다. 『의례주소』 권1 「士冠禮」, 51쪽에서 "만약 희생으로 쓰일 짐승을 죽일 경우라면 특시로 한다"(若殺, 則特豚)에 대한 정현의 주에 "特豚은 한 마리의 돼지(一豕)이다"라고 하였다.
12) 이 『사령』의 규정은 『당령습유보』, 595쪽에 수록되어 있다. ○ 『구당서』 권24 「예의지」, 910쪽에서 "武德·貞觀의 制.…… 중춘·중추 두 계절의 무일에 '태사'와 '태직'에 제사를 지낸다. '사'에는 구룡을 배향하고, '직'에는 후직을 배향한다. '사'와 '직'에는 각각 태뢰 1을 쓰는데, 희생의 털빛은 모두 흑색으로 하고, 籩·豆·簠·簋 각각 2, 鉶과 俎 각각 3을 쓴다"(武德·貞觀之制.……仲春·仲秋二時戊日, 祭太社·太稷. 社以勾龍配, 稷以后稷配. 社·稷各用太牢一, 牲色並黑, 籩·豆·簠·簋各二, 鉶·俎各三)라고 하였다. ○ 『대당개원례』 권1 서례상 「신위」, 16쪽에서 "중춘·중추 상순의 무일에 태사를 제사할 때 후토씨를 배향하고, 태직을 제사할 때 후직씨를 배향한다"(仲春·仲秋上戊, 祭太社, 以后土氏配, 祭太稷, 以后稷氏配)라고 하였다. ○ 『통전』 권45 예5 「사직」, 1271쪽에서 "大唐. 중춘·중추 두 계절의 무일에 '태사'와 '태직'에 제사를 지낸다. '사'에는 구룡을 배향하고, '직'에는 후직을 배향한다"(大唐. 社稷亦於含光門內之右. 仲春·仲秋二時戊日, 祭太社·太稷, 社以勾龍配, 稷以后稷配)라고 하였다.
13) 窂: 牢의 이체자이다.

협주

1. 『예기禮記』「왕제王制」에서 "천자의 사직에는 태뢰를 쓰고, 제후의 사직에는 소뢰를 쓴다"[16]라고 하였다.

夾注原文

1. 『禮記』曰, "「王制」[17]天子之社稷大牢[18], 諸侯小牢[19]也.

---

14) 牢: 牢의 이체자이다.
15) 持 : 特의 오사이다.
16) 『예기정의』, 권12, 「왕제」, 458쪽.
17) 『禮記』曰, 「王制」 : "『禮記』 「王制」曰"의 오사이다.
18) 牢 : 牢의 이체자이다.
19) 牢 : 牢의 이체자이다.

宗廟

해제 : 종묘의 설치 근거와 신주의 배열 방식인 소목 제도 및 천자 · 제후 · 대부 · 사 등 신분에 따른 묘수의 제한을 기술한다. 시제時祭와 합제合祭로서의 협祫 · 체禘의 제사 시기와 절차를 규정한 『사령』을 인용하고 있다. 마지막 부분에서는 『좌전』 · 『진서』 · 『황람』 · 『사기』 등을 인용하여 종묘제도의 연혁을 논하고 있다.

【종묘 20—7:1】

(〔宗은〕 子와 昆의 반절로서, 평성이다. 〔廟는〕 靡와 召의 반절로서, 거성이다)

『효경』에서 "종묘에서 공경을 다하는 것은 부모를 잊지 못하기 때문이다"라고 하였습니다.[1)]

『예기』에서는 "제사에는 소昭와 목穆의 구별이 있다. 소목은 부자父子 · 원근遠近 · 장유長幼 · 친소親疏의 순서를 구별하여 혼란이 없게 하려는 것이다"[2)]라고 하였고, "천자는 7묘이다. 3소 3목에 태조의 묘를 합하여 7이 된다. 제후는 5묘이다. 2소 2목에 태조의 묘를 합하여 5가 된다. 대부는 3묘이다. 1소 1목에 태조의 묘를 합하여 3이 된다. 사는 1묘이고, 서인은 정침에서 제사를 지낸다"[3)]라고 하였습니다.

1) 『효경주소』, 권8, 「감응장」, 61쪽.
2) 『예기정의』, 권49, 「제통」, 1584쪽.
3) 『예기정의』, 권12, 「왕제」, 448쪽.

【宗廟 20—7:1】

[子昆反平, 靡召反去]

『孝經』曰, "宗廟致敬, 不忘親."[1] 『禮記』曰, "祭有昭穆. 昭穆者, 所以別父子·遠近·長幼·親踈[4)]之序, 而毋亂也", "天子七廟, 三昭三穆, 與太祖之廟而七.[2] 諸侯五廟, 二昭二穆, 與大祖之廟而立[5)].[3] 大夫三廟, 一昭一穆, 與大祖之廟而三. 士一厝[6)], 庶人祭於寑[7)]也."

협주

1. '종宗'은 높인다(尊)는 뜻이다. '묘廟'는 모습(貌)의 뜻이다. 슬픔이 끝이 없어서 종묘를 세워서 선조를 높여 제사지낸다는 뜻이다. 장발張勃의 『오록吳錄』「지리지地理志」[8)]에 "회계會稽에 우왕禹王의 묘가 있게 된 것은 이로부터 시작되었다"[9)]라고 하였다.
2. 이는 주나라의 제도이다. 7이란 후직后稷이 시조가 되고, 문왕이 태조가 되고, 무왕이 태종이 되는데 여기에 친묘親廟 4를 더한 것이다. 은나라는 6묘이다. 설契이 시조가 되고, 탕이 태조가 되는데, 여기에 2소 2목을 더한 것이다. 하나라는 5묘이다. 시조 우禹가 태조가 되는데, 여기에 2소 2목을 더한 것이다.[10)]

---

4) 踈 : 疏의 이체자이다.
5) 立 : 五의 오사이다.
6) 厝 : 廟의 오사이다.
7) 寑 : 寢의 이체자이다.
8) 張勃의 『吳錄』「地理志」: 『수서』 권33 「경적지」, 953쪽 및 『구당서』 권46 「경적지」, 1933쪽 그리고 『신당서』 권58 「예문지」, 1464쪽 등에 "張勃 『吳錄』 30권"이 저록되어 있는데 오늘날 망실되었다. 張勃은 晋人으로, 吳의 鴻臚 張儼의 아들이다.(『史記』 권66, 「伍子胥列傳」 索隱) 『三國志』 裵松之의 주에 『오록』이 많이 인용되고 있다.
9) 會稽에~ 시작되었다 : 문장 앞뒤에 탈오가 있는 듯하다. 문장 구성이 안된다. 明代 陳耀文의 『天中記』(『四庫全書』, 子部11, 類書類) 권42, 「宗廟」 조에 『吳錄』의 "회계에 우왕의 묘가 있는데, 시황제를 배향한다. 왕랑이 태수가 되자 (시황제의 배향을) 없앴다"(會稽有禹廟, 始皇配食. 王朗爲太守而黜之)를 인용하고 있다.

3. “태조는 처음으로 봉해진 군주(始封之君)이다. 왕자王者의 후예는 처음 봉해진 군주의 묘가 되지 못한다.”[11]

夾注原文

1. 宗, 尊也. 廟, 貌也. 言哀不已所以立尊祖而祭祀也. 『吳錄埋志』[12]曰, “會稽有禹廟, 自此始之也.” **2.** 此周制也. 七者, 后稷爲始祖, 文王爲太祖, 武王爲大宗, 與親廟四也. 殷則六廜, 契爲始祖, 湯爲大祖, 與二昭二穆也. 夏則五廟, 九始祖禹爲祖, 與二昭二穆之也. **3.** “大祖, 始封君也. 王者之後, 不爲始封君之廟也.”

---

10) 『예기정의』 권12 「왕제」, 448쪽, 정현의 주에는 “하나라는 5묘로서 태조의 묘는 없다. 우왕에 2소와 2목이 있을 뿐이다”(夏則五廟, 無大祖, 禹與二昭二穆而已)라고 하여 하나라에는 태조묘가 없다고 하였다.

11) 『예기정의』, 권12, 「왕제」, 448쪽, 정현의 주. ○ 시봉의 군주란 왕의 자제로서, 제후로 봉해져서 그의 후세들의 태조가 된다. 하지만 이 군주 당시에는 왕의 묘에 출입할 수 없기 때문에 묘가 전혀 없다. 만약 커다란 공덕을 세우면 왕의 특별한 명령으로 묘를 세울 수도 있다. 魯나라에 (주의 천자인) 문왕의 묘가 있는 것이나, 鄭나라에서 (주의 천자인) 厲王을 시조로 삼은 것이 그러한 예이다. 노나라에서는 문왕의 묘를 세웠을 뿐 아니라, 姜嫄(후직의 모)의 묘를 세웠고, 魯公(노의 시봉지군인 백금)의 묘, 주공(백금의 부) 및 親廟 4를 세웠기 때문에 문왕을 빼더라도 8묘가 있었다. 이는 모두 공덕으로 인한 特賜이지, 예의 올바름은 아니다. 처음 봉해진 군주(始封君, 태조, 노의 경우 백금)의 아들에 이르러서 1묘를 세우게 된다. 따라서 처음 봉해진 군주의 6세 손자에 이르면 비로소 5묘를 갖추게 된다. ○ “왕자의 후예는 처음 봉해진 군주의 묘가 되지 못한다.” 이 시봉의 군주는 공덕을 세운 것이 아니라, 단지 전대 왕조의 후예라는 이유 때문에 봉해진 것이다. 따라서 그의 후세들의 태조가 되지 못하고, 이 군주가 나오게 된 왕조의 왕의 묘를 세울 수 있을 뿐이다. 예를 들면 殷의 微子는 주 무왕에 의해 처음 宋에 봉해져서 시봉의 군주가 되었지만 宋에서는 은왕 帝乙을 태조로 제사지냈다. 하와 은 두 왕조의 후예(二王之後)는 하늘에 제사지낼 때(郊天) 원대의 조상을 配天하여 제사지냈다. 『예기』 「禮運」에서 “杞之郊也, 禹也. 宋之郊也, 契也”라고 한 것이 그것이다. 『예기정의』, 권12, 「왕제」, 450쪽, 공영달의 소 참조.

12) 『吳錄埋志』 : “『吳錄』 「地理志」”의 오사인 듯하다.

【종묘 20—7:2】

『사령』에서 말하였습니다. "네 계절마다 각각 맹월에 태묘의 묘실에서 제사를 지내는데, 각각 태뢰 하나를 쓴다. 3년에 한 번 협祫 제사를 지내는데 맹동孟冬(10월)에 한다. 5년에 한 번 체禘 제사를 지내는데 맹하孟夏(4월)에 한다. 협 제사를 지내는 날에는 공신을 묘정廟廷에 배향하는데, 각각 섬기던 황제의 묘에 배향하여 위차로써 순서를 삼는다. 그 달에는 시제時祭를 중지한다."[13]

---

13) 이『사령』의 규정은『당령습유보』, 496쪽에 수록되어 있다. ○『구당서』권25「예의지」, 941쪽에서 "唐禮. 네 계절의 맹월마다 태묘에 제사를 지내는데, 묘실마다 태뢰의 희생을 쓴다. 계동(12월) 납향 제사 이후 진일에 사냥을 하고 태묘에 제사를 올리는데, 희생은 시제 때와 마찬가지로 한다. 3년마다 한 번 협 제사를 지내는데 맹동(10월)에 하고, 5년마다 한 번 체 제사를 올리는데 맹하(4월)에 한다"(唐禮. 四時各以孟月享太廟, 每室用太牢. 季冬蜡祭之後, 以辰日臘享於太廟, 用牲如時祭. 三年一祫, 以孟冬, 五年一禘, 以孟夏)라고 하였다. ○『당육전』권4「상서예부」, '사부낭중 원외랑', 121～122쪽에서 "네 계절의 맹월 및 납일에 태묘에서 선왕을 합사하는데, 봄의 제사에는 사명 및 戶의 신을 겸해서 제사지내고, 여름의 제사에는 竈의 신을 겸해서 제사지낸다. 계하의 달에는 中霤를 제사지낸다. 가을의 제사에는 門의 신 및 厲의 신을 겸해서 제사지내고, 겨울의 제사에는 行의 신을 겸해서 제사지낸다. 납향제사의 경우에는 칠사를 두루 제사지내는데, 모두 태묘의 서문 안의 남쪽에서 지낸다. 무릇 3년에 한 번 협 제사를 지내는데 맹동(10월)에 하고, 5년에 한 번 체 제사를 지내는데 맹하(4월)에 하며, 모두 칠사를 두루 제사지낸다. 협 제사의 경우에는 공신을 배향하는데 모두 모시던 황제의 묘실 앞에 배열한다"(四孟月及臘日大享太廟, 春享則兼祭司命及戶, 夏享兼祭竈. 季夏之月祭中霤. 秋享兼祭門及厲, 冬享兼祭行. 若臘享則七祀徧祭, 皆於太廟之西門內之南. 凡三年一祫享, 以孟冬, 五年一禘享, 以孟夏, 皆七祀徧祭. 若祫享, 則配享功臣皆列於當室之前)라고 하였다. ○『대당개원례』권1 서례상「신위」, 16쪽에서 "태묘는 9실이니, 매년 5차례 선왕을 합사한다. 또 3년에 한 번 협 제사를 지내는데 맹동에 하고, 5년에 한 번 체 제사를 지내는데 맹하에 한다. 공신을 배향한다. 시제에는 칠사를 제사지낸다"(太廟九室, 每歲五享. 又三年一祫, 以孟冬, 五年一禘, 以孟夏. 功臣配享. 時享祭七祀)라고 하였다. ○『통전』권106 예66 개원례찬류 서례상「신위」, 277쪽에서 "태묘는 9실이니, 매년 5차례 선왕을 합사한다. 또 3년에 한 번 협 제사를 지내는데 맹동에 하고, 5년에 한 번 체

【宗廟 20—7:2】

『祠令』曰, "四時, 各以孟月享大廟室, 各用一大窂14).[1] 三年一祫, 以孟冬. 五年一禘, 以孟夏.[2] 祫日, 功臣配享於廟庭, 各配所事之廟, 以位次爲序, 其月則停."[3]

협주

1. 수守가 살펴보건대, 『예기』에서 "봄 제사는 '약礿'이라고 하고, 여름 제사는 '체禘'라고 하고, 가을 제사는 '상嘗'이라고 하고, 겨울 제사는 '증蒸'이라고 한다.15) 이는 하나라와 은나라의 제사 명칭이다. 주나라에서는 봄 제사를 '사祠'라고 하였고, 여름 제사를 '약礿'이라고 하였으며, 가을과 겨울의 제사 명칭은 고치지 않았다16)"라고 하였다.
2. 수守는 말한다. "협祫은 합제合祭이다. 『공양전』에 의하면 '훼묘毁廟의 신주는 태조의 묘에 진설하고, 미훼묘未毁廟의 신주는 모두 올려서 태조의 묘에서 합제한다'17)라고 하였다. 체禘는 대제大祭이다. 『춘추』에서 '장공莊公에게 체 제사를 지냈다'라고 하였는데, 두예杜預는 '삼년상을 마치면 새로 죽은 자의 신주는 부묘祔廟하고, 오래된 묘의 신주는 조묘祧廟로 옮겨야 한다. 이 때문에 대제大祭를 지내는 것이다'18)라고 하였다."
3. 수守는 말한다. "옛날 위魏나라에서 10월에 협 제사를 지내고, 11월에 증蒸 제사를 지내려고 하였다. 하안何晏19)은 『예기』「왕제」를 인용하여 '협제祫祭

제사를 지내는데 맹하에 한다. 체·협 제사를 지낼 때에 공신을 묘실의 뜰에 배향한다"(太廟九室, 每歲五享. 又三年一祫以孟冬, 五年一禘以孟夏. 祫禘之時, 功臣配享於庭)라고 하였다.

14) 窂 : 牢의 이체자이다.
15) 『예기정의』, 권12, 「왕제」, 451쪽.
16) 『예기정의』, 권12, 「왕제」, 451쪽, 정현의 주.
17) 『춘추공양전주소』, 권13, 민공 2년조, 165쪽.
18) 『춘추좌전정의』, 권11, 민공 2년조, 350쪽, 두예의 주.
19) 何晏(?~249) : 자는 平叔, 南陽人이다. 그의 어머니 尹氏는 조조의 부인이다. 曹爽의 심복이 되었다가 사마예(晋의 高祖)에게 살해되었다. 왕필과 함께 노장

와 시제時祭는 다른 달에 하지 않고 겹쳐서 제사지낸다. 시제를 정지한다는 말은 들어보지 못했다'라고 하였다."

夾注原文

1. 守據『禮祀[20]』, "春祭曰礿, 夏曰禘, 秋曰嘗, 冬曰蒸, 此夏殷之祭名也. 周春爲祠, 夏爲礿, 秋冬不改也." **2.** 守曰, "祫者, 合祭也. 據『公羊傳』, '毁廟之主, 陳于太祖, 未毁廟之主, 皆升合食于太祖也.' 禘, 大祭也. 『春秋』'禘疘[21]公', 杜預曰, '三年儴[22]畢, 新死之主祔於廟, 廟遠主當遷于祧, 因是大祭之也.'" **3.** 守曰, "昔魏欲十月祫, 而十一月蒸. 何宴引『禮記』「王制」'祫與祭非異月累祭也. 未詳停之.'"

【종묘 20—7:3】

『좌전』 소공昭公 15년조에서 "봄에 장차 무공武公의 묘에서 체 제사를 지내려고 하였다. 재신梓愼은 '체 제사를 지내는 날에 어찌 허물이 있어서야 되겠습니까! 저는 적赤과 흑黑의 요기를 보았으니, 제사지내는 상서로운 날이 아닙니다. 상喪의 기운입니다'라고 말하였다"[23]라고 하였습니다.

뭇 서응瑞應과 정벌한 나라에서 획득한 보물은 협 제사와 체 제사를 지낼 때에 종묘의 뜰에 진설합니다.[24]

사상을 주장하여 청담의 기풍을 열었다. 『論語集解』가 있다.

20) 祀 : 記의 오사이다.

21) 疘 : 莊의 이체자이다.

22) 儴 : 喪의 오사이다.

23) 『춘추좌전정의』, 권47, 소공 15년조, 1544~1545쪽.

24) 『신당서』 권48 「백관지」, '太常寺', 1241쪽에서 "무릇 선왕을 합사할 때의 기물과 의복을 수장하는 곳으로 4원이 있다. 첫째는 '천부원'으로서 서응 및 정벌한

『진서』에서는 "옛날에는 능묘(墓)에서 제사지내는 의례가 없었다. 한나라는 진나라를 이었는데, 두 왕조에는 모두 원침園寢[25]이 있었다"[26]라고 하였습니다.

『황람皇覽』[27]에서는 "창힐蒼頡의 무덤은 풍익현馮翊縣에 있다. 글을 배우는 자들이 모두 그곳에 끊임없이 제사를 지낸다. 치우蚩尤의 무덤은 동군東郡 수장현壽張縣에 있는데, 백성들이 항상 10월에 제사를 지낸다. 그 무덤에서 붉은 기운이 나오는데 마치 한필의 붉은 비단과 같았다. 그래서 사람들은 '치우기蚩尤旗'라고 명명하였다"[28]라고 하였습니다.

『사기』에서는 "황제黃帝의 무덤은 교산橋山에 있다. 한 무제가 삭방朔方을 순행하고 돌아와 황제의 무덤에 제사를 올렸다. '내 듣건대, 황제는 죽

나라에서 획득한 보물을 수장한다. 체·협 제사를 지낼 때에 종묘의 뜰에 진설한다. 둘째는 '어의원'으로서 천자의 제복을 수장한다. 셋째는 '악현원'으로서 여섯 음악의 악기를 수장한다. 넷째는 '신주원'으로서 御廩 및 諸器官奴婢를 수장한다"(凡藏大享之器服, 有四院. 一曰天府院, 藏瑞應及伐國所獲之寶, 禘祫則陳于廟庭. 二曰御衣院, 藏天子祭服. 三曰樂縣院, 藏六樂之器. 四曰神廚院, 藏御廩及諸器官奴婢)라고 하였다.

25) 園寢 : 제왕의 능묘 위에 세운 廟를 말한다. 『후한서』「제사하」, '종묘', 3199쪽에서 "옛날에는 능묘에서 제사를 지내지 않았다. 전한시대의 능묘에는 원침이 있는데, 진나라의 제도를 계승한 것이다. 어떤 사람은 말한다. 옛날 종묘에는 앞에 묘를 조성하고 뒤에 침을 조성하여 사람의 거처에 앞에는 조정이 있고 뒤에는 침이 있는 것을 본떴다고 한다"(古不墓祭, 漢諸陵皆有園寢, 承秦所爲也. 說者以爲古宗廟前制廟, 後制寢, 以象人之居前有朝, 後有寢也)라고 하였다. 진한시대의 능침제도에 대해서는 양관 저, 장인성·임대희 옮김, 『중국역대 陵寢제도』(서경, 2005), 27~68쪽 참조.

26) 『진서』, 권20, 「예지」, 663쪽.

27) 『皇覽』: 魏의 劉劭·王象·桓範·繆襲 등이 魏 文帝 黃初 연간(220~226)에 칙명으로 편찬한 최초의 類書이다. 『수서』「경적지」에 梁代의 680권을 저록하고 있는데 망실되었다. 청 孫馮翼의 집본 1권이 『問經堂叢書』(『叢書集成初編』排印), 청 黃奭輯本이 『漢學堂叢書』에 수록되어 있으며, 또한 청 王謨의 『皇覽逸禮』 집본이 『漢魏遺書鈔』에 수록되어 있다.

28) 『사기』, 권1, 「오제본기」, 5쪽, 裴駰의 주. 『태평어람』 권27 時序部12 「冬下」, 128쪽에 『皇覽』「塚墓記」의 문장으로 인용되어 있다.

지 않는다고 하던데, 이제 무덤이 있는 것은 어찌된 일인가?' 좌우의 측근이 말하였다. '황제는 이미 하늘로 올라가 신선이 되었습니다만, 여러 신하가 그 옷과 관을 간직하고 있었습니다. 그래서 무덤이 있게 된 것입니다.' 무제가 말하였다. '내 진실로 황제처럼 처자식 버리기를 헌신 버리듯 하고자 한다'"[29]라고 하였습니다.

(『진서』에서 말하였습니다) "위魏의 무제武帝(조조)는 고릉高陵(鄴縣 서쪽)에 안장되었는데, 한漢의 제도에 따라 능묘 위에 제전祭殿을 세웠다. 문제文帝(조비)는 황초黃初 3년(224)에 조칙을 내려 '선제先帝(무제 조조)께서는 무겁고 복잡한 것을 줄이고 절약하라는 유조遺詔를 내리셨다. 아들은 아버지의 뜻을 계승하는 것으로 효를 삼고, 신하는 선왕의 일을 계승하는 것으로 충을 삼는다. 옛날에는 능묘에서 제사를 지내지 않고, 모두 종묘에 진설하였다. 고릉 위의 제전을 모두 철거하여 선제의 검소한 덕의 의례를 따르도록 하라'라고 하였다. 이 이후 원읍園邑과 침전寢殿의 제도가 드디어 사라졌다."[30]

【宗廟 20—7:3】

昭公十五年「傳」曰, "春, 將禘于武公. 梓愼曰, '禘之日, 其有咎乎! 吾見赤黑之祲, 非祭祥也, 喪[31]氣"[1], "諸瑞應及伐國所獲之寶物, 祫禘則陳於廟庭也." 『晋書』曰, "古无墓祭之禮也. 漢承秦, 皆有園寢也."[2] 『皇覽』曰, "蒼頡冢在馮翊縣. 學書者, 皆祭之不絶也. 蚩尤冢在東郡壽張縣, 民常以十月祀之, 有赤氣如一匹布,[32] 名爲蚩尤之旗也." 『史記』曰, "黃帝冢

29) 『사기』, 권12, 「효무본기」, 472~473쪽.
30) 『진서』, 권20, 「예지」, 634쪽.
31) 喪 : 喪의 이체자이다.
32) 有赤氣如一匹布 : 『사기』 권1 「오제본기」, 5쪽, 裵駰의 『集解』에 인용된 『皇覽』

在橋山. 漢武帝巡朔方, 遝[33]祭帝冢, 曰, '吾聞黃帝不死, 今有冢, 何乎?' 左右曰, '黃帝已上天, 群臣藏其衣冠, 故有冢耳.' 帝曰, '吾誠得如黃帝去妻子如脫履之也.'" "魏武帝葬高陵, 依漢立陵上祭殿. 至文帝黃初三年, 乃詔曰, '先帝遺詔省約重復. 子以述父爲孝, 臣以繫事爲忠. 古不墓祭, 皆設於廟. 高陵上殿皆毁懐[34], 以從先帝儉德之禮.' 自後園寢遂絶也."3

협주

1. '침祲'은 요사스러운 기운이다. 대개 그것이 종묘에 나타나면 대신이 죽는다.
2. 수守는 말한다. "진秦은 능묘에 침당寢堂을 세웠다. 한漢은 진의 제도를 계승하여 고치지 않았다."
3. 풀을 베고 능묘에 절을 하면서 지내는 제사에 대해서는 그 내용이 『음양서』에 있다.

夾注原文

1. 侵[35], 妖氣也. 蓋見宗廟, 大臣卆[36]也. **2.** 守曰, "秦立寢堂於墓, 漢因秦而不改之也." **3.** 斬草謝墓祭在『陰陽書』也.

에는 "有赤氣出, 如匹絳帛"으로 되어 있다.

33) 遝 : 還의 이체자이다.

34) 懐 : 壞의 오사이다.

35) 侵 : 祲의 오사이다.

36) 卆 : 卒의 이체자이다.

藉田

해제 : 봄에 농경과 누에치기를 권장하는 의미로 행하는 적전과 잠상 의례를 기술하고 있다. 적전의례에는 선농에게, 잠상의례에는 선잠에게 제사를 지내는데 그 규정을 인용하고 있다.

【적전 20—8:1】

(〔藉은〕 在와 亦의 반절로서, 입성이다. 〔田은〕 從과 堅의 반절로서, 평성이다)

『예기』「월령」에서 말하였습니다. "맹춘의 달(1월)에 원진元辰을 택하여 천자는 친히 삼공·구경·제후·대부를 이끌고 몸소 적전籍田을 경작한다. 천자는 세 번 갈고, 삼공은 다섯 번 갈고, 제후는 아홉 번 간다."[1)]

『사령』에서 말하였습니다. "맹춘의 길한 해일亥日에 적전籍田에서 선농先農을 제사지내는데, (희생으로) 태뢰를 쓴다."[2)]

---

1) 『예기정의』, 권14, 「월령」, 539~540쪽.

2) 이 『사령』의 규정은 『당령습유보』, 496쪽에 수록되어 있다. ○『수서』 권7「예의지」, 144쪽에서 "隋制. 국성 남쪽 14리 계하문 밖에 땅 천무를 설치하고 제단을 만든다. 맹춘의 길한 해일에 그 위에서 선농을 제사하는데, 후직을 배향하고, 희생으로 태뢰 1을 쓴다"(隋制, 於國南十四里啓夏門外, 置地千畝, 爲壇, 孟春吉亥, 祭先農於其上, 以后稷配. 牲用一太牢)라고 하였다. ○『구당서』 권24「예의지」, 910쪽에서 "武德·貞觀의 制…… 맹춘의 길한 해일에 적전에서 제사를 지내고, 천자가 직접 밭을 간다. 계춘의 길한 사일에 공상에서 선잠을 제사지내고, 황후가 직접 뽕을 딴다. 모두 태뢰의 희생을 쓰고, 籩과 豆는 각각 9이다"(武德·貞觀之制……孟春吉亥, 祭帝社於藉田, 天子親耕. 季春吉巳, 祭先蠶於公桑, 皇后親桑. 並用太牢, 籩·豆各九)라고 하였다. ○『당육전』, 권19, 「司農寺·司農卿」, 524쪽에서 "무릇 맹춘의 길한 해일에 황제가 친히 적전의 예를 행하고, 선농을 제사지낼 때에 (사농경은) 따비와 보습을 바친다"(凡孟春吉亥, 皇帝親藉

【籍田 20—8:1】

[在亦反入, 從堅反平]

『禮記』「月令」曰, "孟春月, 乃擇元辰, 天子親師[3]三公·九卿·諸侯·大夫, 躬耕帝藉. 天子三推, 三公五推, 諸侯九推."[1] 『祠令』曰, "孟春吉亥, 祭先農於藉田, 用大宰[4]."[2]

협주

1. "'원진元辰'은 교 제사를 지낸 후의 길한 해일亥日을 가리킨다. '제적帝藉'은 하늘의 신을 위해 백성의 노동력을 빌어 경작하는 토지를 가리킨다."[5]
2. 수守가 살펴보건대, 『한구의漢舊儀』에서 "봄날에 동쪽으로 나아가 적전을 경작할 때, 선농에 제사를 지낸다. 선농先農은 곧 신농神農이다"[6]라고 하였다. "계칩이 지난 후 길한 해일亥日에 한다"는 것이 이것이다.

夾注原文

1. "元辰, 蓋郊後吉亥也. 帝藉, 爲天神借民力所治之田也." **2.** 守據『漢舊儀』, "春始東耕於藉田, 祠先農, 先農卽神農矣." '啓蟄後吉亥日', 是之也.

田之禮, 有事于先農, 則奉進耒耜)라고 하였다. ○『대당개원례』 권1 서례상 「신위」, 16쪽에서 "맹춘의 길한 해일에 선농을 제사지낸다"(孟春吉亥, 享先農)라고 하였다. ○『통전』 권106 예66 개원례찬류 서례상 「신위」, 2770쪽에서 "맹춘의 길한 해일에 선농을 제사지낸다"(孟春吉亥, 享先農)라고 하였다.

3) 師 : 『예기정의』 권14 「월령」, 539쪽에는 '師'가 '帥'로 되어 있다.
4) 宰 : 牢의 이체자이다.
5) 『예기정의』, 권14, 「월령」, 541쪽, 정현의 주.
6) 衛宏 撰·孫星衍 校, 『漢舊儀補遺』, 권하, 31~32쪽. 『후한서』 권2 「顯宗孝明帝紀」, 107쪽의 주 및 『후한서』 「예의지」, '耕', 3107쪽의 주에도 『한구의』를 인용하고 있다.

【적전 20—8:2】

『주례』「내재內宰」에서는 "중춘의 달(2월)에 왕후王后에게 고하여 내외의 명부命婦를 이끌고 처음으로 북교北郊에서 누에를 쳐서 제복祭服의 용도에 공급하게 한다"[7]라고 하였습니다.

『예기』(「월령」)에서는 "계춘의 달(3월)에 후비后妃는 재계하고 직접 동쪽으로 향하여 몸소 뽕잎을 딴다. 양잠을 돕는 부녀婦女들로 하여금 용모와 자태를 갖추는 일이 없도록 하고, 또 부婦에게 다른 일을 줄이고 누에치는 일에 전념하게 한다"[8]라고 하였습니다.

『사령』에서 말하였습니다. "계춘의 사일巳日에 공상公桑에서 선잠先蠶을 제사지낸다. 황후가 몸소 뽕을 따고, 태뢰를 쓴다. 누에치는 날이 다가오면 내시성內侍省에서 미리 보고를 올리고 담당 관청에 이첩하여 일을 행하게 한다."[9]

---

7) 『주례주소』, 권7, 「천관 · 내재」, 218쪽.

8) 『예기정의』, 권15, 「월령」, 568쪽.

9) 이 『사령』의 규정은 『당령습유보』, 497쪽에 수록되어 있다. ○『구당서』, 권24, 「예의지」, 910쪽, "武德 · 貞觀의 制…… 계춘의 길한 사일에 공상에서 선잠을 제사지내고, 황후가 직접 뽕을 딴다. (맹춘의 적전에서의 제사와 마찬가지로) 모두 태뢰의 희생을 쓰고, 籩과 豆는 각각 9이다. 누에치는 날이 다가오면 내시성에서 미리 보고를 올리고 담당 관청에서 행할 일을 이첩한다."(武德 · 貞觀之制……季春吉巳, 祭先蠶於公桑, 皇后親桑. 並用太牢, 籩 · 豆各九. 將蠶日, 內侍省預奉, 移所司所事) ○『당육전』, 권4, 「상서예부」, '사부낭중 원외랑', 122쪽, "계춘의 길한 사일에 서교에서 선잠을 제사한다."(季春吉巳, 享先蠶於西郊) ○『대당개원례』, 권1, 서례상, 「신위」, 16쪽, "계춘의 길한 사일에 선잠을 제사지낸다."(季春吉巳, 享先蠶) ○『통전』 권106, 예66, 개원례찬류, 서례상, 「신위」, 2770쪽, "계춘의 길한 사일에 선잠을 제사지낸다."(季春吉巳, 享先蠶)

【籍田 20—8:2】

『周禮』「內宰」曰, "仲詔后師內外命婦[10], 始蠶于北, 以爲祭服."[1] 『禮記』, "季春之月, 后[11]齋戒, 親東鄕[12], 以勸蠶事."[2] 『祠令』曰, "季春巳日, 祭先蠶於公桑, 皇后親菜桑, 用太窂[13]. 將蠶日, 內待[14]省預奏, 移所司行事."[3]

협주

1. "북교에서 누에를 치는 것은 부인婦人이 순수한 음(純陰)을 존숭하기 때문이다. 교외에는 반드시 공상잠실公桑蠶室을 둔다."[15]
2. "후비后妃가 직접 뽕잎을 따는 것은 천하에 솔선함을 보여 주는 것이다. '동쪽으로 향한다'(東鄕)는 것은 계절의 기운에 향한다는 뜻이다. 이는 항상 머물면서 누에를 치지 않음을 밝히는 것이다. 머물면서 치는 자는 선발된 부인夫人과 세부世婦이다. '부婦'는 세부 및 여러 신하들의 처를 뜻한다."[16]
3. 蠶은 存과 含의 반절이다.

夾注原文

1. "蠶於北郊, 婦人以純陰爲尊也. 郊必有公桑蠶室焉之也." **2.** "后妃親來采[17]桑, 示師[18]天下也. 東鄕者, 嚮時氣也. 是明其不常留養蠶也. 留養者, 所卜夫

---

10) 仲詔后師內外命婦 : 『주례주소』 권7 「천관 · 내재」, 218쪽에는 "仲春, 詔后帥外內命婦"로 되어 있다.
11) 后 : 『예기정의』 권15 「월령」, 568쪽에는 '后'가 '后妃'로 되어 있다.
12) 鄕 : 『예기정의』 권15 「월령」, 568쪽에는 '鄕' 다음에 "躬桑, 禁婦女毌觀省婦使"의 문장이 더 있다.
13) 窂 : 牢의 이체자이다.
14) 待 : 『당령습유보』, 497쪽에는 '待'가 '侍'로 되어 있다.
15) 『주례주소』, 권7, 「천관 · 내재」, 218쪽, 정현의 주.
16) 『예기정의』, 권15, 「월령」, 568쪽, 정현의 주.
17) 來采 : 『예기정의』 권15 「월령」, 568쪽, 정현의 주에는 '來采'가 '採'로 되어 있다.
18) 師 : 『예기정의』 권15 「월령」, 568쪽, 정현의 주에는 '師'가 '帥'로 되어 있다.

人與世婦及諸臣之妻之也[19)]." **3.** 蠶音存含反也.

19) 所卜夫人與世婦及諸臣之妻之也 : 『예기정의』 권15 「월령」, 568쪽, 정현의 주에는 "留養者, 所卜夫人與世婦. 婦謂世婦及諸臣之妻也"로 되어 있다.

靈星

해제 : 풍년을 기원하고 농사신의 공에 보답하는 영성靈星 제사에 대해 기술하고 있다. 『사령』의 인용을 통해 당 고종대에 입추 후 진일에 국성의 동남에서 영성 제사가 거행되었음을 알 수 있다.

【영성 20—9:1】

(〔靈은〕 力과 丁의 반절로서, 평성이다)

『주서周書』에서 "남교南郊에 제단을 설치하고 상제를 제사지내면서 후직을 배향하는데, 농성農星과 선왕先王이 모두 참여하여 제사를 받는다"[1]라고 하였습니다.

『한서』「교사지」에서 "고조가 천하에 명령을 내려 영성사靈星祠를 세우고 정기적으로 계절마다 소를 희생으로 바쳐 제사지내게 하였다"[2]라고 하였습니다.

『사령』에서 말하였습니다. "입추 후 진일辰日에 국성國城 동남쪽에서 영성을 제사지내는데, 양羊 한 마리를 희생으로 쓴다."[3]

---

1) 『태평어람』 권527 禮儀部6「郊丘」, 2393쪽, "『주서』「작낙」에 '남교에 제단을 설치하여 상제를 제사지내는데, 후직을 배향하고, 농성・선왕이 모두 참여하여 배식한다'라고 하였다"(『周書』「作雒」曰, "乃設兆于南郊, 祀以上帝, 配以后稷, 農星・先王皆與食")라고 되어 있다. 秦蕙田의 『五禮通考』 권2 吉禮2「圜丘祀天」에는 "『일주서』「작낙」에 '남교에 제단을 설치하여 상제를 제사지낸다'라고 하였다"(『逸周書』, 「作雒」, "乃設兆於南郊, 祀以上帝")로 되어 있다. 즉 이곳의 『周書』는 『逸周書』이다.

2) 『한서』, 권25상, 「교사지」, 1211쪽.

【靈星 20—9:1】

[力丁反平]

『周書』曰, "設兆于南郊, 以祀上帝, 配以后稷, 農星·先王皆與食也." 『漢郊志』曰, "高祖令天下立靈星祠, 常歲時祀以牛也."[1] 『祠令』曰, "立秋後辰日, 祀靈星於國城東南, 用羊一."

협주

1. "장안張晏은 '용성龍星[4]의 좌각左角을 천전天田이라고 하니, 곧 농상農祥[5]이다. 이 별이 나타나면 제사를 지낸다'라고 하였다."[6] 『한구의』에 "낙양에서 매년 두 번 영성을 제사지낸다. 영성靈星[7]은 청룡青龍으로서 태진大辰[8]이라

3) 이 『사령』의 규정은 『당령습유보』, 494쪽에 수록되어 있다. ○『구당서』 권24 「예의지」, 910쪽에서 "武德·貞觀의 制.…… 입추 후 진일에 국성의 동남쪽에서 영성을 제사지낸다"(武德·貞觀之 制.……立秋後辰, 祀靈星於國城東南)라고 하였다. ○『당육전』 권4 「상서예부」, '사부낭중 원외랑', 121쪽에서 "입추 후 진일에 국성의 동남쪽에서 영성을 제사지낸다"(立秋後辰日, 祀靈星於國城東南)라고 하였다. ○『대당개원례』 권1 서례상 「신위」, 15쪽에서 "입추 후 진일에 국성의 동남쪽에서 영성을 제사지낸다"(立秋後辰日, 祀靈星於國城東南)라고 하였다. ○『통전』 권106 예66 개원례찬류 서례상 「신위」, 2768~2769쪽에서 "입추 후 진일에 국성의 동남쪽에서 영성을 제사지낸다"(立秋後辰日, 祀靈星於國城東南)라고 하였다. ○『태평어람』 권25 시서부10, 「입추」, 120쪽에서 "(『사령』에) 또 '입추 후 진일에 국성의 동남쪽에서 영성을 제사지낸다'라고 하였다"(又"立秋後辰, 祀靈星於國城東南")라고 하였다.

4) 龍星 : 동방 蒼龍 7宿의 총칭으로, 7수 가운데 어떠한 별도 용성이라 칭할 수 있다.

5) 農祥 : 房宿를 말한다. 28수의 하나로서, 동방 蒼龍 7수 가운데 네 번째 별자리다. 周曆 정월은 夏曆 3월인데, 농상의 별자리가 정월 중에 남방에 나타나면 입춘이다. 이는 한 해의 농사가 시작되는 때이다.

6) 『한서』, 권25상, 「교사지」, 1212쪽 장안의 주.

7) 靈星 : 天田星이라고도 한다. 稼穡을 관장한다. 辰日에 이 별을 동남쪽에서 제사지냈는데, 풍년을 기원하고, 후직의 공에 보답하는 뜻이다.

8) 太辰 : 동방 창룡 7수 가운데 房·心·尾의 총칭이다.

한다. 태진은 상성商星[9]이다. 『춘추』에서 말한[10] 큰 가뭄에 지내는 별이다"[11] 라고 하였다.

夾注原文

1. "張晏曰, '龍星左角曰天田, 則農祥也. 星見而祭之.'" 『漢舊儀』曰, "雒陽歲再祀[12]靈星. 靈星者, 靑龍, 曰太辰, 太辰爲商星也. 『春秋』大雩之星也."

---

9) 商星 : 28수 가운데 동방의 心으로서, 大辰, 大火라고도 칭한다.
10) 『춘추좌전정의』, 권6, 환공 5년조, 195쪽.
11) 衛宏 撰 · 孫星衍 校, 『漢舊儀補遺』, 권하, 31쪽 참조.
12) 祀 : 祠의 오사이다.

三司

해제 : 목숨을 주관하는 사명司命, 종실을 주관하는 사중司中, 전쟁을 주관하는 사록司祿에 대한 제사 규정을 기술하고 있다.

【삼사 20—10:1】

(■과 ■의 반절로서, 평성이다)

『주례』에서 "유료槱燎[1])로 사중司中과 사명司命을 제사지낸다"[2])라고 하였습니다.

『사령』에서 말하였습니다. "입동 후 해일亥日에 사중司中·사명司命·사록司祿을 국성 서북쪽에서 제사지내는데, 양羊 한 마리를 희생으로 쓴다."[3])

1) 槱燎 : 희생의 몸체를 섶 위에 올려놓고 불태워 그 연기를 위로 올라가게 해서 제사를 지내는 의식이다.
2) 『주례주소』, 권18, 「춘관·대종백」, 530쪽.
3) 이 『사령』의 규정은 『당령습유보』, 494쪽에 수록되어 있다. ○『구당서』 권24 「예의지」, 910~911쪽에서 "武德·貞觀의 制.…… 입동 후 해일에 사중·사명·사인·사록을 국성 서북쪽에서 제사지내는데, 각각 양 한 마리를 희생으로 쓰고, 籩과 豆는 각각 2, 簠와 簋는 각각 1이다"(立冬後亥, 祀司中·司命·司人·司祿於國城西北, 各用羊一, 籩·豆各二, 簠·簋各一)라고 하였다. ○『당육전』 권4 「상서예부」, '사부낭중 원외랑', 121쪽에서 "입동 후 해일에 사중·사명·사인·사록을 국성 서북쪽에서 제사지낸다"(立冬後亥日, 祀司中·司命·司人·司祿於國城西北)라고 하였다. ○『대당개원례』 권1 서례상 「신위」, 15쪽에서 "입동 후 해일에 사중·사명·사인·사록을 국성 서북쪽에서 제사지낸다"(立冬後亥日, 祀司中·司命·司人·司祿於國城西北)라고 하였다. ○『통전』 권106 예66 개원례찬류 서례상, 「신위」, 2769쪽에서 "입동 후 해일에 사중·사명·사인·사록을 국성 서북쪽에서 제사지낸다"(立冬後亥日, 祀司中·司命·司人·司祿於國城西北)라고 하였다.

【三司 20—10:1】

[■■反平]
『周禮』曰, "以猶[4]燎祀司中 · 司命."[1] 『祠令』曰, "立冬後亥日, 祀司中 · 司命 · 司祿於國城西北, 用羊一."

협주

1. "정사농은 '(司中은) 삼능三能[5]을 가리킨다'[6]라고 하였다. 정현鄭玄은 '사중司中과 사명司命은 문창성文昌星의 네 번째 별과 다섯 번째 별이다'라고 하였다."[7] 수守가 살펴보건대, 『진서晋書』에서 "상태上台는 사명司命으로서 수명(壽)을 주관한다. 중태中台는 사중司中으로서 종실宗室을 주관한다. 하태下台는 사록司祿으로서 전쟁(兵)을 주관한다"[8]라고 하였다. 각기 주관하는 바에 제사를 지내는 것이다.

夾注原文

1. "鄭農[9]曰, '三能也.' 玄謂'司中 · 司命, 文昌第四 · 第五星.'" 守據『晋書』, "上台, 爲司命, 主壽. 中台, 爲司中, 主宗室. 下台, 爲司祿, 主兵也", 各祈其所主者之也.

---

4) 猶 : 『주례주소』 권18 「춘관 · 대종백」, 530쪽에는 '猶'가 '槱'로 되어 있다.
5) 三能 : 별이름으로 三台를 가리킨다. 『진서』, 권11, 「천문지상」, '中宮', 293쪽 참조.
6) 『주례주소』, 권18, 「춘관 · 대종백」, 530쪽, 정현의 주.
7) 『주례주소』, 권18, 「춘관 · 대종백」, 530쪽, 정현의 주.
8) 『진서』, 권11, 「천문지」, '中宮', 293쪽.
9) 鄭農 : 鄭司農의 오사이다.

明堂

해제 : 주공이 명당에서 상제를 제사지낼 때 문왕을 배향하였다는 『효경』의 '엄부배천嚴父配天' 관념이 당대에 제도적으로 정착되고 있음을 보여 준다.

【명당 20—11:1】

(〔明은〕 靡와 呈의 반절이다. 〔堂은〕 徒와 當의 반절이다)

『효경』에서 "문왕을 명당에서 높여서 제사지냈는데, (문왕을) 상제에게 배향한 것이다"[1]라고 하였습니다.

『사령』에서 말하였습니다. "계추季秋(9월)에 오방상제五方上帝를 명당에서 제사지내는데, 고조를 배향하고 오제를 종사하며, 태종을 배향하고 오관五官을 종사한다. 송아지 12마리를 희생으로 쓴다. 오방상제와 오제의 희생은 방향을 상징하는 색깔에 따라 하고, 고조와 태종의 희생은 황색을 쓴다."[2]

---

1) 『효경주소』, 권4, 「성치장」, 35쪽.

2) 이 『사령』의 규정은 『당령습유보』, 490~491쪽에 수록되어 있다. ○『구당서』 권21「예의지」, '大祀·中祀·小祀', 821쪽에서 "武德初, 定令.…… 계추에 오방상제를 명당에서 제사지내는데, 원제를 배향하고, 희생으로 푸른 털빛의 송아지 2마리를 쓴다. 오인제와 오관을 모두 종사하는데 방향을 상징하는 털빛의 송아지 10마리를 쓴다"(武德初, 定令.……季秋, 祀五方上帝於明堂, 元帝配, 牲用蒼犢二. 五人帝, 五官並從祀, 用方色犢十)라고 하였다. ○『당육전』 권4「상서예부」, '사부낭중 원외랑', 121쪽에서 "계추의 달에 선왕을 명당에서 합사할 때, 호천상제를 제사하고, 예종을 배향한다. 또한 오방제·오제·오관을 그 방향에 따라 제사지낸다"(季秋之月大享於明堂, 祀昊天上帝, 以睿宗配焉, 又祀五方帝·五帝·五官各於其方)라고 하였다. ○『대당개원례』 권1 서례상「신위」, 14쪽에서 "계추

【明堂 20—11:1】

[麻呈反, 徒當反]

『平[3] 孝經』曰, "宗祀文王於明堂, 以配上帝."[1] 『祠令』曰, "季秋, 祀五方上帝於明堂, 高祖配, 五帝[4], 太宗配, 五官從祀, 用犢十二. 帝牲依方色, 高祖・太宗牲用黃也."

협주

1. '종宗'은 높인다(尊)는 뜻이다. 문왕文王은 주나라에서 처음 천명을 받은 왕이다. '상제上帝'는 태미성太微星의 오제五帝이다. 하나라에서는 세실世室이라 하였고, 은나라에서는 중옥重屋이라 하였고, 주나라에서는 명당明堂이라 하였다.[5]

夾注原文

1. 宗. 尊也. 文王, 周始受命之王也. 上帝, 太微五帝也. 夏后氏爲世室, 殷人爲重屋, 周人爲明堂之也.

에 명당에서 선왕을 합사할 때, 호천상제를 제사하고, 예종대성진황제를 배향한다. 또한 오방제・오제・오관을 종사한다"(季秋大享明堂, 祀昊天上帝, 以睿宗大聖眞皇帝配坐, 又以五方帝・五帝・五官從祀)라고 하였다. ○『통전』 권44 예4 「大享明堂」, 1221쪽에서 "大唐武德初, 定令. 매년 계추에 오방상제를 명당에서 제사지내는데, 원제를 배향하고, 오인제와 오관을 모두 종사한다"(大唐武德初, 定令. 每歲季秋祀五方上帝於明堂, 以元帝配, 五人帝・五官並從祀)라고 하였고, 같은 책, 1228쪽에서는 "(개원) 20년 계추에 명당에서 선왕을 합사할 때, 호천상제를 제사지냈고, 예종을 배향하였으며, 또 오방제와 오관을 종사하였다. 籩豆와 罇罍의 수는 雩祭의 의례와 같았다"(二十年季秋, 大享於明堂, 祀昊天上帝, 以睿宗配, 又以五方帝・五官從祀. 籩豆罇罍之數, 與雩禮同)라고 하였다.

3) 平 : 연문인 듯하다. 항목 '明堂'의 반절표기에 붙어야 하는데, 이곳에 잘못 들어온 듯하다.

4) 五帝 : 『당령습유보』, 490쪽에는 '五帝' 뒤에 '從祀' 두 글자가 더 있다.

5) 명당의 명칭, 규모, 구조와 연혁 등에 관한 전반적인 기술은 『北史』 권72 「牛弘裕列傳」, 2494~2499쪽 참조.

五祀

해제 : 『예기』를 인용하여 왕 · 제후 · 대부 · 적사 · 서사 · 서인 등 신분에 따른 제사 대상의 차등을 보여 준다. 이어서 『사령』에 규정된 일곱 개의 제사 대상(七祀)과 그것의 제사 시기 및 절차를 설명하고 있다.

【오사 20—12:1】

(〔祀는〕 徐와 理의 반절이다)

『예기』에서 "왕은 군성群姓을 위하여 일곱 개의 제사 대상(七祀)을 세우는데, 사명司命 · 중류中霤 · 국문國門 · 국항國行 · 천려天厲 · 호戶 · 조竈이다. 제후는 나라를 위하여 다섯 개의 제사 대상(五祀)을 세우는데, 사명 · 중류 · 국문 · 국항 · 공려公厲이다. 대부는 세 개의 제사 대상(三祀)을 세우는데, 족려族厲 · 문門 · 항行이다. 적사適士는 두 개의 제사 대상(二祀)을 세우는데, 문 · 항이다. 서사庶士와 서인庶人은 하나의 제사 대상(一祀)을 세우는데, 호戶를 세우기도 하고 조竈를 세우기도 한다"[1]라고 하였습니다.

『사령』에서 말하였습니다. "칠사七祀. 사명司命과 호戶는 봄에, 조竈는 여름에, 문門과 려厲는 가을에, 항行은 겨울에 제사지내는데 각각 종묘에서 선왕을 합사하는 날에 한다. 중류中霤는 계하季夏(6월) 영기迎氣의 날에 제사지낸다. 모두 본사本司(內侍省)에서 태묘 서문 안의 길 남쪽에서 제사지낸다. 각각 양 한 마리를 희생으로 쓴다."[2]

1) 『예기정의』, 권46, 「제법」, 1521~1522쪽.

2) 이 『사령』의 규정은 『당령습유보』, 496쪽에 수록되어 있다. ○『수서』 권7 「예의지」, 136쪽에서 "高祖既受命…… 司命·戶는 봄에 제사하고, 竈는 여름에 제사하고, 門은 가을에 제사하고, 行은 겨울에 제사하는데, 각기 묘에서 선왕을 합사하는 날에 한다. 中霤는 계하에 교외에서 黃을 제사하는 날에 한다. 각각 유사에게 명하여 묘의 서쪽 문 길 남쪽에서 제사한다. 희생은 소뢰를 쓴다. 3년에 한 번 협 제사를 올리는데 맹동에 하고, 체천한 신주와 아직 체천하지 않은 신주를 태조의 묘에서 합식하게 한다. 5년에 한 번 체 제사를 올리는데 맹하에 하고, 그 체천한 신주는 각각 체천된 바의 묘에서 제사 음식을 먹고, 아직 체천하지 않은 신주는 각각 자기의 묘에서 제사 음식을 먹는다. 체·협 제사를 지내는 달에는 시제를 중지하지만, 여러 상서로운 물건과 정벌한 나라에서 획득한 진귀한 물건을 묘정에 진설하고 공신을 배향한다"(高祖既受命……司命·戶以春, 竈以夏, 門以秋, 行以冬, 各於享廟日, 中霤則以季夏祀黃郊日, 各命有司, 祭於廟西門道南. 牲以少牢. 三年一祫, 以孟冬, 遷主·未遷主合食於太祖之廟. 五年一禘, 以孟夏, 其遷主各食於所遷之廟, 未遷之主各於其廟. 禘祫之月, 則停時饗, 而陳諸瑞物及伐國所獲珍奇於廟庭, 及以功臣配饗)라고 하였다. 나카무라 유이치(中村裕一)는 위 인용문을 隋의 開皇祠令의 일부일 것으로 추측한다.(『唐令逸文の研究』, 35쪽) ○『구당서』 권25 「예의지」, 941쪽에서 "唐禮…… 또 시제를 지내는 날에 태묘의 서쪽 문의 길 남쪽에서 칠사를 제사한다. 司命과 戶는 봄에 하고 竈는 여름에 하며 門과 厲는 가을에 하고 行은 겨울에 하며, 中霤는 季夏 迎氣의 날에 제사한다. 물품으로 계절의 햇물건 가운데 진어할 만한 것은 담당 부서에서 먼저 태상에 보내고, 상식과 더불어 서로 살펴서 정밀하고 좋은 것을 간택하고 맛있는 것과 햇물건으로 서로 마땅한 것을 배합한다. 태상경은 그것을 태묘에 바치고 신주를 꺼내지 않는다. 중춘에 얼음을 바칠 때에도 이와 같이 한다"(唐禮……又時享之日, 修七祀於太廟西門內之道南. 司命·戶以春, 竈以夏, 門·厲以秋, 行以冬, 中霤則於季夏迎氣日祀之. 若品物時新堪進御者, 所司先送太常, 與尙食相知, 簡擇精好者, 以滋味與新物相宜者配之. 太常卿奉薦於太廟, 不出神主. 仲春薦冰, 亦如之)라고 하였다. 나카무라 유이치(中村裕一)는 위의 『구당서』 '七祀'에 관한 기사가 『천지서상지』의 『사령』이나 『수서』 「예의지」의 '개황사령' 사료와 합치되지 않음을 근거로 '사령'을 개변한 것이거나 『구당서』의 독자적인 기사일 것으로 이해한다.(『唐令逸文の研究』, 36쪽) ○『대당개원례』 권37 吉禮 「祭七祀」에서 "사명과 호는 봄에, 조는 여름에, 중류는 계하 토의 기운이 왕성한 날에, 문과 려는 가을에, 항은 겨울에 지낸다"(司命·戶以春, 竈以夏, 中霤以季夏土王日, 門·厲以秋, 行以冬)라고 하였다. ○『통전』 권51 예11 「천자칠사」, 1419쪽에서 "대당 초에 칠사를 폐지하고, 다만 계하의 제사에 중류를 제사지냈다. 개원 연간에 예를 제정하여 칠사를 제사하고, 각각 네 계절의 선왕 합사 때에 묘정에서 칠사를 제사지냈다. 사명의 신과 호의 신은 봄, 조의 신은 여름, 문의 신과 려의 신은 가을, 항의 신은 겨울에, 중류는 계하에 지냈다. 그 의례 절차는 『개원례』에 갖추어져 있다"(大唐初, 廢七祀, 唯季夏祀祭中霤. 開元中制禮, 祭七

【五祀 20—12:1】

[徐理反]

『禮記』曰, "王爲群姓立七祀, 曰司命, 曰中雷[3], 曰國門, 曰國行, 曰天庿[4], 曰戶, 曰竈. 諸侯爲國立五祀, 司命, 中霤, 門, 行, 公厲. 大夫立三祀, 挨[5]厲, 門, 行. 適士立二祀, 門, 行. 庶士·庶人立一祀, 或立戶, 或立竈."[1] 『祠令』曰, "七祀, 司命·戶以春, 竈以夏, 門·厲以狄[6], 行以冬. 各於享廟日. 中霤季夏迎氣日, 皆本司祭於大廟西門內導[7]南, 各用羊一也."

협주

1. "이는 큰일을 빌고 보답하는 대신大神이 아니다. 소신小神으로서 사람들 사이에 거처하면서 작은 허물들을 살펴서 견책하여 알릴 뿐이다. 사명司命은 삼명三命[8]을 감독하고 살피는 일을 주관한다. 중류中霤는 당堂과 실室에서 거처하는 것을 주관한다. 토신土神이다. 문門과 호戶는 드나드는 일을 주관한다. 항行은 도로에서 다니는 일을 주관한다. 려厲는 죽이고 벌주는 일을 주관한다. 조竈는 먹고 마시는 일을 주관한다. 「명당월령」에서 '봄에는 호戶에 제사하는데, 넓적다리를 먼저 올려서 제사를 지낸다. 여름에는 조竈에 제사하는데, 폐를 먼저 올려서 제사를 지낸다. 중앙(늦여름)에는 중류에 제사하는데, 심장을

祀, 各因時享, 祭之於廟庭. 司命·戶以春, 竈以夏, 門·厲以秋, 行以冬, 中霤以季夏. 其儀具『開元禮』)라고 하였다.

3) 雷 : 霤의 오사이다.
4) 庿 : 厲의 오사이다.
5) 挨 : 族의 오사이다.
6) 狄 : 秋의 오사이다.
7) 導 : 道의 동의어이다.
8) 三命 : '受命'·'遭命'·'隨命'이다. '수명'은 장수를 누리는 것, '조명'은 선한 일을 했는데도 흉악한 일을 당하는 것, '수명'은 행위의 선악에 따라 그에 상응하는 결과를 얻는 것을 말한다. 『예기정의』, 권46, 「제법」, 1523쪽, 공영달의 소 참조.

먼저 올려서 제사를 지낸다. 가을에는 문門에 제사하는데, 간을 먼저 올려서 제사를 지낸다. 겨울에는 항行에 제사하는데, 신장을 먼저 올려서 제사를 지낸다'라고 하였다. 사명司中과 려厲는 제사지내는 시기가 분명하지 않다. 지금 민간에서는 봄과 가을에 사명・항신行神・산신山神에게 제사를 지내고 문門・호戶・조竈를 그 옆에서 제시지내고 있다. 이를 통해서 보면 봄에는 사명에 제사지내고 가을에는 려에 제사지내는 것임을 알 수 있다. 어떤 사람은 (사명과 여를) 함께 제사지낸다고도 한다. 려厲는 곧 산山이다."[9]

夾注原文

1. "此非大神[10]也, 小神, 居人間, 司察小過也[11]. 司命, 主君[12]三命. 中霤, 主堂室居處, 土神. 門・戶主出入. 行主道路行作. 厲主殺罸[13]. 竈主飮食之事也. 「明堂月令」, '春[14]祀戶, 祭先脾. 夏[15]祀竈, 祭先肺. 中央[16]祀中霤, 祭先心. 秋[17]祀門, 祭先肝. 冬[18]祀行, 祭先腎.' 司命與厲, 不着[19]. 今時民家, 春祠司中, 秋司[20]厲. 厲卽山."

---

9) 『예기정의』, 권46, 「제법」, 1522쪽, 정현의 주.
10) 神 : 『예기정의』 권46 「제법」, 1522쪽, 정현의 주에는 '神' 다음에 '所祈報大事者'가 더 있다.
11) 『예기정의』 권46 「제법」, 1522쪽, 정현의 주에는 "小神, 居人之間, 司察小過, 作譴告者爾"로 되어 있다.
12) 君 : 『예기정의』 권46 「제법」, 1522쪽, 정현의 주에는 '君'이 '督察'로 되어 있다.
13) 罸 : 罰의 이체자이다.
14) 春 : 『예기정의』 권46 「제법」, 1522쪽, 정현의 주에는 '春' 다음에 '曰其' 두 글자가 더 있다.
15) 夏 : 『예기정의』 권46 「제법」, 1522쪽, 정현의 주에는 '夏' 다음에 '曰其' 두 글자가 더 있다.
16) 央 : 『예기정의』 권46 「제법」, 1522쪽, 정현의 주에는 '央' 다음에 '曰其' 두 글자가 더 있다.
17) 秋 : 『예기정의』 권46 「제법」, 1522쪽, 정현의 주에는 '秋' 다음에 '曰其' 두 글자가 더 있다.
18) 冬 : 『예기정의』 권46 「제법」, 1522쪽, 정현의 주에는 '冬' 다음에 '曰其' 두 글자가 더 있다.
19) 着 : 『예기정의』 권46 「제법」, 1522쪽, 정현의 주에는 '着'이 '著'로 되어 있다.
20) 春祠司中, 秋司 : 『예기정의』 권46 「제법」, 1522쪽 정현의 주에는 "或春秋祠司

命・行神・山神, 門・戶・竈在旁, 是必春祠司命, 秋祠厲也. 或者合而祠之"로 되어 있다.

高禖

해제 : 중춘의 제비가 날아오는 날에 고매에 제사를 지내는 의례를 설명하고 있다. 고매 제사는 자손을 기원하기 위한 것이다.

【고매 20—13:1】

(〔高는〕 古와 豪의 반절이다. 〔禖는〕 莫과 廻의 반절로서, 평성이다)

『예기』 「월령」에서 "중춘仲春(2월)에 현조玄鳥(제비)가 날아온다. 날아오는 날에 태뢰의 희생으로 고매高禖를 제사지낸다. 천자가 친히 가는데, 후비后妃가 구빈九嬪[1]을 이끌고 가서 모신다. 천자의 총애를 받아 임신한 여인을 축복하는데, 활집을 차게 하고 활과 화살을 주어 고매 앞에 나아가게 한다"[2]라고 하였습니다.

『한서』 「무제오자전武帝五子傳」에서 "무제가 늦은 나이에 태자를 얻고 처음으로 고매의 사당을 세웠는데, 제단 위에 돌(石)을 올려놓았다. 이는 신주의 기능을 하는 것이다"[3]라고 하였습니다. 허신許愼의 『오경설五經說』

---

1) 九嬪 : 왕의 비첩으로서, 后와 夫人의 아래이다. 『주례주소』, 권2, 「천관 · 구빈」, 227쪽 ; 『주례주소』, 권1, 「천관 · 총재」, 23쪽, 정현의 주 참조.

2) 『예기정의』 권15 「월령」, 554~555쪽.

3) 『한서』 권63 「武五子傳」, 2741쪽에는 "려태자 유거는 元狩 원년(BC 122)에 황태자가 되었다. 그의 나이 7세였다. 그 전에, 무제는 29세에 비로소 태자를 얻고 매우 기뻐하여 그를 위해 고매의 사당을 세웠다"라고 하였다. 따라서 『한서』에는 고매의 사당에 신주 대용으로 돌을 세웠다는 기록은 없다. 그러나 『후한서』 「예의지」, '고매', 3107쪽에는 "晋의 元康(惠帝) 연간(291~299)에 고매 제단 위의 돌이 파괴되었다. 조칙을 내려 (돌로 신주를 만든다는 것이) 어느 경전에 나

에서는 "산양山陽 땅의 민간 제사에서는 모두 돌로 신주로 삼는다. (돌로 신주를 삼는 것은) 그 유래가 오래된 것이다"라고 하였습니다.

【高禖 20—13:1】

[古豪反, 莫迴反平]
『禮記』「月令」曰, "仲春, 玄鳥至. 至之日, 以太窂[4]祀于高禖, 天子親往. 后妃率九嬪御, 乃禮天子所御, 帶以弓韣, 授以弓矢, 予[5]高禖之前."[1]
「漢武帝五子傳」曰, "武帝晩得太子, 始爲立禖, 以在壇上, 蓋主道也."
許愼『五經說』, "山陽民祭, 皆以石爲主, 由來尙矣."[2]

협주

1. 채옹蔡雍의 『월령장구月令章句』에서 "중춘의 달에 태뢰의 희생으로 고매에 제사를 드린다. 고매高禖는 제사의 명칭이다. '고高'는 높다(尊)는 뜻이다. 다른 사람을 위해서 그 자손을 빌기 위한 제사이다. 현조玄鳥(제비)는 양의 기운에 감응하여 날아와서 사람의 집에 둥지를 틀고 새끼를 낳는다. 결혼하는 상이

오는지 물었다. 조정의 인사들 가운데 아는 사람이 없었다. 박사 束晳이 '한 무제가 늦은 나이에 태자를 얻고 처음으로 고매의 사당을 세웠다. 고매는 인간의 선조이다. 그러므로 돌을 세워 신주를 삼고, 태뢰의 희생으로 제사를 지냈다'라고 대답하였다"라고 하였고, 『태평어람』 권529 예의부8 「고매」, 2400쪽에도 "「교사지」를 살펴보면, 진한시대에는 고매를 제사지내지 않았다. 『한서』 「무제오자전」에 '무제가 늦은 나이에 태자를 얻고 처음으로 고매의 사당을 세웠다'라고 되어 있지만, 그 일은 자세히 알 수 없다", "허신의 『오경이설』에는 '산양 땅에서는 민간 제사에 모두 돌로 신주를 삼았다'라고 하였다. 그렇다면 돌로 신주를 삼는 것은 그 유래가 오래된 것이다"(按「郊祀志」秦漢不祀高禖. 「漢武帝五子傳」"武帝晩得太子, 始爲立禖", 其事未之能審. 許愼『五經異說』云, "山陽民祭, 皆以石爲主", 然則石之爲主, 由來尙矣)라고 하였다.

4) 窂 : 牢의 이체자이다.
5) 予 : 『예기정의』 권15 「월령」, 555쪽에는 '予'가 '于'로 되어 있다.

다. '독韣'은 활집이다. 축관祝官은 고매의 명에 따라 단술을 마시게 하고 활집을 차게 하여 사내아이를 얻을 수 있도록 한다"[6]라고 하였다. 정현의 주注에서는 "고신씨高辛氏의 시대에 제비가 알을 떨어뜨리자, 융간娀簡이 그것을 삼키고 설契을 낳았다. 후세의 왕은 상서로운 일로 여겨서 그의 사당을 세웠다"[7]라고 하였다.

2. 돌(石)은 새알을 상징한다.

夾注原文

1. 蔡雍『章句』曰, "高禖祀各也.[8] 所以祈子孫之禮也.[9] 玄鳥陽[10]而至, 集人室爲孚乳, 嫁娶之象也[11]. 韣, 弓衣也. 祝以高禖之命, 飮以醴酒, 帶以弓衣, 欲得男者也[12]." 鄭玄注曰, "高辛氏世, 玄鳥卵, 娀簡呑之生契, 後王以嘉祥, 而立其祀焉之也." **2.** 石, 象乙卵之也.

---

6) 『후한서』, 「예의지」, '高禖', 3107~3108쪽, 이현의 주 참조.

7) 『예기정의』, 권15, 「월령」, 554쪽, 정현의 주.

8) 高禖祀各也 : 『태평어람』 권145 皇親部11, '世婦'에 인용된 채옹의 『월령장구』에는 "仲春之月, 以太牢祀于高禖, 高禖祀名, 高猶尊也"로 되어 있다.

9) 所以祈子孫之禮也 : 『태평어람』 권145 皇親部11, '世婦'에 인용된 채옹의 『월령장구』에는 '蓋爲人所以祈子孫之祀也'로 되어 있다.

10) 陽 : 『태평어람』 권145 皇親部11, '世婦'에 인용된 채옹의 『월령장구』에는 '陽' 앞에 '感' 한 글자가 더 있다.

11) 集人室爲孚乳, 嫁娶之象也 : 『태평어람』 권145 皇親部11, '世婦'에 인용된 채옹의 『월령장구』에는 이 문장이 없다.

12) 欲得男者也 : 『태평어람』 권145 皇親部11, '世婦'에 인용된 채옹의 『월령장구』에는 '尙使得男也'로 되어 있다.

祭風雨

『天地瑞祥志』 권20 「祭風雨」[1]

해제 : 입춘 후 축일丑日의 풍사風師, 입하 후 신일辛日의 우사雨師에 제사를 지낸다는 『사령』의 규정을 인용한다. 특히 오늘날 망실된 전한시대 익봉翼奉의 풍각점을 인용하여 바람의 화를 제어하는 방법이 소개되고 있어 주목된다. 또한 『병법』과 송 효무제의 「맑은 날을 기원하는 글」을 통해서 당시 풍각 점법의 성행을 엿볼 수 있다.

【제풍우 20—14:1】

『주례』에서 "유료槱燎로 풍사風師와 우사雨師를 제사지낸다"[2]라고 하였습니다.

『사령』에서 말하였습니다. "입춘이 지난 후 축일丑日에 도성 동북쪽에서 풍사를 제사지낸다. 입하가 지난 후 신일申日에 도성 서남쪽에서 우사를 제사지낸다. 각각 양 한 마리를 희생으로 쓴다."[3]

---

1) 「祭風雨」는 『천지서상지』 필사본에는 【高禖 20—13:1】에 붙어 있는데, 『天地瑞祥志』 권1 【明目錄 1—6】에 의거하여 분리한다.

2) 『주례주소』, 권18, 「춘관 · 대종백」, 530쪽.

3) 이 『사령』의 규정은 『당령습유보』, 493쪽에 수록되어 있다. ○ 『수서』 권7 「예의지」, 143쪽에서 "開皇 연간(581~604, 수 문제) 초. 社와 稷을 含光門 안 오른쪽에 나란히 세우고, 중춘과 중추 길한 무일에 각각 태뢰의 희생으로 제사지낸다. 희생의 털빛은 흑색을 쓴다. 맹동 하순의 해일에 또 납향제사를 지낸다. 주 · 군 · 현에서는 중춘과 중추의 달에 모두 소뢰의 희생으로 제사를 지내고, 백성도 각각 社를 세운다. 또 국성 동남쪽 7리 延興門 밖에 령성의 제단을 설치하고, 입추 이후 진일에 유사에게 명하여 소뢰의 희생으로 제사를 지내게 한다"(開皇初, 社稷並列於含光門內之右, 仲春 · 仲秋吉戊, 各以一太牢祭焉. 牲色用黑. 孟冬下亥, 又臘祭之. 州郡縣二仲月, 並以少牢祭, 百姓亦各爲社. 又於國城東南七里延興門外, 爲靈星壇, 立秋後辰, 令有司祠以一少牢)라고 하였다. ○ 『구당서』 권24 「예의지」, 910쪽에서 "武德 · 貞觀의 制.…… 입춘 후 축일에 국성 동북쪽에서

【祭風雨 20—14:1】

『周禮』曰, "以槱[4]燎祀風師・雨師."[1] 『祠令』曰, "立春後丑日, 祀風師於國城東北也. 立夏後申日, 祀雨師於國城西南. 各用羊一也."

협주

1. "'유槱'는 쌓는다(積)는 뜻이다. '료燎'는 태운다(燒)는 뜻이다. 희생의 몸체를 올려놓거나 옥백玉帛을 얹고 불을 태워 연기를 피워 올리는 것으로, 양의 기운에 보답하는 것이다. 풍사風師는 기箕[5]의 별자리고, 우사雨師는 필畢[6]의 별자리다."[7]

풍사를 제사한다. 입하 후 신일에 국성 서남쪽에서 우사를 제사한다. 입추 후 진일에 국성 동남쪽에서 영성을 제사한다. 입동 후 해일에 국성 서북쪽에서 사중・사명・사인・사록을 제사한다. 각각 양 한 마리를 쓰고, 籩과 豆 각 2, 簠와 簋 각 1을 쓴다"(武德・貞觀之制……立春後丑, 祀風師於國城東北. 立夏後申, 祀雨師於國城西南. 立秋後辰, 祀靈星於國城東南. 立冬後亥, 祀司中・司命・司人・司祿於國城西北. 各用羊一, 籩・豆各二, 簠・簋各一)라고 하였다. ○『당육전』 권4「상서예부」, '사부낭중 원외랑', 121쪽에서 "입춘 후 축일에 국성 동북쪽에서 풍사를 제사한다. 입하 후 신일에 국성 남쪽에서 우사를 제사한다"(立春後丑日, 祀風師於國城東北. 立夏後申日, 祀雨師於國城南)라고 하였다. ○『통전』 권106 개원례찬류1 서례상「신위」, 2768쪽에서 "입춘 후 축일에 국성 동북쪽에서 풍사를 제사한다. 입하 후 신일에 국성 남쪽에서 우사를 제사한다"(立春後丑日, 祀風師於國城東北. 立夏後申日, 祀雨師於國城南)라고 하였다.

4) 槱 : 『주례주소』 권18「춘관・대종백」, 530쪽에는 '槱'가 '槱'로 되어 있다.

5) 箕 : 28수의 하나로서 동방 창룡 7수 가운데 일곱 번 째 별자리다. 네 개의 별로 이루어져 있는데, 두 별은 발꿈치(踵)이고 두 별은 혀(舌)이다. 箕, 壁, 翼, 軫의 별자리가 뜨면 바람이 불어온다고 한다.

6) 畢 : 28수의 하나로서 서방 백호 7수 가운데 다섯 번째 별자리다. 분포하는 형상이 사냥할 때 사용하는 그물(畢網) 같다고 해서 붙여진 이름이다. 이 별은 兵과 雨를 주관한다.

7) 『주례주소』, 권18, 「춘관・대종백」, 530쪽, 정현의 주.

▒ 夾注原文 ▒

1. "稽, 積也. 柴[8], 燒也. 以實牲體焉, 或有玉帛, 燔燎而升煙, 所以報陽也. 風師, 箕. 雨師, 畢星之也."

【제풍우 20—14:2】

익씨翼氏[9]는 말하였습니다. "온갖 회풍廻風과 폭풍暴風은 나쁜 바람(惡

8) 柴 : 『주례주소』 경문에 '以槱燎祀'로 되어 있으므로, 이곳의 '柴'는 '燎'의 오사이다.

9) 翼氏 : 翼奉을 말한다. 익봉은 자가 少君으로, 東海 下邳 출신이다. 『한서』 권75에 그의 열전이 있다. 『한서』 권30 「예문지」, 1718쪽 '효경' 조목에 "『孝經』 1편, '18장, 長孫氏·江氏·后氏·翼氏四家.' 『翼氏說』 1편"이라고 하였고, 같은 책, 1719쪽에서는 "漢이 일어나자, 長孫氏·博士 江翁·少府 后倉·諫大夫 翼奉·安昌侯 張禹가 (『효경』을) 전하여 각자 명가가가 되었다"라고 하여 익봉이 장손씨와 함께 『효경』에 대해 일가를 이루었음을 밝히고 있다. 또한 『한서』 권88 「유림전」, 3713쪽, '후창'의 조목에서는 "후창은 또한 『시』와 『예』에 능통하여 박사가 되었고, 少府에까지 이르렀다. 翼奉·蕭望之·匡衡에게 전수하였다. 익봉은 諫大夫가 되었고, 소망지는 前將軍이 되었으며, 광형은 승상이 되었는데 (『한서』에) 모두 이들의 열전이 있다.…… 이로부터 『齊詩』에 익봉·광형·師丹·伏理의 學이 생기게 되었다"라고 하였다. 이처럼 익봉은 『효경』과 『제시』에 일가를 이룬 儒者로서, 전한 元帝 이후 본격화되는 古禮에 의거한 禮制 개혁 운동의 중심 인물 가운데 한 사람이기도 하였다. 그러나 『한서』 권75, 3195쪽, 반고의 贊에서는 "漢이 일어나자 음양을 미루어서 '災異'를 논한 자로서 무제시대의 董仲舒·夏侯始昌, 소·선제시대의 眭孟·夏侯勝, 원·성제시대의 京房·翼奉·劉向·谷永, 애·평제시대의 李尋·田終術이 있다"고 하여 災異說의 대표적 인물로 거론하고 있다. 또한 『한서』 권75 本傳, 3167쪽에는 "익봉은 학문에 독실하였지만 벼슬을 하지 않았고, 律曆陰陽의 占을 좋아하였다"고 하여 占書에 조예가 깊었음을 밝히고 있다. 실제로 『수서』 권34 「경적지」, '五行', 1027쪽에는 "『風角要候』 11권. '翼奉 撰'"; "『風角鳥情』 1권. '翼氏 撰'"; "『風角雜占五音圖』 5권. '翼氏 撰, 梁 13권, 京房 撰, 翼奉, 撰, 亡'" 등 그의 풍각서 3종을 저록하고 있으며, 같은 책, 「경적지」, '天文', 1018쪽에는 "『翼氏占風』 1권"을 저록하고 있

風)으로서 괴이함(怪)이 된다. 괴이함이 인군의 조정(寺庭)과 서인의 집(居家)에까지 미치면, 양염禳厭[10]의 법에 따라 높이 2척 되는 모구茅狗[11] 4마리와 높이 3척 되는 모인茅人[12]을 만들고, 복숭아나무로 만든 활(桃弓)과 갈대로 만든 화살(葦箭)[13]을 들고 바람이 불어오는 쪽을 향한다. 포석布席 1령領과 백포白布 5장丈을 깔고 청주와 사슴포로 제사를 지낸다. 축문에는

다. 이처럼 익봉은 당시 풍각점의 전문가이기도 하였다. 『천지서상지』 권12에 인용된 『春秋元命苞』와 『五經通義』에서 각각 "음양이 노하여 바람이 된다"(陰陽怒爲風), "음양이 흩어져서 바람이 된다"(陰陽散爲風)라고 하였듯이 고대 중국인들은 음양의 기가 움직이면 바람이 일어난다고 믿었다. 따라서 바람의 움직임을 잘 살핀다면 하늘의 뜻을 알아낼 수 있다고 믿었기 때문에 옛날부터 바람을 살피는 방법 즉 候風法이 발전하였고, 또 占文을 기술한 서적이 많이 편찬되었다. 이것이 風角書이다. '風角'의 명칭에는 두 가지 설이 있다. 바람은 '사방 구석구석의 모퉁이'(四方四方隅)에서 불어오기 때문에 '角'(모서리)이라고 칭했다는 설과 風(바람)은 八音 가운데 '角'에 속하기 때문에 '풍각'이라고 칭하였다는 설이 그것이다.(北周 庾季才, 『靈臺秘苑』, 권5, '風', "有二說. 先儒以風從四方四方隅來, 故謂之角, 世傳以巽爲風, 於五行在木, 在八音爲角, 學者宜參之") 대체적으로 바람을 살피는 방법과 점법을 합해서 풍각이라고 칭한 것이다. 미즈구치 모토키(水口幹記)는 『천지서상지』에 인용된 『익씨풍각』을 정리하여 해설을 덧붙이고 있으며, 아울러 史書에 보이는 『익씨풍각』의 인용문을 도표화하여 정리하는 한편, 중국에서의 '풍각서' 변천과 서적의 편찬 등을 고찰하였다. 水口幹記, 『日本古代漢籍受容の史的研究』, 제2부 「『天地瑞祥志』の基礎的考察」, 6장 '風角書翼氏風角について' 및 7장 '風角書の變遷と書物の編纂' 참조.

10) 禳厭 : 푸닥거리를 하여 사악한 기운이나 재앙을 제거하는 것을 말한다.

11) 茅狗 : 띠풀로 만든 개의 형상을 말한다.

12) 茅人 : 띠풀로 만든 사람의 형상을 말한다.

13) 복숭아나무로 만든 활(桃弓)과 갈대로 만든 화살(葦箭) : 도궁은 桃弧라고도 하는데, 벽사에 사용된다. 『춘추좌전정의』 권42, 소공 4년조, 1377쪽에 "얼음을 꺼낼 때에는 복숭아나무로 만든 활과 멧대추나무로 만든 화살로 재앙의 기운을 털어낸다"(其出之也, 桃弧棘矢, 以除其災)라고 하였고, 이에 대한 두예의 주에는 "복숭아나무로 만든 활과 가시나무로 만든 화살로 凶邪를 털어내 제거하는 것은 至尊을 맞이해야 하기 때문이다"라고 하였다. 宋 曾慥가 편찬한 『類說』 권36, '桃弓葦箭' 항목에는 "秦나라에서 辟惡車를 제작하여 문에 그것을 걸어 두고, 복숭아나무로 만든 활과 갈대로 만든 화살로 상서롭지 못한 기운을 털어내었다"(秦製辟惡車, 懸之於門, 桃弓葦箭, 以禳不祥)라고 하였다.

'하늘에는 사방의 구狗[14]가 있어서 사방의 변경을 지킨다. 괴이하고 요상한 것이 흉한 일을 하지 못하게 하고, 병란을 일으킨 적이 부상을 당해 물러나지도 나아가지도 못하게 하리라.[15] 나라 안에는 평안하여 백성이 번창하고, 군주에게는 만수를 누려서 길吉과 복福이 모두 이르리라. 집안에는 편안하여 자손이 굳세고 온갖 흉凶과 해害가 소멸되리라'라고 한다. 세 번 축문을 읽고 세 번 술을 따른다. 술 따르기가 끝나면, 주인은 음복을 하고 재배하여 만세를 부르고, 사師는 술을 모구와 모인에게 뿌린다.

무릇 여러 사람이 회동했을 때 술을 마시고 음식을 먹으면서 모여 있는데, 갑자기 회오리바람이 좌중에서 일어난다. 만약 밖에서 불어와 와서 좌중 속으로 들어온다면, 일진日辰으로 그 이름을 가진 사람에게 일을 맡긴다. 만일 상일商日이라면 치徵의 성을 가진 사람으로 하여금 다 탄 숯을 집어서 던지게 한다. 만일 궁일宮日이라면 각角의 이름을 가진 사람으로 하여금 3척 되는 일목日木을 세 번 던지게 한다. 만일 치일徵日이라면 우羽의 성을 가진 사람으로 하여금 물을 뿌리게 한다. 만일 우일羽日이라면 궁宮의 성을 가진 사람으로 하여금 5승升의 흙을 뿌리게 한다. 만일 각일角日이라면 상商의 성을 가진 사람으로 하여금 쇠칼을 던지게 한다. 그렇게 하면 재앙이 사라진다. 또한 오방의 색을 상징하는 사람들을 찾아서 재앙을 누르게 하는 것도 가능하다."

---

14) 『宋史』, 권50, 「천문지」, 1012쪽 참조.

15) 하늘에는~ 지키면서 : 明 程道生의 『遁甲演義』 권4 「陰陽二遁十八局圖列後」 '六甲所在神身'에 "다음과 같이 주문을 외운다. '하늘에는 네 마리의 개가 있어서 사방의 변경을 지키고, 나에게는 네 마리의 개가 있어서 사방의 모퉁이를 지킨다. 성으로 산을 삼고 땅으로 강을 삼으니, 도적이 지나갈 수 없다. 오려는 자는 나아갈 수 없고, 벗어나려는 자는 도망칠 수 없고, 떠나려는 자는 물러날 수 없다'"(呪曰, '天有四狗, 以守四境, 吾有四狗, 以守四隅. 以城爲山, 以地爲河, 寇賊不得過. 來者不得進, 出者不得逸, 去者不得退')라는 문장이 보인다.

『병서兵書』에서 말하였습니다. "군영軍營에 폭풍의 나쁜 기운이 불어와 모래와 흙을 흩날려서 깃발과 깃대가 쓰러지고 부러졌을 경우, 사방 끝의 흙을 취하여 높이 2척 되는 니구泥狗 넷과 길이 3척 되는 토인土人 하나를 만든다. 복숭아나무로 만든 활(桃弓)을 메고 갈대로 만든 화살(蘆箭)을 들고 머리를 풀어헤치고 분을 발라서 바람이 불어오는 곳을 향하여 술과 포로 제사를 지낸다. 축문에는 '하늘에는 사방의 구狗가 있어서 사방의 경계를 지킨다. 나에게는 사방의 구가 있어서 사방의 모퉁이를 지킨다. 성으로 산을 삼고 연못으로 강을 삼으니, 도적이 악독한 짓을 할 수 없고 지나갈 수도 없다. 오는 자 나아갈 수 없고, 떠나는 자 빠져나갈 수 없으리라'라고 한다. 축문이 끝나면 그 축문을 태워 버려야 한다. 사방으로 통하는 길에 곧 재앙이 풀어질 것이다."

【祭風雨 20—14:2】

翼氏曰, "諸廻風及暴風惡風爲恠. 恠及人君寺庭及庶人居家, 橮[16]猒[17]之法, 作第[18]狗四枚高二尺, 茆[19]人高三尺, 帶以桃弓葦箭, 向風所從來卿, 布席一領, 白布五丈, 以淸酒鹿脯祭之. 祝曰, '天有四狗, 以守四邊, 使恠妖不作凶, 兵賊不傷逆前. 國內安寧, 百姓昌繁, 主君壽考, 吉福來臻, 宅中安寧, 子孫丁强. 千凶万害消滅.' 三祝三酌. 酌訖, 主人受福, 再拜, 稱万歲, 師以酒灑狗及人. 凡衆人會同,及酒食集聚, 而卒有飄風, 起於坐中, 若從外來而入人衆坐之中, 以日辰知其姓字. 若是商日, 使徵姓

---

16) 橮 : 禳의 오사인 듯하다.
17) 猒 : 厭의 이체자이다.
18) 第 : 茅의 오사인 듯하다.
19) 茆 : 茅의 이체자이다.

者, 取死炭擲之. 若是宮日, 使角姓者, 以日木三尺投之三下. 若是徵日, 則使羽姓者, 以水灑之. 若是羽日, 使宮姓者, 以土五升坋之. 若是角日, 使商姓者, 以金刀擬問[20]之, 卽消灾. 亦可取其五色之人以厭[21]之."
『兵書』曰, "軍營中來有暴風惡氣, 勃沙揚王[22], 旍旗偃折者, 取四窮土, 作泥狗四頭高二尺, 土人一頭長三尺, 帶桃弓持蘆箭, 被髮封粉, 向風所從來處, 以酒脯祭之. 皃[23]曰, '天有四狗, 以守四境. 吾有四狗, 以守四隅. 以城爲山, 以池爲河, 寇[24]賊不束惡毒不過, 來者不進, 去者得逸.' 皃[25]託冝[26]棄之, 四達之道, 卽灾解矣.[1]"

■ 협주 ■

1. 회오리바람이 집에 들어왔을 때 그것을 누르면 길하다.

■ 夾注原文 ■

1. 廻風入宅, 厭[27]之, 吉.

【제풍우 20—14:3】

『주례』에서 "태축大祝은 여섯 가지의 기祈 제사를 관장한다"[28]라고 하

20) 問 : 『천지서상지』의 필사자는 '問'이 어떤 책에는 '司'로 되어 있다고 교감하였다.
21) 厭 : 厭의 이체자이다.
22) 王 : 土의 잘못인 듯하다.
23) 皃 : 祝의 잘못인 듯하다.
24) 寇 : 寇의 이체자이다.
25) 皃 : 『천지서상지』의 필사자는 '祝'으로 되어야 한다고 교감하였다.
26) 冝 : 宜의 이체자이다.
27) 厭 : 厭의 이체자이다.

였는데, 그 네 번째가 영禜(재앙막이제사)입니다. 정사농鄭司農의 주에서는 "(영은) 일월과 성신과 산천의 제사이다"29)라고 하였습니다. 『춘추전春秋傳』에서는 "일월성신의 신은 서리 · 눈 · 바람 · 비가 제때에 내리지 않았을 때에 영禜 제사를 지내는 대상이고, 산천의 신은 수해 · 가뭄 · 역병의 재해가 일어났을 때 영禜 제사를 지내는 대상이다"30)라고 하였습니다.

『사령』에서 말하였습니다. "장마비(霖雨)31)가 그치지 않으면 경성의 성문에 영禜 제사를 지낸다. 문마다 별도로 3일 동안 매일 한 번의 영 제사를 지낸다. 그래도 그치지 않으면 산천山川과 악진岳鎭과 해독海瀆에 기祈 제사를 올린다. 3일이 지나도 그치지 않으면 사직과 종묘에 기 제사를 올린다. 주와 현의 경우는 성문에 영 제사를 지내고, 경계 내의 산천과 사직에 기 제사를 올린다. 세 번의 영 제사와 한 번의 기 제사를 올리는데 모두 경성의 방식에 준해서 하고, 아울러 포와 젓갈을 쓴다. (장마비가 그치면) 국國의 성문에는 소뢰少牢의 희생을 써서 보답하고, 주와 현의 성문에

28) 『주례주소』, 권25, 「춘관 · 태축」, 775쪽. 여섯 가지의 기는 첫째 '類', 둘째 '造', 셋째 '禬', 넷째 '禜', 다섯째 '攻', 여섯째 '說'이다. 이에 대한 정현의 주에서 "'祈'는 울부짖는다(嘄)는 뜻으로, 재변이 일어나면 신에게 울부짖으면서 고하여 복을 구하는 것을 말한다. 天神 · 人鬼 · 地祇가 조화롭지 못하면 여섯 가지 역병이 나타나기 때문에 祈의 예로써 조화롭게 하는 것이다"라고 하였다.

29) 『주례주소』 권25 「춘관 · 태축」, 775쪽, 정현의 주에서 "정사농은 다음과 같이 말하였다. '類 · 造 · 禬 · 禜 · 攻 · 說은 모두 제사 명칭이다. 類는 上帝에게 제사지내는 것이다.…… 『司馬法』에 〈군사를 출진시키고자 할 때 황천상제 · 일월성신에게 고하고, 后土 · 四海의 神祇 · 山川冢社에게 빌고, 이어서 先王의 종묘에게 나아가 제사지내고(造), 그런 후에 冢宰가 제후에게 군사를 요청한다〉라고 하였다.…… 禜은 일월성신산천의 제사이다.' 정현은 말한다. '類와 造는 정성과 엄숙함을 극진히 하여 뜻대로 되기를 기원하는 것이다. 禬와 禜은 災變이 있을 때에 고하는 것이다. 功과 說은 문장을 지어서 자책하는 것이다. 禜은 일식이 일어났을 때 붉은 실을 社에 묶는 것 같은 의식이고, 功은 북을 울리듯이 하면서 지내는 의식이다'"라고 하였다.

30) 『춘추좌전정의』, 권41, 소공 원년조, 1335쪽.

31) 장마비(霖雨) : 3일 이상 연이어 내리는 비를 말한다.

는 특생特牲의 희생을 쓴다."[32]

송宋 효무제孝武帝(452~464)의 「맑은 날을 기원하는 글」(祈霽文)에서 말하였습니다.

어두움과 밝음이 질서를 잃으니,
음으로 기울어 기운이 막혔나이다.

---

32) 이 『사령』의 규정은 『당령습유보』, 501쪽에 수록되어 있다. ○『구당서』 권24 「예의지」, 911쪽에서 "顯慶中.…… 만약 장마비가 그치지 않으면 경성의 여러 문에 禜 제사를 지낸다. 문마다 별도로 3일 동안 매일 한 번의 영 제사를 지낸다. 그래도 그치지 않으면 산천·악진·해독에 祈 제사를 올린다. 3일이 지나도 그치지 않으면 사직·종묘에 기 제사를 올린다. 주와 현의 경우에는 성문에 禜 제사를 지낸다. 그치지 않으면 경계 내의 산천 및 사직에 기 제사를 올린다. 3번의 禜 제사와 한 번의 기 제사를 올리는데, 모두 경성의 방식에 준해서 하며, 아울러 술과 포와 젓갈을 쓴다. (장마비가 그치면) 國의 성문에 보답하는데 소뢰의 희생을 쓰고, 주와 현의 성문에는 특생의 희생을 쓴다"(顯慶中……若霖雨不已, 禜京城諸門, 門別三日, 每日一禜. 不止, 乃祈山川·嶽鎮·海瀆, 三日不止, 祈社稷·宗廟. 其州·縣, 禜城門. 不止, 祈界內山川及社稷. 三禜一祈, 皆準京式, 並用酒·脯·醢. 國城門, 報用少牢, 州·縣城門, 用一特牲)라고 하였다. ○『당육전』 권4 「상서예부」, '사부낭중 원외랑', 121쪽에서 "만약 장마비가 내리면, 경성에서는 여러 문에 영 제사를 지내는데, 문마다 별도로 3일 동안 매일 한 번의 영 제사를 지낸다. 그치지 않으면 산천·악진·해독에 기 제사를 올린다. 3일이 지나도 그치지 않으면 사직·종묘에 기 제사를 올린다. 주와 현의 경우는 성문 및 경계 내의 산천에만 영 제사를 지낸다"(若霖雨, 則京城禜諸門, 門別三日, 每日一禜, 不止, 祈山川·嶽鎮·海瀆, 三日不止, 祈社稷·宗廟. 若州·縣則禜城門及境內山川而已)라고 하였다. ○『대당개원례』 권3 서례하 「祈禱」, 32쪽에서 "무릇 장마비가 그치지 않으며 경성의 여러 문에 영 제사를 지내는데, 문마다 별도로 3일 동안 매일 한 번의 영 제사를 지낸다. 그치지 않으면 산천·악진·해독에 기 제사를 올린다. 3일이 지나도 그치지 않으면 사직·종묘에 기 제사를 올린다. 주와 현의 경우는 성문에 영 제사를 지내고, 경계 내의 산천 및 사직에 제사를 올린다. 3번의 영 제사와 한 번의 기 제사를 올리는데, 모두 경성과 동도의 관례에 준해서 하고, 아울러 술·포와 젓갈을 쓴다. (장마비가 그치면) 國의 성문에 보답하는데 소뢰의 희생을 쓰고, 주와 현의 성문에는 특생의 희생을 쓴다"(凡霖雨不已, 禜京城諸門, 門別三日, 每日一禜. 不止, 乃祈山川·岳鎮·海瀆, 三日不止, 祈社稷·宗廟. 若州·縣, 禜城門, 祀界內山川及社稷. 三禜一祈, 皆准京都例, 並用酒·脯·醢. 國城門報用少牢, 州·縣城門用特牲)라고 하였다.

짙은 구름에 장마비로 음산하니,
쏟아져 내리는 비 그칠 줄을 모르나이다.
윤기가 이미 때를 어겼으니,
은택을 내려도 은혜로운 것이 아닙니다.
바라옵건대,
장마비를 거두어 햇볕을 토해 내시고,
바람을 그치시어 햇빛을 드리우소서.
넓디넓은 교외에서 난로鸞輅를 비추고,
들판 사이에서 용기龍旂에 햇빛을 주소서.
쟁기와 보습을 사용하여,
수수와 기장을 수확할 수 있게 하소서.
풍년보다 곳간을 더욱 높게 하여,
올해보다 십 배 천 배 풍년 들게 해 주소서.[33)]

【祭風雨 20—14:3】

『周禮』"大祝掌六祈", 其四禜.[1] 鄭司農注曰, "日月星辰山川之祭也."『春秋傳』曰, "日月星辰之神, 則霜雪風雨之不時, 於是乎禜之. 山川神, 則水旱疫厲之不時, 於是乎禜之.[34)]"『詞令』曰, "霖雨不已, 禜京城門. 門別三日, 每一禜[35)]不止, 乃祈山川·岳鎭·海瀆. 三日不止, 祈社稷宗庿[36)]. 其州縣京[37)]城門, 祈界內山川及社稷. 三禜一祈, 皆准京式, 並用脯醢. 國城門, 報用少牢, 州縣城門, 用特牲也." 宋孝武帝「祈霽[38)][1] 文」

33) 歐陽詢, 『藝文類聚』, 권2, 天部下, 「霽」, 33~34쪽. 『예문유취』는 唐 구양순 등이 칙명으로 당 고조 武德 7년(624)년에 편찬한 類書이다. 현재는 명나라 嘉靖 연간의 간행본이 전한다.
34) 山川神~於是乎禜之 : 『춘추좌전정의』 권41, 昭公 원년, 1335쪽에는 "山川之神, 則水旱癘疫之災, 於是乎禜之"로 되어 있다.
35) 每一禜 : 『구당서』 권24 「예의지」, 912쪽에는 '每' 다음에 '日' 한 글자가 더 있다.
36) 庿 : 廟의 오사이다.
37) 京 : 『구당서』 권24 「예의지」, 912쪽과 『당령습유보』, 501쪽에는 '禜'으로 되어 있다.

曰, "幽明失序, 就陰則滯, 連雨霖注淫而替[39], 潤旣違時, 澤而非惠. 幸輟霖而吐景, 推[40]停風而斂[41]翳, 照鸞輅於天[42]郊, 先[43]龍旂於田際, 耒耜得施, 黍稷獲熟, 增高廩於嘉年, 登十千於玆歲之也."

협주

1. (禜은) 胡와 令의 반절이다.
2. 크게 날이 맑은 것을 '제霽'라고 한다.

夾注原文

1. 胡令反. **2.** 大晴曰霽.

---

38) 霽 : 『예문유취』 권2 天部下 「霽」, 33쪽에는 '霽'가 '晴'으로 되어 있다.
39) 連雨注淫而替 : 앞뒤로 오탈자가 있는 듯하다. 『예문유취』 권2 天部下 「霽」, 33쪽에는 "連雲霖雨, 注而不替"로 되어 있다.
40) 推 : 『예문유취』 권2 천부하 「霽」, 33쪽에는 '推'이 '權'으로 되어 있다.
41) 斂 : 歛의 이체자이다.
42) 天 : 大의 오사이다.
43) 先 : 光의 오사이다.

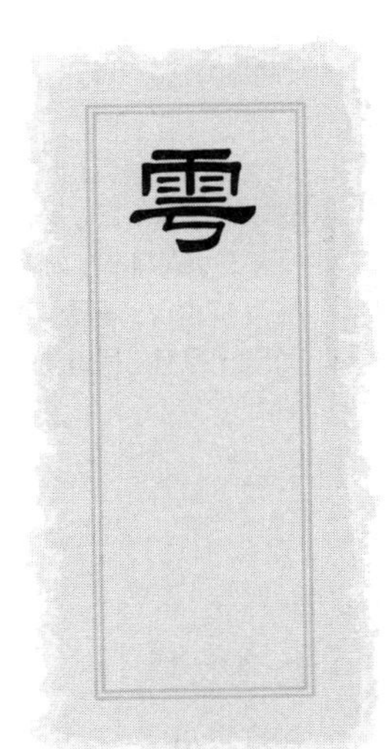
雩

해제 : 가뭄이 들었을 때 기우제를 지내는 방법에 대해 기술하고 있다. 맹하에 우제단에서 오방상제에게 제사를 지내는 등 당대 사령의 우제 규정을 명기하고, 『좌전』·『관자』·『가어』·『공총』·『예기』·『설원』·『회남자』·『시자』·『여씨춘추』·『풍속통』·『신농구우서』 등의 기우 사례를 열거하고 있다.

【우 20—15:1】

(〔雩는〕 禹와 俱의 반절로서, 평성이다)

『주례』에서 "사무司巫는 무巫의 정령政令을 관장한다. 만약 나라에 큰 가뭄이 들면, 무를 이끌고서 기우제를 지내면서 우무雩舞를 춘다"2)라고 하였습니다.

『좌전』에서 "용성龍星이 나타나면 우제를 지낸다"3)라고 하였습니다. 이에 대해서 두예는 "건사의 달(建巳之月)4)에 창룡이 저녁에 동방에서 나타난다. 만물이 성대해지니, 비를 기다릴 뿐이다. 그러므로 하늘에 제사를 지낸다. 멀리서 백곡에 단비가 내리기를 기도하는 것이다"5)라고 하였습니다.

『한구의漢舊儀』에서 "영성靈星은 『춘추』에서 말한 대우제大雩祭를 지내

1) 雩 : 雩의 이체자이다. 아래에도 마찬가지다.
2) 『주례주소』, 권26, 「춘관·종백」, 808쪽.
3) 『춘추좌전정의』, 권6, 환공 5년조, 195쪽.
4) 건사의 달(建巳之月) : 북두의 자루가 초저녁에 巳方에 나타나는 달, 즉 4월을 가리킨다.
5) 『춘추좌전정의』, 권6, 환공 5년조, 195쪽, 두예의 주.

는 별이다"[6]라고 하였습니다.

【雩 20—15:1】

[禹俱反平]

『周禮』曰, "司巫, 掌君[7]巫之政令. 若國大旱, 則師[8]巫而儛雩."[1]『左傳』曰, "見龍而雩也." 杜預曰, "建巳之月, 倉龍昏見東方, 万物始盛, 待雨而已也. 故祭天, 遠爲百穀祈膏雨也"『漢舊儀』曰, "靈星,『春秋』大雩之祭星也."

협주

1. "'우雩'는 가뭄에 지내는 제사이다. 천자는 상제에게 지내고, 제후는 상공上公의 신[9]에게 지낸다. '노魯나라 희공僖公이 무왕巫尫을 불태워 죽이려고 하였던 것'[10]은 (그녀가) 우무를 춤추었는데도 비가 내리지 않았기 때문이었다."[11]

夾注原文

1. "雩, 旱祭也. 天子於上帝, 諸侯於上公之神也. 魯僖公欲焚巫尫, 以舞雩不得

6) 衛宏 撰, 孫星衍 校,『漢舊儀補遺』, 권하, 31쪽 참조.『사기』권28「봉선서」, 1380쪽, 張晏의 주에서 "『한구의』에서 말한다. '(한 고조) 5년에 주나라의 옛 제사를 복구하여 동남쪽에서 후직을 제사지내었다. 백성을 위해 풍년을 기도하고 그(후직)의 공에 보답한 것이다. 여름에 龍星이 나타나자 처음으로 雩祭를 지냈다. 용성의 왼쪽 뿔이 天田이고, 오른쪽 뿔이 天庭이다. 천전은 司馬로서 사람들에게 백곡 심는 법을 가르쳐 稷이 되었다. 靈은 神의 뜻이다. 辰의 神이 靈星이다. 그러므로 壬辰의 날에 동남쪽에서 영성을 제사지낸다'"라고 하였다.

7) 君 : 羣의 오사이다.

8) 師 : 帥의 오사이다.

9) 上公의 신 : 丘龍·柱·棄 등의 토지신을 가리킨다.

10)『춘추좌전정의』, 권14, 희공 21년, 457쪽. 무왕은 여자 무당으로서 비가 그치기를 기도하는 일을 맡은 자라는 설과 무당이 아니라 곱사등이라는 설이 있다.

11)『주례주소』, 권26,「춘관·사무」, 808쪽, 정현의 주.

雨之也."

【우 20—15:2】

『사령』에서 말하였습니다. "맹하의 달(4월)에 우雩의 제단에서 오방상제五方上帝에게 우제를 지내는데, 오제五帝는 위쪽에 배향하고, 오관五官은 아래쪽에서 제사한다. 희생으로는 방향을 상징하는 털빛의 송아지 10마리를 쓴다. 무릇 경사에 맹하 이후 가뭄이 들면 비를 빌고, 억울한 송사를 다시 처리하고, 궁핍한 사람들을 구휼하고, 굶어 죽은 시신의 뼈를 덮어주고 살을 묻어 준다. 먼저 악진岳鎭과 해독海瀆에 빌고, 여러 산천 가운데 구름과 비를 일으킬 수 있는 곳에까지 빌며, 북교에서 바라보면서 제사를 올린다. 또 사직에 빌고, 또 종묘에 빈다. 7일마다 모두 한 번 빈다. 그래도 비가 내리지 않으면 다시 악진과 해독으로 돌아와 처음과 같이 한다. 가뭄이 더욱 심해지면 우제雩祭를 지낸다.

추분 이후에는 우제를 지내지 않는다. 처음 빈 후 10일이 지나도 비가 내리지 않으면, 곧바로 시장을 옮기고 도살을 금지시키며 해 가리개(繖扇)를 부러뜨리고 토룡土龍[12]을 만든다. 비가 충분히 내리면 보답하는 예를 올린다.

빌 때에는 술과 포와 젓갈을 쓰고, 보답하는 예에는 정식 제사에 준해서 한다. 모두 유사가 일을 행한다. 이미 재계를 하였지만 아직 빌지 않은 상태에서 비가 내린다면, 빌려고 하였던 대상에까지 모두 보답의 예를 올

12) 土龍 : 흙으로 빚은 용의 형상이다. 고대에는 이것으로 비를 불렀다고 한다.

린다.

주와 현에 가뭄이 들면 비를 빈다. 먼저 직稷에 빌고, 경계 안의 산천 가운데 구름과 바람을 일으킬 수 있는 곳에까지 빈다. 나머지는 경사의 방식에 준해서 한다. 악진과 해독의 경우, 주에서는 자사刺史의 상좌上佐가 일을 행하고, 나머지 산천의 경우는 판사判司가 일을 행한다. 현에서는 현령縣令과 현승縣丞이 일을 행한다. 빌 때에는 술과 포와 젓갈을 쓰고, 보답하는 예에는 소뢰의 희생을 쓴다."[13]

---

13) 이 『사령』의 규정은 『당령습유보』, 500쪽에 수록되어 있다. ○ 『구당서』 권24 「예의지」, 909쪽에서 "武德·貞觀의 制.…… 맹하의 달에 용성이 나타나면 우의 제단에서 오방상제에게 우제를 지내는데, 오제를 위쪽에 배향하고 오관을 아래쪽에서 종사한다. 희생은 방향을 상징하는 털빛의 송아지 10마리를 쓰고, 籩豆 이하는 교 제사의 수와 같이 한다"(孟夏之月, 龍星見, 雩五方上帝於雩壇, 五帝配於上, 五官從祀於下. 牲用方色犢十, 籩豆已下, 如郊祭之數)라고 하였고, 같은 책, 911~912쪽에서는 "顯慶中.…… 경사에 맹하 이후 가뭄이 들면 비를 빈다. 억울한 송사를 다시 처리하고, 궁핍한 사람들을 진휼하고, 굶어 죽은 시신의 뼈를 덮어 주고 살을 묻어 준다. 먼저 악진과 해독에 빌고 여러 산천 가운데 구름과 비를 일으킬 수 있는 곳에까지 빌며, 모두 북교에서 멀리 바라보면서 고한다. 또 사직에 빌고, 또 종묘에 빈다. 7일마다 모두 한 번 빈다. 그래도 비가 내리지 않으면 다시 악진과 해독으로 돌아와 처음과 같이 한다. 가뭄이 더욱 심해지면 큰 우제를 지낸다. 추분 이후에는 우제를 지내지 않는다. 처음 기도를 올린 지 10일이 지나도 비가 내리지 않으면, 곧바로 시장을 이주시키고 도살을 금지시키며 해 가리개(繖扇)를 단절시키고 토룡을 만든다. 비가 충분히 내리면 보답하는 예를 올린다. 빌 때에는 술과 젓갈을 쓰고, 보답하는 예에는 정식 제사에 준해서 한다. 모두 유사가 일을 행한다. 이미 재계를 하였지만 아직 기도를 올리지 않은 상태에서 비가 내린다면, 기도를 드릴 대상에까지 모두 보답의 예를 올린다"(京師孟夏以後旱, 則祈雨. 審理冤獄, 賑恤窮乏, 掩骼埋胔. 先祈嶽鎭·海瀆及諸山川能出雲雨, 皆於北郊望而告之. 又祈社稷, 又祈宗廟, 每七日皆一祈. 不雨, 還從嶽瀆. 旱甚, 則大雩. 秋分後不雩. 初祈後一旬不雨, 卽徙市, 禁屠殺, 斷繖扇, 造土龍, 雨足, 則報祀. 祈用酒醢, 報準常祀, 皆有司行事. 已齊未祈而雨, 及所經祈者, 皆報祀)라고 하였다. ○ 『당육전』 권4 「상서예부」, '사부낭중 원외랑', 124쪽에서 "무릇 경사에 맹하 이후 가뭄이 들면 먼저 악진·해독에 기도를 올리고, 여러 산천 가운데 구름과 비를 일으킬 수 있는 곳에까지 미치며, 모두 북교에서 망제를 지낸다. 또 사직에 빌고, 또 종묘에 빈다. 7일마다 한 번 빈다. 그래도 비가 내리지 않으면 돌아와 처음처럼 악진과 해독에 빈다. 가뭄이 심해지면 우

【雩 20—15:2】

『祠令』曰, "孟夏之月, 雩五方上帝於雩壇, 五帝配於土[14], 五官祀於下, 牲用方色犢十. 京師孟夏以後, 旱則祈雨, 審理寃獄, 賑窮之, 掩骼埋胔[15], 先祈岳鎭海瀆及諸山川能興雲雨者, 於北郊望而告之. 又祈社稷,

---

제를 지낸다. 추분 이후에는 가뭄이 들더라도 우제를 지내지 않는다. 비가 충분히 내리면 보답의 예를 올린다. 주와 현의 경우는 먼저 사직에 빌고, 경계 내의 산천에까지 빈다"(凡京師孟夏已後旱, 則先祈嶽鎭·瀆海及諸山川能興雲雨者, 皆於北郊望祭. 又祈社稷, 又祈宗廟. 每七日一祈, 不雨, 還從嶽·瀆如初. 旱甚則修雩. 秋分已後, 雖旱不雩. 雨足皆報祀. 若州·縣則先祈社稷及境內山川)라고 하였다. ○『통전』 권43 예3 길례2 「大雩」, 1206쪽에서 "大唐武德初, 定令. 매년 맹하에 원구에서 호천상제에게 우제를 지내는데, 경황제를 배향하고, 희생으로는 푸른 털빛의 송아지 두 마리를 쓴다. 오방상제·오인제·오관을 모두 종사하는데, 방향을 상징하는 털빛의 송아지 10마리를 쓴다. 정관 연간에는 남교에서 우제를 지냈고, 현경 연간에는 원구에서 제자를 올렸다. 개원 11년. 맹하 이후 가뭄이 들면 비를 기도한다. 억울한 송사를 다시 처리하고, 궁핍한 사람들을 진휼하고, 굶어 죽은 시신의 뼈를 덮어 주고 살을 묻어 준다. 먼저 악진과 해독에 기도를 올리고, 여러 산천 가운데 능히 구름을 일으키고 비를 불러오게 할 수 있는 곳에까지 미치며, 모두 북교에서 멀리 바라보면서 제사하여 고한다. 또 사직에 빌고, 또 종묘에 빈다. 7일마다 모두 한 번 빈다. 그래도 비가 내리지 않으면, 돌아와 악진과 해독에 처음처럼 빈다. 가뭄이 더욱 심해지면 큰 우제를 지낸다. 추분 이후에는 우제를 지내지 않는다. 처음 빈 지 10일이 지나도 비가 내리지 않으면, 곧바로 시장을 이주시키고 도살을 금지시키며 해 가리개(繖扇)를 단절시키고 커다란 토룡을 만든다. 비가 충분히 내리면 보답하는 예를 올린다. 빌 때에는 술과 포와 젓갈을 쓰고, 보답하는 예에는 정식 제사에 준해서 한다. 모두 유사가 일을 행한다. 이미 재계를 하였지만 아직 빌지 않은 상태에서 비가 내린다면, 빌려고 하였던 대상에까지 모두 보답의 예를 올린다. (개원) 20년 새롭게 禮를 찬정함에 이르러 정식 우제와 가뭄에 기도하는 의례가 모두 본 의례에 갖추어지게 되었다"(每歲孟夏, 雩祀昊天上帝於圜丘, 景皇帝配, 牲用蒼犢二. 五方上帝·五人帝·五官並從祀, 用方色犢十. 貞觀雩祀於南郊, 顯慶禮於圜丘. 開元十一年. 孟夏後旱, 則祈雨, 審理寃獄, 賑恤窮乏, 掩骼埋胔. 先祈岳鎭·海瀆, 及諸山川能興雲致雨者, 皆於北郊遙祭而告之. 又祈社稷, 又祈宗廟, 每以七日皆一祈. 不雨, 還從岳瀆如初. 旱甚則大雩. 秋分後不雩. 初祈後一旬不雨, 卽徙市, 禁屠殺, 斷, 扇造大土龍. 雨足則報祀. 祈用酒脯醢, 報准常祀, 皆有司行事. 已齋未祈而雨, 及所經祈者, 皆報祠. 至二十年新撰禮, 其正雩旱禱, 並備本儀)라고 하였다.

14) 土 : 『천지서상지』의 필사자는 '上'으로 교감하였다.

15) 胔 : 胔의 이체자이다.

又祈宗廟, 每七日皆一祈. 不雨, 還從岳瀆如初, 旱甚則脩雩. 秋分以後, 不雩, 初祈後一旬不雨, 徙郎[16]市禁屠敍[17], 斷繖扇, 造土龍, 雨[1] 足則報禮, 祈用酒脯醢, 報唯常祀, 皆有司行事, 已齊未祈而雨, 及所經祈者, 皆報. 州縣. 旱則祈雨, 先祈稷, 又祈界內山川能興雲雨者, 餘唯京或[18], 若岳鎭海瀆, 州則剌[19]史上佐行事, 其餘山川, 判司行事. 縣則令丞行事, 祈用酒脯醢, 報少宰[20]也."

■ 협주 ■

1. 『산해경山海經』에서 "응룡應龍[21]의 형상을 만들면 큰 비를 내리게 할 수 있다"라고 하였다.

■ 夾注原文 ■

1. 『山海經』曰, "爲應龍之狀, 乃得大雨也."

【우 20—15:3】

『좌전』에서 "위衛나라에 큰 가뭄이 들어서 산천에 제사를 지내려고 점

16) 徙郎 : 郎徙의 오사인 듯하다.
17) 敍 : 殺의 이체자이다.
18) 或 : 式의 오사인 듯하다.
19) 剌 : 刺의 이체자이다.
20) 宰 : 牢의 오사이다.
21) 應龍 : 전설상의 날개가 달린 용이다. 禹가 治水를 할 때, 응룡이 꼬리로 땅을 구획하여 강수와 하수를 만들어 바다로 들어갈 수 있게 하였다고 한다. 또 구름을 일으켜 비를 내리게 하는 신으로 섬겼다.

을 쳤는데, 불길한 것으로 나왔다. 영장자甯莊子가 말했다. '옛날 주나라에 기근이 발생했을 때, 은나라를 정벌하자 풍년이 들었습니다. 이제 형邢나라가 무도하고, 제후 가운데에는 우두머리가 없습니다. 하늘은 우리 위나라로 하여금 형나라를 정벌하게 하려는 것이 아니겠습니까!' (위나라 왕이) 그의 말에 따라 군사를 일으키자 비가 내렸다"22)라고 하였습니다.

『관자』에서 "봄철에 다섯 가지 정사를 펼친다. 첫째는 어린 고아들을 살피고, 죄 있는 사람을 사면하는 것이다. 둘째는 작위爵位를 나누어 주고, 녹위祿位 수여하는 것이다. 셋째는 구혁溝洫(관개시설)을 수리하고, 도망갔던 사람들을 돌아오게 하는 것이다. 넷째는 전토田土를 조성하고 천맥阡陌(100畝 단위의 토지)으로 나누어 경계 표시를 하는 것이다. 다섯째는 어린 들짐승을 죽이지 말고, 화초를 꺾지 않는 것이다. 다섯 가지 정사를 때에 맞게 적절하게 행하면, 봄비가 이에 내리게 된다"23)라고 하였습니다.

『가어家語』에서 "공자가 제齊나라에 머물 때, 제나라에 큰 가뭄이 들어 봄에 기근이 발생했다. 경공景公이 공자에게 '어떻게 해야 합니까?'라고 물었다. 공자가 대답했다. '흉년이 들면 노둔한 말(駑馬)을 타고, 역역을 징발하지 않습니다. 빌면서 청할 때에는 폐백과 옥을 사용하고, 제祭의 일에는 (악기를) 걸어 두지 않으며, 사祀에는 희생의 등급을 낮추어 지냅니다. 이것이 현명한 군주가 스스로를 낮추어서 백성을 구제하는 예입니다'"24)라고 하였습니다.

『공총孔叢』25)에서 "공자풍孔子豊은 고제高第26)로서 어사御史27)에 임명

---

22) 『춘추좌전정의』, 권14, 희공 19년조, 453쪽.

23) 『管子校正』(『諸子集成〔5〕』) 권14, 「四時」, 239쪽.

24) 『家語』, 권10, 「曲禮子貢問」, 112쪽.

25) 『孔叢』: 『孔叢子』를 말한다. 『수서』 권32 「경적지」, 937쪽에 "『孔叢』 7권, 陳勝의 博士 孔鮒 撰"으로 저록되어 있다. 그러나 이는 공부의 이름을 빌린 후세의

되었다. 건초建初(後漢 章帝) 원년(76), 그해에 크게 가뭄이 들었다. 이에 (자풍은) 소疏를 올려 말하였다. '신이 듣건대, 불선을 행하고 재앙을 당하는 것은 그 행위에 상응하는 결과입니다. 선을 행했는데도 재앙이 닥치는 것은 그러한 시운時運을 만났기 때문입니다. 폐하께서는 즉위하신 날이 얼마 안 되었지만 백성을 자식처럼 친애하셨습니다. 그런데도 큰 가뭄이 발생한 것은 시운을 만난 것일 뿐, 정치와 가르침의 잘못으로 초래된 것은 아닙니다. 옛날 성탕成湯은 가뭄을 만나 스스로를 책망하여 수레와 음식의 숫자를 줄이니 크게 풍년이 들었습니다.' 천자는 그의 말을 받아들여 따랐다. 3일 동안 비가 내렸다. (천자는 그를) 승진시켜 황문시랑黃門侍郎에 임명하고 동관東觀[28]의 일을 관장하도록 하였다"[29]라고 하였습니다.

【雩 20—15:3】

『左傳』曰, "衛大旱, 卜有事於山川, 不吉. 甯㽵[30]子曰, '昔周飢, 尅[31]殷

위작이다. 같은 책, 「경적지」, 937쪽에 "『孔子家語』 22권, 王肅 解"로 저록되어 있는 것도 왕숙의 위작이며, 『한서』 권30 「예문지」 1716쪽의 "『孔子家語』 27권"과는 별도의 책이라고 한다.

26) 高第 : 관리의 근무성적이나 학문이 출중한 자를 말한다.

27) 『후한서』 「오행지」, 3278쪽, 이현의 주에는 孔子豊의 관직이 '侍御史'로 되어 있다. 孔이 성이고 子豊은 字로서, 한초의 太常 孔臧의 후손이라고 한다. '侍御史'는 본래 秦의 관직으로 천하의 圖書와 計籍을 관장한다. 漢에서도 이를 답습하였고, 전한 말 御史臺의 성립 이후 그 속관이 되었다. 위진시대와 북위·북제에도 모두 설치하였다. 그 직장은 한대와 마찬가지다.

28) 東觀 : 후한시대 낙양 남궁 내에 있던 樓觀의 명칭이다. 후한 明帝 때 반고 등에게 명을 내려 이곳에서 『漢紀』를 수찬하도록 하였고, 그 책이 완성되자 『東觀漢紀』라고 하였다. 章帝와 和帝 때에는 皇宮 藏書의 書庫가 되었다.

29) 『孔叢子』, 권하, 連叢子上, 「叙世」. 『예문유취』 권100 재이부 「旱」, 1723쪽에 수록되어 있다.

30) 㽵 : 莊의 이체자이다.

31) 尅 : 剋의 이체자이다. 아래에도 마찬가지다.

而年豐, 令[32]邢方無道, 諸侯無伯. 天其或者欲使衛討[33]邢乎?' 從之, 師興而雨也.'" 『管子』曰, "春發五政, 一曰論幼孤赦有罪, 二曰賦爵列授祿位, 三曰脩溝瀆復亡人, 四曰治封增正阡陌, 五曰無殺麑麇[34], 無絶華藻. 五政苟時, 春雨乃來." 『家語』曰, "孔子立齊, 齊大旱, 春飢. 公問於孔子曰, '如之何?' 孔子曰, '凶年則乘駑馬, 力役不興, 馳道不脩,1 祈以幣玉,2 祭事不縣,3 祀以下牲.4 此則賢君自貶以救民之禮也.'" 『孔藂[35]』曰, "子豊拜高弟卿[36]史. 建初元年, 歲大旱, 乃上疏曰, '臣聞爲不蓋[37]而灾報, 得其應也. 爲善而灾至, 遭時運也. 階[38]下卽位日新, 親民如一子, 而大旱者, 時運之會耳, 非政教所致也. 昔成湯遭旱, 自責減御損膳, 而大有年也.' 天子納其言而從之, 三日雨卽降. 轉拜黃門侍郞, 典東觀事."

협주

1. '치도馳道'는 군주가 다니는 길이다.
2. 빌면서 청하는 바가 있을 때에는 폐백 및 옥을 사용하고, 희생은 사용하지 않는다는 뜻이다.
3. '(악기를) 걸어 두지 않는다'(不縣)는 것은 음악을 연주하지 않는다는 뜻이다.
4. 당연히 태뢰를 써야 하는데 소뢰를 쓰는 경우를 말한다.

夾注原文

1. 馳道, 君所行道. **2.** 有所祈請, 用幣及玉, 不用牲也. **3.** 不縣, 不作樂也. **4.** 當用大牛[39]者, 少平[40]也.

---

32) 令 : 今의 오사이다.
33) 討 : 『춘추좌전정의』 권14 희공 19년조, 453쪽에는 '討'가 '討'로 되어 있다.
34) 麇 : 麃의 이체자이다.
35) 藂 : '叢'의 속자이다.
36) 弟卿 : 第御의 오사이다.
37) 蓋 : 『孔叢子』 권하 連叢子上 「叙世」에는 '蓋'가 '善'으로 되어 있다.
38) 階 : 『孔叢子』 권하 連叢子上 「叙世」에는 '陛'로 되어 있다.
39) 牛 : 牢의 오사이다.

【우 20—15:4】

『예기』「단궁하」에서 "가뭄이 들었다. 노魯나라 목공穆公은 현자縣子를 불러 물었다. '하늘에서 오랫동안 비를 내리지 않아 내가 곱사등이(尫)에게 햇빛을 쏘이게 하려고 하는데 어떻겠는가?' (현자가) 말하였다. '하늘이 오랫동안 비를 내리지 않는다고 남의 병든 자식에게 햇빛을 쪼이게 하는 것은 학대하는 것입니다. 불가하지 않겠습니까?' (목공이 말하였다) '그렇다면 내가 무당에게 햇빛을 쪼이게 하면 어떻겠는가?' (현자가 말하였다) '하늘이 비를 내리지 않는다고 어리석은 여자한테 비가 내리기를 바라는 것은 너무 실정에 어두운 것이 아니겠습니까?' (목공이 말하였다) '시장을 옮기면 어떻겠는가?' (현자가 말하였다) '천자가 돌아가시면 여항閭巷으로 7일 동안 시장을 옮기고, 제후가 돌아가시면 여항으로 3일 동안 시장을 옮깁니다. 가뭄 때문에 시장을 옮기는 것도 가능하지 않겠습니까?'"41)라고 하였습니다.

『설원說苑』에서 "탕왕湯王의 시대에 7년 동안 큰 가뭄이 들어서 낙수雒水의 바닥이 갈라지고 모든 하천이 말라 버렸으며, 모래는 달군 듯이 뜨거웠고 돌은 데운 듯이 문드러져버렸다. 그리하여 (탕왕은) 사람을 시켜서 세 발 달린 솥(三足鼎)을 들고 가서 산천에 빌도록 하였는데, 다음과 같은 축문을 올리도록 가르쳤다.

정치와 가르침에 절제함이 없어서 그렇습니까?
백성을 부림에 고통스럽게 해서 그렇습니까?
뇌물 보따리가 횡행해서 그렇습니까?

---

40) 平 : 牢의 오사이다.
41) 『예기정의』, 권10, 「단궁하」, 383~384쪽.

모함하는 무리들이 들끓어 그렇습니까?
궁실의 조영이 사치스러워서 그렇습니까?
총애하는 여인들의 아첨이 극성해서 그렇습니까?
어찌 이다지도 비를 내리지 않으시나이까!

축문의 말이 끝나기도 전에 하늘에서 큰 비를 내려 주었다"[42]라고 하였습니다.

『회남자』에서 "탕왕이 가뭄을 만나자 토룡土龍을 만들어 비를 구하니, 곧바로 비가 내렸다"[43]라고 하였고, 『시자尸子』에서는 "탕왕이 가뭄에 제사지낼 때에 소거素車[44]에 백마白馬를 연결하고, 포의布衣를 입고, 몸에는 백모白茅[45]를 두르고 스스로를 희생으로 삼았다. 이 당시에 현絃을 타면서 노래하거나 북을 두드리면서 춤추는 행위가 금지되었다"라고 하였습니다. 『여씨춘추』에서는 "탕왕 때에 5년 동안 가뭄이 들었다. 탕왕은 이에 친히 상림桑林에서 기도를 올렸다. 머리카락을 자르고, 손가락을 묶어 스스로가 희생이 되어서 상제에게 복을 기도하였다. 곧바로 비가 내렸다"[46]라고 하였습니다.

【雩 20—15:4】

『禮記』「下檀弓」[47]曰, "歲旱, 穆公召縣子而問然.[1] 曰, '天久雨[48], 吾欲

---

42) 劉向, 『說苑』, 권1, 「君道」, 10쪽.
43) 『淮南子』, 권16, 「說山訓」, 280쪽.
44) 素車 : 왕이 喪事에 타는 수레의 한 가지로서, 卒哭 이후에 탄다. 수레 몸체를 백토로 바르고, 삼(麻)으로 수레 덮개를 엮고, 개 가죽으로 수레 위를 덮고, 흰 비단으로 가선을 두른다.
45) 白茅 : 포아풀과에 속하는 다년초로, 꽃 위에 흰색의 부드러운 잔털이 빽빽하게 자라나기 때문에 백모라고 한다. 제물을 싸거나 제후를 분봉할 때 사용하였다.
46) 『여씨춘추』, 권9, 季秋紀, 「順民」, 86쪽.

曝尪, 奚若?'[2] 曰, '天則不雨, 而曝人之疾子, 虐, 無乃不可乎?'[3] '然則吾欲曝巫, 奚若?' 曰, '天則不雨, 而望之遇[49)]婦人, 於以求之, 無乃已䟽乎?' '徙市則奚若?' 曰, '天子崩, 巷市七日, 諸侯薨, 巷[50)]三日, 爲之徙市, 不亦可乎?'[4] ." 『說薨[51)]』曰, "湯之時, 太旱七年, 雒坼川竭[52)], 前[53)]沙爛石, 於是使[54)]特[55)]三足斵[56)], 祝山川, 祝曰, '政教不節耶? 使民疾耶? 苞苴行耶? 讒夫昌耶? 宮宮[57)]禜[58)]耶? 女謁成[59)]耶? 何雨[60)]之極也?' 蓋辭未已而天大雨." 『淮南子』曰, "湯遭旱, 作土龍而竪求雨, 卽雨也." 『尸子』曰, "湯之救旱, 素車白馬布衣身嬰白茅, 以身爲牲. 當此時也, 絃歌鼓儛者禁也." 『呂氏傳』曰, "湯遭大旱五年, 湯乃以身禱於桑林, 翦其髮, 剖其爪, 自以爲犧, 用祈福於上帝, 卽雨也."

협주

1. "'연然'이라는 글자는 '언焉'의 뜻이다."[61)]
2. "곱사등이가 코를 하늘로 향하게 하는 것이니, 하늘이 불쌍히 여겨 비를 내려 주기를 바라는 것이다."[62)]

---

47) 「下檀弓」: '「檀弓下」'의 오사이다.
48) 雨 : 『예기정의』 권10 「단궁하」, 383쪽에는 '雨' 앞에 '不' 한 글자가 더 있다.
49) 遇 : 『예기정의』 권10 「단궁하」, 384쪽에는 '愚'로 되어 있다.
50) 巷 : 『예기정의』 권10 「단궁하」, 384쪽에는 '巷' 다음에 '市' 한 글자가 더 있다.
51) 薨 : 苑의 오사이다. 앞의 '諸侯薨'으로 인해서 이곳에 '薨'이 잘못 들어간 듯하다.
52) 竭 : 竭의 이체자이다.
53) 前 : 煎의 오사이다.
54) 使 : 『설원』 권1 「군도」, 10쪽에는 '使' 다음에 '人' 한 글자가 더 있다.
55) 特 : 持의 오사이다.
56) 斵 : 鼎의 이체자이다.
57) 宮 : 室의 오사이다.
58) 禜 : 崇의 오사이다.
59) 成 : 盛의 오사이다.
60) 雨 : 『說苑』, 10쪽에는 '雨' 앞에 '不' 한 글자가 더 있다.
61) 『예기정의』, 권10, 「단궁하」, 383쪽, 정현의 주.

3. "고질병에 걸린 자는 사람들이 불쌍히 여긴다. 그에게 햇빛을 쪼이게 하는 것은 학대이다."[63]
4. "'시장을 옮긴다'(徙市)는 것은 서인의 상례를 말한다. 이제 시장을 옮기는 것은 가뭄에 슬퍼하기를 마치 상을 당한 듯이 한다는 뜻이다."[64]

夾注原文

1. "'然'之言, 焉也." **2.** "尫者, 鼻向[65]天, 覬天哀而雨之也." **3.** "錮疾, 人之所哀, 曝之, 是虐也." **4.** "徙市者, 庶民[66]之喪禮也. 今徙市, 是憂戚於旱若喪也."

【우 20—15:5】

『풍속통風俗通』에서 "『좌전』에 '정鄭나라의 대부 자산子產이 현명玄冥에게 푸닥거리 제사를 드렸다'[67]라고 하였는데, 현명은 우사雨師이다. 삼가 살펴보건대, 『주례』에 '유료槱燎로 우사에 제사를 지낸다'[68]라고 하였는데, 우사는 필성畢星이다"[69]라고 하였습니다.

『신농구우서神農求雨書』에서 "봄과 여름의 우기에 비가 내리지 않는데, 그 날이 갑을甲乙이라면 청룡靑龍을 만들고, 또 화룡火龍을 만들며, 동방에

62) 『예기정의』, 권10, 「단궁하」, 384쪽, 정현의 주.
63) 『예기정의』, 권10, 「단궁하」, 384쪽, 정현의 주.
64) 『예기정의』, 권10, 「단궁하」, 384쪽, 정현의 주.
65) 鼻向 : 『예기정의』 권10 「단궁하」, 384쪽, 정현의 주에는 '鼻向'이 '面鄕'으로 되어 있다.
66) 民 : 『예기정의』 권10 「단궁하」, 384쪽, 정현의 주에는 '民'이 '人'으로 되어 있다.
67) 『춘추좌전정의』, 권48, 소공 18년조, 1584쪽.
68) 『주례주소』, 권18, 「춘관 · 대종백」, 530쪽.
69) 應劭, 『風俗通義』, 권8, 「雨師」, 58쪽.

서 어린아이들로 하여금 춤을 추도록 명한다. 병정丙丁에 비가 내리지 않으면, 적룡赤龍을 만들고, 남방에서 장정들로 하여금 춤을 추도록 명한다. 무기戊己에 비가 내리지 않으면, 황룡黃龍을 만들고, 장정들로 하여금 춤을 추도록 명한다. 경신庚辛에 비가 내리지 않으면, 백룡白龍을 만들고, 또 화룡을 만들며, 서방에서 노인들로 하여금 춤을 추도록 명한다. 임계壬癸에 비가 내리지 않으면, 명하여 흑룡黑龍을 만들고, 북방에서 노인들로 하여금 춤을 추도록 명한다. 이렇게 했는데도 비가 내리지 않으면, 남문을 닫고 그 외부에 물을 준비해 두고, 북문을 열고 사람의 뼈를 가져다가 묻는다. 이렇게 했는데도 비가 내리지 않으면, 무축에게 명하여 햇빛을 쪼이게 한다. 햇빛을 쪼이게 했는데도 비가 내리지 않으면, 신산神山(신선이 산다는 산)에 섶을 쌓아 올리고 북을 치면서 불을 질러 제사를 올린다"[70]라고 하였습니다.

진晉나라 조비曺毗[71]는 「비를 청하는 글」(請雨文)에서 말하였습니다.

하비下邳의 내사內史 조비는
공경히 산천의 여러 신령께 고하나이다.

요즘 절기의 운행이 어긋나고,
가뭄의 재앙으로 음의 기운이 소멸되었나이다.
냇물은 메말랐고, 계곡은 텅 비었으며,
돌은 흘러 다니고, 산은 불타고 있나이다.
하늘에는 구름 한 점 없고,

70) 『예문유취』, 권100, 재이부, 「旱」, 1723쪽.
71) 曺毗 : 자는 輔佐, 譙國(安徽省) 출신으로, 晋의 光祿勳이다. 『論語釋』 1권, 『曺氏家傳』 1권 등이 『수서』 「경적지」에 저록되어 있다. 『진서』 권92 「文苑列傳」에 전기가 있다.

들판에는 폭풍이 휘몰아치고 있나이다.

한 여름에는 무더워야 하는데 스산한 냉기가 감돌고,
초목은 서리가 내리지도 않았는데 절로 시들고 있나이다.
허둥대는 농부는 밭둔덕에서 따비를 내팽개치고,
근심어린 뱃사공은 강 언덕에서 노를 부러뜨리고 있나이다.

구름의 뿌리는 산에 쌓였다가는 중도에 쪼개지고,
비의 다리는 비구름을 드리웠다가는 다시 흩어지나이다.
성스러운 군주는 음식을 대하고서도 입맛을 잃고,
지방 장관들은 식사도 잊고 밤을 지새우고 있으며,
백성들은 가슴을 두드리며 얼굴을 찡그리고,
선비들은 하나같이 탄식을 하고 있나이다.

이 또한 근심스러워하는 지극한 마음이니,
현명하신 신령이시여, 두루 살펴주소서.[72]

【雩 20—15:5】

『風俗通』曰, “『左傳』說‘鄭大夫子産穰[73]於玄寘[74]’, 玄寘, 雨師. 謹案『周禮』‘以猶[75]燎祀雨師.’ 雨師者, 畢星也.”[1] 『神農求雨書』曰, “春夏雨日而不雨, 甲乙, 命爲靑龍, 又爲大[76]龍, 東方, 小童舞之. 丙丁不雨, 命爲赤龍, 又爲大龍[77], 南方, 牲[78]者儛之. 戊己不雨, 命爲黃龍, 又爲大

72) 『예문유취』, 권100, 재이부, 「기우」, 1728쪽.
73) 穰 : 禳의 오사이다.
74) 寘 : 冥의 이체자이다. 아래에도 마찬가지다.
75) 猶 : 槱의 오사이다.
76) 大 : 『예문유취』 권100 재이부 「한」, 1723쪽에는 '大'가 '火'로 되어 있다.
77) 又爲大龍 : 『예문유취』 권100 재이부 「한」, 1723쪽에는 이 4글자가 없다. 앞의 "命爲靑龍, 又爲大龍"으로 인해서 잘못 필사된 듯하다.
78) 牲 : 壯의 오사이다.

龍[79], 然[80]者儛之. 庚辛不雨, 命爲白龍, 又爲大[81]龍, 西方, 老人舞之. 士[82]癸不雨, 命爲黑龍, 又爲大龍[83], 北方, 老人舞之. 如此不雨, 闔南門, 置水其外, 開北門, 取人骨埋之. 如此不雨, 命巫祝而曝之. 曝之不雨, 神山神淵, 積薪焚鼓攻[84]也." 晋書毗『請雨文』曰, "下邳[85]內史書毗, 敬告山川諸靈. 湏[86]節運錯戾, 旱厄[87]陰陽[88]消, 川竭谷虛, 石流山炬, 天無纖雲, 野有橫飆[89]. 盛夏應暑而或涼, 草木無霜而自彫[90]. 遑遑農夫, 荷耒[91]田畔, 悠悠舟人, 頓檝川岸, 雲根山積而中披, 雨足乘零而復散. 聖主當膳而減味, 牧伯忘湌而過宴, 民庶柎[92]心而嚬顣, 縉紳不期而同嘆, 斯亦憂勤之極情, 而明靈之達觀矣."

협주

1. 『시』에 "달이 필성에 걸렸으니, 큰비가 주룩주룩 내리겠네"[93]라고 하였다.

---

79) 又爲大龍 : 『예문유취』 권100 재이부 「한」, 1723쪽에는 이 4글자가 없다. 앞의 "命爲青龍, 又爲大龍"으로 인해서 잘못 필사된 듯하다.

80) 然 : 『예문유취』 권100 재이부 「한」, 1723쪽에는 '然'이 '壯'으로 되어 있다.

81) 大 : 『예문유취』 권100 재이부 「한」, 1723쪽에는 '大'가 '火'로 되어 있다.

82) 士 : 『예문유취』 권100 재이부 「한」, 1723쪽에는 '士'가 '壬'으로 되어 있다.

83) 又爲大龍 : 『예문유취』 권100 재이부 「한」, 1723쪽에는 이 4글자가 없다. 앞의 "命爲青龍, 又爲大龍"으로 인해서 잘못 필사된 듯하다.

84) 神山神淵, 積薪焚鼓攻 : 『예문유취』 권100 재이부 「한」, 1723쪽에는 "神山積薪, 擊鼓而焚之"로 되어 있다.

85) 邳 : 『예문유취』 권100 재이부 「기우」, 1728쪽 汪紹楹의 校에 '郫'을 '邳'로 교감하였다.

86) 湏 : 頃의 오사이다.

87) 厄 : 『예문유취』 권100 재이부 「기우」, 1728쪽에는 '厄'이 '亢'으로 되어 있다.

88) 陰陽 : 『예문유취』 권100 재이부 「기우」, 1728쪽에는 '陰陽'이 '陰'으로 되어 있다.

89) 飆 : 飊의 이체자이다.

90) 彫 : 凋의 오사이다.

91) 荷耒 : 『예문유취』 권100 재이부 「기우」, 1728쪽에는 '荷耒'가 '輟耕'으로 되어 있다.

92) 柎 : 拊의 오사이다.

"축丑의 신이 우사이다."[94] "『열선전列仙傳』에 '적송자赤松子[95]는 신농씨 때의 우사이다'라고 하였다."[96]

夾注原文

1. 『詩』云, "月離于畢, 俾滂池[97]矣." "日[98]之神爲雨師." "『列仙傳』曰, '赤松子者, 神農時雨師之也.'"

93) 『毛詩正義』, 권15-3, 「小雅·漸漸之石」, 1104쪽.

94) 『風俗通義』 권8 「雨師」 58쪽에 인용되어 있다.

95) 赤松子 : 전설상의 신선으로, '赤誦子', '赤松子輿'라고도 한다. 문헌의 기록마다 그 사적이 다르다. ○『사기』 권55 「留侯世家」, 2047쪽 司馬貞의 『索隱』에는 『열선전』을 인용하여 "신농씨 때의 우사이다. 불 속에 들어가 스스로 불을 사를 수 있었고, 곤륜산 위에서 바람과 비를 타고 오르내린다"라고 하였다. 『淮南子』 「齊俗訓」의 高誘 주에는 "赤誦子는 上谷 출신이다. 염병에 걸려 산에 들어갔다가 호흡법을 익혀 가볍게 몸을 움직였다"라고 하였다.

96) 『예문유취』 권2 「天部下」, '雨', 27쪽에 인용되어 있다.

97) 池 : 沱의 오사이다.

98) 日 : 『風俗通義』 권8 「雨師」, 58쪽에는 "丑之神爲雨師, 故以己丑日祀雨師於東北, 土勝水爲火相也"라고 하였다. 따라서 이곳의 '日'은 丑의 오사인 듯하다.

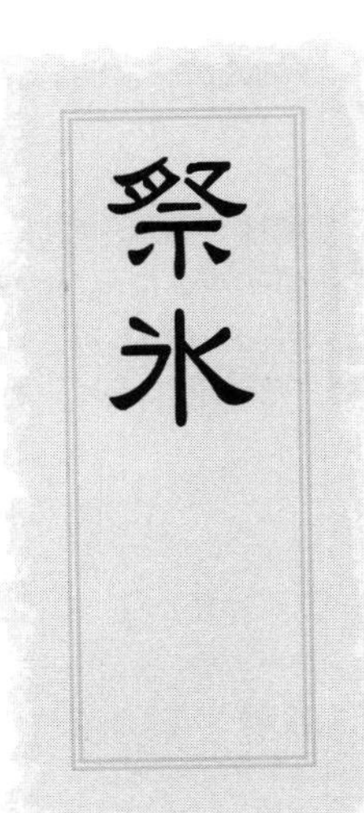

祭氷

해제 : 『예기』「월령」과 『사령』을 인용하여 계동과 중춘 두 시기에 빙실氷室에 얼음을 넣고 꺼낼 때 행하는 의례 절차를 기술하고 있다. 이때의 제사 대상은 사한司寒으로서, 북방의 신이기 때문에 흑색의 희생을 쓴다. 동일한 규정은 『수서』·『구당서』·『통전』 『태평어람』 등에도 보인다.

【제빙 20—16:1】

(〔氷은〕 秘와 矜의 반절로서, 평성이다)

『예기』「월령」에서 "천자는 흑양(羔)을 희생으로 써서 빙실氷室을 열고 얼음을 꺼내는데, 먼저 이를 종묘에 바친다"[1]라고 하였습니다.

『사령』에서 말하였습니다. "계동(12월)에 얼음을 저장해 두었다가 중춘(2월)에 얼음을 꺼내는데, 모두 희생과 찰기장(秬黍)을 써서 빙실氷室에서 사한司寒의 신[2]을 제사지낸다. 얼음을 꺼낼 때에는 복숭아나무로 만든 활과 멧대추나무로 만든 화살을 추가하여 신좌神座에 올려놓는다."[3]

---

1) 『예기정의』, 권15, 「월령」, 제6, 558쪽.

2) 司寒의 신 : 전설상의 겨울신(冬神)인 玄冥으로서, 북방의 신이다. 겨울에 北陸에 있기 때문에 흑색의 희생으로 제사를 지낸다.

3) 이 『사령』의 규정은 『당령습유보』, 497쪽에 수록되어 있다. ○ 『수서』 권7 「예의지」, 148쪽에서 "계동에 얼음을 저장해 두었다가, 중춘에 얼음을 꺼내는데, 모두 검은 털빛의 희생과 찰기장을 써서 빙실에서 사한의 신을 제사지낸다. 얼음을 꺼낼 때에는 복숭아나무로 만든 활과 멧대추나무로 만든 화살을 추가한다"(季冬藏冰, 仲春開冰, 並用黑牡秬黍, 於冰室祭司寒神. 開冰, 加以桃弧棘矢)라고 하였다. ○ 『구당서』 권24 「예의지」, 910쪽에서 "武德·貞觀의 制.…… 계동에 얼음을 저장해 두었다가, 중춘에 얼음을 꺼내는데, 모두 검은 털빛의 희생과 찰기장을 써서 빙실에서 사한의 신을 제사지낸다. 籩과 豆는 각각 2, 簠·簋·俎

【祭氷 20—16:1】

[秘玲反平]

『禮記』「月令」曰, "天子乃鮮羔開氷, 先薦廟[4]."[1] 『祠令』曰, "季冬藏冰, 仲春開冰, 並用牲秬黍, 祭司寒之神於冰室. 其開冰, 加梚[5]柧[6]棘矢, 設於神座也."

협주

1. "'선鮮'은 '헌獻'이 되어야 한다. 독음이 잘못된 것이다. '헌고獻羔'(흑양을 희생으로 씀)는 사한司寒을 제사지낸다는 뜻이다. 사한에 제사를 지내고 얼음을 꺼내

는 각각 1이다. 얼음을 꺼낼 때에는 복숭아나무로 만든 활과 멧대추나무로 만든 화살을 추가하여 신좌에 올려놓는다"(武德・貞觀之制.……季冬藏冰, 仲春開冰, 並用黑牡・秬黍, 祭司寒之神於冰室, 籩・豆各二, 簠・簋・俎各一. 其開冰, 加以桃弧棘矢, 設於神座)라고 하였다. ○『당육전』 권4「상서예부」, '사부낭중 원외랑', 122쪽에서 "맹동에 빙실에서 사한을 제사지낸다"(孟冬祭司寒於氷室)라고 하였다. ○『대당개원례』 권1 서례상「신위」, 16쪽에서 "맹동에 사한을 제사지낸다"(孟冬祭司寒)라고 하였다. ○『통전』 권55 예15 길례14「享司寒」, 1548쪽에서 "大唐制. 입춘 3일 전에 검은 털빛의 희생과 찰기장을 써서 빙실에서 사한의 신을 제사지낸다. 제사가 끝나면 얼음 천 조각을 뚫고, 너비 사방 3척, 두께 1척 5촌 크기로 저장한다. 중춘에 얼음을 꺼내는데, 제사는 저장할 때와 같은 의식으로 하고, 복숭아나무로 만든 활과 멧대추나무로 만든 화살을 빙실 안의 오른쪽에 놓아둔다. 예가 끝나면 드디어 그것을 남겨 둔다. 나머지 절차는『개원례』에 갖추어져 있다"(大唐制, 先立春三日, 因用黑牡・秬黍, 祭司寒之神於冰室. 祭訖鑿冰千段, 方三尺, 厚尺五寸而藏之. 仲春開冰, 祭如藏禮, 依以桃弧棘矢設於冰室戶內之右. 禮畢, 遂留之, 餘具『開元禮』)라고 하였다. ○『태평어람』 권27 시서부12「冬下」, 128쪽에서 "『사령』. 계동에 얼음을 저장해 두었다가, 중춘에 얼음을 꺼내는데, 모두 검은 털빛의 희생과 찰기장을 써서 빙실에서 사한의 신을 제사지낸다. 얼음을 꺼낼 때에는 복숭아나무로 만든 활과 멧대추나무로 만든 화살을 추가하여 신좌에 올려놓는다"(『祠令』曰, 季冬藏氷, 仲春開氷, 並用黑牡・秬黍, 祭司寒之神於氷室. 其開氷, 加以桃弧棘矢, 設於神座)라고 하였다.

4) 廟 : 『예기정의』 권15「월령」, 558쪽에는 '廟' 앞에 '寢' 한 글자가 더 있다.
5) 梚 : 桃의 이체자이다.
6) 柧 : 弧의 이체자이다.

종묘에 바친다."[7]

夾注原文

1. "鮮當作獻, 聲誤也. 獻羔謂祭司寒. 祭司寒而出[8], 薦之求宗廟之也[9]."

---

7) 『예기정의』, 권15, 「월령」, 558쪽, 정현의 주.

8) 出 : 『예기정의』 권15 「월령」, 558쪽, 정현의 주에는 '出' 다음에 '氷' 한 글자가 더 있다.

9) 『예기정의』 권15 「월령」, 558쪽, 정현의 주에는 '薦於宗廟'로 되어 있다. '求'는 於의 오사인 듯하다.

蜡

> 해제 : 한 해의 농사를 마무리짓고 그에 보답하면서 이듬해의 풍년을 기원하는 사蜡 제사에 대해 기술하고 있다.

【사 20—17:1】

(〔蜡는〕 仕와 罵의 반절로서, 거성이다)

『예기』에서 "천자는 여덟 신에게 대사大蜡[2]의 제사를 지낸다. 이기씨伊耆氏가 처음으로 사蜡 제사를 거행하였다"[3]라고 하였습니다.

『사령』에서 말하였습니다. "계동(12월)의 인일寅日에 남교에서 온갖 신들에게 사 제사를 지낸다. 해와 달에는 송아지 두 마리를 희생으로 쓰고, 이기伊耆·신농神農·성신星辰 이하에 대해서는 방향에 따라 각각 소뢰 하나를 쓴다. 해당 방위에 흉년이 들었을 경우에는 제사를 제외시킨다. 이날, 즉 인일에 하천과 연못 아래에서 정천井泉의 신을 제사지낸다. 묘일卯日에는 사궁社宮에서 사직을 제사지낸다. 진일辰日에는 태묘에서 납(臘 : 조상신에 대한 제사) 제사를 올린다. 희생은 모두 시제時祭에 준해서 쓴다. 정천에는 양 한 마리를 (희생으로) 쓴다."[4]

---

1) 稓 : 蜡의 오사이다. 아래에도 마찬가지다.
2) 大蜡 : 제후 이하의 蜡 제사는 그 대상이 여덟의 신이 안 되기 때문에 천자의 사 제사를 '대사'라고 한다.
3) 『예기정의』, 권26, 「교특생」, 934쪽.
4) 이 『사령』의 규정은 『당령습유보』, 511~512쪽에 수록되어 있다. ○『구당서』 권24「예의지」, 911쪽에서 "武德·貞觀之制…… 계동의 인일에 남교에서 온갖

신들에게 사 제사를 지낸다. 해와 달에는 희생으로 송아지 2마리를 쓰고, 籩과 豆는 각각 4, 簠와 簋와 甄과 俎는 각각 1이다. 신농씨 및 이기씨에게는 희생으로 각각 소뢰 1을 쓰고, 籩과 豆는 각각 4, 簠와 簋와 甄과 俎는 각각 1이다. 후직 및 오방, 12차, 오관, 오방의 전준, 오악, 사진, 사해, 사독 이하는 방향에 따라 희생으로 각각 소뢰 1을 쓰고, 해당 방위에 흉년이 들었을 경우에는 제외시킨다. 이날에 천택의 아래에서 井泉을 제사지내는데, 양 한 마리를 희생으로 쓴다. 묘일에는 사궁에서 사직을 제사지내고, 진일에는 태묘에서 납향 제사를 지내는데, 희생은 모두 시제에 준해서 한다. 井泉에는 양 두 마리를 쓴다. 28수, 오방의 산림천택, 오방의 구릉·분연·원습, 오방의 鱗·羽·羸·毛·介, 오방의 水墉·坊·郵表畷, 오방의 貓·於菟 및 龍·麟·朱鳥·白虎·玄武에 대해서는 방향에 따라 각각 소뢰 1을 쓰고, 각 신좌의 籩·豆·簠·簋·俎는 각각 1이다. 사 제사에는 무릇 187신좌이다. 해당 방위에 흉년이 들었을 경우 그 제사를 제외시킨다. 사 제사를 지내는 날에 산택 아래에서 오방의 井泉에 제사를 드리는데, 양 한 마리를 희생으로 쓰고, 籩과 豆는 각각 2이고, 簠와 簋 및 俎는 각각 1이다. 사 제사를 지낸 이튿날에 또 사궁에서 사직을 제사지내는데 중춘과 중추의 의례에 준해서 한다"(武德·貞觀之制……季冬寅日, 蜡祭百神於南郊. 大明·夜明, 用犢二, 籩·豆各四, 簠·簋·甄·俎各一. 神農氏及伊耆氏, 各用少牢一, 籩·豆各四, 簠·簋·甄·俎各一. 后稷及五方·十二次·五官·五方田畯·五嶽·四鎭·四海·四瀆以下, 方別各用少牢一, 當方不熟者則闕之. 其日祭井泉於川澤之下, 用羊一. 卯日祭社稷於社宮, 辰日臘享於太廟, 用牲皆準時祭. 井泉用羊二. 二十八宿, 五方之山林川澤, 五方之丘陵·墳衍·原隰, 五方之鱗·羽·羸·毛·介, 五方之水墉·坊·郵表畷, 五方之貓·於菟及龍·麟·朱鳥·白虎·玄武, 方別各用少牢一, 各座籩·豆·簠·簋·俎各一. 蜡祭凡一百八十七座. 當方年穀不登, 則闕其祀. 蜡祭之日, 祭五方井泉於山澤之下, 用羊一, 籩·豆各二, 簠·簋及俎各一. 蜡之明日, 又祭社稷于社宮, 如春秋二仲之禮)라고 하였다. ○『당육전』 권4 「상서예부」, '사부낭중 원외랑', 122~123쪽에서 "계동의 납일 전 인일에 남교에서 온갖 신에게 납 제사를 올리는데, 해(大明)·달(夜明)·신농·후직·이기·오관·오성·28수·12진·오악·사진·사해·사독·오전준·청룡·주작·기린·추우·현무 및 오방의 산림·천택·구릉·분연·원습·정천·수용·방·오토·린·우·개·모·라·우표철·묘·곤충 등 187좌이다. 만약 해당 방위에 재해가 발생하면 제외하여 제사지내지 않으며, 천택의 아래에서 정천을 제사지낸다"(季冬臘日前寅蜡百神於南郊, 大明·夜明·神農·后稷·伊耆·五官·五星·二十八宿·十二辰·五嶽·四鎭·四海·四瀆·五田畯·靑龍·朱雀·麒麟·騶虞·玄武及五方山林·川澤·丘陵·墳衍·原隰·井泉·水墉·坊·於菟·鱗·羽·介·毛·羸·郵表畷·猫·昆虫, 凡一百八十七座. 若其方有災害, 則闕而不祭, 祭井泉於川澤之下)라고 하였다.

【稓 20—17:1】

[仕駡反去]

『禮記』曰, "天子大稽[5] 八, 伊耆氏始爲稓也."[1] 『祠令』曰, "季冬寅,[2] 稓祭百神於南郊. 日月用犢二, 伊耆・神[6]・星辰以下, 方別各用少㝝[7]一, 當方不熟者, 則闕之. 其日, 祭井泉於川澤之下. 卯日, 祭社稷於社宮. 辰日, 臈[8]享於大廟, 用牲, 皆准時祭. 井泉用羊一人[9]."

협주

1. '사蜡'는 올해의 공에 제사를 올려서 보답하고, 이를 통해서 내년에 수해나 충해가 없기를 비는 것이다. 이는 그 축사이다. '사'란 찾는다(索)는 뜻이다. 매년 12월 만물이 닫고 감추는 때에 만물을 모아 그 신을 찾아서 제사 드리는 것이다. 여덟이란, 첫째 선색先嗇[10], 둘째 사색司嗇[11], 셋째 농農, 넷째 표철表畷, 다섯째 묘호貓虎, 여섯째 제방(坊), 일곱째 봇도랑(水庸), 여덟째 곤충昆蟲을 말한다. 하나라에서는 청사淸祀라고 하였고, 은나라에서는 가평嘉平이라 하였고, 주나라에서는 대사大蜡라고 하였다.
2. 납 제사지내기 3일 전이다.

夾注原文

1. 稓, 祭報此歲之功, 因以祈來年使無于水虫穢之灾, 此其祝辭也. 稓者, 索也.

---

5) 稽 : 蜡의 오사이다.
6) 神 뒤에 '農'자가 빠진 듯하다.
7) 㝝 : 牢의 이체자이다. 아래에도 마찬가지다.
8) 臈 : 臘의 이체자이다.
9) 人 : 연문인 듯하다.
10) 先嗇 : 농사를 처음 가르친 전설상의 신으로서, 神農을 지칭하기도 하고 后稷을 지칭하기도 한다.
11) 司嗇 : 상고시대 농사를 가르치는 일을 담당한 관직인데, 정현은 后稷이 그 관직을 담당하였다고 한다.

歲十二月而合, 聚万物而索鄕也. 八者, 一先嗇, 二司嗇, 三農, 四表畷, 五猫虒[12], 六坊, 七水庸, 八昆虫也. 夏曰淸祀, 殷曰嘉平, 周曰大䄍也. **2.** 先臈三日之者也.[13]

12) 虒 : 虎의 이체자이다.

13) 先臈三日之者也 : 『당령습유보』, 511쪽에는 '三'이 없다. 『唐令逸文の硏究』, 49쪽에도 '先臈日之者也'로 되어 있다.

儺

해제 : 계절의 변화에 따라 발생할 수 있는 역병을 쫓아내는 제사인 나제를 기술하고 있다. 『주례』와 『예기』의 내용을 인용하고 『사령』의 계동 그믐의 나제 규정을 수록하였다.

【나 20—18:1】

(〔儺는〕 那와 何의 반절로서, 평성이다)

『주례』에서 "방상씨方相氏는 곰 가죽을 뒤집어쓰고, 황금으로 만든 네 눈을 붙인 가면을 쓰고 검은 윗옷에 붉은 치마를 입고, 창과 방패를 들고 무리를 이끌고 계절마다 나제儺祭[1]를 지내어, 집에서 역귀를 찾아내 몰아낸다. 대상大喪[2]의 장례 때에는 영구 앞에서 선도한다. 묘지에 도착하면 무덤 안에 들어가 창으로 네 모퉁이를 찔러서 산천의 요괴(精怪)를 몰아낸다"[3]라고 하였습니다.

『예기』「월령」에서 "계춘의 달(3월)에 나라에 명하여 나제를 지내는데, 구문九門의 신에게 희생을 찢어 올려서 음기陰氣를 쫓아내고[4] 봄의 기운을 마치게 한다"[5], "중추의 달(8월)에 천자는 나제를 거행하여 가을의 기운을

1) 儺祭 : 음기를 쫓아내는 푸닥거리를 말한다. 방상씨에게 명하여 百隷를 이끌고서 궁실을 수색하여 厲鬼를 몰아내는 행사이다. 계춘의 나제는 국가의 나제이다. 중추의 나제는 천자만의 나제이다. 계동의 나제는 서민에까지 이르는 大儺이다.
2) 大喪 : 제왕・황후・세자의 상이나 부모의 상을 대상이라고 한다.
3) 『주례주소』, 권31, 「하관・방상씨」, 971~972쪽.
4) 희생으로는 대나제에 牛, 그 밖의 나제에 羊・犬・鷄 등을 사용한다.
5) 『예기정의』, 권15, 「월령」, 571쪽.

통하게 한다"[6], "계동의 달(12월)에 유사에게 명하여 대나제를 거행하게 하는데 사방의 문에 희생을 찢어 올리고 토우土牛(흙으로 빚은 소)를 만들어 추운 기운을 보내게 한다"[7]라고 하였습니다.

『사령』에서 말하였습니다. "계동(12월) 그믐에, 대청에서 나제를 지내고 궁문 및 성의 사방 문에서 희생을 찢어 제사지내는데, 각각 수탉 한 마리를 쓴다. 하루 전날에 미리 관할 부서에서 보고하여 아뢴다."[8]

【儺 20—18:1】

[那何反平]

『周禮』曰, "方相氏蒙熊皮, 黃金四目, 玄衣朱裳, 執戈楊楯[9], 師[10]百㛗[11]而時儺, 以索室毆疫.[1] 大喪先匶[12],[2] 及墓, 入壙[13], 以戈擊四隅, 毆方良.[3]" 『禮記』「月令」曰, "季春之月, 命國儺, 九門磔禳, 以畢春氣",[4] "仲秋之月, 天子乃儺, 以達秋氣."[5] "季冬之月, 命有司大儺, 旁磔, 出土牛, 以送寒氣."[6] 『祠令』曰, "季冬晦, 堂贈儺, 磔牲於宮門及城四門, 各用雄鷄一, 將預前一日, 所司奏聞."

---

6) 『예기정의』, 권16, 「월령」, 615쪽.
7) 『예기정의』, 권17, 「월령」, 653쪽.
8) 이 『사령』의 규정은 『당령습유보』, 512쪽에 수록되어 있다. ○『구당서』 권24 「예의지」, 911쪽에서 "武德·貞觀의 制…… 계동 그믐에 대청에서 나제를 거행하고, 궁문 및 성의 사방 문에서 희생을 찢어 제사지내는데, 각각 수탉 한 마리를 쓴다"라고 하였다.
9) 楊楯 : 『주례주소』 권31 「하관·방상씨」, 971쪽에는 '揚盾'으로 되어 있다.
10) 師 : 帥의 오사이다.
11) 㛗 : 隸의 이체자이다.
12) 匶 : 柩의 이체자이다.
13) 壙 : 壙의 오사이다.

협주

1. "(곰 가죽을 뒤집어쓰는 것은) 역귀를 놀라게 하여 쫓아내기 위한 것이다."[14]
2. "장례를 치를 때 그로 하여금 선도하게 한다."[15]
3. "'광壙'은 무덤 속이다. '방량方良'은 망양罔兩(도깨비)이다.[16] 천자의 덧널은 잣나무로 만드는데, 잣나무의 황심黃心으로 속을 만들고 겉을 돌로 표시한다.[17] 『국어國語』에 '산속의 괴물을 기夔[18]·망양罔兩[19]이라고 부른다'[20]라고 하였다."[21]
4. "이 나제는 음기를 쫓아내는 것이다. 추위의 피해가 장차 사람에게까지 미칠 것이기 때문이다. (이 달에) 해가 운행하여 묘昴[22]를 지난다. (묘의 별자리에는) 대릉大陵[23]·적시積尸[24]의 기운이 있다. 기운이 잘못되면 역귀가 그에

---

14) 『주례주소』, 권31, 「하관·방상씨」, 971쪽, 정현의 주.
15) 『주례주소』, 권31, 「하관·방상씨」, 972쪽, 정현의 주.
16) 『說文解字』「虫部」에 "蛧蜽(도깨비)은 산천의 정령이다"라고 하였다. 陸德明의 『經典釋文』에는 "下(方)音罔, 下(良)音兩"이라 하였다.
17) 『한서』 권68「霍光傳」, 2949쪽, 蘇林의 주에 "잣나무의 황심으로 널 밖을 동여매기 때문에 '黃腸'이라고 한다. 나무 끄트머리가 모두 안쪽을 향하기 때문에 '題湊'라고 한다"(蘇林曰, "柏木黃心致累棺外, 故曰黃腸. 木頭皆內向, 故曰題湊")라고 하였다.
18) 夔 : 산속에 산다는 전설상의 요괴다. 사람의 얼굴에 원숭이 몸을 하고 있는데, 다리가 하나이다. 말을 할 수 있다고 한다.
19) 罔兩 : '蛧蜽', '魍魎'으로도 쓴다. 산속에 사는 전설상의 괴물이다. 사람을 잡아먹는데, 일명 '木腫'이라고도 한다. 사람의 목소리를 흉내 내어 사람을 미혹시킨다고 한다.
20) 『國語』, 권5, 「魯語下」, '季桓子穿井獲羊', 201쪽.
21) 『주례주소』, 권31, 「하관·방상씨」, 972쪽, 정현의 주.
22) 昴 : 28수의 하나로서, 서방 白虎 7수 가운데 4번째 별자리다.
23) 大陵 : 서방 胃宿에 속하는 별자리로 8개의 별로 이루어져 있다. 『春秋』「合誠圖」에 "대릉은 죽음과 상을 주관한다"(大陵主死喪也)라고 하였다. 『宋史』 권51「천문지」, 1037쪽에는 "大陵은 8개의 별로 이루어져 있는데 胃宿 북쪽에 있다. '積京'이라고도 하는데, 大喪을 주관한다. 가운데의 별이 번잡하면 제후가 상을 당하고 백성이 돌림병에 걸리며 병란이 일어난다. 달이 이 별을 범하면 병란이 일어나고 수해가 일어나며 가뭄이 들어 천하에 상이 일어난다. 달무리가 다리 앞에 있으면 큰 사면령을 내린다. 오성이 들어오면 수해가 일어나고 가뭄이 들고, 병란이 일어나며 상을 당한다. 형혹성이 그곳을 지키고 있으면 천하에 상이 일어난다. 객성과 혜성이 들어오면 백성이 돌림병에 걸린다. 유성이 나와서 범하면

따라서 나와서 유행한다. 그러므로 방상씨는 수색하여 역귀의 재앙을 쫓아 낸다."[25]

5. "이 나제는 양의 기운을 쫓아내는 것이다. 양의 더위가 이 달(8월)에 이르도록 쇠하지 않으면 그 해가 사람에게까지 미칠 것이기 때문이다. 이 달의 별자리는 묘昴와 필畢인데, (묘와 필) 또한 대릉·적시의 기운이 있다. 기운이 잘못되면 역귀가 따라 나와서 유행한다. 그러므로 쫓아내는 것이다."[26]
6. "이 나제는 음의 기운을 쫓아내는 것이다. 이 달(12월)에 해는 허虛[27]와 위危[28]의 별자리를 지난다. (허와 위에는) 분묘墳墓·사사四司[29]의 기운이 있는데 그것이 역귀가 된다. 그러므로 쫓아내는 것이다. '출出'은 만든다(作)는 뜻이다. '토우를 만드는 것'은 축丑이 우牛가 되기 때문이다. '우牛'는 당겨서 멈추게 할 수 있는 것이다. '송送'은 '그친다'(畢)는 뜻과 같다."[30]

그 아래에 시신이 쌓이는 일이 생긴다"라고 하였다.

24) 積尸 : 별이름이다. 『송사』 권51 「천문지」, 1037쪽에 "적시는 하나의 별로 되어 있는데, 대륙의 별자리 안에 있다. 밝으면 큰 상을 당하는데, 시신이 산처럼 쌓인다. 달이 그것을 범하면 반역의 신하가 생긴다. 오성이 그것을 범하면 천하에 커다란 돌림병이 일어난다. 객성과 혜성이 그것을 범하면 큰 상을 당한다"라고 하였다.

25) 『예기정의』, 권15, 「월령」, 571쪽, 정현의 주.

26) 『예기정의』, 권16, 「월령」, 615쪽, 정현의 주.

27) 虛 : 28수의 하나로서, 북방 玄武 7수 가운데 네 번째 별자리다. 7개의 별로 이루어져 있다.

28) 危 : 28수의 하나로서, 북방 玄武 7수의 다섯 번째 별자리다.

29) 墳墓·四司 : 분묘는 북방 危宿에 속한 별자리로서 4개의 별로 이루어져 있다. (『星經』, "墳墓四星, 在危下") 『진서』 권11 「천문지」, 305쪽에는 "虛宿의 남쪽 두 별을 '哭'이라 하고, '곡'의 동쪽 두 별을 '泣'이라 한다. 읍과 곡은 모두 분묘 가까이 있다. 읍의 남쪽 13개의 별을 '천뢰성'이라 하는데 줄을 꿰뚫은 형상이다. 북이 정령·흉노를 관장한다. 남쪽의 두 별을 '개성'이라 하는데, 궁실의 관을 다스린다. 그 남쪽의 4별을 '허량'이라 하는데, 원릉과 침묘가 있는 곳이다"(虛南二星曰哭, 哭東二星曰泣, 泣·哭皆近墳墓. 泣南十三星曰天壘城, 如貫索狀, 主北夷丁零·匈奴. 南二星曰蓋屋, 治宮室之官也. 其南四星曰虛梁, 園陵寢廟之所也)라고 하였다.

30) 『예기정의』, 권17, 「월령」, 653쪽, 정현의 주.

夾注原文

1. "以驚敺[31]疾厲之鬼也." **2.** "茾[32]使之導也." **3.** "壙, 穿中也. 方良, 罔良[33]也. 天子之椁柏, 黃腸爲裏, 而表以石焉. 『國語』曰, '木石之恠罔良[34]也.'" **4.** "此儺, 儺陰氣也. 寒害將及人也. 日行歷昇[35], 有大陵積尸之氣, 失[36]則厲鬼隨而出[37], 故方相氏索毆疫災之也." **5.** "此儺, 儺陽氣也. 陽暑至此不衰, 害將及人也. 月宿直昇[38], 亦得大陵積尸之氣, 氣失[39]則厲鬼亦隨而出[40], 故儺之也." **6.** "此儺, 儺陰氣也. 此月之中, 日歷虛免[41], 有墳墓四司之氣, 爲厲鬼, 故毆也. 出猶作也. 作[42]作土牛者, 丑爲牛, 牛可牽止者也. 送猶畢也."

---

31) 敺 : 『주례주소』 권31 「하관 · 방상씨」, 971쪽, 정현의 주에는 '敺'가 '毆'로 되어 있다.
32) 茾 : 『주례주소』 권31 「하관 · 방상씨」, 972쪽, 정현의 주에는 '茾'이 '葬'으로 되어 있다.
33) 罔良 : 『주례주소』 권31 「하관 · 방상씨」, 972쪽, 정현의 주에는 '罔兩'으로 되어 있다.
34) 罔良 : 『주례주소』 권31 「하관 · 방상씨」, 972쪽, 정현의 주에는 '夔 · 罔兩'으로 되어 있다.
35) 昇 : 『예기정의』 권15 「월령」, 571쪽, 정현의 주에는 '昇'이 '昴'로 되어 있다.
36) 失 : 『예기정의』 권15 「월령」, 571쪽, 정현의 주에는 '失'이 '佚'로 되어 있다.
37) 出 : 『예기정의』 권15 「월령」, 571쪽, 정현의 주에는 '出' 다음에 '行' 한 글자가 더 있다.
38) 月宿直昇 : 『예기정의』 권16 「월령」, 615쪽, 정현의 주에는 '此月宿直昴畢出'로 되어 있다.
39) 失 : 『예기정의』 권16 「월령」, 615쪽, 정현의 주에는 '失'이 '佚'로 되어 있다.
40) 出 : 『예기정의』 권16 「월령」, 615쪽, 정현의 주에는 '出' 다음에 '行' 한 글자가 더 있다.
41) 免 : 『예기정의』 권17 「월령」, 653쪽, 정현의 주에는 '免'이 '危'로 되어 있다.
42) 作 : 연문인 듯하다.

祭馬

해제 : 전쟁에 필수인 말에 관련된 제사에 대해 기술하고 있다. 사계절의 중월에 각각 마조馬祖 · 선목先牧 · 마사馬社 · 마보馬步를 제사지낸다. 특히 여기에서는 당 율령 가운데 군령軍令을 인용하고 있어 주목된다.

【제마 20—19:1】

(〔祭는〕 子와 滯의 반절로서, 거성이다)

『주례』에서 "봄에는 마조馬祖를 제사지내고 망아지를 묶어 둔다. 여름에는 선목先牧을 제사지내고 경대부가 타는 말을 나누어 주며 숫말의 생식기를 거세한다. 가을에는 마사馬社를 제사지내고 수레 탈 사람을 뽑아서 그를 훈련시킨다. 겨울에는 마보馬步를 제사지내고 조련된 말을 헌상하며 어부馭夫를 교련한다"[1)]라고 하였습니다.

『사령』에서 말하였습니다. "모두 사시四時의 중월仲月에 큰 연못(大澤)에서 제사를 지내는데, 강일剛日[2)]에 한다. 희생은 각각 양羊 한 마리를

1) 『주례주소』, 권33, 「夏官 · 校人」, 1012~1014쪽.

2) 剛日 : 甲 · 丙 · 戊 · 庚 · 壬의 5일은 奇數의 자리에 있는데, 이는 陽剛에 속한다. 그래서 '강일'이라고 한다. ○『예기정의』 권3 「곡례상」, 103쪽에서 "바깥의 일은 양의 날짜에 하고, 집안의 일은 음의 날짜에 한다"(外事以剛日, 內事以柔日)라고 하였다. 陳澔의 『예기집설』 주에서는 "간지 가운데 甲 · 丙 · 戊 · 庚 · 壬이 들어가는 날이 剛日이고, 乙 · 丁 · 己 · 辛 · 癸가 들어가는 날이 柔日이다. 선대 유학자(정현)는 바깥의 일이란 군사를 훈련시키는 것이라고 해석하였다. 그러나 순수 · 조빙 · 회맹 등도 모두 바깥의 일이다. 집안의 일은 종묘의 제사와 관혼상제의 의례 등이 모두 이에 속한다"(甲丙戊庚壬爲剛, 乙丁己辛癸爲柔. 先儒以外事爲治兵, 然巡狩 · 朝聘 · 盟會之類, 皆外事也. 內事, 如宗廟之祭 · 冠昏之禮皆是)

쓴다."[3]

『이아』에서 "(『시』에) '이미 백伯에게 기도를 올렸네'[4]라고 한 것은 마조馬祖를 제사지냈다는 뜻이다"[5]라고 하였습니다. 군정軍政에 말보다 중요한 것은 없습니다. 봄과 가을에는 마조馬祖에 제사를 지내거나 혹은 마사馬社에 제사를 지냅니다. 기룡騏龍이 우리에 가득하고, 숙상驌驦이 들판에 가득합니다.

『군령』에서 "항상 기축己丑의 날에 말과 소를 제사지낸다. 말은 병기의 으뜸이고, 소는 전쟁과 농사에 쓰이는 것이다. 삼가 희생과 서직과 백주를 깨끗이 하여 경건하게 바친다. 돼지(豚) 한 마리, 쌀과 술 각각 다섯 되를 쓴다. 혜성을 피한다"라고 하였습니다.

【祭馬 20—19:1】

[子滯反去]

『周禮』曰, "春祭馬祖, 執駒.1 夏祭先牧, 頒馬, 攻特.2 秋祭馬社, 臧僕[6].3 冬祭馬步, 獻馬, 講馭夫."4 『祠令』曰, "皆以四時仲月, 並於大澤,

---

라고 하였다.

3) 이 『사령』의 규정은 『당령습유보』, 497쪽에 수록되어 있다. ○『구당서』 권24 「예의지」, 910쪽에서 "武德・貞觀의 制…… 중춘에 마조를 제사지낸다. 중하에 선목을 제사지낸다. 중추에 마사를 제사지낸다. 중동에 마보를 제사지낸다. 모두 대택에서 지내는데, 강일에 한다. 희생으로는 양 한 마리를 쓰고, 籩과 豆는 각각 2, 簠와 簋는 각각 1이다"(武德・貞觀之制……仲春, 祭馬祖. 仲夏, 祭先牧. 仲秋, 祭馬社. 仲冬, 祭馬步. 並於大澤, 用剛日. 牲各用羊一, 籩・豆各二, 簠・簋各一)라고 하였다. ○『대당개원례』 권1 서례상 「신위」, 16쪽에도 유사한 내용이 수록되어 있다.

4) 『모시정의』 권10-3 「小雅・吉日」, 767쪽에서 "길한 날 무일에, 이미 伯에게 기도를 올렸네"(吉日維戊, 旣伯旣禱)라고 하였다. '伯'은 馬祖로서, 天駟 곧 房星의 신을 가리킨다.

5) 『이아주소』, 권6, 「釋天」, 200쪽.

6) 僕 : 僕의 이체자이다.

用罰[7] 日. 牲各用羊一也."『爾雅』曰, "旣伯旣禱, 馬祭也."[5] 國之戎用, 莫重於馬, 春秋或祖或社, 騏龍盈閑, 驌騻滿野.[6]『軍令』曰, "常以己丑日, 祭馬牛也. 馬者, 兵之首, 牛者, 軍農之用, 謹潔牲・黍稷・白酒, 而敬薦之. 豚一頭, 米・酒各五升.[7] 辟星."[8]

협주

1. "마조馬祖는 천사天駟이다. 천사는 방房[8]이다. 정사농鄭司農은 '망아지(駒)를 묶어 두는 것은 어미에게 가까이 가지 못하도록 하는 것이다. 발로 차거나 입으로 무는 말을 거세하는 것(功駒)과 같은 의미다. 두 살 된 말을 구駒라고 하고, 세 살 된 말을 조駣라고 한다'[9]라고 하였다. 나(정현)는 생각한다. '집執'은 묶는다(拘)는 뜻과 같다. (망아지를 묶어 두는 것은) 봄은 암수가 잡교하는 계절이다. 망아지는 어리고 혈기가 안정되지 않아서 그것을 타면 다칠 수 있기 때문이다."[10]
2. "'선목先牧'은 처음 말을 사육한 자인데, 그 사람에 대해서는 자세히 알 수 없다. 여름은 암수가 무리지어 잡교하는 계절의 뒤다. 숫말을 거세하는 것(功特)은 발로 차고 입으로 물어서 탈 수 없기 때문이다. 정사농은 '공특功特은 거세한다(騬)는 뜻이다'라고 하였다."[11]

---

7) 罰 : 剛의 이체자이다.
8) 房 : 28수의 하나로서, 동방 蒼龍 7수 가운데 네 번째 별자리다. 4개의 별로 이루어져 있다.『진서』권11「천문지」, 300쪽에 "방은 4개의 별로 이루어져 있다. 명당으로서 천자가 정치를 펼치는 궁이다. 아래 첫 번째 별이 上將이고, 그 다음이 次將이고, 다음이 次相이고, 위쪽의 별이 上相이다. 남쪽의 두 별은 군주의 자리고, 북쪽의 두 별은 부인의 자리다.…… 또한 天駟라고도 하는데 天馬로서, 군대의 수레를 관장한다"(房四星, 爲明堂, 天子布政之宮也, 亦四輔也. 下第一星, 上將也, 次, 次將也, 次, 次相也, 上星, 上相也. 南二星君位, 北二星夫人位.……亦曰天駟, 爲天馬. 主車駕)라고 하였다.
9)『주례주소』, 권33,「하관・교인」, 1012쪽, 정현의 주.
10)『주례주소』, 권33,「하관・교인」, 1012쪽, 정현의 주.
11)『주례주소』, 권33,「하관・교인」, 1013쪽, 정현의 주.

3. "'마사馬社'는 처음으로 말을 탄 자이다.[12] 『세본世本』[13]에 '상토相土[14]는 승마乘馬의 법을 만들었다'라고 하였다. 정사농은 '장복臧僕은 말 모는 자를 훈련시켜 모두 잘 타게 만든다는 것이다'라고 하였다. 나(정현)는 생각한다. '복僕'은 오로五路[15]를 모는 마부를 가리킨다."[16]

4. "'마보馬步'는 말에 해를 끼치는 신이다. '헌마獻馬'는 조련된 말을 왕에게 바치는 것이다. 어부馭夫는 이거貳車[17]·종거從車[18]·사거使車[19]를 모는 자이다. '강講'은 익숙하게 한다는 뜻과 같다."[20]

5. "'백伯'은 마조馬祖를 제사지내는 것이다. 말은 달의 정기에서 나오고, 마조는

---

12) 孫詒讓, 『周禮正義』에 "牧地 및 열두 우리에 모두 社를 설치하여 后土를 제사지내고, 처음으로 승마를 제정한 사람을 배향한다. 이를 馬社라고 한다"라고 하였다.

13) 『世本』: 器物의 창작자 및 氏姓의 기원을 기록한 책이다. 사마천이 『사기』를 쓸 때 참고하였다고 한 것으로 보아 秦漢 교체기의 작품으로 생각된다. 『태평어람』에도 인용되고 있기 때문에 북송시대에도 존재하였음을 알 수 있지만 그 이후에는 산일되었다. 청대에 孫馮翼·秦嘉模·雷學淇 등의 집일본이 있다. 『한서』「예문지」, '春秋家'에는 『世本』 25편, 『수서』「경적지」, '譜系部'에는 『世本』 2권(劉向 撰)과 『世本』 4권(宋衷 撰)을 저록하였고, 『구당서』「예문지」에는 『世本』 4권(宋衷 撰), 『世本別錄』 1권, 『帝譜世本』 7권(宋均 撰), 『世本譜』 2권을 저록하고 있다. 그러나 유향·송충의 찬이라고 하였지만 이들의 注文이 많아서 수·당대에는 이미 古傳本과 후세의 注記가 뒤섞여 있었던 듯하다.

14) 相土: 은나라의 시조 契의 손자로서, 조정에 들어가서는 王官의 伯이 되었고, 밖으로 나아가서는 제후의 우두머리가 되어 설의 왕업을 계승하였다고 한다. 『사기』 권3 「은본기」, 92쪽에 "契卒, 子昭明立, 昭明卒, 子相土立"이라고 하였다.

15) 五路: 고대 제왕이 타는 다섯 종류의 수레로서 玉路, 金路, 象路, 革路, 木路를 가리킨다.

16) 『주례주소』, 권33, 「하관·교인」, 1013쪽, 정현의 주.

17) 貳車: 副車이다. 『예기정의』 권17, 「少儀」, 1203쪽에서 "貳車를 타면 式禮를 하고, 佐車를 타면 식례를 하지 않는다"(乘貳車則式, 佐車則否)라고 하였고, 이에 대한 정현의 주에서는 "이거와 좌거는 모두 副車이다. 조회와 제사를 지낼 때의 부거를 '이거'라고 하고, 전쟁과 사냥할 때의 부거를 '좌거'라고 한다"(貳車·佐車皆副車也. 朝祀之副曰貳, 戎獵之副曰佐)라고 하였다.

18) 從車: 호종하는 수레를 말한다.

19) 使車: 수렵할 때에 금수를 몰아서 사냥하는 범위 안으로 나아가게 하는 수레를 말한다.

20) 『주례주소』, 권33, 「하관·교인」, 1013쪽, 정현의 주.

천사에서 나온다. 말의 힘을 사용하고자 할 때 먼저 그 선조에 제사를 지내는 것이다."[21]

6. 수守는 말한다. "주문을 오래도록 외우면 (말의 수가) 더 불어난다."
7. 수守는 말한다. "들에서 각각 오색의 석룡石龍(돌로 만든 용 형상)과 골귀骨龜(뼈로 만든 거북 형상) 등에 제사를 지낸다. 경전에는 보이지 않는다."

夾注原文

1. "馬祖, 天駟, 天駟, 房也. 鄭司農云, '執駒, 元[22]令近母也, 猶攻駒也. 二歲曰駒, 歲三[23]曰駣'. 玄謂執猶狗也. 春通淫之時, 駒血氣未定, 爲其乘匹場[24]之失也." **2.** "先牧, 始養馬者也, 其人未聞也. 夏通淫之後, 攻其特, 爲蹄齧, 不可乘用也. 鄭司農云, '攻特職謂騬者之也.'" **3.** "馬社, 始乘馬者也, 『世本』曰, '相土[25]作乘馬.' 鄭司農云, '卜[26]臧僕謂簡練馭者, 令皆善也.' 玄謂僕, 馭五路之僕者也." **4.** "馬步, 神爲貳[27]害馬者. 獻馬, 見成馬於王也. 馭夫, 貳[28]車・從車・使車者也. 講猶簡習之也." **5.** "伯, 馬[29]祖也. 馬出月精, 祖自天駟. 將用馬力, 先祭具[30]先者也." **6.** 守以爲"咒久可加也." **7.** 守曰, "野各以五色, 石龍骨龜等爲祭, 經典未聞也." **8.** 龍罡[31]馬死用咒啚[32]山苻之吉.[33]

---

21) 『이아주소』, 권6, 「석천」, 201~202쪽, 郭璞의 주.
22) 元 : '无'를 잘못 필사한 듯하다. 『주례주소』 권33 「하관・교인」, 1012쪽 주에는 '無'로 되어 있다.
23) 歲三 : 『주례주소』 권33 「하관・교인」, 1012쪽 주에는 '三歲'로 되어 있다.
24) 場 : 『주례주소』 권33 「하관・교인」, 1012쪽 주에는 '傷'으로 되어 있다.
25) 土 : 上의 오사이다.
26) 卜 : 연문인 듯하다.
27) 貳 : 『주례주소』 권33 「하관・교인」, 1013쪽, 정현의 주에는 '貳'가 '災'로 되어 있다.
28) 貳 : 『주례주소』 권33 「하관・교인」, 1013쪽, 정현의 주에는 '貳' 앞에 '馭' 한 글자가 더 있다.
29) 馬 : 『이아주소』 권6 「釋天」, 200쪽, 郭璞의 주에는 '馬' 앞에 '祭' 한 글자가 더 있다.
30) 具 : 『이아주소』 권6 「석천」, 201쪽, 郭璞의 주에는 '具'가 '其'로 되어 있다.
31) 罡 : 罡의 이체자이다.
32) 啚 : 圖의 이체자이다.
33) 문장의 앞뒤가 맞지 않아 억지로 해석하지 않겠다.

治兵

『天地瑞祥志』 권20 「治兵」[1]

해제 : 전쟁에 출진하기 전에 군대를 도열하고 훈련시키며 희생을 잡아 제사지내고 그 고기를 사졸에게 나누어 주는 의례를 기술하고 있다. 제사는 주로 강에 벽옥을 가라앉히는 것으로 이루어진다.

【치병 20—20:1】

군대를 출정시킬 때의 제사입니다.(治兵祭)[2]

『모시毛詩』에서 "마禡 제사를 지내고, 류禷 제사를 지낸다"[3]라고 하였는데, 『전傳』에서는 "집안에서 지내는 것을 '류'라고 하고, 들에 나가서 지내는 것을 '마'라고 한다"[4]라고 하였습니다.

『군령』에서 "하루 동안 군대는 행군하여 강을 건넌다. 제사를 주관하

---

1) 『천지서상지』의 필사본에는 【祭馬 20—19:1】에 붙어 있는데, 『天地瑞祥志』 권1 【明目錄 1—6】에 의거하여 분리한다.

2) 출병하기 전에 종묘에서 군사 훈련하는 것을 '治兵' 혹은 '祠兵'이라고 하고, 전쟁을 마치고 돌아와서 군사 훈련하는 것을 '振旅'라고 한다. ○『춘추공양전주소』 권7, 장공 8년조, 157쪽에서 "(『춘추』의 經文에) '갑오에 祠兵하였다'라고 하였다. '사병'이란 무엇인가? 출진하는 것을 '사병'이라고 한다. 돌아오는 것을 '진려'라고 한다. 그 의례는 똑같으니, 모두 전투를 익히는 것이다"(甲午祠兵. 祠兵者何? 出曰祠兵, 入曰振旅)라고 하였다. 이에 대한 何休의 주에서는 "禮에 있어서 병사를 무의미하게 전쟁터에 내보내지 않는다. 이 때문에 출병시키고자 할 때 근교에서 제사를 지내고, 군대를 도열하여 군사 훈련을 시키는 한편 희생을 잡아 사졸들에게 먹인다"(禮兵不徒使, 故將出兵, 必祠於近郊, 陳兵習戰, 殺牲饗士卒)라고 하였다.

3) 『모시정의』, 권16-4, 「大雅 · 文王之什 · 皇矣」, 1216쪽.

4) 『모시정의』, 권16-4, 「大雅 · 文王之什 · 皇矣」, 1216쪽, 毛亨의 傳.

는 자는 벽옥을 강물에 가라앉히면서, '아무개 군주와 신하는 감히 하백河伯의 신에게 고하노니, 나쁜 무리들을 토벌하게 해 주소서. 공경히 벽옥을 가라앉히노니, 진실로 공이 있고 재해를 만나지 않도록 해 주소서'라고 말한다"라고 하였습니다.

『사령』에서 말하였습니다. "왕의 수레가 순행할 때, 지나는 명산대천에는 유사有司를 보내 제사를 지낸다. 그 희생으로는 악진과 해독에는 태뢰를 쓰고, 중간 정도의 산천에는 소뢰를 쓰고, 작은 산천에는 특생을 쓴다."[5]

【治兵 20—20:1】

治兵祭.[1] 『毛詩』曰, "是禡是禷", 『傳』曰, "於內曰禷, 於野曰禡."[2] 『軍令』曰, "日軍行渡河. 主者以璧沈河曰, '某君臣,[3] 敢告于河伯神, 征討醜類, 敬以璧沈, 苟倖有功, 不違[6]災害也.'" 『祠令』曰, "車駕巡幸, 所過名山大川, 則遣有司祭之. 其牲, 岳鎭海瀆用大牢, 中山川用少牢, 小山川用特牲也."

협주

1. 군대를 출정시키는 것을 '치병治兵'이라고 한다.
2. 정현은 "그 신은 대체로 황제黃帝와 치우蚩尤이다"라고 하였다. 『한서』에 "고조가 패공沛公이 되자, 패의 조정에서 황제와 치우를 제사지내고, 북에 피를 발랐다"[7]라고 하였다. 희생을 죽여 그 피로 북을 바르는 것을 '흔釁'이라고

5) 이 『사령』의 규정은 『당령습유보』, 498쪽에 수록되어 있다.
6) 違 : 遇의 오사인 듯하다.
7) 『한서』, 권1상, 「高帝紀」, 9쪽.

한다. 釁의 음은 大와 亞의 반절이다.
3. 성과 이름과 관직을 칭하는 것이다.

夾注原文

1. 出軍曰治兵也. **2.** 鄭玄曰, "其神蓋黃帝·蚩尤也."『漢書』曰, "高祖爲沛公, 祀黃帝·蚩尤於沛庭, 而釁[8]鼓也." 殺[9]牲以血塗鼓曰釁. 釁音大亞反. **3.** 姓·名·官.

【치병 20—20:2】

"노魯나라 성공成公 13년에 (공은) 제후들과 함께 왕을 조회하고, 드디어 유劉나라 강공康公을 따라 진秦나라를 쳤다. 성成나라 숙공肅公이 사직에서 지낸 제사 고기를 받는데, 공경스럽지 못하였다. 유자劉子가 말하였다. '내 듣건대, 백성은 천지의 중화의 기운을 받아서 태어나니, 이른바 명命이다. 이 때문에 예의禮義의 동작과 위의威儀의 법도를 두어서 명을 정한다. 유능한 사람은 그것을 잘 길러서 복을 누리고, 유능하지 못한 사람은 그것을 망가뜨려 화를 취한다. 이 때문에 군자는 예禮를 삼가고, 소인은 힘을 다한다. 예를 삼가는 것에는 공경을 다하는 것만한 것이 없고, 힘을 쓰는 것에는 돈독히 하는 것만한 것이 없다. 공경(敬)은 신을 섬기는 데에 있고, 돈독함(篤)은 가업을 지키는 데에 있다. 나라의 큰일은 제사와 전쟁에 있다. 제사를 지낼 때에는 번膰(제사에 쓸 익힌 고기)을 받고, 전쟁할 때에는 신

8) 釁 : 釁의 이체자이다.
9) 殺 : 殺의 이체자이다.

脤(제사에 쓸 날고기)을 받는다. 신과 교접하는 커다란 절도이다. 이제 성자成子(성나라 숙공)는 (이 예절에) 게을리 하였으니, 자기 명命을 버린 것이다. (전쟁에서) 살아 돌아오지 못할 것이다!' 5월에 성나라 숙공은 하瑕 땅에서 죽었다."[10)]

【治兵 20—20:2】

"成公十三年, 諸侯朝王, 遂從劉康公伐秦, 成肅公受脤于社, 不敬.[1] 劉子曰, '吾聞之曰, 民受天地之中以生, 所謂命也.[2] 是以有禮義動作, 威儀之則, 以定命也. 能者養之以福,[3] 不能者敗之以取禍, 是故君子懃禮, 小人盡力, 懃禮莫如致敬, 盡力莫如敦篤. 敬在養神, 篤在守業. 國之大事, 在祀與戎. 祀有執膰, 戎有受振[11)],[4] 神之大節也.[5] 介[12)]成子惰, 弃其命矣. 其不反虖?' 五月成肅公卒于瑕."[6]

■ 협주 ■

1. 세 공(노 성공, 유 강공, 성 숙공)은 주나라의 대부이다. '신脤'은 사직에 제사지내는 것 가운데 으뜸이다. (제사 고기를) 대합조개로 만든 그릇에 담기 때문에 '신'이라고 한다. 출병할 때 사직에 제사지내는 것을 '의宜'라고 한다. '蜃'은 대합이다. 음은 上과 忍의 반절이다.
2. 수守는 말한다. "유자劉子는 강공康公을 가리킨다. '중中'은 중화中和의 기운을 가리킨다.
3. 위의威儀를 길러서 복을 이루는 것이다.
4. '번膰'은 제사가 끝난 뒤에 받는 고기다.

10) 『춘추좌전정의』, 권27, 성공 13년, 866~875쪽.
11) 振 : 脤의 오사이다.
12) 介 : 今의 오사이다.

5. 신과 교류하는 절도이다.
6. 하遐는 진晋나라의 땅이다.

夾注原文

1. 二[13]公, 周大夫也. 脤, 祭社之宗也. 盛以蜃器, 故謂之脤. 以出兵祭社, 謂之宜[14]. 蜃, 大蛤也. 音上忍反也. **2.** 守曰, "劉子卽康公也. 中謂中和之氣也." **3.** 養威儀以致福. **4.** 膰, 祭完也. **5.** 交神之節也. **6.** 遐, 晋地也.

---

13) 二 : 三의 오사이다.
14) 宜 : 宜의 이체자이다.

祭向神

해제 : 앞의 「치병」이 군대를 출정시키기 전의 제사와 군사 훈련에 대한 기술이라면, 이 「제향신」은 적을 향해 공격해 들어가면서 지내는 제사 절차에 관한 항목이다. 재이 현상의 발생 · 공격의 시점을 결정할 때와 적의 기세를 누르거나 성읍을 공취했을 때 모두 제사를 지내는데, 태뢰의 희생을 쓴다고 한다.

【제향신 20—21:1】

(〔神은〕 視와 仁의 반절로서, 평성이다)

범려范蠡[1]는 「제법祭法」에서 말하였습니다. "군사를 출정시켰는데 장군이 목숨을 잃거나 화를 당하면, 모두 국가에 이롭지 못하다. 장군 자신이 악한 일을 당할 뿐 아니라 후에 3년 동안 환란이 생긴다. 만약 정벌하는 곳에서 태백太白[2] · 세성歲星 · 태세太歲[3] · 대장군大將軍의 월건月建 · 왕기王氣의 여러 방해 신을 만나면 반드시 커다란 허물이 있으니, 제사를 지내야 한다. 또 적의 기운을 누르는(厭敵) 제사를 지내 적의 상황을 살핀다.

1) 范蠡 : 춘추시대 越王 句踐을 도와 吳를 멸망시키고, 구천을 천하의 패자가 되게 하였다. 그러나 후에 해로를 통해 齊에 가서 鴟夷子皮로 이름을 바꾸고 수많은 재물을 모았다. 또한 당시 천하 무역의 중심지였던 陶에서 陶朱公이라 칭하면서 부를 축적하고, 이를 빈곤한 사람들에게 나누어 주었다고 한다. 『한서』 「예문지」, '兵權謀家'에 『范蠡』 2편이 저록되어 있는데, 현재는 망실되었다.

2) 太白 : 金星 · 啓明 · 長庚이라고도 한다. 고대 천문가들은 태백성이 殺伐을 주관한다고 생각하였기 때문에 兵戎에 자주 비유하였다. 새벽에 동방에 출현하면 '啓明'이라 하고, 저녁에 서방에 출현하면 '長庚'이라고 불렀다.

3) 太歲 : 木星 · 歲星이라고도 한다. 고대의 술수가들은 太歲에도 歲神이 있다고 믿었다. 태세의 신이 있는 방위나 그 반대의 방위는 모두 興造 · 移徙 · 遠行을 할 수 없는데, 그것을 범하면 반드시 흉한 일을 당한다고 생각했다.

경계에 도달하는 날과 처음 성읍을 공격하는 날은 반드시 승일勝日[4]에 하는데, 때로는 제사를 지낸다. 또 온갖 괴이한 일이 발생하고 천구天狗[5]가 땅에 떨어져서 역병의 기운과 금수·초목의 재해를 일으키고, 또 새로운 성읍을 쌓거나 적의 성읍을 얻어 거처를 수복할 경우 모두 제사를 지내는 데 태뢰의 희생을 쓴다. (제사의 축문에 다음과 같이 말한다)

아무개 나라의 군주와 신하는
감히 성스러운 천신과 지기에게 밝게 고하나이다.
명은 다른 이유가 없는 것입니다.
단지 아무개 나라의 군주와 신하가
무도하여 이치를 어기고, 인의를 저버렸나이다.
백성을 제멋대로 해치고, 무고한 사람들을 죽였나이다.
이 때문에 우리나라의 군주와 신하는
인의의 군사를 일으켜 불의한 자들을 주멸하고자 하였나이다.
하지만, 절명絶命과 화해禍害를 범하기도 하였고
태세太歲의 월건月建을 범하기도 하였나이다.
원컨대 액운을 소멸시키고 재해를 제거해 주시며,

---

4) 勝日 : 五行相勝의 날을 말한다. 木은 土를 이기고, 土는 水를 이기고, 水는 火를 이기고, 火는 金을 이기고, 金은 木을 이긴다. 따라서 土의 기운을 이기고 쫓아내기 위해서는 甲·乙의 날에 木을 상징하는 것을 사용하고, 木의 기운을 이기고 쫓아내기 위해서는 庚·辛의 날에 金을 상징하는 것을 사용한다. ○『사기』 권12 「효무본기」, 458쪽에서 "오색의 구름무늬를 그려 넣은 수레를 제작하여, 오행이 相勝하는 각각의 날에 맞는 색깔의 수레를 골라 타고 악귀를 쫓았다"(乃作畫雲氣車, 及各以勝日駕車辟惡鬼)라고 하였다.

5) 『한서』 권26 「천문지」, 1293쪽에서 "천구는 그 모습이 큰 유성과 같다. 소리를 내는데, 별이 하늘에서 내려와 땅에 떨어지는 것이 개의 형상과 비슷하다. 이 별이 떨어진 곳을 바라보면 불꽃이 활활 타올라 하늘을 찌를 듯하다. 그 아래는 둘레가 수 頃의 밭과 같이 크고, 그 위는 뾰족한데 황색을 띠고 있다. 천리 밖의 군대가 공파되고 장군이 죽음을 당한다"(天狗, 狀如大流星, 有聲, 其下止地, 類狗. 所墜及, 望之如火光炎炎中天. 其下圜如數頃田處, 上銳見則有黃色, 千里破軍殺將)라고 하였다.

우리나라에 복을 내리시어,
우리 군대를 호위해 주소서.
저 어지러운 나라에 화를 내리시어,
저 무도한 자들을 책망해 주소서.
적의 나라는 스스로 패하고,
적의 성은 스스로 항복하게 해 주소서.
나라의 영토를 넓혀 주시어,
자손들이 대대로 다스리게 해 주소서.
위로는 하늘의 복을 얻고,
아래로는 땅의 힘을 얻게 해 주소서.
삼가 아뢰나이다.

【祭向神 20—21:1】

[視仁反平]

范蠡『祭法』曰, "出軍行師, 將軍犯絶命禍鬼, 皆於國家不利, 非但將軍身受惡, 後三年有患. 若所征之地, 值太白·歲星·太歲·大將軍月建·王氣諸妨神等, 必有大咎, 宜[6]祭之. 又厭[7]敵之祭, 審知敵到境之日, 初攻城邑之日, 必用勝日時爲祭. 又百怪天狗墮地, 動疫氣禽獸草木之災, 又築新城邑, 得敵城邑脩復居, 皆祭之, 用大牢.[1] 維厶[8]國君臣,[2] 敢昭告于聖神祇,[3] 命無他故, 但厶國君臣 无道逆理, 癈[9]弃仁義, 殘賊百姓, 誅殺无辜. 是以我國君臣擧仁義之兵, 征誅不義, 或犯絶命禍害, 或犯大歲月建.[4] 願厄會消滅, 禍害除伏, 福賜我國, 衛護我軍, 禍彼亂國, 責彼無道, 敵國自敗, 敵城自降, 開國益地, 子孫爲世, 上得天福, 下得地力. 謹啓."[5]

---

6) 宜 : 宜의 이체자이다.
7) 厭 : 厭의 이체자이다.
8) 厶 : 某의 이체자이다. 아래에도 마찬가지다.
9) 癈 : 廢의 오사이다.

협주

1. 수守는 말한다. "신이 적을 경우에는 소리를 쓴다는 뜻을 유추할 수 있다."
2. 성과 이름과 관직을 칭하는 것이다.
3. "목숨을 잃고 악귀의 화를 당한다"(絶命禍鬼)는 것은 복희씨의 팔괘에서 "신명은 인간의 목숨을 주관한다"는 것으로, 북두칠성의 정신精神을 가리킨다. 태백太白 같은 경우에는 태백의 정신이다. 나머지 신 역시 이와 같다. 염적厭敵의 제사에는 여러 신을 맡아서 제사할 뿐이다. 때에 따라서 짐작하는 것이다.
4. 향하는 신에 따라서 부르는 것이다. '염적厭敵' 및 '백괴百怪'는 모두 일의 종류에 따라 칭한 것이다.
5. 일에 따르기 때문에 말을 한 것이니, 주문呪文이다.

夾注原文

1. 守曰, "引神少用小字." **2.** 姓・名・官 **3.** 若絶命禍鬼者, 伏羲八卦神明人命所屬, 北斗精神. 若太白者, 太白精神, 其餘神赤[10]如之. 若厭[11]敵之祭, 司諸神而祭耳. 臨時斟酌之也. **4.** 隨互向之神號也. 若厭[12]敵及百恠, 皆隨事類而稱也. **5.** 隨事故作言, 呪.

---

10) 赤 : 亦의 오사이다.
11) 厭 : 厭의 이체자이다.
12) 厭 : 厭의 이체자이다.

祭鼓麾

해제 : 이 조목은 의미가 분명하지 않다. 앞의 「치병」·「제향신」과 관련지어 본다면 적과의 전쟁 과정에서 아군의 사기를 진작시키기 위한 제사관련 기술로 생각된다. 이 조목에서도 제사 대상 · 시기 및 희생 · 제물에 대한 『군령』의 규정을 인용하고 있다.

【제고휘 20—22:1】

(〔鼓는〕 故와 扈의 반절로서, 상성이다. 〔麾는〕 毁와 僞의 반절이다)

『군령』에서 "금고金鼓 · 동휘幢麾 · 강형降衡은 모두 입추의 날에 제사지낸다. 도賭 · 양羊 각각 한 마리와 서직 · 술 각각 다섯 되를 쓴다. 출정해서 이기는 바가 있다면 돌아와서 보답하는 제사를 지낸다"라고 하였다.

【祭鼓麾 20—22:1】

[故扈反上. 毁僞反]
『軍令』曰, "金鼓幢麾降衡, 皆以立秋日祠.[1] 用睹羊各一頭, 黍稷酒各五升.[2] 若出征有所剋, 候還報祠.[3]

협주

1. 금고金鼓 · 동휘幢麾 · 강형降衡은 불의를 정벌하고 백성을 위해 해를 제거하기 위한 것이다.
2. 수守는 말한다. "그때그때 있는 바에 따라 짐작해서 하는 것이다."
3. 축문은 때에 임해서 마땅히 읽어야 한다.

夾注原文

1. 鼓[1]幢麾降衡, 所以征不義爲民除害之也. **2.** 守以爲"隨時所有甚酒也." **3.** 祝文臨時冝[2]讀之也.

1) 鼓 : 앞에 '金' 한 글자가 빠진 듯하다.
2) 冝 : 宜의 이체자이다.

盟誓

해제 : 국가 사이에 정치·군사적 문제가 발생했을 때 이를 중재하는 차원에서 당사국 간에 맺는 맹서의 의례를 서술하고 있다. 『주례』 이후 맹서의 실제 예를 인용하여 그 의미와 목적을 밝히고 구체적 절차를 기술하고 있다. 또한 인덕 2년(665) 8월 당의 주도로 백제와 신라 사이에 맺은 취리산맹서를 수록하고 있는데, 「계」에 수록된 『천지서상지』의 찬술 시기(666년 4월)와 관련시켜 볼 때 『천지서상지』가 편찬 당시 최신의 자료까지 수집하였음을 알 수 있다. 맹약문을 인용하고 있어 맹서례의 구체적인 절차를 보여 주는 중요한 자료이다.

【맹서 20—23:1】

(〔盟은〕 靡와 景의 반절로서, 평성이다. 〔誓는〕 時와 世의 반절로서, 거성이다)

『주례』 「추관」에서 "사맹司盟은 맹약의 문장과 그 의례의 법을 관장한다. 무릇 제후국 사이에 문제가 발생하여 회동할 때, 그 맹약의 재서載書 및 의례를 관장한다. 북쪽을 향해서 밝은 신에게 고하고, 맹약이 끝나면 부본을 만들어 육관六官[1]에게 보낸다. 백성들 가운데 명을 범하는 자가 있

---

1) 六官 : 『주례』에 따르면 天官 冢宰, 地官 司徒, 春官 宗伯, 夏官 司馬, 秋官 司寇, 冬官 司工이 邦國의 정무를 분할하여 관장하는데, 이를 六卿 혹은 六官이라 칭한다. ○『주례주소』 권34 「秋官·大司寇」, 1067쪽에서 "무릇 나라의 큰 맹약에는 직접 임하여 기재된 盟書를 살펴보고, 그것을 天府에 보내 수장하게 한다. 太史·內史·司會 및 六官이 모두 그 부본을 받아 수장한다"(凡邦之大盟, 涖其盟書, 而登之于天府. 大史·內史·司會及六官, 皆受其貳而藏之)라고 하였다. 이에 대한 정현의 주에서는 "육관은 육경의 관이다"(六官, 六卿之官也)라고 하였다. ○『孔子家語』 권6 「執轡」에서는 "옛날에 천하를 다스릴 때에는 육관으로 총괄해서 다스리게 하였다. 총재의 관직은 도를 이루게 하고, 사도의 관직은 덕을 이루게 하고, 종백의 관직은 인을 이루게 하고, 사마의 관직은 성을 이루게 하고, 사구의 관직은 예를 이루게 한다"(古之御天下者, 以六官總治焉. 冢宰之官以成道,

으면 맹盟을 하게 하고, 그 믿지 않는 자가 있으면 저詛를 하게 하는데[2] 같은 방식으로 한다.[3] 송사를 벌이고자 하는 자가 있으면, 그들로 하여금 맹과 저를 하게 한다.[4] 무릇 맹과 저를 할 때에는 각기 그 지역에 사는 뭇 사람들로 하여금 희생을 바치게 하고, 맹약이 끝나면 사맹司盟[5]을 위해 기도할 때 사용되는 술과 포를 마련하게 한다"[6]라고 하였습니다.

司徒之官以成德, 宗伯之官以成仁, 司馬之官以成聖, 司寇之官以成義, 司空之官以成禮)라고 하였다.

2) 盟을~ 詛를 하게 하는데 : 盟과 詛 두 가지 모두 희생을 죽여 피를 마시고 신명에게 고하여 서약하는 의식이다. 큰일에 대해서 '맹'이라고 하고, 작은 일에 대해 '저'라고 하는 차이가 있다. ○『주례주소』 권26「春官·詛祝」, 807쪽에서 "(저축은) 盟·詛·類·造·攻·說·禬·禜의 祝號를 관장한다"라고 하였고, 이에 대한 정현의 주에서는 "8가지의 글은 모두 신명에게 고하는 것이다. 盟과 詛는 약속 체결(要誓)을 위주로 하는데, 큰일을 '맹'이라 하고, 작은 일을 '저'라고 한다"라고 하였다. ○『예기정의』 권4「곡례하」, 164쪽에서 "제후가 만나기로 약속한 날 이전에 상견하는 것을 '遇'라고 한다. 극지(양 제후국의 지배력이 일방적으로 미치지 못하는 지역)에서 상견하는 것을 '會'라고 한다. 제후가 대부를 보내 다른 제후를 문안하게 하는 것을 '聘'이라고 한다. 말로 서로 약속하는 것을 '誓'라고 하고, 희생을 앞에 두고 하는 것을 '盟'이라 한다"라고 하였다. 이에 대한 정현의 주에서는 "구덩이를 만들고 희생을 쓰며, 임하여 맹약하는 글을 읽는다. '聘'의 예는 오늘날 남아 있다. '遇'·'會'·'誓'·'盟'의 예는 오늘날 모두 사라지고 없다. '誓'의 글은 『서경』에 6편이 보인다"라고 하였고 공영달의 소에서는 "'盟'을 하는 법은 먼저 땅을 파서 네모진 구덩이를 만들고, 구덩이 위에서 희생을 죽인 다음 희생의 왼쪽 귀를 잘라 珠盤에 담아 놓고, 또 그 피를 취하여 玉敦에 담는다. 피를 가지고 맹약하는 글을 작성하여 글이 완성되면 피를 마시고(歃血) 글을 읽는다. 구덩이 속에 희생을 놓은 다음, 그 위에 글을 놓고 매장한다. 이것을 '載書'(글을 싣는다)라고 한다"라고 하였다.

3) 백성들 가운데~ 같은 방식으로 한다 : 제후국 사이의 회맹과 마찬가지로 국내에서의 회맹도 사맹이 북쪽을 향해서 체결한 맹약의 문서를 신명에게 밝게 고하고, 맹약이 끝나면 그 정본은 天府와 司盟의 府에 보관하고, 부본을 六官에게 보낸다는 뜻이다.

4) 송사를~ 하게 한다 : 송사가 일어날 때 재판에 앞서 먼저 당사자들에게 盟·詛를 행하게 하는 것을 말한다.

5) 司盟 : 맹약의 載書와 그 의례를 주관하는 관직이다. 『주례주소』, 권36, 「秋官·司盟」 참조.

6) 『주례주소』, 권36, 「秋官·司盟」, 1114~1117쪽.

『한서』에서 "고후高后(여태후)는 여씨 일족을 왕으로 세우고자 왕릉王陵에게 물었다. 왕릉은 '고황제高皇帝(고조 유방)께서 백마를 죽이고 맹약하면서 〈유씨가 아닌데 왕이 된다면 천하가 함께 공격하라〉라고 하셨습니다. 이제 여씨를 왕으로 세우는 것은 맹약을 어기는 것입니다'라고 하였다"7) 라고 하였습니다.

【盟誓 20—23:1】

[靡景反平, 時世反去]
『周禮』「秋官」曰, "司盟掌盟載之法.1 凡邦國有疑會同, 則掌其盟約之載及其禮儀, 北面詔明神. 旣盟則貳.2 盟萬民之犯命者, 詛其不信者亦如之.3 有獄訟者, 則使之盟詛.4 凡盟·詛, 各以其地城8)之衆庶, 共其牲而致焉. 旣盟, 則爲司盟共祈酒脯.5 『漢書』曰, "高后欲立諸呂爲王, 王陵曰, '高皇帝刑白馬而盟曰, 「非劉氏而王者, 天下共擊之.」 介9) 呂氏, 非約也.'"6

협주

1. "'재載'는 맹약의 말이다. '맹盟'은 그 말을 책策에 쓰고, 희생을 죽여 그 피를 취하고, 그 희생을 넣을 구덩이를 파며, 그 위에 글을 올려놓고 묻는 것을 가리킨다. 이를 '재서載書'라고 한다."10)
2. "'밝은 신'(明神)은 일월과 산천의 신을 가리킨다. '고한다'(詔)는 것은 그 재서

---

7) 『한서』, 권40, 「王陵傳」, 2047쪽.
8) 城 : 『주례주소』 권36 「추관·사맹」, 1117쪽에는 '城'이 '域'으로 되어 있다.
9) 介 : 『한서』 권40 「王陵傳」, 2047쪽에는 '介'가 '今'으로 되어 있으며, '今' 뒤에는 '王' 한 글자가 더 있다.
10) 『주례주소』, 권36, 「추관·사맹」, 1114쪽, 정현의 주.

載書를 읽으면서 고한다는 뜻이다. '둘로 한다'(貳)는 것은 부본을 써서 육관六官에게 주어야 하기 때문이다."[11]

3. "맹盟과 저詛는 서로 더불어 그들(송사를 벌이는 자)을 미워하게 하려는 것이다. '명을 범한다'(犯命)는 것은 군주의 가르침과 명령을 범한다는 뜻이다. '믿지 않는다'(不信)는 것은 맹약을 어긴다는 뜻이다."[12]
4. "믿지 않으면 이 맹과 저를 감히 듣지 않는다. 송사를 살피게 되는 까닭이다."
5. "마을 사람들로 하여금 희생을 들고 와서 맹약을 하게 한다. 맹약이 끝나면 또 술과 포를 내오게 한다. 사맹이 그들을 위해 명신明神에게 기도를 올리고 맹약을 어기는 자들에게는 반드시 흉한 일이 생기게 한다."[13]
6. "『회남자』에 '호인胡人은 두개골을 부딪친다'라고 하였다. 호인은 맹약을 맺을 때 사람의 두개골에 술을 넣고 마시면서 서로 맹세한다는 뜻이다. (또) '월인越人은 팔에 문신을 새기고, 중국인은 희생을 죽여 그 피를 마시면서 맹약을 한다. 그 방법은 각기 다르지만 믿음을 맺기 위한 점에서는 똑같다'[14]라고 하였다."[15]

夾注原文

1. "載, 盟辭也. 盟者, 書其辭於策, 殺牲取血, 坎其牲, 加書於上而埋之, 謂之載書也." **2.** "明神謂日月山川也. 詔者, 讀其載書以告也. 貳者, 寫副當以據[16]六官也." **3.** "盟·詛者, 欲相與共亞[17]之也. 犯命者, 犯君散[18]令. 不信, 違約者之也." **4.** "不信, 則不敢聽此盟詛, 所以者[19]獄訟." **5.** "使其邑閭出牲而來

---

11) 『주례주소』, 권36, 「추관·사맹」, 1115쪽, 정현의 주.
12) 『주례주소』, 권36, 「추관·사맹」, 1116쪽, 정현의 주.
13) 『주례주소』, 권36, 「추관·사맹」, 1117쪽, 정현의 주.
14) 이상 두 문장은 『淮南子』 권11 「齊俗訓」, 174쪽에 보인다.
15) 『예문유취』 권33 人部17, '盟', 588쪽에 인용되어 있다.
16) 據 : 『주례주소』 권36 「추관·사맹」, 1115쪽, 정현의 주에는 '據'가 '授'로 되어 있다.
17) 亞 : 『주례주소』 권36 「추관·사맹」, 1116쪽, 정현의 주에는 '亞'가 '惡'으로 되어 있다.
18) 散 : 『주례주소』 권36 「추관·사맹」, 1116쪽, 정현의 주에는 '散'이 '教'로 되어 있다.

盟, 已又使出酒脯, 司盟爲之祈明神, 使不信者必凶之也." 6. "『淮南子』曰, '胡人彈骨', 胡人之盟約, 置酒人頭骨中, 飮以相詛也. '越人契臂, 中國唾[20]盟, 所由各異, 其於信一之也.'"

【맹서 20—23:2】

대당大唐 인덕麟德 2년(665) 가을 8월, 칙령을 내려 유인원劉仁願으로 하여금 신라왕 및 백제의 융隆을 취리산就利山에서 회맹하게 하였습니다. 그 서문에 다음과 같이 말하였습니다.

"상고시대 염제炎帝와 황제黃帝가 교화를 펼칠 때 전쟁의 일이 있었는데, 개천改泉·탁록涿鹿에서 왕자王者의 군대라고 칭하였다. 마침내 요와 순이 선양을 통해서 천하의 군주가 되었다. 어짊과 은혜를 베풀고 정벌을 그만두었으며, 의를 행하고 창과 방패를 그치게 하였다. 그 높고 낮음을 말해 보건대, 어떠한 수준이겠는가?

하나라와 은나라가 서로 이었지만, 다시 창과 수레를 사용하였다. 하지만 병혁兵革의 흉함을 깨닫고, 문덕文德의 다스림을 알았다. 이에 맹서盟誓의 예의를 일으켜 전쟁과 정벌의 근원을 틀어막았다. 저 성스럽고 지혜로운 제왕(聖帝哲王)이 아니었다면 행할 수 없는 것이었다.

그러므로 성탕成湯은 은나라의 성스러운 천자인데도 경박景亳의 회맹이 있었고, 진晋의 문공文公은 주나라 때 제후의 우두머리가 되었는데도 천

19) 者 : 『주례주소』 권36 「사맹」, 1117쪽, 정현의 주에는 '者'가 '省'으로 되어 있다.
20) 唾 : 歃의 오사인 듯하다.

토踐土의 회맹이 있었다.21) 하나라의 계啓왕은 감甘 땅에서 전쟁을 할 때에 「감서甘誓」를 지었고,22) 주나라의 무왕武王은 목야牧野 땅에서 진을 쳤을 때에 「목서牧誓」를 지었다.23) 이를 통해서 말한다면, 맹서의 의례는 그 유래가 오래된 것이다.

춘추시대 240년 동안 제후들의 맹서盟誓는 그 사례가 많다. 전적에 널리 실려 있기 때문에 번거롭게 말할 필요도 없는 것이다. 한의 고조에 이르러 포학한 진을 주멸하고 강한 항우를 멸망시켜 위엄이 사해에 미치고 덕이 천하를 뒤덮게 되었다. 이에 창업을 도운 공신과 더불어 부절을 쪼개어 서문誓文을 지었다. 그 문장에 '설령 태산이 숫돌처럼 닳고, 황하가 허리띠처럼 가늘게 마르더라도 자손이 나라를 전하여 후손들에까지 미치도록 하라'24)라고 하였다. 이어서 단서丹書의 맹서盟誓로 경계하고, 백마白馬의 맹약盟約으로 거듭하였다. 이를 금으로 만든 궤짝에 수장하여 만대에까지 전해지게 하였다. 그러나 태산이 언제인들 숫돌처럼 될 수 있으며, 황

---

21) 『춘추좌전정의』 권42, 소공 4년, 1381쪽에서 "하나라 계왕은 균대에서 제후들을 모아 놓고 향연을 벌였으며, 은나라의 탕왕은 경박에서 제후들에게 명령을 내렸다. 주나라의 무왕은 맹진에서 맹약을 맺었으며, 성왕은 기양에서 제후를 소집하여 사냥을 하였다.…… 제의 환공은 소릉에서 제후들의 군사를 소집하였고, 진의 문공은 천토에서 회맹을 하였다"(夏啓有鈞臺之享, 商湯有景亳之命, 周武有孟津之誓, 成有岐陽之蒐.……齊桓有召陵之師, 晉文有踐土之盟)라고 하였다. ○ '景亳'은 『사기』 권3 「은본기」, 93쪽, 장수절의 주에 "宋州 북쪽 50리 大蒙城이 景亳이다. 탕왕이 회맹한 곳이다. 河南의 偃師가 西亳으로, 帝嚳 및 탕왕이 도읍으로 정했으며, 盤庚도 이곳으로 도읍을 옮겼다"라고 하였다. 즉 '경박'은 오늘날 商丘市 북쪽 50리, 산동성 曹縣 남쪽이다.

22) 『상서정의』 권7 「夏書 · 甘誓」, 206쪽에서 "(하나라의) 啓王는 甘 땅의 들판에서 유호씨와 싸울 때 「감서」를 지었다"(啓與有扈戰于甘之野, 作「甘誓」)라고 하였다.

23) 『상서정의』 권11 「周書 · 牧誓」, 333쪽에서 "(주나라의) 무왕은 융거 3백 량, 호분 3백 인을 이끌고 수와 목야에서 싸울 때 「목서」를 지었다"(武王戎車三百兩 · 虎賁三百人, 與受戰于牧野, 作「牧誓」)라고 하였다.

24) 『한서』, 권16, 「高惠高后文功臣表」, 527쪽.

하가 언제인들 허리띠처럼 될 수 있겠는가? 그 뜻은 조상을 존숭하고 자손을 안정시키며, 혐의嫌疑(의심스러운 일)를 결정하고 유예猶豫(머뭇거리는 것)를 깨끗이 제거하고자 한 것이었다.

군주와 신하가 위에서 겸양하면, 백성들은 아래에서 칭송하며 노래한다. 어짊과 은혜가 초목에까지 미치고, 예의와 의리가 곤충에까지 젖어든다. 이때에는 쟁송爭訟의 아우성이 없고, 세속에서는 태강大康의 즐거움을 누린다. 그리하여 천자가 선한 일을 하면, 백성은 그에 의지하게 되는 것이다. 그러므로 맹서의 의리는 그 위대함을 알 수 있다. 이웃나라의 기꺼워하는 마음을 얻고, 다른 나라와의 우호를 이룬다. 함께 평화와 부유함을 돈독히 하고, 영원히 침범하는 일을 종식시킨다. 삼가 천지에서 복을 하사받아 흐르는 훈풍이 썩지 않을 것이다. 힘쓰지 않을 수 있겠는가! 힘쓰지 않을 수 있겠는가!"

【盟誓 20—23:2】

大唐麟德二年秋八月, 勅使劉仁願・新羅王及百齊[25)]隆盟于就利山.[1] 其序曰, "上古炎・黃之化, 卽有戰爭之事改泉・涿庶[26)], 稱王者之師.[2] 遂乎堯舜揖讓而君天下.[3] 施仁恩而罷征伐, 行義而止干戈.[4] 語其升降, 曾何等級? 夏殷相繼, 復用戎車, 竊兵革之凶免, 知文德之戡亂, 乃興盟誓之禮, 以杜戰伐之源, 非夫聖帝哲王, 莫能行之者也. 故成湯殷之聖天子, 而有景亳之盟,[5] 晋文周之霸諸侯, 而有踐土之盟.[6] 夏后將戰於甘而作「甘誓」, 周王陳於牧野而作「牧誓」. 由此言之, 盟誓之禮, 其所從來自久.[7] 春秋二百四十年中, 諸侯盟誓, 多矣,[8] 布在方廻, 不待煩言.[9] 及至漢高祖, 誅暴秦滅强項, 威加四海, 德被八荒, 乃與佐命功臣, 剖符作誓.[10] 其

25) 齊 : 濟의 오사이다.
26) 庶 : 鹿의 오사이다.

文曰, '使太山如礪, 黃河如帶, 子孫傳國, 及於後裔', 申以丹書之誓, 重以白馬之盟.[11] 藏之金遺[27)], 以垂万代. 然太山何時可如礪, 黃河何時可如帶, 意欲尊崇祖考, 安固子孫, 決定嫌疑, 蠲除猶豫.[12] 君臣揖讓於上, 百姓詠歌於下, 仁恩霑於草木, 禮義洽於昆虫.[13] 時無爭訟之聲, 俗保大康之樂.[14] 斯乃一人有慶, 兆庶賴之者也.[15] 故知盟誓之義, 其大矣哉! 結隣國之歡心, 成異邦之好合, 共敦和贍, 永息侵凌, 拜貺天地, 流芳不朽, 可不勉歟! 可不勉歟!"

협주

1. 취리산은 백제의 땅이다. 회맹으로 말미암아서 난산亂山을 바꾸어 취리산就利山(이익을 성취하는 산)이라고 하였다. 지마현只馬縣에 있다.
2. 수守는 말한다. "『좌전』에 '복언卜偃은 〈황제黃帝는 개천改泉에서 전투를 하였습니다〉라고 하였다'[28)]로 되어 있다. 『한서』「지리지」응소應邵의 주注에는

---

27) 遺 : 匱의 오사이다.

28) ○『천지서상지』 필사본의 두주에는 '阪泉'·'改泭' 등으로 되어 있는 판본도 있다고 하였다. ○『춘추좌전정의』 권16, 희공 25년, 490쪽에도 '改泉'이 '阪泉'으로 되어 있다. "복언으로 하여금 점을 치게 하였다. (복언은) '길하다! 황제가 阪泉에서 전투했을 때의 점을 얻었다'라고 하였다"(使卜偃卜之, 曰吉, 遇黃帝戰于阪泉之兆)로 되어 있다. 이에 대한 杜預의 주에서는 "황제가 신농의 후예 姜氏와 阪泉의 들판에서 싸워서 승리를 거두었다. 이제 그 점을 얻었기 때문에 길한 것으로 생각한 것이다"(黃帝與神農之後姜氏戰于阪泉之野, 勝之, 今得其兆, 故以爲吉)라고 하였다. 『大戴禮』「五帝德」에는 "황제가 赤帝와 阪泉의 들판에서 싸웠다"라고 하였고, 『사기』에는 "황제가 염제의 후예를 阪泉의 들판에서 쳤다"라고 하였다. 이처럼 『서상지』 이외에는 모두 '阪泉'으로 되어 있다. ○『한서』 권23「형법지」, 1082쪽, 李奇의 주에는 "황제는 염제와 판천에서 싸웠다. 이제 '涿鹿'이라고 한 것은 그 땅에 두 이름이 있기 때문이다"(黃帝與炎帝戰於阪泉, 今言涿鹿, 地有二名也)라고 하였고, 또 文穎의 주에서는 "『국어』에 '황제는 염제의 동생이다. 염제는 신농씨로서 火行이다. 후에 자손들이 포학하자, 황제가 그들을 친 것이다'라고 하였다"(『國語』云, 黃帝, 炎帝弟也. 炎帝號神農, 火行也, 後子孫暴虐, 黃帝伐之, 故言以定火災)라고 하였다.

'황제는 치우蚩尤와 탁록涿鹿의 들판에서 싸웠다'[29]라고 되어 있다. 또 『한서』「형법지」의 주에서 정씨鄭氏(이름 불명)는 '탁록은 팽성彭城 남쪽에 있다. (황제가) 염제와 싸운 곳이다'라고 하였고, 이기李奇는 '황제는 염제와 판천阪泉에서 전투를 벌였다. 이제 탁록이라고 말한 것은 그 지역에 두 이름이 있기 때문이다'라고 하였다. 문영文穎은 '『국어』에 〈황제는 염제의 동생이다〉라고 하였다. 염제는 신농이라고 부른다. 후에 자손들이 포학하자 황제가 그들을 정벌했던 것이다. 또 『한서』「율력지」에 〈염제와 판천에서 전투를 벌였다〉라고 하였는데, 탁록은 상곡上谷에 있다'라고 하였다. 양梁 무제武帝 때의 김영金榮은 '황제와 염제의 전쟁은 백 번 싸운 뒤에야 끝났다'라고 하였다. 안사고顔師古는 '문영의 설이 옳다'라고 하였다.[30] 수守도 그렇게 생각한다."

3. 수守는 말한다. "요임금은 재위 72년 만에 순에게 지위를 선양하였고, 순임금 또한 재위 50년 만에 우에게 선양하였다. 그래서 '읍을 하면서 선양한 군주'라고 한 것이다."

4. 수守는 말한다. "요임금은 단수丹水의 포구에서 싸워서 남쪽 오랑캐를 복종시켰고, 순임금은 삼묘三苗를 쳐서 그 풍속을 바꾸었다. 이것이 바로 의로써 불의를 주멸하고, 인으로써 불인을 토벌한다는 것이다. 그러므로 『한서』에서 '자기에게 인이 있으면 천하 사람이 그에게 귀복한다. 용맹을 쓰지 않아도 된다. 자기에게 의가 있으면 천하 사람이 그를 떠받든다. 힘을 쓰지 않아도 된다'[31]라고 하였다. '글자(文)상에서 말하면, 止와 戈를 합한 것이 武이다(병기를 그치게 하는 것이 진정한 무이다)'[32]라고 한 것이 그것이다."

5. 수守는 말한다. "『상서尙書』「탕서湯誓」에서 '탕임금이 명조鳴條의 들판에서 걸桀을 정벌하였다'[33]라고 하였다. 하나라의 병사와 백성을 경계하고 훈시한 것이다. 탕왕은 다시 박亳 땅으로 돌아와 자신이 걸을 정벌한 대의를 천하에 고하였음을 말하였다. 그러므로 「탕고湯誥」의 편을 지었다. 이 때문에 『좌전』에서 '경박景亳의 명命'이 있다고 한 것이다.[34] 음이 서로 가깝다. 『주례』에서

---

29) 『한서』, 권28하, 「지리지」, 1623쪽.
30) 이상은 『한서』 권23 「형법지」, 1082쪽의 주에 보인다.
31) 『한서』, 권1상, 「고제기」, 34쪽 文穎의 주.
32) 『춘추좌전정의』, 권23, 선공 12년조, 750쪽.
33) 『상서정의』, 권8, 「상서 · 탕서」, 226쪽.

는 '무릇 제후의 적자는 천자에게 훈시를 받는다'[35]라고 하였다. 정현은 '서誓는 명命과 같은 뜻이다. 서誓라고 말한 것은 천자가 이미 (그가) 후사가 되었음을 밝히기 위한 것이다'[36]라고 하였다. 대체로 옳은 말이다."

6. 주나라 양왕襄王 때에 천토踐土에 왕궁을 지었는데, '천토는 정鄭나라의 땅'이라고 한다. 노나라 희공僖公 28년에 진후晉侯(진 문공)·제후齊侯·송공宋公·채후蔡侯·정백鄭伯과 회동하여 (천토의) 왕궁 뜰에서 회맹을 하였다. 천토는 당연히 (주나라의) 서울과 구별된다.[37] (천토의) 맹문盟文에 "모두 왕실을 돕고 서로 해치지 말도록 하라. 이 맹약을 어기는 자가 있다면, 밝으신 신께서 그를 주멸하고 그의 군대를 쓰러뜨려 나라를 다스릴 수 없게 하실 것이다"[38]라고 하였다. "'장奬'은 돕는다(助)는 뜻이다. '투渝'는 바꾼다(變)는 뜻이다. '극

34) 『춘추좌전정의』, 권42, 소공 4년조, 381쪽.
35) 『주례주소』, 권21, 「춘관·典命」, 643쪽.
36) 『주례주소』, 권21, 「춘관·典命」, 643쪽, 정현의 주.
37) 노나라 희공 28년에 진 문공이 衛나라를 공격하자, 楚나라 군대가 위나라를 구원하였다. 진 문공은 초나라와 城濮에서 전투를 벌여 승리하였다. 진 문공은 천토에 왕궁을 짓고 초의 포로들을 周 襄王에게 바쳤다. 이에 천토의 왕궁 뜰에서 제후들을 모아 놓고 회맹을 한 것이다. ○『춘추좌전정의』 희공 28년 5월조, 506쪽에서 "희공이 왕이 계신 곳에서 조회하였다"(公朝于王所)고 한 것에 대해 杜預의 주에서는 "왕은 천토에 있었으니, 京師가 아니었다. 그러므로 '왕이 계신 곳'(王所)이라고 한 것이다"라고 하였다. ○『춘추곡량전주소』, 172쪽에서는 "조회할 때는 '계신 곳'(所)이라고 말하지 않는다. '계신 곳'이라고 말한 것은 그곳이 왕의 정식 처소가 아니기 때문이다"(朝不言所, 言所者, 非其所也)라고 하였다. 즉 천토가 왕의 경사(서울)가 아니기 때문에 『춘추』 경문에서 '왕이 계신 곳'(王所)이라고 했다는 것이다. ○『춘추공양전주소』, 302쪽에서는 "어째서 '희공이 경사에 갔다'라고 말하지 않았는가? 천자(양왕)가 이곳 천토에 있었기 때문이다. 그렇다면 어째서 '천자가 이곳 천토에 있다'라고 말하지 않았는가? 천자를 불러왔다는 사실을 인정할 수 없었기 때문이다"라고 하였다. 즉 『공양전』은 진 문공이 주의 양왕을 천토로 불러왔음을 『춘추』에서 비판한 것이라고 해석한 것이다. ○『좌전』에는 진 문공이 양왕을 불러왔다는 사실을 기록하지 않고, 다만 "천토에 왕궁을 지었다"라고 말했을 뿐이다. 두예의 주에서는 "양왕이 진 문공이 전쟁에서 승리했다는 소식을 듣고 스스로 가서 그를 위로했기 때문에 왕궁을 지은 것"이라고 해석하였다. 즉 두예의 의도는 양왕이 자의적으로 간 것이지 진 문공의 부름을 받은 것은 아니라는 데에 있다. 『공양전』의 해석을 비판한 것이다.
38) 『춘추좌전정의』, 권16, 희공, 28년조, 519쪽.

殛'은 죽인다(誅)는 뜻이다. '비俾'는 시킨다(使)는 뜻이다. '극克'은 잘한다(能)는 뜻이다."[39]

7. 『상서』에서 "하나라의 계啓[40]는 유호씨有扈氏[41]를 정벌하고 감甘의 땅[42]에서 회동(會)을 하였다. 전쟁을 하려고 할 때 먼저 맹서(誓)를 하였다.[43] 그러므로 「감서甘誓」의 편이라고 한 것이다"[44], "주나라 무왕武王이 은나라 주왕紂王을 정벌하고자 하였다. 계해癸亥에 목야牧野에서 진을 치고, 갑자甲子 아침에 병사와 백성들을 훈시하였다. 그러므로 「목서牧誓」의 편이라고 한 것이다"[45]라고 하였다. 그렇다면 그 병사와 백성을 정비하는 것은 장차 온갖 죄를 저지른 도적을 정벌하기 위한 것이니, 화목을 도모하는 맹약이 아니다.
8. 주나라 평왕 즉위 47년은 노나라 은공 원년(BC 722)이다. 『좌전』은 이때부터 시작하여 애공哀公 14년(BC 481)에 이르러 242년 동안의 기록으로 끝난다. 공자는 12년간의 노나라 역사를 기록하지 않았다. 총 254년 동안, 무릇 회맹이 180여 차례 있었다.
9. 『주례』에서 무릇 명命을 설명할 때, 제후의 경우는 사명四命이라고 하였다. 정현은 "간책簡策에 왕명을 적는다"[46]라고 하였다.
10. 고조가 적을 멸하여 비로소 천하를 병합하였고, 그 공신인 한신·소하 등 140인이 그 충성으로 봉작을 받았으므로 맹서盟誓의 글을 지어야 함을 말한 것

---

39) 『춘추좌전정의』, 권16, 희공, 28년조, 519쪽, 두예의 주.
40) 하나라의 啓 : 계는 하나라 우왕의 아들로서, 우왕을 계승하여 천자가 되었다. 본래 우왕은 동이계통의 益에게 선양하려고 하였지만, 계가 쿠데타를 일으켜 지위를 차지하였다.
41) 有扈氏 : 姒姓으로서 하나라와 동성의 나라이다.
42) 甘의 땅 : 유호씨의 교외 땅이다.
43) 회동하는 것을 '誥'라고 하고, 군대를 정비하는 것을 '誓'라고 한다.
44) 『상서정의』, 권7, 「夏書·甘誓」, 206쪽.
45) 『상서정의』, 권11, 「周書·牧誓」, 333쪽.
46) 『주례주소』 권26 「春官·內史」, 834쪽에서 "무릇 왕이 제후·고경대부에게 작위를 명할 때는 왕명을 간책에 기재한다"(凡命諸侯及孤卿大夫, 則策命之)라고 하였다. 이에 대한 정현의 주에서는 "'策'이란 간책에 왕명을 쓰는 것을 말한다. 그 문장에 '왕이 숙부에게 이르노니, 왕명에 공경히 복종하여 사방의 나라를 편안히 하고, 왕에게 사특한 자들을 규찰하여 멀리하도록 하라'라고 되어 있다"(策謂以簡策書王命. 其文曰, "王謂叔父, 敬服王命, 以綏四國 糾逖王慝")라고 하였다.

이다.

11. 수守는 말한다. "백마를 죽이는 것은 대체로 은나라 때의 예이다. 하나라에서는 희생으로 검은 색을 썼고, 주나라에서는 희생으로 붉은색을 썼다. 태고시대에는 새·들짐승의 피를 마시고 그 털까지 먹었다.[47] 그러므로 제사를 지낼 때에는 태고시절을 잊지 않는 것이다. 『좌전』에서는 '털로 순수함을 고하고, 피로 희생을 죽였음을 고한다'[48]라고 하였다."
12. 고조의 뜻은 그 후손들이 태산과 더불어 장구하고, 나라가 황하와 더불어 영원히 보존되기를 희망하였음을 말하는 것이다. 그러나 산하는 손상됨이 없지만 한나라의 백성은 이미 끊어졌다. 그렇다면 맹약이 과감하게 수행되지 않았음을 알 수 있다. 백제의 땅이 어찌 오래갈 수 있겠는가!
13. 『서응도瑞應圖』에서 "왕자의 은혜가 초목에까지 미치면 주초朱草[49]와 가화嘉禾[50]가 생겨난다. 은혜가 곤충에까지 미치면 기린과 봉황이 날아오게 된다"라고 하였다.
14. 공자는 "송사를 처리하는 것은 나도 남만큼 하지만, 그러나 반드시 송사 그 자체가 없도록 하겠다"[51]라고 하였다. 『재례載禮』에서 "백성을 편안하고 즐겁게 하는 것을 '태강太康'이라 한다"라고 하였다.
15. 『효경』에 실려 있다.[52]

---

47) 태고시대에는~ 그 털까지 먹었다 : 『예기정의』 권21 「예운」, 779~780쪽에 "옛날에 선왕은 궁실이 없어서 겨울에는 굴을 파서 살고 여름에는 풀섶을 쌓아 놓은 곳이나 나무 위에서 살았다. 불로 익히는 법이 없어서 초목의 열매와 새·들짐승의 고기를 먹고 그 피를 마셨으며 털까지 먹었다. 옷감이 없어서 깃털이나 가죽을 입었다"(昔者先王未有宮室, 冬則居營窟, 夏則居橧巢. 未有火化, 食草木之實, 鳥獸之肉, 飲其血, 茹其毛. 未有麻絲, 衣其羽皮)라고 하였다.

48) 이 문장은 『좌전』에 없다. 『모시정의』 권13-2 「小雅·信南山」, 969쪽, 鄭玄의 箋 및 『주례주소』 권2 「天官·大宰」, 57쪽, 공영달의 소 등에 보인다.

49) 朱草 : 붉은 색의 풀로서, 고대인들은 상서로운 풀로 생각했다. 『大戴禮記』 권8 「明堂」, 928쪽에서 "주초는 하루에 잎이 하나 자라나서 15일이 되면 15개의 잎이 자란다. 16일이 되면 잎이 하나 떨어지는데, 다 떨어지면 다시 시작된다"(朱草日生一葉, 至十五日生十五葉, 十六日一葉落, 終而復始也)라고 하였다.

50) 嘉禾 : 기이하게 생장하는 곡물로서, 吉祥의 징조로 여겼다.

51) 『논어주소』, 권12, 「안연」, 188쪽.

52) 『효경주소』, 권1, 「천자장」, 8쪽.

夾注原文

1. 山, 百齊[53]地也. 由盟改亂山爲就利山, 在只馬縣也. **2.** 守曰, "『左傳』曰, '卜偃云, 「黃帝戰于改泉.」'" 『漢書』「地理志」應昭[54]注曰, "黃帝與蚩尤戰於涿鹿之野." 又「刑法志」鄭氏云,[55] "涿鹿在鼓[56]城南, 與炎帝戰也." 李奇曰, "黃帝與炎帝戰於阪泉, 今言涿鹿, 地有二名也." 文穎曰, "『國語』曰, '黃帝, 炎帝弟也.' 炎帝號神農也. 後子孫暴虐, 黃帝伐之. 又「律歷志」云'與炎帝後戰於阪泉', 涿鹿在上谷也." 梁武金榮云, "黃炎之難, 百戰乃濟也." 師古曰, "文說是也." 守以爲亦然之. **3.** 守曰, "堯在位七十三[57]年, 禪位於舜, 舜亦在位五十年, 禪於禹, 故謂之揖讓君之矣." **4.** 守曰, "堯戰舟[58]水之浦, 以服南蠻, 舜伐三苗, 更易其俗, 斯乃以義誅不義, 以仁討不仁. 故『漢書』云, '己有仁, 天下歸之, 可不用勇也. 己有義, 天下奉, 可不用力也.' '於文止戈爲武', 是也." **5.** 守曰, "『尙書』「湯誓」曰, '湯伐桀于鳴條之野', 戒誓其士衆也. 湯復歸于亳. 言己以伐桀大義告天下, 故作「湯誥」篇也. 是以『左傳』'有景亳之命'是也. 音相近也. 『周禮』'凡諸侯之遍[59]子誓於天子.' 鄭玄曰, '誓猶命. 言誓者 明天子旣命以爲嗣也.' 蓋是之也." **6.** 周襄王作宮于踐土云, '踐土鄭地.' 僖卄八年會晋侯・齊侯・宋公・蔡侯・鄭伯等盟于宮庭也. 當踐土別京師也. 盟文曰, "將[60]王室, 無相害也! 有偸[61]此盟, 明神丞[62]之! 俾墜[63]其師, 無克祉[64]國也." "獎, 助也. 喩[65], 爰[66]

---

53) 齊 : 濟의 오사이다.
54) 昭 : 邵의 오사이다.
55) 『천지서상지』의 필사본에는 이하 글자가 빠져 있다. 상단에 "阪泉…… 운운"으로 필사한 흔적이 있지만, 글자가 날아가서 분명하게 보이지는 않는다. 『한서』 권23 「형법지」, 1082쪽의 주에는 "鄭氏曰, '涿鹿在彭城南. 與炎帝戰, 炎帝火行, 故云火災'"로 되어 있어, 『천지서상지』의 필사본과 내용이 다른 듯하다.
56) 鼓 : 彭의 오사이다.
57) 三 : 二의 오사인 듯하다.
58) 舟 : 丹의 오사이다.
59) 遍 : 適의 오사이다.
60) 獎 : 『춘추좌전정의』 권16, 희공 28년조, 519쪽에는 '將'이 '獎'으로 되어 있으며, '獎' 앞에 '皆' 한 글자가 더 있다.
61) 偸 : 『춘추좌전정의』 권16, 희공 28년조, 519쪽에는 '偸'가 '渝'로 되어 있다.
62) 丞 : 『춘추좌전정의』 권16, 희공 28년조, 519쪽에는 '丞'이 '殛'으로 되어 있다.
63) 墜 : 『춘추좌전정의』 권16, 희공 28년조, 519쪽에는 '墜'가 '遂'로 되어 있다.
64) 祉 : 『춘추좌전정의』 권16, 희공 28년조, 519쪽에는 '祉'가 '祚'로 되어 있다.

也. 丞[67], 誅也. 俾, 使也. 克, 能也." **7.**『尙書』曰, "夏啓伐有扈, 會于甘地, 將戰先誓, 故「甘誓」也.", "武王欲伐紂, 癸亥夜陣[68]於牧野, 甲子朝誓士衆, 故「牧誓」也." 然則厲其士衆, 將伐百責之賊, 非和穆之盟也. **8.** 周平工[69]卽位卌七年者, 魯隱公元年.『左傳』自此始來到哀公十四年, 二百卌二年「傳」終也. 夫子不脩加十二, 合二百五十四年, 凡盟一百八十餘之也. **9.**『周禮』凡命, 諸侯四命. 鄭玄曰, "簡面[70]書王命也." **10.** 言高祖已滅唐賊, 乃幷天下, 其功臣韓信・蕭何等一百卌三人忠爲封受, 則作誓之也. **11.** 守曰, "白馬, 蓋殷之禮也. 夏牲用玄, 周牲用騂. 大古茹毛飮血, 故祭不忘古也.『左傳』'毛以告純, 血以告敍[71]之也.'" **12.** 言高皇意望其裔與太山以長久, 國與黃河以永存, 然而山河無損, 漢民已絶也, 則知盟不敢果也, 百齊[72]地何久之也? **13.**『瑞應啚』曰, "王者恩及草木, 則朱草嘉禾生, 恩及昆虫, 則麟鳳來至之也." **14.** 孔子曰, "聽訟吾猶人也, 必使无訟乎也!" 時君貞无所溺, 公正无所偏也.『載禮』云,"民安樂曰大康也." **15.**『孝經』載也.

【맹서 20—23:3】

그 맹문盟文은 다음과 같습니다. "대당 인덕 2년 세차 기축 8월 경자

---

65) 喩 :『춘추좌전정의』 권16, 희공 28년조, 519쪽, 두예의 주에는 '喩'가 '渝'로 되어 있다.

66) 爰 :『춘추좌전정의』 권16, 희공 28년조, 519쪽, 두예의 주에는 '爰'이 '變'으로 되어 있다.

67) 丞 :『춘추좌전정의』 권16, 희공 28년조, 519쪽, 두예의 주에는 '丞'이 '殛'으로 되어 있다.

68) 陣 : 陳의 오사이다.

69) 工 : 王의 오사이다.

70) 面 :『주례주소』 권26「春官・內史」, 834쪽, 정현의 주에는 '面'이 '策'으로 되어 있다.

71) 敍 : 殺의 이체자이다.

72) 齊: 齊의 이체자이다. '濟'를 잘못 필사한 듯하다.

삭 13일 임자(大唐麟德二年歲次己丑八月庚子朔十三日壬子)에 계림주대도독 좌위대장군 개부의 동삼사 상주국 신라왕 김법민과 사가정경 행웅진주도독 부여융(鷄林州大都督左衛大將軍開府儀同三司上柱國新羅王金法敏 · 司稼正卿行熊津州都督扶餘隆) 등이 감히 황천皇天 · 후토后土 · 산곡山谷의 신들께 밝게 고하나이다.

지난날 백제의 선왕이 반역과 순종의 이치에 어두워 이웃과의 우호를 돈독히 하지 못하고, 인척들과 화목하지 못하였나이다. 고구려와 결탁하고 왜국과 통교하여 함께 잔포한 짓을 일삼았고, 신라를 침략하여 읍을 파괴하고 성을 도륙하여 편안한 세월이 없었나이다. 장성한 사람들은 전쟁터에서 고통을 받았고, 노약자들은 병기를 나르느라 피폐해졌나이다. 피땀이 들판을 물들였고, 쓰러진 시신이 길을 메웠나이다.

천자께서는 한 사물이라도 제 자리를 얻지 못하는 것을 불쌍하게 여기시고, 백성들이 죄 없이 죽는 것을 가여워하셨나이다. 그리하여 빈번하게 항인(行人, 사신)을 보내시어 화평하게 지내도록 하시었나이다. (그러나 백제는) 그 지리가 험준하고 그 거리가 멀다는 것을 믿고서 하늘의 법도를 모멸하고 업신여겼나이다. 이에 (천자께서는) 불끈 노하시어 삼가 죄를 묻고 정벌을 단행하시니, 깃발이 나부끼는 곳마다 불꽃이 튀고 번개와 바람이 휘몰아치듯 한 번 싸움으로 크게 평정되었나이다. 위엄의 축적이 바다 밖에까지 전해지고, 명성과 가르침이 먼 지역에까지 이르렀나이다. 진실로 궁궐을 늪으로 만들고 집을 연못으로 만들어 후세의 법으로 삼으며 근원을 막고 뿌리를 뽑아서 후손들에게 가르침을 드리웠어야 했나이다.

그러나 복종하는 자를 감싸 안아 주고 반란을 일으키는 자를 정벌하는 것은 선왕들의 아름다운 법이며, 망한 나라를 일으켜 세우고 끊어진 후사를 이어주는 것은 지난 철인哲人들의 공통된 법이었나이다. 일은 반드시 옛것을 본받아야 한다는 것은 책 꾸러미 속에 전해지고 있나이다. 그러므로 전 백제 태자 사가정경 부여 융(前百濟太子司稼正卿扶餘隆)을 웅진도독熊津都督으로 세워 그 나라의 제사를 지키고 그 고향의 부로들을 보존할 수 있게 해 주었으니, 신라에 기대고 의지하여 장구하게 동맹국이 될 것입니다. 각자 오랜 원한을 풀고 화친을 맺어 각자 삼가 황제의 명(詔命)을 받들어 영원히 번복藩服[73]이 되어야 할 것입니다. 이에 사신 우위위장군 상주국 노성현 개국공 유인원(使人右威衛將軍上柱國魯城縣開國公劉仁願)을 보내시어 친히 참석하여 권유하고, 황제의 뜻을 하나하나 선포하게 하셨나이다. (두 나라는) 혼인의 예로 약속하고 맹서로써 거듭하였나이다. 희생을 잡아 그 피를 마시어 공손히 처음과 끝을 돈독히 하고, 재해와 환란을 나누고 구휼하여 은혜가 마치 형제와 같이 하도록 하였나이다. 삼가 황제의 말씀(綸言)[74]을 받들어 감히 실추시키지 않으며, 맹약을 한 이후에는 어려운 난세

73) 藩服 : 중국 고대에 왕의 직할지(王畿) 이외의 땅을 九服으로 나누었다. 그 봉해진 지역이 왕의 직할지와 가장 멀리 떨어진 지역을 '번복'이라고 칭했다. ○『주례주소』 권33 「하관 · 직방씨」, 1030쪽에서 "九服의 邦國을 변별한다. 방 천리의 땅을 '王畿'라고 칭한다. 왕기 밖의 방 오백리 땅을 '侯服'이라고 칭한다. 또 후복의 밖 방 오백리의 땅을 '甸服'이라고 칭한다. 또 전복의 밖 방 오백리의 땅을 '男服'이라고 칭한다. 또 남복의 밖 방 오백리의 땅을 '采服'이라고 칭한다. 또 채복의 밖 방 오백리의 땅을 '衛服'이라고 칭한다. 또 위복의 밖 방 오백리의 땅을 '蠻服'이라고 칭한다. 또 만복의 밖 방 오백리의 땅을 '夷服'이라고 칭한다. 또 이복의 밖 방 오백리의 땅을 '鎭服'이라고 칭한다. 또 진복의 밖 방 오백리의 땅을 '藩服'이라고 칭한다"(辨九服之邦國. 方千里曰王畿, 其外方五百里曰侯服, 又其外方五百里曰甸服, 又其外方五百里曰男服, 又其外方五百里曰采服, 又其外方五百里曰衛服, 又其外方五百里曰蠻服, 又其外方五百里曰夷服, 又其外方五百里曰鎭服, 又其外方五百里曰藩服)라고 하였다. ○ '服'은 천자에 복종하여 섬긴다는 뜻이다. '藩'은 울타리의 뜻이다. 가장 밖에서 울타리 역할을 하기 때문에 '번복'이라 한 것이다.

74) 황제의 말씀(綸言) : 『예기정의』 권55 「緇衣」, 1755쪽에서 "왕의 말은 실처럼 가늘지만, 밖으로 나와 행해질 때에는 낚시줄처럼 굵어진다. 왕의 말은 낚시줄 같지만, 밖으로 나와 행해질 때에는 상여줄처럼 굵어진다"(王言如絲, 其出如綸, 王言如綸, 其出如綍)라고 하였다. 후에 제왕의 詔令을 '綸言'이라 하였다.

에도 함께 지키기로 하였나이다. 만약 신의를 저버리고서 마음을 항상되이 하지 않고 그 덕을 일정하게 하지 않아 군사와 백성을 일으키고 움직여 국경을 침범하는 자가 있다면, 밝으신 신께서 살펴보시고 온갖 재앙을 내리시어 자손이 창성하지 못하게 하실 것이고, 사직을 지킬 수 없게 하시어 제사의 연기가 사라져서 한 명의 자손도 남지 못하게 하실 것이나이다. 그러므로 금서철계金書鐵契[75]를 만들어 종묘에 수장하고 자손만대까지 감히 범하는 일이 없도록 할였나이다. 신이시여, 이 말을 들으시고 흠향하고 복을 내려 주소서."[76]

---

75) 金書鐵契 : 丹書鐵券이라고도 한다. 제왕이 공신에게 대대로 면죄 등의 특권을 하사하는 증명서이다. 한 고조가 공신에게 분봉하면서 처음으로 鐵券을 만들었는데, 그 안에 글자를 새겨 넣고 금으로 발라 금서철권이라고 하였다. 후에 이를 모방하여 그것으로 공신에게 하사하였다.

76) 『구당서』에 따르면 이상의 맹문은 '熊津'에서 회맹을 할 때 劉仁軌가 지은 것으로, 삽혈한 후에 제단 아래의 길한 곳에 폐백을 묻고, 이 盟書를 신라의 종묘에 수장하였다고 한다. ○『구당서』 권199상 「東夷·百濟國列傳」, 5333~5334쪽에 실린 맹문은 『천지서상지』의 필사본과 글자상 약간의 출입이 있다. 다음과 같다. "麟德二年八月, 隆到熊津城, 與新羅王法敏刑白馬而盟. 先祀神祇及川谷之神, 而後歃血. 其盟文曰, '往者百濟先王, 迷於逆順, 不敦鄰好, 不睦親姻, 結託高麗, 交通倭國, 共爲殘暴, 侵削新羅, 破邑屠城, 略無寧歲. 天子憫一物之失所, 憐百姓之無辜, 頻命行人, 遣其和好. 負險恃遠, 侮慢天經. 皇赫斯怒, 恭行弔伐, 旌旗所指, 一戎大定. 固可瀦宮汚宅, 作誡來裔, 塞源拔本, 垂訓後昆. 然懷柔伐叛, 前王之令典, 興亡繼絶, 往哲之通規. 事必師古, 傳諸曩冊. 故立前百濟太子司稼正卿扶餘隆爲熊津都督, 守其祭祀, 保其桑梓. 依倚新羅, 長爲與國, 各除宿憾, 結好和親. 恭承詔命, 永爲藩服. 仍遣使人右威衛將軍魯城縣公劉仁願親臨勸諭, 具宣成旨, 約之以婚姻, 申之以盟誓. 刑牲歃血, 共敦終始, 分災恤患, 恩若弟兄. 祗奉綸言, 不敢失墜, 旣盟之後, 共保歲寒. 若有棄信不恆, 二三其德, 興兵動衆, 侵犯邊陲, 明神鑒之. 百殃是降, 子孫不昌, 社稷無守, 煙祀磨滅, 罔有遺餘. 故作金書鐵契, 藏之宗廟, 子孫萬代, 無或敢犯. 神之聽之, 是饗是福.' 劉仁軌之辭也. 歃訖, 埋幣帛於壇下之吉地, 藏其盟書於新羅之廟." ○『冊府元龜』 권981 「外臣部·盟誓」 및 『唐大詔令集』 권129 「盟文·扶餘與新羅盟文」, 『三國史記』 「新羅本紀」, 文武王 5년 秋 8월조에도 이 맹문이 실려 있다.

其文曰, "維大唐麟德二年歲次乙丑八月庚子朔十三日壬子, 鷄林州大都督左衛大將軍開府儀同三司上柱國新羅王金法敏・司稼正卿行熊津州都督扶餘降[77]等, 敢昭告于皇天后土・山谷神祇, 往者百斉[78]先王, 迷於逆順, 不敦隣好, 不曉新姻[79], 結託高麗, 交通倭國, 共爲殘暴, 侵削新羅, 剽[80]邑屠城, 略無寧歲. 丁壯苦於征役, 老弱疲於轉輸, 脂膏潤於野草, 僵屍遍於道路. 天子憫一物之失所, 憐百姓之無辜. 頻命行人, 遣其和好. 負嶮恃遠, 侮慢天經. 皇[81]斯怒, 龍共行予伐,[82] 旌旗所指, 若火燎原, 電掃風馳[83], 一戎火[84]定. 威積截於海外, 聲敎被於殊方,[85] 國可猪宮汗宅,[86] 作範[87]來裔, 塞源拔本, 垂訓後昆. 然壞[88]柔伐叛[89], 前王之令典, 興亡繼絶, 往哲之通規. 事必師古, 傳諸囊冊. 故授[90]前百斉太子司稼正卿扶餘降[91]爲熊津都督, 守其祭祀, 保其桑梓. 依倚新羅, 長爲與國, 各除宿感[92], 結好和新羅[93]. 恭承詔命, 永爲藩服. 仍遣使人石[94]

---

77) 降 : 隆의 오사이다.
78) 斉 : 齊의 이체자이다. 濟의 오사이다.
79) 不曉新姻 : 『구당서』 권199상 「東夷・百濟國列傳」, 5333쪽에는 '不睦親姻'으로 되어 있다.
80) 剽 : 『구당서』 권199상, 5333쪽에는 '剽'가 '破'로 되어 있다.
81) 皇 : '皇'은 '煌'의 뜻이다. 『구당서』 권199상, 5333쪽에는 '皇' 다음에 '赫' 한 글자가 더 있다.
82) 龍共行予伐 : 『구당서』 권199상, 5333쪽에는 '恭行弔伐'로 되어 있다.
83) 『구당서』 권199상, 5333쪽에는 "若火燎原, 電掃風馳"의 8글자가 없다.
84) 火 : 『구당서』 권199상, 5333쪽에는 '火'가 '大'로 되어 있다.
85) 『구당서』 권199상, 5333쪽에는 "威積截於海外, 聲敎被於殊方"의 12글자가 없다.
86) 國可猪宮汗宅 : 『구당서』 권199상, 5333쪽에는 '固可瀦宮汚宅'으로 되어 있다.
87) 範 : 『구당서』 권199상, 5333쪽에는 '範'이 '誡'로 되어 있다.
88) 壞 : 『구당서』 권199상, 5333쪽에는 '壞'가 '懷'로 되어 있다.
89) 叛 : 『구당서』 권199상, 5333쪽에는 '叛'이 '叛'으로 되어 있다.
90) 授 : 『구당서』 권199상, 5333쪽에는 '授'가 '立'으로 되어 있다.
91) 降 : 隆의 오사이다.
92) 感 : 『구당서』 권199상, 5333쪽에는 '感'이 '憾'으로 되어 있다.
93) 結好和新羅 : 『구당서』 권199상, 5333쪽에는 '結好和親'으로 되어 있다.

威衛將軍上柱國魯城縣開國公劉仁願親臨勸喩[95], 其[96]宣成旨, 約之以婚姻, 申之以盟誓. 刑牲歃血, 共敦終始, 分灾恤患, 恩若弟[97], 祉[98]奉綸[99]言, 不敢失墜, 旣盟之後, 共保歲寒. 若有乖皆[100]不恆, 二三其德, 興兵動衆, 侵犯邊垂[101], 明神鑑之, 百殃是降, 使其[102]子孫不育[103], 社稷無守, 禋祀磨囚, 滅有遣[104]餘.[105] 故作金書鐵契, 藏之宗廟, 子孫万代, 無敢[106]犯. 神之聽之, 是饗是福."

---

94) 石 : 『구당서』 권199상, 5333쪽에는 '石'이 '右'로 되어 있다.
95) 喩 : 『구당서』 권199상, 5333쪽에는 '喩'가 '諭'로 되어 있다.
96) 其 : 『구당서』 권199상, 5333쪽에는 '其'가 '具'로 되어 있다.
97) 弟 : 『구당서』 권199상, 5333쪽에는 '弟' 다음에 '兄' 한 글자가 더 있다.
98) 祉 : 『구당서』 권199상, 5333쪽에는 '祉'가 '祗'로 되어 있다.
99) 論 : 綸의 오사이다.
100) 乖皆 : 『구당서』 권199상, 5333쪽에는 '乖皆'가 '棄信'으로 되어 있다.
101) 垂 : 『구당서』 권199상, 5333쪽에는 '垂'가 '陲'로 되어 있다.
102) 使其 : 『구당서』 권199상, 5333쪽에는 이 두 글자가 없다. 연문인 듯하다.
103) 育 : 『구당서』 권199상, 5333쪽에는 '育'이 '昌'으로 되어 있다.
104) 遣 : 遺의 오사이다.
105) 禋祀磨罔, 滅有遺餘 : 『구당서』 권199상, 5333쪽에는 "禋祀磨滅, 罔滅有遺餘"로 되어 있다.
106) 敢 : 『구당서』 권199상, 5333쪽에는 '敢' 앞에 '或' 한 글자가 더 있다.

振旅

『天地瑞祥志』 권20 「振旅」[1]

해제 : 전쟁을 마치고 군대를 정비하고 돌아오면서 전쟁중에 붙은 불길한 기운을 떨쳐 버리기 위해 국경에서 치루는 의식에 대해 서술하고 있다.

【진려 20—24:1】

군대를 정비하는 제사입니다.(振旅祭)[2]

범려范蠡는 "군대가 귀환하여 본국에 들어올 때, 국경에 이르면 적국을 향해 발제를 지내 재앙을 없애는데, 그 제사에는 태뢰太牢의 희생을 쓴다"라고 하였습니다.

"장군 등이 감히 오도장군五道將軍·오악사진부군장군五岳四鎭府君將軍·사해장군四海將軍·산천경계山川境界의 여러 신에게 밝게 고하나이다. 이제

---

1) 『천지서상지』의 필사본에는 【盟誓 20—23:3】에 붙어 있는데, 『天地瑞祥志』 권1 【明目錄 1—6】에 의거하여 분리한다.

2) 군대를 정비하는 제사를(振旅祭) : 전쟁에 승리한 후 병사를 정비하고 군대를 해산한다(振兵釋旅)는 뜻이다. ○ 『사기』 권4 「주본기」, 128쪽에서 "(주의 무왕은 은나라를 멸망시킨 후) 말을 華山의 남쪽에 풀어두고, 소를 桃林의 언덕에 풀어두었으며, 창과 방패를 눕히고 병사를 정비하고 군대를 해산하였다. 천하에 다시는 (무기를) 쓰지 않겠다는 뜻을 보여 준 것이다"(縱馬於華山之陽, 放牛於桃林之虛, 偃干戈, 振兵釋旅, 示天下不復用也)라고 하였고, 같은 책 권12, 「효무본기」, 472쪽에서는 "그 다음해 겨울, 무제는 신하들과 의론하여 '옛날에 먼저 병사를 정비하고 군대를 해산한 후에 봉선의 제사를 지냈다'라고 말하고 나서 드디어 북쪽으로 삭방을 순행하였다"(其來年冬, 上議曰, '古者先振兵澤旅, 然後封禪', 乃遂北巡朔方)라고 하였다. 이렇게 본다면 『천지서상지』 【振旅 20—24:1】의 '군대를 정비하는 제사'(振旅祭)라는 기술은 봉선제와 어떠한 관련이 있는 것으로 생각된다.

저들 나라의 군주와 신하가 이치 없이 만백성을 해치고 있나이다. 이 때문에 우리나라의 군주와 신하가 예의禮義를 닦고 회복하여 인의仁義의 병사를 일으키고, 3군軍 6사師를 출행시켜 백성을 안정시키고자 하였나이다. 귀환하여 돌아와 나라로 들어올 때, 국경의 경계에 도달하게 되었나이다. 원컨대, 제 신들께서는 병란의 기운을 끊어 주시고 사악한 귀신이 국경의 경계를 범하지 못하도록 해 주소서. 역병의 기운으로 병사하고 익사하고 아사하고 동사하였으니, 포악한 귀신이 함께 국경 안으로 들어오지 못하도록 해 주소서. 다만 우리나라에는 궁기窮奇의 짐승[3]이 있어서 그 무늬가 알록달록 잡박한데, 악귀惡鬼를 잡아먹고 악귀의 가죽으로 옷을 해 입나이다. 아침에 3천을 잡아먹고, 저녁에 8백을 잡아먹는데, 악귀가 그것을 보면 놀라 정신을 잃고 어찌할 바를 모르나이다. 이 때문에 마땅히 우리나라를 평안하게 하고 만백성을 태평하게 하여 재해도 없고 역병도 없게 할 것입니다. 위로 하늘의 복을 얻고, 아래로 땅의 힘을 얻었나이다. 하지만

---

3) 窮奇의 짐승 : 전설상의 동물 이름으로, 악인을 비유할 때 쓰이는 말이다. 그 행동이 악하고 사악함을 좋아한다는 뜻이다. ○『춘추좌전정의』 권20, 文公 18년조, 668쪽에서 "소호씨에게 재주가 좋지 못한 아들이 있었다. 그는 신의를 저버리고 충성을 짓밟았으며, 악한 말을 높이어 꾸미고 참언에 편안히 여겨 사악한 사람을 등용하였으며, 남을 헐뜯고 나쁜 자를 숨겨 주고 훌륭한 덕이 있는 사람을 해쳤다. 천하의 사람들은 그를 '窮奇'라고 불렀다"(少皞氏有不才子. 毁信廢忠, 崇飾惡言, 靖譖庸回, 服讒蒐慝, 以誣盛德, 天下之民謂之窮奇)라고 하였다. ○『淮南子』「墬形訓」의 高誘 注에 따르면, '窮奇'는 天神으로서 북방에 사는데 그 형상이 호랑이와 비슷하다고 한다. ○『山海經』「西山經」에서는 "(邽山) 위에 금수가 사는데, 그 형상이 소와 비슷하고, 고슴도치의 털을 하고 있다. 그 이름은 '窮奇'이다. 그 소리는 개가 짖는 듯한데, 사람을 잡아먹는다"(其上有獸焉, 其狀如牛, 蝟毛, 名曰窮奇. 音如獋狗, 是食人)라고 하였고, 郭璞의 주에서는 "어떤 사람은 호랑이와 비슷하고 고슴도치의 털을 지니고 있으며 날개가 있다고 한다. 그 형상이 매우 추악해서 내달리면서 요사스럽고 사악한 것을 쫓아내니, 달아나지 않는 자가 없다. 그래서 일명 '神狗'라고도 한다"(或云似虎蝟毛有翼銘曰窮奇之獸厥形甚醜 馳逐妖邪, 莫不犇走, 是以一名號曰神狗)라고 하였다.

어느 사람인들 힘이 없겠나이까! 힘은 복만 같지 못하나이다. 재배하며 삼가 아뢰나이다."

【振旅 20—24:1】

振旅祭.[1] 范蠡曰, "軍還入國, 到境界,[2] 向敵國厭灾解, 祭之用大窂[4)]."[3] "將軍等敢昭告于五道將軍・五岳四鎮苻[5)]君將軍・四海將軍・山川境界諸神祇, 今厶國君臣無理, 殘害万民, 是以我國君臣脩復禮義, 起仁義之兵, 行三軍六師, 欲以安百姓. 還來反國, 到於境界, 願諸神禁斷兵氣, 惡鬼不犯境界, 疫氣兵死溺死餓凍死, 暴鬼不可與入. 但我國有螃蟛之虫, 文章駮駱, 食惡鬼害, 衣惡鬼皮, 朝食三千, 暮食八百, 惡鬼見之, 驚失魄莫導. 是以當使我國家平安, 万民和康, 无灾无疫, 上得天福, 下得地力. 何人無力, 力不如福, 再拜謹啓.

협주

1. 군대가 돌아와 들어오는 날에 군대를 정비하는 것이다.
2. 어떤 사람은 도읍의 교외에 도착한 것이라고 한다.
3. 수守는 말한다. "깊이 적의 땅에 들어가 군사를 쓸 때는 태뢰의 희생을 쓰고, 가벼운 전쟁에는 소뢰의 희생을 쓴다."

夾注原文

1. 兵還入日, 振旅. **2.** 或到都邑郊也. **3.** 守曰, "深入敵地用兵以大窂[6)], 輕淺以小窂[7)]."

4) 窂 : 牢의 이체자이다.
5) 苻 : 府의 오사인 듯하다.
6) 窂 : 牢의 이체자이다.
7) 窂 : 牢의 이체자이다.

樂祭

해제 : 『주역』·『주례』를 인용하여 각종 제사에 사용되는 악을 열거하고 더불어 역대 왕조의 종묘 제사에서 사용된 악명을 기술하고 있다.

【악제 20—25:1】

(〔樂은〕 吾와 角의 반절로서, 입성이다)

『역』에서 "선왕은 그것(豫卦의 象)을 본받아 음악을 만들고 덕을 숭상하여, 상제上帝에게 성대한 제사를 올리면서 조고祖考를 배향하였다"[1]라고 하였습니다. 『주례』 「대사악大司樂」에서 말하였습니다. "악무樂舞로 국자國子[2]를 가르치는데, 운문雲門·태권太卷·태함大咸·태소大韶·태하大夏·태호大濩·태무大武를 추게 한다."[3] "이에 황종黃鍾을 연주하고, 태려大呂를 노래하고, 운문을 추면서 천신天神을 제사지낸다."[4] "태주大蔟를 연주하고, 응종應鍾을 노래하고, 함지(태함)를 추면서 지기地祇를 제사지낸다. 고선姑洗

1) 『주역정의』, 권2, 「豫」, 101쪽.
2) 國子 : 王太子, 諸王子, 諸侯의 子, 卿大夫·元士의 자제를 가리킨다. ○ 『주례주소』 권14 「地官·師氏」, 410쪽에서, "(사씨는) 세 가지 덕으로 국자를 가르친다"에 대한 정현의 주에 "國子는 공경대부의 자제로서, 사씨가 가르치는데 세자도 여기에 끼일 수 있다"라고 하였다. ○ 『예기정의』 권13 「왕제」, 472쪽에서는 "봄과 가을에 禮樂으로 가르치고, 겨울과 여름에 詩書로 가르친다. 王大子·王子·群后의 大子, 卿大夫·元士의 適子, 國의 俊選이 모두 나아간다"라고 하였는데, 이에 대한 정현의 주에서 "왕자는 왕의 서자이다. 군후는 공 및 제후이다"라고 하였다.
3) 『주례주소』, 권22, 「춘관·대사악」, 677쪽.
4) 『주례주소』, 권22, 「춘관·대사악」, 682쪽.

을 연주하고, 남려南呂를 노래하고, 태소를 추면서 사망四望을 제사지낸다. 유빈蕤賓을 연주하고, 임종林鍾을 노래하고, 태하大夏를 추면서 산천山川을 제사지낸다. 이칙夷則을 연주하고, 중려中呂를 노래하고, 태호를 추면서 선비先妣에게 제사를 올린다. 무역無射을 연주하고, 협종夾鍾을 노래하고, 태무를 추면서 선조先祖에게 제사를 올린다."[5] "음악으로 귀신을 제사지내고, 방국을 화합시키고, 만민을 화목하게 하고, 빈객을 편안하게 하고, 원방의 사람을 기쁘게 하고, 만물을 화육시킨다."[6] "뇌고雷鼓를 쳐서 천신을 제사지낸다. 영고靈鼓를 쳐서 지신을 제사지낸다. 노고路鼓를 쳐서 종묘를 제사지낸다."[7] "무릇 제사지낼 때에는 병무兵舞·불무帗舞를 추고 북을 치면서 춤의 조율을 이룬다."[8]

【樂祭 20—25:1】

[吾角反入]
『易』曰, "先王, 以, 作樂崇德, 殷薦之上帝, 以配祖考."[1] 『周禮』「大司樂」曰, "以樂舞教國子. 舞雲門·太卷·大咸·大韶·大夏·大護·大武."[2] "乃奏黃鍾, 哥大呂, 舞雲門, 以祀天神"[3] "奏大挨[9]), 哥應鍾, 舞咸池, 以祭地祇也. 奏姑洗, 哥南呂, 舞大韶, 以祀四望.[4] 奏蕤賓, 哥林鍾, 舞大夏, 以祭山川也. 奏夷則, 歌中呂, 舞大護, 以享先妣.[5] 奏無射, 歌夾鍾, 舞大武, 以享先祖."[6] "以樂致鬼神, 以和拜[10])國, 以諧万民, 以安賓客, 以悅遠人, 以作動物也." "以雷鼓鼓神祀.[7] 以靈鼓鼓社祭.[8] 以路鼓鼓鬼

---

5) 『주례주소』, 권22, 「춘관·종백하·대사악」, 682~686쪽.
6) 『주례주소』, 권22, 「춘관·종백하·대사악」, 679쪽.
7) 『주례주소』, 권12, 「지관·鼓人」, 372~373쪽.
8) 『주례주소』, 권12, 「지관·鼓人」, 375쪽.
9) 挨 : 蔟의 오사이다.
10) 拜 : 邦의 오사이다.

饗."[9] "凡祭祀, 鼓兵舞, 狀[11)]舞者."[10]

협주

1. 예괘豫卦의 상象에 대한 해석이다. '은殷'은 성대하다는 뜻이다. 왕자가 음악을 만들고 그 덕을 높이고 표창하여 하늘에 크게 제사지낼 때에 조고祖考를 배향함을 말한 것이다.
2. 이는 주나라에 보존되었던 여섯 제왕의 음악이다. 황제黃帝의 음악을 '운문雲門'·'태권大卷'이라고 하는데, 그 덕이 마치 구름이 피어오르는 듯하기 때문이다. 요堯의 음악을 '태함大咸'·'함지咸池'라고 하는데, 그 덕이 베풀지 않음이 없었기 때문이다. 순舜의 음악을 '태소大韶'라고 하는데, 그 덕이 요의 도를 계승하였기 때문이다. 우禹의 음악을 '태하大夏'라고 하는데, 치수를 잘하여 그 덕이 중국에서 위대했기 때문이다. 탕湯의 음악을 태호大濩라고 하는데, 그 사악한 자를 제거하여 천하로 하여금 제자리를 얻게 하였기 때문이다. 무왕武王의 음악을 '태무大武'라고 하는데, 은나라의 주왕紂王을 정벌하여 그 해를 제거하여 무공을 이루었기 때문이다.
3. (황종은) 양성陽聲의 음으로, 큰 제사를 지낼 때 사용한다.
4. (사망은) 오악五岳·사진四鎭·사독四瀆을 가리킨다. 이곳에서 '사祀'라고 말한 것은 사중司中·사명司命·풍사風師·우사雨師 따위에도 이 음악을 사용하기 때문이다.
5. '선비先妣'는 강원姜原을 가리킨다. (강원은) 거인의 발자국을 밟고 후직을 낳았다. 주周의 선모先母이다.
6. '선조先祖'는 선왕先王을 가리킨다.
7. '뇌고雷鼓'는 팔면으로 된 북이다. '신사神祀'는 천신天神을 제사지낸다는 뜻이다.
8. '영고靈鼓'는 육면으로 된 북이다. '사제社祭'는 지기地祇를 제사지낸다는 뜻이다.

---

11) 狀 : 『주례주소』 권12 「地官·鼓人」, 375쪽에는 '狀'이 '帗'로 되어 있다.

9. '노고路鼓'는 사면으로 된 북이다. '귀향鬼饗'은 종묘에 제사지낸다는 뜻이다.
10. '병兵'은 방패와 도끼(干戚)를 가리킨다. '불帗'은 오색 비단을 나부끼게 하여 만든 것으로 자루가 있다. 모두 춤추는 사람이 잡는 것들이다.

夾注原文

1. 豫非[12]象之辭也. 殷, 盛大也. 言工[13]者作樂, 尊表其德, 大薦於天, 而以祖考配饗之也. **2.** 此周所存六代之樂也. 黃帝曰雲門・大卷, 其德如雲之所出也. 堯曰大咸・咸池, 其德無不施也. 舜曰大韶, 其德能紹堯之道也. 禹曰大夏, 能治水, 出其德大中也[14]. 湯曰大護, 能除其耶[15], 使天下得其所也. 武王曰大武, 伐紂以除其害, 能成武功也. **3.** 陽聲祭大也. **4.** 五岳鎭也.[16] 言此祀者, 可[17]中・司命・風師・雨師之類也. **5.** 先妣, 姜原. 履大入[18]跡生后稷, 周先母也. **6.** 先祖謂先王也. **7.** 雷鼓, 八面鼓也. 神祀, 祀大[19]神也. **8.** 靈鼓, 六面鼓也. 祭, 祭地祇. **9.** 路鼓, 四面鼓也. 鬼饗, 饗宗廟也 **10.** 兵謂干岱[20]也. 犾[21]列五采繒爲之有庚[22]皆舞者所報[23]之也.

---

12) 非 : 卦의 오사이다.
13) 工 : 王의 오사이다.
14) 出其德大中也 :『주례주소』 권22 「춘관・종백하・대사악」, 677쪽, 정현의 주에는 '其德能大中國也'로 되어 있다.
15) 耶 : 邪의 오사이다.
16) 五岳鎭也 :『주례주소』 권22 「春官・大司樂」, 684쪽, 정현의 주에는 '五岳・四鎭・四竇'으로 되어 있다.
17) 可 : 司의 오사이다.
18) 入 : 人의 오사이다.
19) 大 :『주례주소』 권12 「地官・鼓人」, 372쪽, 정현의 주에는 '大'가 '天'으로 되어 있다.
20) 岱 :『주례주소』 권12 「地官・鼓人」, 372쪽, 정현의 주에는 '岱'가 '戚'으로 되어 있다.
21) 犾 :『주례주소』 권12 「地官・鼓人」, 372쪽, 정현의 주에는 '犾'가 '帗'로 되어 있다.
22) 庚 : 秉의 오사인 듯하다.
23) 報 : 執의 오사인 듯하다.

【악제 20—25:2】

『한서』에서 말하였습니다. "고조 4년에 무덕武德의 악무를 만들었다. 후에 고조의 묘에서 무덕 · 문시文始 · 오행五行의 악무를 연주하였다. 효혜제 때에 문시 · 오행의 악무를 연주하였다. 효문제 때에 소덕昭德 · 문시 · 사시四時의 악무를 연주하였다. 효무제 때에 성덕盛德 · 문시 · 사시 · 오행의 악무를 연주하였다."[24] "여러 황제의 묘에서 항상 문시 · 오행의 악무를 연주하였다."[25] 위魏나라에 무시악武始樂이 있었다고 합니다.[26] 세상의 군주들은 각각 홍하고 폐함이 있는 것입니다.

【樂祭 20—25:2】

『漢書』曰, "高帝四年, 作武德之樂.[1] 後高廟奏武德 · 文始[2] · 五行之舞.[3] 孝惠廟奏文始 · 五行之舞. 孝文廟奏昭德 · 文始 · 四時之舞.[4] 孝武廟奏盛德 · 文始 · 四時 · 五行之舞.[5]" "諸帝廟常奏文始 · 五行舞也." 魏有武始樂也. 世主時君, 各有興廢也.

협주

1. (무덕의 악무는) 그 춤추는 사람이 방패와 도끼를 잡는다.

---

24) 『한서』, 권22, 「예악지」, 1044쪽.
25) 『한서』, 권22, 「예악지」, 1044쪽.
26) 『위서』 권109 「악지」, 2841쪽에서 "周에 여섯 제왕의 음악이 있었는데, 雲門 · 咸池 · 韶 · 夏 · 濩 · 武로서 郊廟에서 연주되어 각기 사용되는 바가 있었다. 그러나 시대의 운수가 멀고 아득하여 세월이 지남에 망실되고 잃어버렸다. 漢의 시대에는 다만 虞韶와 周武만이 있었다. 魏나라 때에 武始 · 咸熙를 만들어 교화에 사용하여 한 시대의 예가 되었다"라고 하였다.

2. 문시(文始舞)는 본래 순임금의 소무韶舞이다. 춤추는 사람이 새깃과 피리를 잡는다. 고조 6년에 개명하여 '문시'라고 하였다.
3. 본래 주나라의 춤이다. 진시황 26년에 개명하여 오행무五行舞라고 하였다.
4. 사시무四時舞는 효문제가 지은 것이다.
5. 효경제시대에 무덕무를 채록하여 소덕(昭德舞)를 만들었으며, 효선제시대에 이르러 또 소덕무를 채록하여 성덕무盛德舞를 만들었다.

夾注原文

1. 其元犯干威也.[27] **2.** 文始, 本舜之韶舞也. 舞執羽籥. 高帝六羊[28]改名曰文始也. **3.** 大[29]周舞也. 秦始皇廿六年改名五行舞也. **4.** 四時舞, 孝文所作也. **5.** 孝景時采武德以昭德, 至孝宣時, 又采昭德以爲盛德也.

---

27) 其元犯干威也 : 필사에 오류가 있는 듯하다. 『한서』 권5 「景帝紀」, 138쪽, 孟康의 주에는 '其舞人執干戚'으로 되어 있다.
28) 羊 : 年의 오사이다.
29) 大 : 本의 오사이다.

祭日遭事

『天地瑞祥志』 권20 「祭日遣[1]事」[2]

해제 : 국가 차원의 제사·의례를 준비하거나 거행하는 도중에 갑작스레 상喪·천변재이 등 불의의 일이 발생했을 경우 대처하는 방식에 대해 서술하고 있다.

【제일조사 20—26:1】

『예기』에서 말하였습니다. "증자가 물었다. '천자가 상嘗·체禘·교郊·사社·오사五祀의 제사를 지낼 때, 이미 보궤簠簋 등의 제기祭器를 진설한 후에 천자가 죽거나 왕후의 상이 일어나면 어떻게 합니까?' 공자가 대답했다. '(제사를) 중지한다.'[3] (공자는 또 말했다) '천자가 죽고 빈殯을 하기 전이라면 오사五祀에 대한 제사를 거행하지 않고, 빈을 마친 뒤에 제사를 지낸다.'[4] (공자가 또 말했다) '빈을 열어 매장하러 갈 때부터 반곡反哭

---

1) 遣 : 遣의 이체자이다.
2) 『천지서상지』의 필사본에는 【樂祭 20—26】에 붙어 있는데, 『天地瑞祥志』 권1 【明目錄 1—6】에 의거하여 분리한다.
3) 『예기집설』 권7 「증자문」, 236쪽, 진호의 주에서 "'嘗'과 '禘'는 종묘의 제사이다. '郊'와 '社'는 天地에 대한 제사이다. 이곳에서는 '五祀'라고 하였고 「祭法」에서는 '七祀'라고 하였다. 先儒들은 이미 「제법」은 근거로 삼기에 부족하다고 하였다"(嘗·禘, 宗廟之祭. 郊·社, 天地之祭. 此言五祀, 而「祭法」言七祀. 先儒已言「祭法」不足據矣)라고 하였다.
4) 『예기집설』 권7 「증자문」, 236쪽, 진호의 주에서 "천자와 제후의 祭禮가 없어져 그 상세한 내용을 들을 수 없었다. 先儒는 대부와 사의 제례를 근거로 추론하였는데, 士의 제사에서 시동이 아홉 번 음식을 먹고, 대부의 제사에서 시동이 열한 번 음식을 먹는다면 제후는 열세 번 천자는 열다섯 번임을 알았던 것이다. 五祀 이외의 신령의 경우는 자기의 사사로운 喪事 때문에 오래도록 그 제사를 폐할 수 없다. 만일 제사를 지내야 할 때가 되어 천자가 죽으면 중지하고 시행하지

할 때까지는 오사에 대한 제사를 거행하지 않으며, 매장을 마친 뒤에 제사를 지낸다.'5)"

"(증자가) 또 물었다. '제후가 사직社稷에 제사를 지낼 때, 제기(俎豆)를 이미 진설하였는데 천자가 죽거나 왕후의 상이 있거나, 제후가 죽거나 부인의 상이 생겼다는 부음을 듣는다면 어떻게 합니까?' 공자가 말했다. '중지한다.'"6)

"(증자가) 또 물었다. '대부의 제사에서 솥과 도마 그리고 제기(籩豆)를

않다가 殯을 마치고 난 뒤에 제사를 지내는데 예를 감쇄한다"(天子・諸侯之祭禮亡, 不可聞其詳矣. 先儒以大夫・士祭禮推之. 士祭, 尸九飯, 大夫祭, 尸十一飯, 則知諸侯十三飯, 天子十五飯也. 五祀外神, 不可以己私喪, 久廢其祭. 若當祭之時而天子崩, 則止而不行, 俟殯訖乃祭, 然其禮則殺矣)라고 하였다.

5) 『예기집설』 권7 「증자문」, 236쪽, 진호의 주에서 "여기서는 殯을 마친 뒤에 오사에 대한 제사를 지낸다고 말하고, 또 빈을 열어 매장을 하러 갈 때부터 매장을 마치고 반곡할 때까지도 오사에 제사를 지내지 않다가 매장이 끝나기를 기다렸다가 곧바로 제사를 지낸다고 하는데, 그 儀禮가 또 다르다. 매장한 뒤에는 슬픔이 조금씩 줄어들고 점점 吉로 향하기 때문에 축이 시동에게 음식 권하기를 열다섯 번까지 한다. 攝主는 시동에게 술로 입가심하기를 권하고, 시동은 마지막 잔을 다 마시고는 섭주에게 술잔을 돌린다. 섭주는 다 마시고 나서 술을 따라 축에게 올리고, 축이 받아서 다 마시면 중지하고 佐食에게 올리는 이하의 일은 없다. 그 때문에 '축이 올린 술잔을 다 마시면 중지한다'라고 하였다"(此是言殯後祭五祀之禮, 又言自啓殯往葬及葬畢反哭, 其間亦不祭五祀, 直待葬後乃祭, 其禮又不同. 蓋葬後哀稍殺漸向吉, 故祝侑尸食至十五飯. 攝主酳尸, 尸飲卒爵而酢攝主. 攝主飲畢, 酌而獻祝, 祝受而飲畢則止, 無獻佐食以下之事, 故云"祝畢獻而已")라고 하였다.

6) 『예기집설』 권7 「증자문」, 236쪽, 진호의 주에서 "증자의 질문이 이와 같자, 공자는 '중지한다'고 하고 다시 '죽었을 때부터 殯을 할 때까지, 빈을 열 때부터 반곡할 때까지는 모두 천자의 예에 따른다'라고 하였는데, 이는 제후가 빈을 마친 뒤에 사직 또는 오사에 제사하는 것도 천자가 빈을 한 뒤 오사에 제사하는 예와 같다는 말이다. 제후가 매장을 마친 뒤 사직과 오사에 제사를 하는 것도 천자가 매장을 한 뒤 오사에 제사를 지내는 예와 같이 한다는 것이다"(曾子所問如此, 孔子曰'廢', 又言'自薨至殯, 自啓至反哭, 皆帥循天子之禮'者, 謂諸侯旣殯而祭社稷或五祀者, 亦如天子殯後, 祭五祀之禮也. 其葬後而祭社稷五祀者, 亦如天子葬後祭五祀之禮也)라고 하였다.

진설하였는데 예를 끝까지 거행할 수 없어 중지하는 경우는 몇 가지입니까?' 공자가 대답했다. '아홉 가지 경우이다.' (공자가 또 말했다) '천자가 죽거나 왕후의 상, 국군이 죽거나 군부인의 상, 국군의 태묘太廟에 화재가 일어났을 때, 일식이 있을 때, 삼년의 상, 자최의 상, 대공의 상에 모두 중지한다.'"[7]

---

7) 『예기집설』 권7 「증자문」, 237쪽, 진호의 주에서 "이는 대부의 종묘 제사를 말한다. 外喪은 대문 밖에 있다. '대공의 상이 생겼을 경우의 제사는 술잔을 주인에게 돌리기까지만 한다'라는 것은 대공복은 가볍고 제례가 조금은 완비되어 있어 열한 번 음식을 먹도록 한 뒤 주인이 술을 따라 尸童에게 입가심을 하도록 하면 시동이 주인에게 술잔을 돌리고는 그친다는 뜻이다. '방안의 일'이란 尸童은 방의 동남쪽에 있고, 祝은 방 안 북쪽 곁방에서 남쪽을 향해 있으며, 佐食은 방안 문 서쪽에 북쪽을 향해 있다. 다만 主人과 主婦 그리고 賓이 시동과 축 그리고 좌식 등 세 사람에게 술잔을 올리고 다 마시면 그친다. 평상적인 제사의 경우는 열한 번 음식을 올리는 것이 끝나면 주인이 시동에게 술로 입가심하도록 하며, 시동이 술을 다 마시고는 주인에게 잔을 돌린다. 주인이 축과 좌식에게 술잔을 올리는 일이 끝나면, 다음으로 주부가 시동에게 올린다. 시동이 주부에게 술잔을 돌리고 주부는 다시 축과 좌식에게 술잔을 드리는데, 이것이 끝나면 빈장이 시동에게 올린다. 시동이 賓長이 올린 술잔을 받으면 멈추고 들지 않는다. 올리는 곳의 왼쪽에 술잔을 놓는다. 잔이 되돌아오기를 기다려 시동이 잔을 든다. 이제 상복을 하고 있어 예를 감쇄하였으므로 빈장이 술잔을 올리는 것으로 그친다. 士는 대부보다 낮으므로 시마복이라도 제사하지 않는다. '제사를 올리는 대상이 죽은 이에 대하여 복이 없다'는 것은 예를 들어 아내의 부모, 어머니의 형제자매에 대해서 자신은 복이 있지만 자기가 제사를 지내는 대상이 그들과 복이 없다면 제사를 지낼 수 있다는 뜻이다"(此言大夫宗廟之祭. 外喪在大門之外也. 三飯不侑酳不酢說見上章. 大功酢而已者, 大功服輕, 祭禮稍備, 十一飯之後, 主人酌酒酳尸, 尸酢主人卽止也. 室中之事者, 凡尸在室之奥, 祝在室中北廂南面, 佐食在室中戶西北面, 但主人・主婦及賓, 獻尸及祝・佐食等三人畢則止也. 若平常之祭, 十一飯畢, 主人酳尸, 尸卒爵, 酢主人, 主人獻祝及佐食畢, 次主婦獻尸, 尸酢主婦, 主婦又獻祝及佐食畢, 次賓長獻尸, 尸得賓長獻爵則止不擧. 蓋奠其爵于薦之左也. 待致爵之後, 尸乃擧爵. 今以喪服殺禮, 故止於賓之獻也. 士卑於大夫, 雖緦服亦不祭. 所祭於死者無服謂如妻之父母・母之兄弟姊妹, 已雖有服而已所祭者與之無服則可祭也)라고 하였다.

【祭日遺事 20—26:1】

『禮記』, "曾子問曰, '天子嘗・禘・郊・社・五祀之祭, 簠簋旣陳, 天子崩, 后之喪, 如之何?' 孔子曰, '廢也.'1 '天子崩, 未殯, 五祀之祭不行, 旣殯而祭也. 自啓至于反哭, 五祀不行, 已葬而祭也'", "又問'諸侯之祭社稷, 俎豆旣陳, 聞天子崩・后之喪・君薨・夫人之喪, 如之何?' 孔子曰, '癈[8]也.'" "又問'大夫之祭, 鼎斤[9]俎旣陳, 邊[10]豆旣設, 不得成禮者幾?' 孔子曰, '九.' '天子崩, 后之喪, 君薨, 夫人之喪, 君太廟火, 日食, 三年之喪・齊衰・大功, 皆廢也.'"

협주

1. '상嘗'은 가을에 지내는 종묘제사이다.[11] 하나를 들었지만 세 계절의 제사도

---

8) 癈 : 廢의 오사이다.

9) 鼎斤 : 鼎의 이체자이다.

10) 邊 : 籩의 오사이다.

11) 『주례주소』 권18 「춘관・대종백」, 540쪽에서 "'肆'・'獻'・'祼'으로 선왕을 제사지내고, '饋食'으로 선왕을 제사지내고, '祠'로 봄에 선왕을 제사지내고, '禴'으로 선왕을 제사지내고, '嘗'으로 가을에 선왕을 제사지내고, '烝'으로 겨울에 선왕을 제사지낸다"(以肆獻祼享先王, 以饋食享先王, 以祠春享先王, 以禴夏享先王, 以嘗秋享先王, 以烝冬享先王)라고 하였다. 이에 대한 정현의 주에서는 "종묘의 제사로는 이 여섯 가지 제사가 있다. '肆・獻・祼'과 '饋食'은 네 계절의 제사보다 위에 있으니, '祫' 제사이며, '禘' 제사이다. '肆'는 해체한 희생의 몸체를 올리는 것으로 익힌 고기를 바치는 때를 말한다. '獻'은 단술을 올리고 血腥을 바치는 것을 말한다. '祼'은 '뿌린다'(灌)는 뜻으로, 울창주를 뿌리는 것이다. 처음 시동에게 술을 올려 신을 부르는 때를 말한다. 『예기』 「교특생」에 '魂氣는 하늘로 돌아가고 形魄은 땅으로 돌아간다. 그러므로 제사는 陰과 陽에서 (혼과 백을) 찾는 의리다. 은나라 사람들은 먼저 양에서 찾았고, 주나라 사람들은 먼저 음에서 찾았다'라고 했다. '灌'이 그것이다. 제사지낼 때에는 반드시 먼저 '灌'(강신제)을 한 뒤에 비로소 腥(생고기)을 바치고, 孰(익힌 고기)을 바친다. '祫'에 대해서는 '肆'・'獻'・'祼'이라고 말했고, '禘'에 대해서는 '饋食'이라고 말한 것은 서직을 함께 올림을 나타내는 것으로 서로 호문이 된다. 魯나라의 예에서는 3년의 상이 끝나면 태조의 묘에서 '협' 제사를 지내고, 이듬해 봄에 群廟에서 '체' 제사를 지

냈다. 이 이후에는 5년마다 두 번의 殷祭(大祭)를 지냈는데, 한 번 '협' 제사를 지내고, 한 번 '체' 제사를 지냈다"(宗廟之祭, 有此六享. 肆・獻・祼・饋食, 在四時之上, 則是祫也, 禘也. 肆者, 進所解牲體, 謂薦孰時也. 獻, 獻醴, 謂薦血腥也. 祼之言, 灌, 灌以鬱鬯, 謂始獻尸求神時也. 「郊特牲」曰, '魂氣歸于天, 形魄歸于地, 故祭所以求諸陰陽之義也. 殷人先求諸陽, 周人先求諸陰', 灌是也. 祭必先灌, 乃後薦腥薦孰. 於祫逆言之者, 與下共文, 明六享俱然. 祫言肆獻祼, 禘言饋食者, 著有黍稷, 互相備也. 魯禮, 三年喪畢, 而祫於大祖, 明年春, 禘於羣廟. 自爾以後, 率五年而再殷祭, 一祫一禘)라고 하였다. 한편 공영달의 소에서는 "이 경문은 종묘에 제사지낼 때의 여섯 가지 예를 말한 것이다. 세세하게 말한다면 여섯 가지 예가 있지만, 총괄해서 말하면 또한 세 등급의 차이가 있다. '肆・獻・祼'이 祫의 大祭이고, '饋食'으로 지내는 것이 '체'의 다음가는 제사이고, '祠로 봄에 제사지내는 것' 이하는 時祭로서의 작은 제사이다. 그러나 시제에는 모두 袞冕을 입고 太牢의 희생을 쓴다. 이 점에서 말하면 시제 또한 大祭가 된다. 이 여섯 가지 제사에 대해 모두 '享'이라고 했다. '天'을 제사지낼 때에는 '祀'라고 말하고, '地'에 제사지낼 때에는 '祭'라고 한다. 그러므로 '종묘'를 제사지낼 때에는 '享'이라고 하는 것이다. '享'은 바친다〔獻〕는 뜻으로 귀신에게 음식도구를 바치는 것을 말한다"(此一經陳享宗廟之六禮也. 此經若細而言之, 卽有六禮, 總而言之, 則亦有三等之差. 肆獻祼是祫之大祭, 以饋食是禘之次祭, 以春享以下是時祭之小祭. 若以總用袞冕大牢言之, 此亦皆爲大祭也. 此六者皆言享者, 對天言祀, 地言祭, 故宗廟言享. 享, 獻也, 謂獻饌具於鬼神也)라고 하였다. ○『예기정의』 권12 「왕제」, 451쪽에서는 "천자・제후의 종묘 제사는, 봄철에 지내는 것을 '礿'이라 하고, 여름철에 지내는 것을 '禘'라 하고, 가을철에 지내는 것을 '嘗'이라 하고 겨울철에 지내는 것을 '烝'이라 한다"(天子・諸侯宗廟之祭, 春曰礿, 夏曰禘, 秋曰嘗, 冬曰烝)라고 하였는데, 이에 대한 정현의 주에서는 "이는 아마도 하나라와 은나라의 제사 명칭인 듯하다. 주나라에서는 이를 바꾸어서 봄 제사를 '祠'라고 했고 여름 제사를 '礿'이라 했으며, '禘'를 殷祭(大祭)로 여겼다. 『시경』 「소아」에서 '礿・祠・烝・嘗을 선공과 선왕에게 올리네'라고 했는데, 이는 주나라에서 네 계절에 지내는 종묘제사의 명칭이다"(此蓋夏・殷之祭名. 周則改之, 春曰祠, 夏曰礿, 以禘爲殷祭. 『詩・小雅』曰"礿祠烝嘗, 于公先王." 此周四時祭宗廟之名)라고 하였고, 공영달의 소에서는 "'礿'은 간소하다는 뜻이다. 봄철에는 만물이 아직 자라지 않아 제물의 종류가 많지 않고 간소하다. '禘'는 순서의 뜻이다. 여름철에는 만물이 아직 익지 않았더라도 계절의 순서에 의거해서 제사지내야 한다. '嘗'은 햇곡식이 익어서 맛을 본다는 뜻이다. '烝'은 많다는 뜻이다. 겨울철에는 만물이 익은 것이 많다. 정현이 하나라와 은나라의 제사 명칭이라고 추측한 것은 그것이 주나라의 명칭과 다르기 때문이다. 하나라와 은나라의 제사에 관해서는 또 조문이 없기 때문에 '아마도'(蓋)라고 칭하면서 추측한 것이다"('礿', 薄也. 春物未成, 祭品鮮薄也. '禘'者, 次第也. 夏時物雖未成, 宜依時次第而祭之. '嘗'者, 新穀熟而嘗也. '烝'者, 衆也. 冬時物成者衆也. 鄭疑爲夏・殷祭名者, 以其與周不同. 其夏・殷

마찬가지임을 알 수 있다.

夾注原文

1. 當[12)]秋祭也. 擧一而三時可知也.

【제일조사 20—26:2】

『좌전』 선공宣公 3년조의 경문經文에서 "봄, 천자가 쓰는 역법으로 정월에 교郊 제사의 희생으로 올릴 소의 입에 상처가 났다. 다시 점을 쳐서 다른 소를 결정했는데, 그 소가 죽었다. 이에 교 제사를 지내지 않았다. 그러나 삼망三望[13)]의 제사는 오히려 지냈다"[14)]라고 하였습니다. 전문傳文에서는 "교 제사를 지내지 않고 삼망의 제사를 지낸 것은 모두 예가 아니다. 망의 제사는 교 제사에 부속된 제사절차이다. 교 제사를 지내지 않았다면 또한 망 제사도 없는 것이다"[15)]라고 하였습니다.

【祭日連事 20—26:2】

『左傳』宣公三年經曰, "春[16)]正月, 郊牛之口傷, 政[17)]卜牛. 牛死, 乃不

之祭又無文, 故稱'蓋'以疑之)라고 하였다.

12) 當 : 嘗의 오사이다.

13) 魯나라의 삼망은 東海·泰山 및 淮水에 제사지내는 것이다.

14) 『춘추좌전정의』, 권21, 선공 3년조, 691쪽.

15) 『춘추좌전정의』, 권21, 선공 3년조, 692~693쪽.

16) 春 : 『춘추좌전정의』 권21 선공 3년조, 691쪽에는 '春' 다음에 '王' 한 글자가 더 있다.

17) 政 : 改의 오사이다.

郊.[1] 猶三望也."[2] 傳曰, "不郊而望, 皆非禮.[3] 望, 郊之屬也. 不郊, 亦無望也."[4]

협주

1. '소'(牛)에 대해서 희생(牲)이라고 하지 않은 것은 아직 점을 치는 날이 안 되었기 때문이다.[18)]
2. '망望'은 분야의 별자리와 국중의 산천에 해당한다.[19)]
3. 소가 비록 다치거나 죽더라도 다시 점을 쳐서 그 길한 날짜를 잡아야 하는 것은 교 제사를 폐할 수 없기 때문임을 말한 것이다. 지난 해 겨울 천왕天王이 죽고 아직 매장하지 않은 상태인데도 교 제사를 지내는 것은 왕의 일(王事)을 이유로 하늘의 일(天事)을 폐할 수 없기 때문이다. 『예기』「증자문」에 "빈을 하고 나서 제사를 지낸다"라고 한 것이 그것이다.
4. 정기적인 사시四時의 제사인 경우에 점을 치지 않는다는 것은 『춘추』 희공 31년조에 보인다.[20)]

---

18) 교 제사에는 반드시 먼저 소를 선택해서 점을 치고, 그 점이 길하게 나오면 기른다. 그런 뒤에 교 제사를 지낼 날을 점친다. 점을 치기 이전에는 '소'(牛)라고 부르고, 점을 친 이후에 '희생'(牲)으로 바꾸어 부른다. 경문에 '郊牛'라고 했으므로 아직 점을 치기 이전임을 알 수 있다.

19) 『상서정의』 권3 「虞書·堯典」에 '산천을 바라보면서 제사지낸다'(望于山川), '산천을 바라보면서 차례대로 제사지낸다'(望秩于山川)라고 하였고, 『春秋左傳正義』 권58, 애공 6년조, 1884쪽에서는 "(하·은·주) 삼대에 천자가 제후들에게 제사지낼 범위를 명하였는데, 제후의 제사는 제후의 경내 산천(望)을 벗어날 수 없게 하였다. 江水·漢水·睢水·漳水는 楚의 望이다"라고 하였다. 따라서 '望'은 산천을 제사지내는 제사 명칭이다. ○『춘추곡량전』 권9, 희공 31년조, 177쪽의 范寗의 주에 인용된 정현의 말에도 "望은 산천 제사의 명칭으로, (노나라는) 東海·岱山·淮水에 제사지낸다. 그 강역이 아니면 제사지내지 못한다"라고 하였다.

20) 『춘추좌전정의』 권17, 희공 31년조, 536쪽에서 "'그런데도 삼망의 제사를 지냈다'(猶三望)는 것은 또한 예가 아니다. 예에 있어서 정기적인 四時의 제사에 대해서는 점을 치지 않지만, 그 희생과 날짜에 대해서는 점을 친다. 소를 점쳐서 길일을 얻었다면 그 이름을 '희생'으로 바꾼다"('猶三望', 亦非禮也. 禮不卜常祀,

夾注原文

1. 牛不稱牲, 未卜日也. **2.** 望, 分野之星·國中山川也. **3.** 言牛雖傷·死, 當更政[21]卜取其吉者, 郊不可廢也. 前冬天王崩, 未葬而郊者, 不以王事癈[22]天事也. 『禮記』「曾子問」'旣殯而祭', 是也. **4.** 不卜常祀之例, 在僖卅一年也.

【제일조사 20—26:3】

진晋 효무제孝武帝 태원太元 11년(386) 9월, 황녀가 죽었는데 증烝(겨울제사)제사를 지내야 할 때가 된 적이 있었습니다. 중서시랑中書侍郎 범녕范甯[23]은 "「상복전喪服傳」을 살펴보건대, '궁중에 죽은 자가 있다면 3개월 동안 제사를 거행하지 않는다'[24]라고 하였으니, 장유와 귀천을 구별하지 않

而卜其牲·日. 牛卜日曰牲. 牲成而卜郊, 上怠·慢也)라고 하였다.

21) 政 : 改의 오사이다.

22) 癈 : 廢의 오사이다.

23) 范甯(339~401) : 東晋의 경학자이다. 臨淮太守·中書侍郎 등을 역임하였다. 위진시대에 성행하던 王弼·何晏의 玄學을 반대하였고, 『곡량전』의 최초 주석인 『春秋穀梁傳集解』를 저술하여 『십삼경주소』에 수록되었다.

24) 궁중에 죽은 자가 있다면~ 거행하지 않는다 : 『의례주소』 권33 「喪服」, 725쪽에 보인다. ○ 〔經文〕 : "서자로서 아버지의 후사가 된 사람은 친모를 위해 (緦麻 3월의 服을) 한다."(庶子爲父後者爲其母) 〔傳文〕 : "왜 시마의 복을 하는가? 傳에 '존귀한 이와 한 몸이므로 私親에 대하여 복을 하지 않기 때문이다'라고 하였다. 그렇다면 왜 시마의 복을 입는가? 궁중에서 죽은 자가 있다면 그를 위해 3개월 동안 제사를 거행하지 않으므로, 이 때문에 시마의 복을 하는 것이다"(傳曰, 何以緦也? 傳曰. '與尊者爲一體, 不敢服其私親也.' 然則何以服緦也? 有死於宮中者, 則爲之三月不擧祭, 因是以服緦也) ○ 賀循은 '3개월 동안 제사를 거행하지 않는' 이유를 다음과 같이 설명한다. "예에 있어서 상중에 있는 사람은 제사를 거행하지 않는다. 제사는 吉事이기 때문이다. 그 의리는 비단 살아 있는 사람을 위해서만 그렇게 하는 것이 아니라, 돌아가신 조상의 마음 또한 그 애달픔과 슬픔을 함께해야 하기 때문이다. 그러므로 '죽은 자에 대해 복을 입지 않는 사람에 한해

는다는 뜻입니다. 황녀가 비록 어린 나이에 죽었지만 신은 (제사를 거행해야 하는지) 의심스럽게 생각합니다"[25]라고 상주하였습니다. 이미 한 달을 넘겼는데, 상서尙書가 황제의 명을 전하여 10월 17일에 지내기로 결정하고, 성대한 제사(殷祭)를 지냈습니다.

함경咸庚[26] 2년 10월 27일, 우택虞澤(황제의 원택지)에 있을 때 세자의 상을 당하였습니다. 장례를 치르고 나서 율령의 규정에 따라 30일간의 상례를 거행하고 나서 12월 1일에 공제公除[27]를 하였습니다. 그 달에 납향제사(禴)를 지냈습니다.

【祭日連事 20—26:3】

晋孝武太元十一年九月, 皇女亡, 及應烝祠. 中書侍郎范甯奏, "案「喪服傳」'有死宮中者, 三月不擧祭', 不別長幼之與貴賤也. 女雖在嬰,[1] 臣以爲疑." 旣踰月, 尙書宣令剋十月十七日, 殷祠也. 咸庚二年十月卄七日, 虞澤有世子喪, 旣葬依令文, 行喪卅日, 十二月一日公除, 其月稓[28]祭也.

서 제사를 거행한다'라고 말하는 것이다. 그런데 오늘날 사람들은 복을 입는 중에도 여전히 제사를 지내고 있다. 길례와 흉례는 함께 지낼 수 없는 것이니, 예의 진정한 뜻이 아니다."(『讀禮通考』, 권103, 「變禮」, '時祭遭喪', "賀循「祭議」云, '禮在喪者不祭, 祭吉事故也. 其義不但施於生人, 亦祖禰之情, 同其哀戚故. 云「於死者, 無服則祭也」, 今人若有服祭祀如故, 吉凶相干, 非禮意也'") ○ 賀循(260~319) : 자는 彦先, 會稽 山陰(절강성 소흥) 출신으로, 東晋의 학자이다. 그의 선조는 전한시대 『禮』를 전수하여 이른바 慶氏學을 열었던 慶普이다. 그의 族高祖 純은 박학으로 이름이 높았는데, 漢 安帝의 아버지 이름을 피휘하여 '賀氏'로 바꾸었다. 賀循은 어려서 전적을 통람하고 글을 잘 지었는데, 특히 『예기』에 조예가 깊었다. 저술로 『喪服要記』 10권, 『葬禮』, 『會稽記』 등이 있다.

25) 『진서』, 권19, 「예지」, 608쪽.

26) 咸庚 : 황제 가운데 이 연호는 없다. 필사의 잘못인 듯하다.

27) 公除 : 제왕 자신이 국사를 중히 여긴다는 뜻으로, 공권력으로 예제를 정하여 상복을 벗는 것을 말한다.

28) 稓 : 禴의 오사이다. 蜡와 동의어이다.

협주

1. 아직 젖을 떼지 않았다면 상례를 거행하지 않는다.

夾注原文

1. 未免乳哺, 未及擧喪.

【제일조사 20—26:4】

『예기』에서 말하였습니다. "증자가 물었다. '제삿날이 되었는데, 일식이 일어나거나 태묘太廟에 화재가 발생하면 그 제사는 어떻게 합니까?' 공자가 대답했다. '제사를 신속하게 지낸다. 만일 희생을 잡기 전이라면 제사를 중지한다.'"

"(증자가) 또 물었다. '제후들 여럿이 천자를 알현하러 문에 들어갔다가 예를 다 마치기 전에 중지하는 경우는 몇 가지입니까?' 공자가 대답했다. '네 가지다. 태묘에 화재가 발생했을 때, 일식이 일어났을 때, 황후가 죽었을 때, 비에 옷이 젖어 용모가 흐트러졌을 때에는 중지한다.'"

"(증자가) 또 물었다. '제후가 서로 만나 인사를 나누고 문에 들어갔다가 예를 다 마치기 전에 중지하는 경우는 몇 가지입니까?' 공자가 대답했다. '여섯 가지다. 천자가 죽었을 때, 태묘에 화재가 발생했을 때, 일식이 일어났을 때, 후부인后夫人이 죽었을 때, 비에 옷이 젖어 용모가 흐트러졌을 때는 중지한다.'"[29]

29) 이상은 『예기정의』 권18 「증자문」, 691~692쪽에 실려 있다.

【祭日連事 20—26:4】

『禮記』, "曾子問曰, '當祭而日食, 大廟火, 如之何?' 孔子曰, '接祭而已矣. 如牲至未㲃[30], 則癈[31].'"[1] "又問, '諸侯旅見天子, 入門, 不得終禮, 而癈[32]者幾?'[2] 孔子曰, '四. 大廟火, 日食, 后之喪, 雨霑服失容, 則癈[33].'"[3] "又問, '諸侯相見, 揖讓入門, 不得終禮[34]?' 孔子曰, '六. 天子崩, 大廟火, 日食, 后夫人之喪, 雨霑服失容, 則癈[35].'"[4]

협주

1. 빠르게 제사를 지낼 뿐, 시동을 맞이하지는 않는다. 신속히 함을 가리킨다. 태묘에 화재가 발생했는데도 빠르게 제사지낸다는 것은 화재가 묘 안에서 일어난 것이지 묘실이 아님을 뜻한다. 일식이나 묘의 화재는 대상大喪보다 중요하지 않다. 그러므로 이미 희생을 잡았다면 빠르게 제사지내는 것이다.
2. '려旅'는 여럿이라는 뜻이다.
3. 태묘太廟는 시조묘始祖廟인데, 종묘宗廟의 경우도 모두 마찬가지다.
4. '부인夫人'은 국군國君의 부인이다.

夾注原文

1. 接祭而已, 不迎尸也, 言疾速也. 大廟火, 猶得接祭者, 謂火起廟內, 而非廟屋[36]也. 日食・廟火, 輕於大喪, 故 已㲃牲則接祭者也. **2.** 振[37], 衆之也. **3.** 大

30) 㲃 : 殺의 이체자이다.
31) 癈 : 廢의 오사이다.
32) 癈 : 廢의 오사이다.
33) 癈 : 廢의 오사이다.
34) 禮 : 『예기정의』 권18 「증자문」, 691쪽에는 '禮' 다음에 '廢者幾' 세 글자가 더 있다.
35) 癈 : 廢의 오사이다.
36) 屋 : 室의 오사이다.
37) 振 : 旅의 오사이다.

廟, 始祖廟也. 宗廟亦然也. **4.** 夫人, 君之事[38]也.

【제일조사 20—26:5】

『진서晋書』「예지禮志」에서 말하였습니다. "후한後漢 건안建安 연간(196~219, 獻帝)에 정회正會[39]를 하려고 하였는데, 태사가 정월 초하루에 일식이 일어날 것이라고 상언하였다. 조사朝士들은 정회를 거행해야 하는 것인지 의문스러워하였다. 유소劉邵[40]는 '제후 여럿이 천자를 알현하러 문에 들어

---

38) 事 : 夫人의 오사이다.

39) 正會 : 황제가 원단에 군신을 조회하고 하객을 맞이하는 의례이다. ○『진서』 권21「예지」, 649쪽에서 "五禮 가운데 그 세 번째가 '賓禮'로서, 祖宗·覲遇·會同의 제도가 그것이다. 周 이후 그 의례가 더욱 번잡해져서 秦이 학문을 멸절시킨 이후로는 옛 법전이 잔결되었다. 漢이 흥기하자 처음으로 叔孫通으로 하여금 예를 제정하게 하였다. 선대의 의례를 참작하여 만들었지만 그러나 또한 때때로 고친 것도 있었다. 한의 의례에는 '正會禮'가 있었다. 정월 초하루 밤의 물시계가 끝나는 7刻 전에 종이 울리면 하객을 받는다. 공·후 이하 폐백을 들고 조정의 뜰을 끼고 서 있으며, 이천석 이상은 대전에 올라 '만세'를 부른다. 그렇게 한 후에 음악을 연주하여 향연을 베푼다. 魏 武帝가 鄴에 도읍을 정하고 文昌展에서 정회의 의례를 거행하였는데, 漢의 의례를 사용하였다"(五禮之別, 三曰賓, 蓋朝宗·覲遇·會同之制是也. 自周以下, 其禮彌繁. 自秦滅學之後, 舊典殘缺. 漢興, 始使叔孫通制禮, 參用先代之儀, 然亦往往改異焉. 漢儀有正會禮, 正旦, 夜漏未盡七刻, 鍾鳴受賀, 公侯以下執贄夾庭, 二千石以上升殿稱萬歲, 然後作樂宴饗. 魏武帝都鄴, 正會文昌殿, 用漢儀) 한대에서 수당시대에 이르는 원회(정회) 의례의 형성 과정과 그 전개에 관해서는 와타나베 신이치로, 문정희·임대희 옮김, 『天空의 王座』(신서원, 2002), 제2장「원회의 구조—중국 고대국가의 의례적 질서」 참조.

40) 劉邵(?~245?) : '劉劭'로 쓰기도 한다. 삼국시대 魏의 학자이다. 자는 孔才, 廣平 邯鄲(하북성 한단) 출신이다. 후한 헌제 건안연간에 太子舍人이 되었고, 魏 문제 黃初 연간에는 尙書郎, 散騎侍郎이 되었다. 위 문제의 칙명으로 『오경』의 서적을 수집하고 유별로 나누어 『皇覽』을 편찬하였다. 최초의 類書. 庾嶷·荀詵 등

갔다가 그 예를 다 마칠 수 없는 경우가 네 가지인데, 일식이 발생한 경우가 그 첫 번째입니다. 그렇다면 성인이 전해 주신 제도에 괴이한 현상(變異) 때문에 미리부터 조회의 의례를 중지한다고 하지 않았던 것은 재이災異가 혹 소멸되거나 잠복할 수도 있으며, 관측이 잘못될 수도 있기 때문이었습니다'라고 하였다. 순욱荀彧[41]과 뭇 사람들이 모두 그 말을 옳게 여겨 따랐다. 드디어 예전대로 조회를 거행하였으며, 일식 또한 일어나지 않았다. 유소가 이로부터 이름을 날리게 되었다. 진晋의 세조世祖 무제武帝 함녕咸寧 3년(277)과 4년(278)에 모두 정월 초하루 합삭合朔[42]에 오히려 원회元會(正會)의 의례를 거행하여 위魏의 고사를 바꾸었다."[43]

【祭日連事 20—26:5】

『晋志』曰, "漢建安中, 將正會, 而大史上言, 正旦當日蝕. 朝士疑會否. 劉邵曰, '諸侯旅見天子, 入門不得終禮者四, 日蝕在一. 然則聖人垂制, 不爲變異豫癈[44]禮者, 或灾消異伏, 或推術謬誤也.' 或[45]及衆人咸善而從之, 遂朝會如舊, 日亦不蝕, 邵由此顯名. 至晋世祖武帝咸寧三年·四

과 함께 科令을 제정했으며, 『新律』 18편을 짓고, 『律略論』을 저술하였다. 이 밖에도 『說略』 1편, 『樂論』 14편, 『法論』, 『人物志』 등 백여 편의 저술을 남겼다.

41) 荀彧(163~212) : 후한 말의 명사이다. 자는 文若, 潁川 潁陰(하남성 許昌) 출신이다. 후한 말 혼란기에, 처음 袁紹에게 갔지만 후에 曹操에게 귀의하여 鎭東司馬가 되었다. 조조의 軍政 정책에 많은 조언을 하였다. 조조가 獻帝를 옹립한 것은 그의 계책으로 알려져 있다. 조조가 후한을 찬탈하려고 하자, '曹公은 본래 의병을 일으켜 한 왕조를 바로잡고 진작시키려고 하였으므로', '忠貞의 절개를 다해야 한다'라고 하여 조조와 틈이 벌어졌고, 후에 압박을 받아 자살하였다. 『후한서』, 권70, 「순욱열전」 참조.

42) 合朔 : 해와 달이 서로 만나는 것으로 매달 음력 초하루에 일어난다. 해와 달의 운행이 同宮同度에 있는 것을 합삭이라 한다.

43) 『진서』, 권19, 「예지」, 594쪽.

44) 癈 : 廢의 오사이다.

45) 或 : 彧의 오사이다.

年，並以正旦合玥[46]却元會，改漢魏[47]故事也.”

【제일조사 20—26:6】

“진晉의 강제康帝 건원建元 원년(343)에 이르러, 태사가 정월 초하루 합삭이 있을 것이라고 상언하였다. 후에 다시 조회를 거행해야 하는지 어떤지 의문스러웠다. 유빙庾冰이 보정輔政을 하고 있었다. 그는 유소의 의론을 필사하여 조정에 들어와 앉아 있는 사람들에게 보여 주었다. 이에 어떤 사람이 ‘유소는 예의 진정한 뜻을 이해하지 못하였고, 순욱이 그 말에 따랐던 것은 멸망한 나라 사람이 저지른 하나의 실책이다’라고 하였다.

그러자 채모蔡謨[48]는 의론을 저술하여 비난하였다. ‘유소는 재이는 소멸되거나 잠복될 수 있다고 논하였고, 또 재신梓愼과 비조裨竈도 오히려 잘못이 있을 수 있다고 하였다. 태사의 상언은 또한 반드시 깊이 살핀 것은 아니다. 진실로 이치가 그러한 것이다. 그렇지만 (유소가) 〈성인이 전해주신 제도에는 괴이한 현상(變異) 때문에 미리부터 조회의 의례를 중지한다고 말하지 않았다〉라고 한 것은 잘못이다. 재이災異와 서상瑞祥이 발생

46) 玥 : 朔의 이체자이다.

47) 漢魏 : 『진서』 권19 「예지」, 594쪽에는 ‘漢魏’가 ‘魏’로 되어 있다.

48) 蔡謨(281～356) : 晉의 경학자이다. 자는 道明, 시호는 文穆으로, 陳留 考城(河南省 蘭考) 출신이다. 박학하여 禮儀 · 종묘제도 등에 議定한 바가 많다. 應卲 이래의 『한서』 注를 모아 『漢書集解』를 저술하였다. 『蔡氏喪服譜』, 『禮記音』 등이 『수서』 「경적지」에 저록되어 있다. 후인들에 의해 『蔡謨集』 17권이 찬집되었다.

하는 것은 인군을 견고譴告하기 위한 것으로, 왕자王者가 깊이 경계해야 할 바이다. 그러므로 (왕자는) 소복素服을 하고 음악을 중지하며 물러나 정침正寢을 피한다. 백관도 강물降物[49]을 하고 폐백을 바치고 북을 울리면서 몸소 그것을 구한다. 무릇 공경하고 경계하는 일은 의심하면서 중지할 바에는 차라리 신중히 하여 행하는 것이 낫다. 그러므로 공자는 노담老聃을 따라 항당에서 장례를 도울 때, 별이 나타나지 않는 것을 표준으로 삼아 계속해서 (장지로) 가고자 하였다. 그러므로 일식이 일어났을 때 (노담이)

---

49) 降物 : 災患 · 病故나 天象의 變異를 만났을 때, 제왕과 대신은 모두 盛服을 벗고 素服으로 갈아입는다. 이를 '강물'이라고 한다. ○『春秋左傳正義』, 권48, 昭公 17년, 1564~1565쪽, "여름 6월 甲戌 초하루에, 일식이 일어났다. 祝史가 일식에 사용할 폐백을 청하였다. 昭子는 '일식이 발생하면 천자는 성찬을 하지 않고, 社에서 북을 울려 사악한 기운을 내쫓는다. 제후는 폐백을 社에 바치고, 조정에서 북을 울린다. 이것이 예이다'라고 하였다. 그러나 平子는 이에 반대하였다. '중지해야 한다. 正月 초하루 음의 기운이 아직 일어나지 않았는데 일식이 발생한다면, 그때에 북을 울리고 폐백을 바치는 것이 예이다. 나머지 달에는 그렇게 하지 않는다'라고 하였다. 태사가 말했다. '이번 달(6월)은 해가 춘분을 넘었지만 아직 하지에 이르지 않은 때인데, 三辰(해·달·별)에 재앙이 일어났습니다. 따라서 백관은 降物을 하며, 군주는 성찬을 하지 않고 거처를 옮겨 일식의 기간을 피해야 합니다'라고 하였다."(夏, 六月甲戌, 朔, 日有食之. 祝史請所用幣. 昭子曰, "日有食之, 天子不擧, 伐鼓於社朝. 諸侯用幣於社, 伐鼓於朝. 禮也." 平子禦之, 曰, "止也. 唯正月朔, 慝未作, 日有食之, 於是乎有伐鼓用幣, 禮也. 其餘則否." 大史曰, "在此月也, 日過分而未至, 過春分而未夏至, 三辰有災, 於是乎百官降物, 君不擧辟移時") ○ 杜預의 注와 孔穎達의 疏에는 '降物'을 '素服을 입는 것'으로 해석하였다. 공영달의 소, "'降物'은 옷의 채색을 줄인다는 뜻이다. 「昏義」에 '일식이 발생하면 천자는 소복을 한다'라고 하였으므로, '백관이 강물한다'는 것은 역시 소복을 입는다는 뜻임을 알 수 있다. 옛날의 素服에 대해서는 禮文에 그 규정이 없다. 아마도 朝服을 본떠서 흰색으로 만든 것으로, 오늘날의 單衣와 같을 것이다. 「近世儀」의 注에 따르면, '일식이 일어나면 大社에서 북을 울린다. 천자는 單衣에 介幘을 두르고 正殿을 피해 東西의 堂에 앉는다. 백관은 百服으로 갈아입고 本司에 앉는다. 太常은 관속을 이끌고 태묘를 둘러싸 지키면서 일식의 시간이 지나면 파한다'라고 한다."(降物謂減其物采也. 「昏義」曰, "日食則天子素服", 知百官降物, 亦素服也. 古之素服, 禮無明文, 蓋象朝服而用素爲之, 如今之單衣也. 「近世儀」注, "日食則擊鼓於大社, 天子單衣介幘, 辟正殿, 坐東西堂, 百官白服坐本司, 大常率官屬, 繞大廟, 過時乃罷")

상여를 멈추게 하자, 〈일식이 일어나더라도 별이 보이지 않을 것이란 사실을 어떻게 알겠는가?〉라고 하였던 것이다.[50] 그런데 유소劉卲가 (일식이 일어날 경우 정회의 예를) 폐지한다고 말한 것은 성현의 법도를 저버린 것이다.

노魯나라 환공桓公 임신壬申에 화재가 일어났는데도 상嘗 제사를 지냈다. 『춘추』에서 그것을 비난하였다.[51] 화재의 일이 이미 지나가도 오히려

---

50) 그러므로 공자는~ 라고 하였던 것이다 : 이는 『예기』「증자문」에서 인용한 것인데, 『천지서상지』 필사자의 오사가 있었던 듯 문장 구성이 어색하다. 「증자문」의 원문은 다음과 같다. ○ 증자가 물었다. "발인을 하고 장지로 향하는 길에 일식이 일어나면 常禮를 변경해야 합니까?" 공자가 대답하였다. "예전에 내가 老聃을 따라서 巷黨에서 장례를 돕던 중, 도중에 이르러 일식이 발생했다. 노담이 '丘(공자)여! 상여를 멈추고 길 오른쪽으로 가라. 곡을 멈추고 일식의 변화를 살피라'라고 하였다. 빛이 회복된 뒤에 상여를 움직이면서 '(이렇게 하는 것이) 예이다'라고 하였다. 매장을 마치고 돌아오다가 내가 물었다. '상여는 한 번 움직이면 돌릴 수 없는 것입니다. 일식이 일어나 언제 끝날지 모른다면 어찌하여 계속 가지 않겠습니까?' 노담이 말했다. '제후가 천자에게 조회할 때는 해를 보고 가서 해가 지기 전에 숙소에서 奠을 올린다. 대부가 사신으로 갈 때는 해를 보고 가서 해가 지기 전에 숙소에 머문다. 상여는 일찍 출발하지도 않고 저녁 늦게 숙소에 들지도 않는다. 별을 보고 가는 자는 오직 죄인과 부모의 상에 奔喪하는 사람뿐이다. 일식이 일어나더라도 별이 보이지 않을 것이란 사실을 어떻게 단정하겠는가? 게다가 군자는 예를 행하면서 다른 사람의 부모로 하여금 근심을 하도록 하지는 않는다.' 내가 노담에게서 들은 말이다."(『禮記正義』, 권19, 「曾子門」, 716~717쪽, "曾子問曰, '葬引至于堩, 日有食之, 則有變乎? 且不乎?' 孔子曰, '昔者吾從老聃助葬於巷黨, 及堩, 日有食之. 老聃曰, 「丘, 止柩就道右, 止哭以聽變.」 既明反, 而后行, 曰, 「禮也.」 反葬而丘問之曰, '夫柩不可以反者也. 日有食之, 不知其已之遲數, 則豈如行哉?' 老聃曰, '諸侯朝天子, 見日而行, 逮日而舍奠. 大夫使, 見日而行, 逮日而舍. 夫柩不蚤出, 不莫宿. 見星而行者, 唯罪人與奔父母之喪者乎! 日有食之, 安知其不見星也? 且君子行禮, 不以人之親痁患.' 吾聞諸老聃云")

51) "가을 8월 임신에 어름에 화재가 발생했다. 을해에 상 제사를 지냈다"(秋, 八月, 壬申, 御廩災. 乙亥, 嘗)는 『春秋』 桓公 14년조에 대해 『공양전』은 다음과 같이 해석한다. ○ "어름이란 무엇인가? 종묘에 바칠 제사 음식을 저장하는 곳이다. 어름에 화재가 발생했는데, 무엇 때문에 기록했는가? 화재가 난 것을 기록한 것이다. (『춘추』에는) 정기적인 제사에 대해서는 기록하지 않는다. (상 제사에 대해) 무엇 때문에 기록한 것인가? 비난한 것이다. 어째서 비난하였는가? 상 제사

나머지 두려움은 그치지 않는다. 그러므로 종묘의 제사를 중지하는 것이다. 더구나 하늘의 견책이 장차 이를 것을 듣고서도 경사스럽고 즐거운 조회를 행한다면 예에 어긋나는 것이다. 『예기』에서 말한 바 〈제후가 문에 들어갔다가 예를 다 마칠 수 없는 경우〉라는 것은 일관日官이 미리 예언을 하지 못하여 제후들이 이미 들어왔다가 일식을 보고 비로소 알게 된 경우를 의미하는 것이지, 먼저 일식이 일어날 것을 알고서도 조회하러 왔기 때문에 어쩔 수 없이 중지하지 못한다는 의미는 아니다. 따라서 이 『예기』의 문장을 인용한 것은 그 참된 취지를 잃은 것이라고 할 수 있다. 유소가 주장한 바는 『예기』의 말이고, 공자와 노담의 향당의 일도 『예기』에서 말한 바이다. 다시 이를 어기고 반대로 하였으니, 앞뒤로 근거가 없다. 그러나 순욱이 좋다고 여겼던 바이고, 한 왕조에서 따랐던 바였기 때문에 이 유소의 말이 오늘날까지 칭송을 받고 있다. 그리하여 그것이 잘못된 것임을 아는 사람들이 없으니, 후세의 군자들이 이를 법식으로 삼을까 두렵다. 그러므로 이를 바로잡고자 한다.' 이때 유빙庾冰은 중의衆議에 따라 드디어 원회元會를 중지하였다."[52]

를 지낸 것을 비난한 것이다. 상 제사를 유예시켜야 하는가? 어름에 화재가 발생했다면, 상 제사를 지내지 않는 것이 낫다."(『春秋公羊傳注疏』, 권5, 桓公 14년, 121~122쪽, "秋, 八月, 壬申, 御廩災. 御廩者, 何? 粢盛委之所藏也. 御廩災, 何以書? 記災也. 乙亥, 嘗. 常事不書, 此何以書? 譏. 何譏爾? 譏嘗也. 曰猶嘗乎? 御廩災, 不如勿嘗而已矣") ○ 그러나 『좌전』은 『춘추』의 기록에 비난의 의미는 없다고 해석하였다. "(『춘추』 경문에) '가을, 8월 임신에 어름에 화재가 발생했다. 을해에 상 제사를 지냈다'라고 한 것은 (그것이 상 제사를 지내는 데에) 해가 되지 않음을 기록한 것이다."(『春秋左傳正義』, 권7, 「桓公」 14년조, 233쪽, "秋, 八月, 壬申, 御廩災. 乙亥, 嘗', 書不害也") 杜預의 주에도 "지붕에 화재가 발생했을 때 구하여 불길을 끄면 곡식에 해가 미치지 않는다. 그러므로 '해가 되지 않음을 기록한 것이다'라고 말한 것이다"(災其屋, 救之則息, 不及穀, 故曰'書不害')라고 하였다.

52) 『진서』, 권19, 「예지」, 595쪽.

【祭日連事 20—26:6】

至康帝建[53]元年, 正月正旦日合玥[54], 復疑應却會與否. 康[55]冰以劉邵議以示入坐. 遂著非議之曰, "邵論灾有異伏. 聖人垂制, 不爲變異�[56]癈[57]朝禮, 此則謬矣.[58] 灾祥之發, 所以譴告人君, 王者之所重試[59], 故素服癈[60]樂, 退避正寢, 百官降物, 用幣伐鼓, 躬親而救之. 夫敬試[61]之事, 與其疑而癈[62]之, 寧愼而行之. 故孔子從老聃助葬於巷黨, 以表不星行, 故日蝕而止柩, 曰'安知其不見星?'. 而邵癈[63]之, 是棄聖賢之成䂓[64]也. 魯桓公壬申有灾, 而以乙亥祭[65], 『春秋』譏之. 灾事旣過, 猶追懼未已, 故癈[66]宗廟之祭, 況聞天眚[67]將至, 行慶樂之會, 於禮乖矣. 『禮記』所云'諸侯入門, 不得終禮者', 謂日官不豫言, 諸侯旣入, 見蝕乃知耳, 非先聞當蝕而朝會不癈[68]也. 引此, 可謂失其義旨, 劉師[69]所執者『禮記』也, 夫子・老聃巷黨之事, 亦『禮記』所言, 復違[70]而反之, 進退無據. 然

---

53) 建 : 『진서』 권19 「예지상」, 595쪽에는 '建' 다음에 '元' 한 글자가 더 있다.
54) 玥 : 朔의 이체자이다.
55) 康 : 『진서』 권19 「예지상」, 595쪽에는 '康'이 '庾'로 되어 있다.
56) 穅 : 豫의 이체자이다.
57) 癈 : 廢의 오사이다.
58) 『천지서상지』 필사본에는 중간에 오탈자가 있는 듯하다. 『진서』 권19 「예지상」, 595쪽에는 이 부분이 "至康帝建元元年, 太史上元日合朔, 後復疑應却會與否. 庾冰輔政, 寫劉邵議以示八坐. 于時有謂邵爲不得禮意, 荀彧從之, 是勝人之一失. 故蔡謨遂著議非之, 曰, 邵論災消異伏, 又以梓愼・裨竈猶有錯失, 太史上言, 亦不必審, 其理誠然也. 而云聖人垂制, 不爲變異豫廢朝禮, 此則謬矣"로 되어 있다.
59) 試 : 誡의 이체자이다.
60) 癈 : 廢의 오사이다.
61) 試 : 誡의 이체자이다.
62) 癈 : 廢의 오사이다.
63) 癈 : 廢의 오사이다.
64) 䂓 : 規의 이체자이다.
65) 祭 : 『진서』 권19 「예지상」, 595쪽에는 '祭' 앞에 '嘗' 한 글자가 더 있다.
66) 癈 : 廢의 오사이다.
67) 眚 : 眚의 이체자이다.
68) 癈 : 廢의 오사이다.
69) 師 : 邵의 오사이다.

荀令所善, 漢朝所從, 遂使此言至介[71]見稱, 莫知其謬, 後君子將擬以爲或[72], 故正之云爾." 於是冰從衆議, 遂以却會.

【제일조사 20—26:7】

"영화永和 연간(345~356, 東晋 穆帝)에 이르러 은호殷浩가 보정輔政하고 있었는데, 또 유소의 의론에 따라 원회를 중지하지 않고자 하였다. 왕표지王彪之는 함녕咸寧과 건원建元의 고사에 의거하여 또 '『예기』에서 〈제후가 여럿이 천자를 알현할 때 예를 다 마치지 못하고 중지하는 경우 네 가지〉를 말한 것은 갑작스럽게 (일식이) 발생하는 경우를 두고 한 말이지, 이미 그 일이 생길 것임을 알고서도 요행이 사관의 관측이 잘못되기를 바란 경우를 두고 한 말이 아니다. 그러므로 미리 조회의 의례를 중지하지 못한 것이다'라고 하였다. 이에 또 왕표지의 의견에 따랐다."[73]

【祭日連事 20—26:7】

至永知[74]中, 殷浩輔政, 又欲從劉邵議不却會. 王彪之據咸寧・建元故事, 又曰, "『禮』云, '諸侯旅見天子, 不得終禮而癈[75]者四',自謂卒暴有

70) 逹 : 違의 오사이다.
71) 介 : 今의 오사이다.
72) 或 : 式의 오사이다.
73)『진서』, 권19,「예지상」, 595~596쪽.
74) 知 : 和의 오사이다.

之, 非爲先存其事, 而僥倖史官推術繆錯, 故不豫癈[76]朝禮也." 於是又從彪之.

【제일조사 20—26:8】

제사지낼 때 눈과 비를 만나는 경우가 있습니다. 위魏나라 때에 교郊제사를 지내는데 눈이 내렸습니다. 고당융高堂隆[77]은 "마땅히 다시 다음번의 신일辛日에 거행해야 한다. 그러므로 『춘추전』에 '앞의 신일이 불길하다면 다음 번의 신일을 점친다'라고 하였던 것이다"라고 하였습니다.

진晋나라 때에 황제康帝(343)의 수레가 이미 출행하였는데 비를 만났습니다.[78] 시중侍中 고화顧和[79]는 『예기』의 "(제후들) 여럿이 천자를 알현하려다가 비에 옷이 젖어 용모가 흐트러졌을 때에는 중지한다"는 예문에 의

75) 癈 : 廢의 오사이다.
76) 癈 : 廢의 오사이다.
77) 高堂隆(?~238?) : 삼국시대 魏의 유학자이다. 자는 升平, 泰山 平陽(산동성 泰山) 출신이다. 전한 초기 『의례』의 전승자 高堂生의 후손이라고 한다. 건안 18년(213), 조조의 부름을 받아 軍議掾이 되었다. 明帝 즉위 이후, 給事中, 博士, 駙馬都尉가 되었다. 또 천문에 정통하여 명제의 명으로 太和曆을 교열하였다. 그는 '禮樂'이 '다스림의 커다란 근본'이라고 생각하였으며, 災變으로 人事를 경계시키는 상주문을 자주 올렸다. 『수서』「경적지」에 『魏臺雜訪議』 3권이 저록되었는데, 지금은 망실되었다. 『三國志』 권25 「魏書」에 그의 열전이 있다.
78) 『진서』에 의하면, 晋 康帝 즉위(343) 후 남북의 교외에서 郊 제사를 거행하려고 할 때, 황제가 직접 親行하여 제사를 주관해야 한다는 顧和의 의론에 따라 출행한 것이다. 『晋書』, 권83, 「顧和列傳」, 2164쪽 참조.
79) 顧和 : 자는 君孝, 侍中 顧衆의 조카이다.

거하여 다시 길일吉日을 점쳐야 한다고 주장했습니다. 서선徐禪은 별도로 의론을 제기하여 "교 제사를 신일에 하는 것은 길吉한 뜻을 취한 것이다. 무황武皇시대(266~289, 晋 武帝)에도 병일丙日에 지내기도 하였고, 을일乙日에 지내기도 하였으며, 경일庚日에 지내기도 하였다. 『송기거주宋起居注』에 '태시泰始(晋 武帝) 4년(268) 정월 신해辛亥에 조칙을 내려 〈이처럼 비가 내리니 직접 남교南郊의 제사를 봉행할 수 없다〉라고 하였다. 다시 점을 쳐서 기미己未에 수레를 타고 출행하여 남교에서 친히 배알하였다'라고 되어 있다"라고 하였습니다.

【祭日連事 20—26:8】

祭値雪雨. 魏時郊値雪, 高堂隆謂"應更用後辛, 故『春秋傳』曰'前辛不告[80], 則卜後辛也.'" 晋時車駕旣出過[81]雨. 待[82]中顧和據『禮記』"振見天子, 沽[83]服失容, 則正[84]", 冝[85]更卜吉日也. 徐禪別議, "郊之用辛, 議是吉義. 武皇之世, 亦或用丙或乙或庚也. 『宗[86]起居注』曰, '秦[87]始四年正月辛亥, 詔「陰雨如此, 不得親奉南郊, 更卜.」己未與駕親謁南郊也.'"

80) 告 : 吉의 오사이다.
81) 過 : 遇의 오사이다.
82) 待 : 侍의 오사이다.
83) 沽 : 霑의 오사이다.
84) 正 : 止의 오사이다.
85) 冝 : 宜의 이체자이다.
86) 宗 : 宋의 오사인 듯하다.
87) 秦 : 泰의 오사이다.

참고문헌

1. 사료

- 『史記』, 中華書局, 1966.
- 『漢書』, 中華書局, 1966.
- 『後漢書』, 中華書局, 1966.
- 『三國志』, 中華書局, 1966.
- 『晋書』, 中華書局, 1966.
- 『南齊書』, 中華書局, 1966.
- 『北史』, 中華書局, 1966.
- 『隋書』, 中華書局, 1966.
- 『舊唐書』, 中華書局, 1966.
- 『新唐書』, 中華書局, 1975.
- 『毛詩正義』, 北京大學出版社, 2000.
- 『尙書正義』, 北京大學出版社, 2000.
- 『周易正義』, 北京大學出版社, 2000.
- 『禮記正義』, 北京大學出版社, 2000.
- 『周禮注疏』, 北京大學出版社, 2000.
- 『春秋左傳正義』, 北京大學出版社, 2000.
- 『春秋公羊注疏』, 北京大學出版社, 2000.
- 『春秋穀梁傳注疏』, 北京大學出版社, 2000.
- 『論語注疏』, 北京大學出版社, 2000.
- 『孝經注疏』, 北京大學出版社, 2000.
- 『爾雅注疏』, 北京大學出版社, 2000.

- 『國語』, 上海古籍出版社, 1998.
- 『莊子集解』(『諸子集成(3)』), 中華書局, 1954.
- 『呂氏春秋』(『諸子集成(6)』), 中華書局, 1954.
- 『淮南子』(『諸子集成(7)』), 中華書局, 1954.
- 『抱朴子』(『諸子集成(8)』), 中華書局, 1954.
- 『文苑英華』, 中華書局, 1990.
- 陳立, 『白虎通疏證』, 中華書局, 1994.
- 衛宏 撰·孫星衍 校, 『漢舊儀補遺』, 中華書局, 1985.
- 黃懷信 主撰, 『大戴禮記彙校集注』, 三秦出版社, 2005.
- 孫之騄 輯校, 『尙書大傳』, 臺灣商務印書館, 1983.
- 馬國翰, 『玉函山房輯佚書』, 上海古籍出版社, 1995.
- 『大唐開元禮』, 汲古書院, 1981.
- 『唐六典』, 中華書局, 1992.
- 杜佑, 『通典』, 中華書局, 1988.
- 歐陽詢, 『藝文類聚』, 中華書局, 1965.
- 安香山居·中村璋八 輯, 『僞書集成』, 河北人民出版社, 1994.
- 蔡邕, 『獨斷』, 中華書局, 1985.
- 孫之騄 輯校, 『尙書大傳』, 中華書局, 1985.
- 陳澔, 『禮記集說』, 保景文化社 영인본, 1984.
- 徐乾學, 『讀禮通考』, 文淵閣四庫全書(臺灣商務印書館 1986), 112冊~第114冊.
- 『太平御覽』, 中華書局, 1960.
- 段玉裁, 『說文解字注』, 宏業書局, 1973.
- 陸德明, 『經典釋文』, 中華書局, 1985.
- 衛宏 撰·孫星衍 校, 『漢舊儀補遺』, 中華書局, 1985.
- 『管子校正』(『諸子集成(5)』, 中華書局, 1954).
- 『家語』(『四部叢刊』, 法仁文化社 影印, 1989).
- 劉向, 『說苑』(『四部叢刊』, 法仁文化社 影印, 1989).
- 應劭, 『風俗通義』, 法印文化社, 1989.
- 陳澔, 『禮記集說』, 保景文化社, 1984.

- 阮元 編刊・王進祥 重編本,『皇淸經解』, 漢京文化事業有限公司印行.

2. 논문・저서

- 권덕영, 「『天地瑞祥志』 편찬자에 대한 새로운 시각－日本에 전래된 신라 天文地理書의 一例」,『白山學報』 52, 1999.
- 김일권,「위진남북조 (魏晋南北朝) 시기의 교사제도 변천과 천문사상 (天文思想)」,『震壇學報』 86, 1998.
- 金一權,「古代 中國과 韓國의 天文思想」, 서울대 대학원 철학박사학위 논문, 1999.
- 김일권,「『天地瑞祥志』의 역사적 의미와 한국사에서의 자료적 가치－찬자의 상반된 견해 재검토와『고려사』에 인용된 자료를 중심으로」,『韓國古代史研究』 26, 2002.
- 박례경,「'緯'해석의 근거 읽기」,『東洋哲學』 23, 2005.
- 李文揆,「古代 中國 '天文' 해석의 원리－『史記』「天官書」를 중심으로」,『東亞文化』 35, 1997.
- 溝口雄三 등 지음, 김석근・김용천・박규태 옮김,『中國思想文化辭典』, 민족문화문고, 2003.
- 양관 지음, 장인성・임대희 옮김,『중국역대 陵寢제도』, 서경, 2005.
- 와타나베 신이치로 지음, 문정희・임대희 옮김,『天空의 옥좌』, 신서원, 2002.
- 王力 著, 李鴻鎭 譯,『中國古代文化常識』, 螢雪出版社, 1992.
- 이문규,『고대 중국인이 바라본 하늘의 세계』, 문학과지성사, 2000.
- 이중생 지음, 임채우 역,『언어의 禁忌로 읽는 중국문화』, 동과서, 1999.
- 이충구・임재완 등 역주,『이아주소』, 소명출판, 2004.
- 하워드 J. 웨슬러 지음, 임대희 옮김,『비단같고 주옥같은 정치』, 고즈윈, 2006.

- 中村璋八,「天地瑞祥志について―附引書索引」,『漢魏文化』 7, 漢魏文化研究會, 1968.
- 太田晶二郎, 「『天地瑞祥志』略說―附けたり、所引の唐令佚文」, 『東京大學史料編纂所報』7, 1972.
- 金子修一,『古代中國と皇帝祭祀』, 汲古書院, 2001.
- 山要敏寬 編,『中國歷史公文書讀解辭典』, 汲古書院, 2004.
- 水口幹記,『日本古代漢籍受容の史的硏究』, 汲古書院, 2005.
- 新美寛 編/鈴木隆一 補,『本邦殘存典籍による輯佚資料集成續(續)』, 京都大學 人文科學硏究所, 1968.
- 安居香山・中村璋八,『緯書の基礎的硏究』, 漢魏文化硏究會, 1966.
- 仁井田陞 著, 池田溫 編集代表,『唐令拾遺補』, 東京大學出版會, 1997.
- 仁井田陞,『唐令拾遺』, 東京大學出版會, 1964.
- 錢玄・錢興奇 編著,『三禮辭典』, 上海古籍出版社, 1998.
- 中村裕一,『唐代官文書硏究』, 中文出版社, 1991.
- 中村裕一,『唐令逸文の硏究』, 汲古書院, 2005.
- 興膳宏・川合康三,『隋書經籍志詳攷』, 汲古書院, 1995.

색인

『가어家語』 260
가화嘉禾 159
각角 83
각일角日 246
감덕甘德 33, 36
「감서甘誓」 315
강康 57
강루降婁 95
강물降物 356
강원姜原 146
강일剛日 288
개병산芥兵山 165
개천改泉 314
거인擧人 162
건봉乾封 165
건초建初 261
견계譴誡 28
견고譴告 107, 356
견우牽牛 75
결승結繩 56
겸嗛 57
경박景亳 314
경방京房 35
『경방역전』 77
경제景帝 34
계씨季氏 159
계환자季桓子 77
고귀향공高貴鄕公 30
고당융高堂隆 361
고릉高陵 211
고매高禖 238
고묘高廟 144
고선姑洗 334
고신씨高辛氏 85
고양씨高陽氏 32
고제高第 260
고종高宗(武丁) 106
고죽국孤竹國 159
고화顧和 361
고후高后 144
곡嚳 138
『곡량전』 57
곤鯤 138
공갑孔甲 125

공공씨共工氏 198
공려公厲 232
공상公桑 216
공제公除 350
『공총孔叢』 260
관숙管叔 106
『관자』 260
관중 158~159
광무제光武帝 144, 164
광주廣州 195
괴이怪異 32
교郊 138, 168, 176, 342, 347, 361
구句 66
구룡句龍 198, 200
구릉 173
구빈九嬪 238
구주九州 82, 198
국문國門 232
국사國社 198
국성國城 181, 220, 224
『국어國語』 85
국항國行 232
『군령』 289, 294, 306
궁일宮日 246
규奎 95
근饉 57
금경金鏡 41
금등金縢 106
금서철계金書鐵契 326
금성金星 75
기棄 198
기祈 249
기饑 57
기己 66
기箕 75
기룡騏龍 289
기자箕子 48
기주岐州 195
기주沂州 195
기주冀州 82~83, 95
『낙서洛書』 94
『낙서雒書』 32, 46, 48
낙수洛水 46
낙주洛州 195
난亂 56
남교南郊 168, 184, 220, 362
남두南斗 94
남려南呂 335
남정南正 중重 32
낭狼 99
내시성內侍省 216
내주萊州 195
노怒 66
노고路鼓 335
노담老聃 356
농성農星 220
뇌고雷鼓 335
니구泥狗 247
단서丹書 315
당唐(요임금) 32

당매唐昧 33
당주唐州 195
대당大唐 인덕麟德 314
『대당사령大唐祠令』 173
『대대례大戴禮』 176
대량大梁 95
대사大祀 148
대사大社 198, 200
대산岱山 195
대왕전하大王殿下 40
대우제大雩祭 254
대종岱宗 192
대직大稷 200
대침大侵 57
대화大火 95
도독자사都督刺史 196
도적圖籍 37
도참圖讖 29, 34
『도참圖讖』 72
독瀆 195
독연 173
동관東觀 261
동교東郊 184
동구왕東甌王 125
동動 66
동주同州 195
동중서董仲舒 35, 77
두斗 75, 95
두예 254
등登 57
록(角) 66
류柳 95
릉陵 62
마보馬步 288
마사馬社 288~289
마조馬祖 288~289
「맑은 날을 기원하는 글」(祈霽文) 250
망亡 61
망芒 66
망사望祀 131
매침貍沈 169
매침埋沈 194
맹盟 311
맹강孟康 61
맹문盟文 323
맹서盟誓 314~315
맹약盟約 315
명당 228
명부命婦 216
모구茅狗 245
『모시毛詩』 294
「목서牧誓」 315
목야牧野 315
묘昴 76, 99
묘정廟廷 207
무시악武始樂 338
무왕武王 138
무제武帝 34
무함巫咸 32, 36
무회씨 158

문시文始 338
문왕文王 138
미尾 75, 95
박薄 62
박후薄后 144
반反 57
반고班固 35
반곡反哭 342
방房 99
방공逄公 87
방구方丘 132, 144, 173
방상씨方相氏 282
백릉伯陵 87
백마白馬 264, 315
백모白茅 264
백호白琥 189
번복藩服 325
번시燔柴 157
벌罰 99
범犯 62
범녕范寗 349
범려范蠡 300, 330
벽고疈辜 169
변變 66
변이變異 32
병무兵舞 335
『병서兵書』 247
병주幷州 82, 95
병풍을 등지고(負扆) 41
보장씨保章氏 82
복언卜偃 33
복희 158
봉封 158
봉선 156, 159
봉성鋒星 72
북교北郊 184, 216, 256
북정北正 여黎 32
분야分野 75, 82
불무帗舞 335
비궁閟宮 146
「비를 청하는 글」(請雨文) 267
비목어比目魚 159
비우肥牛 131
비이산卑耳山 159
비익조比翼鳥 159
비조裨竈 33, 91, 355
빈殯 342
빙실氷室 272
사社 198, 342
사蜡 276
사舍 66
사궁社宮 276
『사기』 210
『사령祠令』 131, 147, 181, 187, 195, 200, 207, 214, 216, 220, 224, 228, 232, 242, 249, 256, 272, 276, 283, 288, 295
사록司祿 224
사마담司馬談 34
사마천司馬遷 34

사마표司馬彪 35
사망四望 335
사맹司盟 310, 311
사명司命 148, 152, 169, 224, 232
사무司巫 254
사방의 구狗 246
사사私社 200
사수산社首山 159, 165
사악四岳 194
사일史佚 32
사중司中 148, 152, 169, 224
사직社稷 169, 256, 343
사한司寒 272
삭방朔方 210
산림山林 148, 173
산재散齋 149
산천山川 249
살수진薩守眞 42
삼參 76, 84, 85, 99
삼덕三德 48
『삼분三墳』 36~37
삼신三辰 32, 188
삼태성三台星 61
삼황三皇 31
상嘗 342, 357
상구商丘 85
상림桑林 264
「상복전喪服傳」 349
『상서』 48, 134
『상서대전尙書大傳』 123
『상서尙書』 31, 46, 103, 192
상일商日 246
상좌上佐 196, 257
상황上皇 156
새의 꼬리(鳥帑) 91
색우索牛 131
생眚 57
서계書契 56
서교西郊 184
서문誓文 315
서상瑞祥 31, 40, 48, 355
『서상지』 46, 56
서선徐禪 362
서응瑞應 209
『서응도瑞應圖』 38
서주徐州 82, 95
석씨石氏 97
석중石中 33, 36
선禪 158
선농先農 148, 214
선목先牧 288
선목황후宣穆皇后 144
선문羨門 162
선잠先蠶 216
설契 138
『설원說苑』 263
섭제攝提 72
성기星紀 91, 94
성덕盛德 338
성신星辰 276

성왕成王 106
성점星占 33
성제成帝 93
성차星次 85, 87, 91
성탕成湯 105~106, 261, 314
성토星土 82
세성歲星 85, 91, 99, 300
세차歲次 165
소거素車 264
소덕昭德 338
소뢰少牢 188, 200, 249
소릉召陵 159
소복素服 356
소사小祀 148
소호씨少昊氏 125
손권孫權 93
『송기거주宋起居注』 362
송宋 효무제孝武帝 250
수녀須女 75, 94~95
수성水星 75
수성壽星 95
수守 66
수진守眞 28, 37, 102
숙상驌騻 289
숙연산肅然山 164
순미鶉尾 95
순수鶉首 95
순욱荀彧 354
순화鶉火 85, 95
승乘 66
승일勝日 301
승평升平 57
시사時祀 131
『시자尸子』 264
시제時祭 207, 276
시祡 192
식蝕 62
신농神農 158, 276
『신농구우서神農求雨書』 266
신일辛日 168
신주神州 148, 173
실實 61
실시實祡 169
실침實沈 85, 95
심心 76, 93, 99, 106
악岳 195
악진岳鎭 173, 249, 256
악진해독岳鎭海瀆 148
알백閼伯 85
앙殃 57
애제哀帝 34
양관兩館 77
양보梁父 158
양보산梁父山 158, 164
양사陽祀 131
양염禳厭 245
양주梁州 82
양주楊州 94
어부馭夫 288
어사御史 260

얼孽 57
엄공嚴公 77
여旅 159
『여씨춘추』 264
여악女樂 77
『역易』 31, 46, 56, 134, 334
「대전大傳」 146
역수曆數 30
역술曆術 30
연주兗州 95
열산씨烈山氏 198
염제炎帝 158, 314
영盈 66
영禜 249
영고靈鼓 335
영기迎氣 188
영성靈星 107, 254
영성사靈星祠 220
영장자甯莊子 260
영주營州 195
영지令旨 28
예관禮官 196
『예기』 123, 127, 131, 135, 156, 180, 198, 204, 216, 232, 276, 342, 351, 358, 360~361
「교특생」 168
「단궁하」 263
「월령月令」 184, 214, 238, 272, 282
「제법祭法」 138, 169
예주豫州 82, 95
예직曳直 62
『오경설五經說』 238
오관五官 228, 256
오기五紀 48
오방상제五方上帝 147, 173, 228, 256
오복五福 48
오복五服 82
오사五祀 128, 342
오사五事 48
오성五星 173
오악五岳 169, 194
『오전』 36~37
오제五帝 228, 256
오행五行 48
옥형玉衡 41
옷깃을 드리우시며(垂衣) 41
옹주雍州 82, 95
왕량王梁 72
왕망 144, 146
왕사王社 198
왕시枉矢 73
왕표지王彪之 360
요妖 56
용성龍星 254
우虞(순임금) 32
우무雩舞 254
우사雨師 148, 152, 169, 242
우일羽日 246
우제雩祭 256

운문雲門 334
웅이산熊耳山 159
웅진도독熊津都督 325
원구圜丘 131, 173
원봉元封 164
원습 173
원일元日 165
원진元辰 214
원침園寢 210
원회元會(正會) 354, 358
월주越州 195
위胃 95
위危 95, 99
유료槱燎 169, 224, 242, 266
유留 66
유빈蕤賓 335
유빙庾冰 355, 358
유소劉劭 353~354, 357
유예猶豫 316
유우씨(순임금) 138
유인원劉仁願 314
유제類祭 127
유주幽州 82, 95
유표劉表 35
유향劉向 34, 77
유흠劉歆 48
육朒 66
육극六極 48
윤고尹皐 33
은호殷浩 360
음사淫祀 128
음사陰祀 131
응종應鍾 334
의무려산醫無閭山 195
이기伊耆 276
이기씨伊耆氏 276
이성二星 188
이씨伊氏 144
『이아爾雅』 38, 289
이異 56
이칙夷則 335
익씨翼氏 244
익주益州 95, 195
인덕麟德 42, 165
인리人理 31
인사禋祀 169
일월성신日月星辰 148
임종林鍾 335
입入 66
자산子産 266
자위子韋 33
잔우殘尤 73
장張 75, 95
장안張晏 57
재灾 56, 72
재서載書 310
재신梓愼 33, 91, 209, 355
재얼灾孽 29
재이災異 29, 354, 355
저詛 311

『저명천문著明天文』 65
적장赤璋 189
적전籍田 214
전욱顓頊 138, 158
절목折木 95
정井 95
정교政敎 31
정사농鄭司農 249
정정산亭亭山 158
정주定州 195
정천井泉 276
정침正寢 149
정회正會 353
제提 66
제곡帝嚳 32, 158
「제법祭法」 300
제성諸星 148
제을帝乙 125
제환공 159
조竈 232
조眺 66
조기祖己 106
조비曺毗 267
조투부인曺套夫人 93
조형鳥衡 99
족려族厲 232
존存 61
종묘宗廟 148, 204, 256
종사從祀 173
『좌전左傳』 46, 56, 85, 89, 91, 134,
209, 254, 259, 266, 347
주柱 198
주공周公 106
『주례』 104, 127, 131, 144, 152, 180,
189, 198, 224, 242, 248, 254,
266, 282, 288
「내재內宰」 216
「대사악大司樂」 334
「대종백」 169
「추관」 310
『주서周書』 220
중려中呂 335
중류中霤 232
중사中祀 148
지기地祇 144, 146, 334
지遲 66
직稷 198
진辰(大火星) 85
진鎭 195
진軫 95
『진서晉書』 107, 210
「예지禮志」 353
「천문지」 36
진성辰星 99
진성鎭星 99
진시황 162
진탁陳卓 35
질疾 66
창힐蒼頡 210
채모蔡謨 355

채숙蔡叔 106
천가성 99
천가성天街星 76, 99
천고天庫 72
천관天官 33
「천관서天官書」 34
천려天厲 232
천뢰성天牢星 61
천문天文 31
천원天黿 86
『천지서상지天地瑞祥志』 38
천택川澤 148, 173
천토踐土 314
천한天漢 75
청규青圭 189
청주青州 82, 95
체禘 138, 207, 342
추자娵訾 95
축縮 66
『춘추』 254, 357
『춘추전春秋傳』 249, 361
출出 66
취리산就利山 314
치맹郗萌 35, 73
『치맹점郗萌占』 72
치문雉門 77
치사置社 198
치우蚩尤 73, 210
치우기蚩尤旗 210
치일徵日 246
치재致齋 149
칠수七宿 188
칠요七曜 31
탁록涿鹿 314
탕왕湯王 263
태강大姜 87
태권太卷 334
태단泰壇 169
태려大呂 334
태뢰太牢 196, 200, 214, 238, 330
태무大武 207, 334
태백太白 99, 300
태산 158
태세太歲 300
태소大韶 334
태절泰折 169
태종大宗 문황제文皇帝 108
태주大蔟 334
태축大祝 248
태평大平 57
태하大夏 334
태함大咸 334
태호大濩 334
토룡土龍 256
투鬪 62
특생特牲 200, 250
팔괘八卦 31, 48
팔정八政 48
평平 57, 66
평제平帝 34

『포박자』 93
포석布席 245
포희씨庖羲氏 31, 48
표첩表諜 38
풍사風師 148, 152, 169, 242
『풍속통風俗通』 266
필畢 76, 95, 99
필성畢星 266
『하도河圖』 46
하수河水 46
하우夏禹 32
『한구의漢舊儀』 254
『한서』 57, 93, 104, 158, 312, 338
「교사지」 220
「무제오자전武帝五子傳」 238
「천문지」 99
한양韓揚 29, 35, 73
함지(태함) 334
합合 62
합삭合朔 354
항亢 83
항산恒山 192
해海 195
해독海瀆 173, 249, 256
『해중점海中占』 35
허虛 61, 99
허신許愼 238
허지許芝 107
헌원軒轅 187
현자縣子 263
현황玄璜 190
현효玄枵 95
혈제血祭 169, 194, 198
혐의嫌疑 316
협祫 207
협陜 61
형산衡山 192
형주衡州 195
형주荊州 95
형혹熒惑 99
형혹성熒惑星 76, 106
호戶 232
호弧 99
호천상제昊天上帝 131, 147, 169, 173
「홍범洪範」 32, 48, 123
「홍범鴻範」 34
화觚 57
화산華山 192
화씨和氏 32
화주華州 195
환요環繞 66
활闊 61
황극皇極 48
「황극론皇極論」 34
『황람皇覽』 210
황문시랑黃門侍郎 261
황제黃帝 138, 210~211, 314
황종黃鍾 334
황지기皇地祇 132, 148, 173
황초黃初 211

회계산會稽山 158
『회남자』 264
회풍廻風 244
『효경』 204, 228
효경제孝景帝 75
후사侯社 198
후직 200
후토后土 187
희씨羲氏 32
희우犧牛 131
희喜 66

역자 소개

김용천金容天

동국대학교 사학과를 졸업하고, 같은 대학원에서 박사학위를 받았다. 한림대학교 부설 태동고전연구소를 수료하였고, 현재 동국대·용인대 등에서 강의하고 있다. 연세대학교 국학연구원 연구교수로 재직중이다. 논문으로 「전한시대 전례론 연구」, 「『석거예론』의 분석과 전한시대 예치이념」 등이 있으며, 저서로 『동양의 역사와 문화』(공저), 역서로는 『중국 전근대 사상의 굴절과 전개』, 『중국의 예치시스템』, 『중국의 공과 사』(공역), 『중국사상문화사전』(공역) 등이 있다.

최현화崔賢花

동국대학교 사학과를 졸업하고, 같은 대학원에서 박사과정을 수료하였다.
현재 동국대·용인대 등에서 강의하고 있다. 주요 논문으로 「나당동맹의 성격 연구 – 당의 기미지배체제 구축기도와 신라의 대응을 중심으로」, 「7세기 중엽 나당관계에 관한 고찰」, 「7세기 중엽 당의 한반도 지배전략」 등이 있다.

예문서원의 책들

원전총서

박세당의 노자(新註道德經) 박세당 지음, 김학목 옮김, 312쪽, 13,000원
율곡 이이의 노자(醇言) 이이 지음, 김학목 옮김, 152쪽, 8,000원
홍석주의 노자(訂老) 홍석주 지음, 김학목 옮김, 320쪽, 14,000원
북계자의(北溪字義) 陳淳 지음, 김충열 감수, 김영민 옮김, 295쪽, 12,000원
주자가례(朱子家禮) 朱熹 지음, 임민혁 옮김, 496쪽, 20,000원
한시외전(韓詩外傳) 韓嬰 지음, 임동석 역주, 868쪽, 33,000원
서경잡기(西京雜記) 劉歆 지음, 葛洪 엮음, 김장환 옮김, 416쪽, 18,000원
고사전(高士傳) 皇甫謐 지음, 김장환 옮김, 368쪽, 16,000원
열선전(列仙傳) 劉向 지음, 김장환 옮김, 392쪽, 15,000원
열녀전(列女傳) 劉向 지음, 이숙인 옮김, 447쪽, 16,000원
선가귀감(禪家龜鑑) 청허휴정 지음, 박재양・배규범 옮김, 584쪽, 23,000원
공자성적도(孔子聖蹟圖) 김기주・황지원・이기훈 역주, 254쪽, 10,000원
공자세가・중니제자열전(孔子世家・仲尼弟子列傳) 司馬遷 지음, 김기주・황지원・이기훈 역주, 224쪽, 12,000원

성리총서

범주로 보는 주자학(朱子の哲學) 오하마 아키라 지음, 이형성 옮김, 546쪽, 17,000원
송명성리학(宋明理學) 陳來 지음, 안재호 옮김, 590쪽, 17,000원
주희의 철학(朱熹哲學硏究) 陳來 지음, 이종란 외 옮김, 544쪽, 22,000원
양명 철학(有無之境－王陽明哲學的精神) 陳來 지음, 전병욱 옮김, 752쪽, 30,000원
주자와 기 그리고 몸(朱子と氣と身體) 미우라 구니오 지음, 이승연 옮김, 416쪽, 20,000원
정명도의 철학(程明道思想硏究) 張德麟 지음, 박상리・이경남・정성희 옮김, 272쪽, 15,000원
주희의 자연철학 김영식 지음, 576쪽, 29,000원
송명유학사상사(宋明時代儒學思想の硏究) 구스모토 마사쓰구(楠本正繼) 지음, 김병화・이혜경 옮김, 602쪽, 30,000원
북송도학사(道學の形成) 쓰치다 겐지로(土田健次郎) 지음, 성현창 옮김, 640쪽, 3,2000원

불교(카르마)총서

불교와 인도 사상 V. P. Varma 지음, 김형준 옮김, 361쪽 10,000원
파란눈 스님의 한국 선 수행기 Robert E. Buswell・Jr. 지음, 김종명 옮김, 376쪽, 10,000원
학파로 보는 인도 사상 S. C. Chatterjee・D. M. Datta 지음, 김형준 옮김, 424쪽, 13,000원
불교와 유교 — 성리학, 유교의 옷을 입은 불교 아라키 겐고 지음, 심경호 옮김, 526쪽, 18,000원
유식무경, 유식 불교에서의 인식과 존재 한자경 지음, 208쪽, 7,000원
박성배 교수의 불교철학강의: 깨침과 깨달음 박성배 지음, 윤원철 옮김, 313쪽, 9,800원
불교 철학의 전개, 인도에서 한국까지 한자경 지음, 252쪽, 9,000원
인물로 보는 한국의 불교사상 한국불교원전연구회 지음, 388쪽, 20,000원
한국 비구니의 수행과 삶 전국비구니회 엮음, 400쪽, 18,000원

노장총서

도가를 찾아가는 과학자들 — 현대신도가의 사상과 세계(當代新道家) 董光璧 지음, 이석명 옮김, 184쪽, 5,800원
유학자들이 보는 노장 철학 조민환 지음, 407쪽, 12,000원
노자에서 데리다까지 — 도가 철학과 서양 철학의 만남 한국도가철학회 엮음, 440쪽, 15,000원
위진 현학 정세근 엮음, 278쪽, 10,000원
이강수 교수의 노장철학이해 이강수 지음, 462쪽, 23,000원
이강수 읽기를 통해 본 노장철학연구의 현주소 이강세 외 지음, 348쪽, 18,000원
不二 사상으로 읽는 노자 — 서양철학자의 노자 읽기 이찬훈 지음, 304쪽, 12,000원
김항배 교수의 노자철학 이해 김항배 지음, 280쪽, 15,000원

강의총서

김충열교수의 유가윤리강의 김충열 지음, 182쪽, 5,000원
김충열교수의 노장철학강의 김충열 지음, 336쪽, 7,800원
김충열교수의 노자강의 김충열 지음, 434쪽, 20,000원

한국철학총서

조선 유학의 학파들 한국사상사연구회 편저, 688쪽, 24,000원
실학의 철학 한국사상사연구회 편저, 576쪽, 17,000원
윤사순 교수의 한국유학사상론 윤사순 지음, 528쪽, 15,000원
한국유학사 1 김충열 지음, 372쪽, 15,000원
퇴계의 생애와 학문 이상은 지음, 248쪽, 7,800원
율곡학의 선구와 후예 황의동 지음, 480쪽, 16,000원
圖說로 보는 한국 유학 한국사상사연구회 지음, 400쪽, 14,000원
다카하시 도루의 조선유학사 — 일제 황국사관의 빛과 그림자 다카하시 도루 지음, 이형성 편역, 416쪽, 15,000원
퇴계 이황, 예 잇고 뒤를 열어 고금을 꿰뚫으셨소 — 어느 서양철학자의 퇴계연구 30년 신귀현 지음, 328쪽, 12,000원
조선유학의 개념들 한국사상사연구회 지음, 648쪽, 26,000원
성리학자 기대승, 프로이트를 만나다 김용신 지음, 188쪽, 7,000원
유교개혁사상과 이병헌 금장태 지음, 336쪽, 17,000원
남명학파와 영남우도의 사림 박병련 외 지음, 464쪽, 23,000원
쉽게 읽는 퇴계의 성학십도 최재목 지음, 152쪽, 7,000원
홍대용의 실학과 18세기 북학사상 김문용 지음, 288쪽, 12,000원
남명 조식의 학문과 선비정신 김충열 지음, 512쪽, 26,000원
명재 윤증의 학문연원과 가학 충남대학교 유학연구소 편, 320쪽, 17,000원
조선시대 심경부주 주석서 해제 홍원식 · 김기주 · 황지원 · 이기훈 · 손미정 · 이상호 지음, 560쪽, 28,000원

연구총서

논쟁으로 보는 중국철학 중국철학연구회 지음, 352쪽, 8,000원
김충열 교수의 중국철학사 1 — 중국철학의 원류 김충열 지음, 360쪽, 9,000원
논쟁으로 보는 한국철학 한국철학사상연구회 지음, 326쪽, 10,000원
반논어(論語新探) 趙紀彬 지음, 조남호 · 신정근 옮김, 768쪽, 25,000원
논쟁으로 보는 불교철학 이효걸 · 김형준 외 지음, 320쪽, 10,000원
중국철학과 인식의 문제(中國古代哲學問題發展史) 方立天 지음, 이기훈 옮김, 208쪽, 6,000원
문제로 보는 중국철학 — 우주, 본체의 문제(中國古代哲學問題發展史) 方立天 지음, 이기훈 · 황지원 옮김, 232쪽, 6,800원
중국철학과 인성의 문제(中國古代哲學問題發展史) 方立天 지음, 박경환 옮김, 191쪽, 6,800원
중국철학과 지행의 문제(中國古代哲學問題發展史) 方立天 지음, 김학재 옮김, 208쪽, 7,200원
현대의 위기 동양 철학의 모색 중국철학회 지음, 340쪽, 10,000원
역사 속의 중국철학 중국철학회 지음, 448쪽, 15,000원
일곱 주제로 만나는 동서비교철학(中西哲學比較面面觀) 陳衛平 편저, 고재욱 · 김철운 · 유성선 옮김, 320쪽, 11,000원
중국철학의 이단자들 중국철학회 지음, 240쪽, 8,200원
공자의 철학(孔孟荀哲學) 蔡仁厚 지음, 천병돈 옮김, 240쪽, 8,500원
맹자의 철학(孔孟荀哲學) 蔡仁厚 지음, 천병돈 옮김, 224쪽, 8,000원
순자의 철학(孔孟荀哲學) 蔡仁厚 지음, 천병돈 옮김, 272쪽, 10,000원
서양문학에 비친 동양의 사상 한림대학교 인문학연구소 엮음, 360쪽, 12,000원
유학은 어떻게 현실과 만났는가 — 선진 유학과 한대 경학 박원재 지음, 218쪽, 7,500원
유교와 현대의 대화 황의동 지음, 236쪽, 7,500원
동아시아의 사상 오이환 지음, 200쪽, 7,000원
역사 속에 살아있는 중국 사상(中國歷史に生きる思想) 시게자와 도시로 지음, 이혜경 옮김, 272쪽, 10,000원
덕치, 인치, 법치 — 노자, 공자, 한비자의 정치 사상 신동준 지음, 488쪽, 20,000원
육경과 공자 인학 남상호 지음, 312쪽, 15,000원
리의 철학(中國哲學範疇精髓叢書—理) 張立文 주편, 안유경 옮김, 524쪽, 25,000원
기의 철학(中國哲學範疇精髓叢書—氣) 張立文 주편, 김교빈 외 옮김, 572쪽, 27,000원

역학총서

주역철학사(周易研究史) 廖名春 · 康學偉 · 梁韋弦 지음, 심경호 옮김, 944쪽, 30,000원
주역, 유가의 사상인가 도가의 사상인가(易傳與道家思想) 陳鼓應 지음, 최진석 · 김갑수 · 이석명 옮김, 366쪽, 10,000원
송재국 교수의 주역 풀이 송재국 지음, 380쪽, 10,000원

퇴계원전총서

고경중마방古鏡重磨方 — 퇴계 선생의 마음공부 이황 편저, 박상주 역해, 204쪽, 12,000원
활인심방活人心方 — 퇴계 선생의 마음으로 하는 몸공부 이황 편저, 이윤희 역해, 308쪽, 16,000원

일본사상총서

일본 신도사(神道史) 무라오카 츠네츠구 지음, 박규태 옮김, 312쪽, 10,000원
도쿠가와 시대의 철학사상(德川思想小史) 미나모토 료엔 지음, 박규태・이용수 옮김, 260쪽, 8,500원
일본인은 왜 종교가 없다고 말하는가(日本人はなぜ 無宗教のか) 아마 도시마로 지음, 정형 옮김, 208쪽, 6,500원
일본사상이야기 40(日本がわかる思想入門) 나가오 다케시 지음, 박규태 옮김, 312쪽, 9,500원
사상으로 보는 일본문화사(日本文化の歴史) 비토 마사히데 지음, 엄석인 옮김, 252쪽, 10,000원
일본도덕사상사(日本道德思想史) 이에나가 사부로 지음, 세키네 히데유키・윤종갑 옮김, 328쪽, 13,000원
천황의 나라 일본(天皇制と民衆) — 일본의 역사와 천황제 고토 야스시 지음, 이남희 옮김, 312쪽, 13,000원
주자학과 근세일본사회(近世日本社會と宋學) 와타나베 히로시 지음, 박홍규 옮김, 308쪽, 16,000원

예술철학총서

중국철학과 예술정신 조민환 지음, 464쪽, 17,000원
풍류정신으로 보는 중국문학사 최병규 지음, 400쪽, 15,000원
율려와 동양사상 김병훈 지음, 272쪽, 15,000원
한국 고대 음악사상 한흥섭 지음, 392쪽, 20,000원

동양문화산책

공자와 노자, 그들은 물에서 무엇을 보았는가 사라 알란 지음, 오만종 옮김, 248쪽, 8,000원
주역산책(易學漫步) 朱伯崑 외 지음, 김학권 옮김, 260쪽, 7,800원
공자의 이름으로 죽은 여인들 田汝康 지음, 이재정 옮김, 248쪽, 7,500원
동양을 위하여, 동양을 넘어서 홍원식 외 지음, 264쪽, 8,000원
서원, 한국사상의 숨결을 찾아서 안동대학교 안동문화연구소 지음, 344쪽, 10,000원
녹차문화 홍차문화 츠노야마 사가에 지음, 서은미 옮김, 232쪽, 7,000원
거북의 비밀, 중국인의 우주와 신화 사라 알란 지음, 오만종 옮김, 296쪽, 9,000원
문학과 철학으로 떠나는 중국 문화 기행 양회석 지음, 256쪽, 8,000원
류짜이푸의 얼굴 찌푸리게 하는 25가지 인간유형 류짜이푸(劉再復) 지음, 이기면・문성자 옮김, 320쪽, 10,000원
안동 금계마을 — 천년불패의 땅 안동대학교 안동문화연구소 지음, 272쪽, 8,500원
안동 풍수 기행, 와혈의 땅과 인물 이완규 지음, 256쪽, 7,500원
안동 풍수 기행, 돌혈의 땅과 인물 이완규 지음, 328쪽, 9,500원
영양 주실마을 안동대학교 안동문화연구소 지음, 332쪽, 9,800원
예천 금당실・맛질 마을 — 정감록이 꼽은 길지 안동대학교 안동문화연구소 지음, 284쪽, 10,000원
터를 안고 仁을 펴다 — 퇴계가 굽어보는 하계마을 안동대학교 안동문화연구소 지음, 360쪽, 13,000원
안동 가일 마을 — 풍산들가에 의연히 서다 안동대학교 안동문화연구소 지음, 344쪽, 13,000원
중국 속에 일떠서는 한민족 — 한겨레신문 차한필 기자의 중국 동포사회 리포트 차한필 지음, 336쪽, 15,000원
고려시대의 안동 안동시・안동대학교 안동문화연구소 편, 448쪽, 17,000원

민연총서 — 한국사상

자료와 해설, 한국의 철학사상 고려대 민족문화연구원 한국사상연구소 편, 880쪽, 34,000원
여헌 장현광의 학문 세계, 우주와 인간 고려대 민족문화연구원 한국사상연구소 편, 424쪽, 20,000원
퇴옹 성철의 깨달음과 수행 — 성철의 선사상과 불교사적 위치 조성택 편, 432쪽, 23,000원
여헌 장현광의 학문 세계 2, 자연과 인간 고려대 민족문화연구원 한국사상연구소 편, 432쪽, 25,000원

예문동양사상연구원총서

한국의 사상가 10人 — 원효 예문동양사상연구원/고영섭 편저, 572쪽, 23,000원
한국의 사상가 10人 — 의천 예문동양사상연구원/이병욱 편저, 464쪽, 20,000원
한국의 사상가 10人 — 지눌 예문동양사상연구원/이덕진 편저, 644쪽, 26,000원
한국의 사상가 10人 — 퇴계 이황 예문동양사상연구원/윤사순 편저, 464쪽, 20,000원
한국의 사상가 10人 — 남명 조식 예문동양사상연구원/오이환 편저, 576쪽, 23,000원
한국의 사상가 10人 — 율곡 이이 예문동양사상연구원/황의동 편저, 600쪽, 25,000원
한국의 사상가 10人 — 하곡 정제두 예문동양사상연구원/김교빈 편저, 432쪽, 22,000원
한국의 사상가 10人 — 다산 정약용 예문동양사상연구원/박홍식 편저, 572쪽, 29,000원
한국의 사상가 10人 — 혜강 최한기 예문동양사상연구원/김용헌 편저, 520쪽, 26,000원
한국의 사상가 10人 — 수운 최제우 예문동양사상연구원/오문환 편저, 464쪽, 23,000원